Über das Buch
Was zieht uns an einem Menschen an? Warum finden wir etwas schön? Warum geht es uns im Sommer besser als im Winter? Ist Migräne ein zuverlässigeres Zeichen für drohendes Unwetter als der Wetterbericht? Der Mensch denkt, und die Biologie lenkt, das ist die Botschaft dieses Reports über die geheimen Triebkräfte des Menschen. »Daß das Gefühl den Verstand erst entscheidungsfähig macht, ist eine der vielen provokanten Thesen, die (die Autoren) aufgestellt haben. ... in ihrem ausgesprochen flott formulierten Wissenschaftsreport sind sie wiederholt auf biologische Vorgänge gestoßen, die uns nicht bewußt sind, uns aber dennoch massiv beeinflussen. Das gilt insbesondere für die Partnerwahl. Wir entscheiden keineswegs so frei, wie wir glauben, folgen vielmehr unbewußt unserer Nase.« (NDR 3) »Die Autoren haben auf witzige und sehr anschauliche Weise zusammengefaßt, was menschliches Verhalten beeinflußt und lenkt. Fesselnde Wissenschaft, die zur Selbst- und Fremderkenntnis beiträgt.« (*das neue buch*) »So wird das Buch zu einer hervorragenden Schule des Denkens ... Dabei ist dieses Sachbuch von der ersten bis zur letzten Seite faszinierend und amüsant geschrieben.« (*ORF*)

Über die Autoren:
Andrea Fock, geboren 1961, Dipl. Biol., Universität Hamburg. Autorin und Realisatorin von Fernsehfilmen, Redaktion »Ratgeber Technik«.
Ulrike Gonder, geboren 1961, Ernährungswissenschaftlerin und Wissenschaftsjournalistin, Geschäftsführerin des Europäischen Instituts für Lebensmittel- und Ernährungswissenschaften (EU.L.E.).
Karin Haug, geboren 1957, Dipl. Chem., Dr. rer. nat., Universität Heidelberg. Übersetzerin für Spektrum der Wissenschaft, Autorin und Realisatorin von Fernsehfilmen, Redaktion »Wissenschaft«.
Udo Pollmer, geboren 1954, arbeitet seit seinem Staatsexamen für Lebensmittelchemie (1981) als freiberuflicher Dozent und Publizist und als Unternehmensberater im In- und Ausland – er publiziert in der Publikums- wie in der Fachpresse sowie in Hörfunk und Fernsehen. 1994 übernahm er die wissenschaftliche Leitung des Europäischen Instituts für Lebensmittel- und Ernährungswissenschaften e.V. (EU.L.E.). Buchveröffentlichungen u.a. *Iss und stirb*, KiWi 631, 2001; *Prost Mahlzeit!*, KiWi 630, 2001; *Wohl bekomm's!*, KiWi 632, 2001; *Lexikon der populären Ernährungsirrtümer*, 2000.

Udo Pollmer / Andrea Fock
Ulrike Gonder / Karin Haug
Liebe geht durch die Nase

Was unser Verhalten beeinflusst und lenkt

Aktualisierte und überarbeitete Neuausgabe

Kiepenheuer & Witsch

Danksagung
Die Autoren danken herzlich für die kritische Durchsicht einzelner Kapitel der Originalausgabe:
Herrn Prof. Dr. Michael Böttger, Institut für Botanik, Universität Hamburg,
Frau Prof. Dr. Gisela Gniech, Institut für Psychologie und Kognitionsforschung, Universität Bremen;
Herrn Prof. Dr. Klaus-Dieter Jany, Bundesforschungsanstalt für Ernährung, Karlsruhe;
Herrn Dr. J. Stephan Jellinek, Holzminden;
Herrn Prof. Dr. Gerhard Ruhrenstroth-Bauer, Max-Planck-Institut für Biochemie, Martinsried.

1. Auflage 2001

© 1997, 2001 by Verlag Kiepenheuer & Witsch, Köln
Alle Rechte vorbehalten. Kein Teil des Werkes
darf in irgendeiner Form (durch Fotografie, Mikrofilm
oder ein anderes Verfahren) ohne schriftliche
Genehmigung des Verlages reproduziert oder unter
Verwendung elektronischer Systeme verarbeitet,
vervielfältigt oder verbreitet werden.
Umschlaggestaltung: Barbara Thoben, Köln
Umschlagfoto: © GettyOne Stone
Gesetzt aus der Garamond Stempel (Berthold)
bei Kalle Giese Grafik, Overath
Druck und Bindearbeiten: Clausen & Bosse, Leck
ISBN 3-462-03011-6

Inhalt

1 Wozu Sex   11

Die Rehabilitation der Gefühle   13
Das Ende der Vernunft   15
Der Mann, der seine Gefühle verlor   16
Feuchte Hände   18
Wozu Männer?   20
Aber lieb sind sie doch ...   22
Sex als Wurmkur   25
Der sexte Sinn   30
Der Geruch von Liebe und Angst   33
Das Parfüm aus dem Schweinekoben   36
Schmusen: Schweigen ist Gold   39
Hübsch hässlich – die Kopuline   42
Die Gedanken sind frei – oder warum wir nichts
    von Pheromonen wissen dürfen   43
Woran unser Körper den »Richtigen erkennt«   46
Die Pille als Liebestöter   49
Impotent vom Waschen   51
Krieg der Spermien   56
Wie die Männer abhängig wurden   60
Aphrodisiaka   61
Fäkalien im Flakon   64
Dufte Düfte   69
Wer schön sein will ...   73
Wozu Schönheit?   75
Ordnung ist das halbe Leben   76
Bei mir biste scheen   83

2 Von Trendsettern und Konsumäffchen   89

Kundenfalle Supermarkt   90
Verpackt, umgarnt und eingewickelt   96

Der geheime Verführer: Vance Packard — 99
Wie eine Dose unsere Wahrnehmung narrt — 101
Die Macht der Bilder — 103
Wie Nestlé dem Kaffekränzchen einen Bären aufbindet — 106
Sand im Getriebe: So umgarnt man Werbegegner — 108
Der Griff unter die Gürtellinie — 111
Der liebe Gott wäscht weißer — 113
Der Geist aus der Flasche — 115
Rausgeworfenes Geld – der eigentliche Kulturschöpfer — 116
Wer hat Angst vor dem persönlichen Nichts? — 118

3 Von Angst und Neugier — 121

»Jurassic Park« in Haus und Garten — 122
Hilfe von der Atomindustrie: Mutationszüchtung — 128
Sag's durch die Blume — 132
Darauf können Sie Gift nehmen: Der *Bt*-Mais — 134
Wehe, wenn sie losgelassen! — 136
Zenzi, no a Maß! — 142
Eine Reise durch Europa — 146
Bangemachen gilt nicht: Ernährungstabus — 149
Was der Bauer nicht kennt ... — 153
Grünzeug auf Reisen — 154
Go west! — 156
Eine Seefahrt, die ist lustig — 158
Wenn einer eine Reise tut ... — 162
Vom »Sinn« der Erbkrankheiten — 168
Angst vor der eigenen Courage — 174

4 Licht und Schatten — 177

Winter-Blues — 178
Lampe statt Therapeuten — 179
Sonne statt Lampen — 181
Die Schattenseiten des Kunstlichts — 185

Die Farbe macht das Licht	188
Und es ward Licht – im Stall	194
Neues aus dem Blau- und Rotlicht-Milieu	196
Magie der Farben	199
Optische Täuschungen	201
Wenn Blinde sehen	202
Licht auf Schleichwegen	203
Sehen mit drei Augen	205
Immer schön im Rhythmus bleiben	207
Taktgefühl: Im Rhythmus des Lichts	209
Jetlag und andere Rhythmusstörungen	212
Sonne, Mond und Sterne	214
Melatonin:	
Böses Erwachen statt erotischer Träume	219
Lebensgefährlicher Jungbrunnen	222
Wozu Bleichgesichter ihre Rotbäckchen brauchen	225
Vitamin D – nicht immer eitel Sonnenschein	230
Vitamin D und Melatonin: Wie Tag und Nacht	233
Angst vor der Sonne:	
Eingecremt und angeschmiert	234
Schönheit aus dem Sonnenstudio: Die Seemannshaut	237
Ins recht Licht gerückt	238
Risiko Sonne	242
Hautkrebs durch Kunstlicht?	245
Ozonloch und Hautkrebs: Löchrige Theorien	248
5 Alle Wetter!	**251**
Vom Wettersinn der Frösche	252
Gewitterstimmung im Kühlschrank?	255
Aus heiterem Himmel: Sferics	257
Wetterfühligkeit – alles Einbildung	262
Wie man Seuchen auf dumme Gedanken bringt	265
Zwischen den Wolken	267

6 Zwischen Himmel und Erde 273

7 Literaturverzeichnis 279

8 Sachregister 305

1 Wozu Sex?

Ja, wozu eigentlich? Zahlreiche Dramen der Weltgeschichte hätten vermieden werden können, wenn es den leidigen Trieb nicht gäbe. Wer hätte sich je die Mühe gemacht, die schöne Helena zu entführen und Troja in Schutt und Asche zu legen? Auch Heinrich der VIII. wäre, ohne seine zahlreichen Gemahlinnen um die Ecke zu bringen, friedlich ins Jenseits eingegangen, und wir selbst hätten nicht tagelang um den verpickelten Jüngling geheult, der nun doch mit der »Zicke« von nebenan auf und davon ging. Schon der griechische Dramatiker Euripides ärgerte sich über die Last mit der Lust und ließ seinen Helden Hippolytos nach einer praktikablen Lösung suchen. Hippolytos, von der eindeutigen »Anmache« seiner Stiefmutter genervt, beschwert sich wortreich beim Göttervater: Wozu bloß habe Zeus überhaupt Frauen geschaffen? Zum Zwecke der Fortpflanzung sei es ja wohl wesentlich unkomplizierter, Kinder käuflich zu erwerben.[3]
Keine schlechte Idee, denn ohne den lästigen Trieb könnten wir so mancher Krankheit einfach aus dem Wege gehen. Kein Sex, das bedeutet das Aus für Tripper, Syphilis, AIDS und Filzläuse. Warum machen wir es nicht wie die Wasserflöhe? Die verzichten freiwillig auf geschlechtliche Vermehrung und schieben nur gelegentlich eine Runde Sex ein. Und jeder Hobbygärtner weiß, dass es die Pflanzen auch nicht so »verbissen« sehen: Wenn er im Garten versehentlich mit dem Spaten einen Busch zerteilt, so vermehrt er ihn unfreiwillig ungeschlechtlich; beide Teile wachsen einfach weiter. Die ursprünglichsten aller Lebewesen, die Bakterien und andere Einzeller, teilen sich zwecks Vermehrung einfach in zwei Hälften. Stellen Sie sich das einmal vor: kein Ärger mit dem Lover, mit Verhütung oder Impotenz. Ohne fremde Hilfe könnten Sie soviel Kinder haben wie Sie wollen.[5] Da fragt man sich doch, wieso es im Laufe der Evolution überhaupt zur Ausbildung von zwei Geschlechtern gekommen ist!
Welchen Vorteil kann Sex da noch bieten? Denn – genauer unter die Lupe genommen – hat er noch nicht einmal etwas mit Vermehrung

im buchstäblichen Sinne zu tun: seit seiner Erfindung gilt für viele Lebewesen das Prinzip »aus zwei mach eins«. Zwei Einzeller verschmelzen miteinander und heraus kommt – ein einziger! Trotzdem muss das Prinzip Sex »angekommen« sein, denn Mutter Natur gönnt dieses zweifelhafte Vergnügen auch einigen Spezialzellen in unserem Körper: Den Eizellen und den Spermien. Doch ehe die sich vereinigen können, müssen sich deren »Transporteure«, so genannte Frauen und Männer, erst mal näher kommen. Welch ein Aufwand wird dafür betrieben! Porsche, Pumps und Pickelcreme, ganze Industriezweige leben vom Jahrmarkt der Eitelkeiten und der sprichwörtlichen Dummheit der Verliebten. Mal ganz abgesehen von dem oft eher peinlichen Zurschaustellen unserer persönlichen Einmaligkeit. Und was kommt dabei raus? Bestenfalls Zwillinge!
Wozu also der ganze Stress? Schlagen wir mal ein Biologiebuch auf: Aha, sexuelle Fortpflanzung führt zur Vermischung des Erbguts und dadurch zu überlebenstüchtigeren Nachkommen, steht dort zu lesen. Betrachten wir Nachbars Gören unter diesem Gesichtspunkt, keimen ernsthafte Zweifel an dieser These auf. Blättern wir weiter. Bunte Details über Bau und Funktion von Spermium und Eizelle folgen. Leider verliert das Werk keine Silbe darüber, warum das Ganze so ist, wie es ist. Das mit den fitten Kindern kann doch nicht alles sein. Denn auf dieses Resultat trauter Zweisamkeit müssen wir immerhin neun Monate warten – ein reichlich langer Zeitraum, um die Menschheit dauerhaft für diese Form der Arterhaltung zu begeistern. Wäre die Belohnung der sexuellen Bemühungen erst ein Dreivierteljahr später zu haben, wären wir vermutlich längst ausgestorben. Deswegen hat Sex mit Lust zu tun, deswegen macht Sex Spaß.
Die Natur hat die Befriedigung arterhaltender Triebe stets mit unmittelbarer Lusterfüllung gekoppelt. Dazu kommt die Vorfreude: Wir malen uns in den schillerndsten Farben aus, was uns erwartet – und geraten in einen unerträglichen Zustand: Die erregten Nerven schreien förmlich nach Entspannung. Beim Orgasmus werden körpereigene Opiate, sogenannte Endorphine, ausgeschüttet – und eine wohlige Befriedigung stellt sich ein. [95, 96, 73] Und weil die Belohnung so schön war, möchten wir es immer wieder tun. Eine besondere Art von Teufelskreis!

Wenn wir mit einem passenden Verehrer versorgt sind, ist alles in bester Ordnung. Aber was, wenn die Partnerschaft nicht so klappen will, wie wir uns das ausgemalt haben? Wäre es da nicht viel gesünder für unsere Psyche, die Fortpflanzung von der Leidenschaft abzukoppeln? Nie würden wir unter Eifersucht leiden. Auch das »Bis-über-beide-Ohren-verliebt-sein« wäre uns total unbekannt. Gefühle könnten nicht mehr mit uns Achterbahn fahren. Kaum nachvollziehbar, was wir aus Liebe alles anstellen. Keines einzigen klaren Gedankens fähig, taumeln wir frisch verliebt zur Arbeit, heften Akten in die falschen Ordner, kopieren die Rückseiten unserer Unterlagen oder entleeren Schachteln mit Büroklammern auf den Nadelfilz-Teppichboden. Wir schweben allein beim Gedanken an die Geliebte im siebten Himmel, weder strömender Regen noch der Rüffel vom Chef machen uns etwas aus.

Klappt es aber nicht so, wie wir uns das vorstellen, bricht unvorstellbares Leid aus. Die ganze Welt stürzt zusammen, und wir möchten vor Enttäuschung sterben. Kaum haben wir uns etwas erholt, lassen unsere vollkommen unsachlichen Negativurteile über das einst angebetete Wesen unsere Freunde aufstöhnen und die Augen verdrehen. Was für ein Theater, nur weil es so etwas wie Gefühle gibt! Spätestens jetzt würden wir unser ganzes Hab und Gut für ein wirksames Mittel geben, mit dem wir unsere Emotionen unter Kontrolle bringen könnten. Zum Teufel damit!

Die Rehabilitation der Gefühle

Mit dem US-amerikanischen Neurologen Antonio Damasio ist endlich einmal ein Naturwissenschaftler auf den Gedanken gekommen, nach dem Sinn und Zweck unserer Gefühle zu fahnden. Gefühle sind für ihn nichts unerklärlich Esoterisches, sondern sehr konkrete Zustände, die handfeste körperliche Veränderungen hervorrufen. Damasio versteigt sich sogar zu der Theorie, dass erst die Gefühle es uns erlauben, rationale Entscheidungen zu fällen, ja dass es ohne Gefühle den »vernunftbegabten« Menschen gar nicht gäbe. [2]

Sachliche Entscheidungen durch Gefühle? Müssen wir uns nicht oft genug zwingen, mit unserer Vernunft die Emotionen in ihre

Schranken zu weisen? Fordern wir nicht von unseren Mitmenschen, endlich rational zu denken? Wo wäre die deutsche Wirtschaft, hätten sich die Verantwortlichen in Industrie und Handel von ihren Launen leiten lassen? Hier zählt nur der kühle Kopf – ganz im Sinne des großen französischen Philosophen René Descartes, der Körper und Geist strikt voneinander trennte: Erst der Verstand, der Geist, macht den wirklichen Menschen aus.

Zugegeben: Die Idee, dass wir als reine Verstandesmenschen gar nicht lebensfähig wären, passt nicht recht in unser abendländisches, von Descartes' Denken geprägtes Weltbild. Doch Gefühle sind im täglichen Leben unentbehrliche Entscheidungshilfen. Versuchen Sie einmal unter Ausschluss von Gefühlen, nur mit Ihrem »reinen« Verstand, eine Entscheidung zu fällen. Nehmen wir ein ganz alltägliches, im Grunde vollkommen »unemotionales« Problem: Sie müssen einen Arzttermin vereinbaren. Die Sprechstundenhilfe schlägt vor: Entweder nächsten Montag oder Donnerstag. Sie überlegen: Beide Termine passen. Für welchen entscheiden Sie sich? Vor allem, wie entscheiden Sie sich? Erstmal eine Bestandsaufnahme: Wägen Sie alle »Für« und »Wider« der beiden Termine sachlich gegeneinander ab.

Folgende Informationen stehen Ihnen zur Verfügung: Es ist Februar, es schneit, und das Thermometer steht weit unter Null. Also Glatteisgefahr! Da könnten sich am Wochenende allerhand Unfälle ereignen. Das spricht eher gegen den Montag, denn dann ist die Praxis womöglich mit Notfällen überlastet. Ein verbindlicher Termin nützt Ihnen dann auch nichts mehr. Wahrscheinlich müssten Sie stundenlang im Wartezimmer hocken. Donnerstag ist die Glatteisgefahr vielleicht schon gebannt. Andererseits ist am Mittwoch immer geschlossen. Das bedeutet, dass es donnerstags bei der Ärztin sowieso recht voll ist. Da ist die Frau Doktor womöglich genervt. Außerdem haben Sie am Donnerstag frei, da könnte man ja mal wieder mit den Kindern zum Schlittschuhlaufen an den See fahren.

Na, fallen Ihnen noch weitere Gründe ein, weswegen Montag so gut oder schlecht wie Donnerstag ist? Sie sehen die Crux: Das rein sachliche Analysieren lässt sich endlos weiterspielen. Irgendwie müssen Sie ein Ende finden. Doch wann brechen Sie das logische Abwägen ab und entscheiden sich trotz aller Unwägbarkeiten für

einen der Termine? Die Logik allein kann nicht bewerten und damit eine Entscheidung herbeiführen. Dennoch fällt es uns bei den meisten, viel vertrackteren Fragen im wirklichen Leben überhaupt nicht schwer, eine Entscheidung zu treffen. Welchen Ihrer Verehrer würden Sie erhören: Den blonden mit dem Mercedes oder den mit der Halbglatze und der Yacht? Der Blonde kocht ja so gut, aber der andere raucht nicht. Dafür isst der Nichtraucher immer kalte Ravioli aus der Dose und trägt Boxershorts. Die sind so unerotisch. Andererseits hat der mit der Halbglatze die bessere Figur ...
Sie müssen die vielen, vielen Argumente bewerten, müssen eine Auswahl treffen. In Windeseile spielen Sie die verschiedenen Möglichkeiten in Ihrem Gehirn durch. Und jetzt wird es interessant: Ihr Körper setzt, ob Sie wollen oder nicht, einen unbewussten Mechanismus in Gang. Während Sie in Gedanken versunken sind, haben Sie stets auch ein bestimmtes Körpergefühl. Wenn Sie zurückdenken, können Sie sich sicher an eine Menge Szenarien erinnern, die ein unangenehmes oder auch ein angenehmes Gefühl in Ihrer Magengegend hinterlassen haben. In der Arztpraxis werden Sie erfahrungsgemäß in eine peinliche Situation geraten, wenn Sie nicht in angemessener Zeit zu einem Entschluss kommen. Ihre »Magengrube« hilft Ihnen, das zu vermeiden. In vielen Alltagssituationen bemerken wir diese Gefühle gar nicht, denn oft bleibt der Körper bescheiden im Hintergrund. Dennoch verknüpft Ihr Gehirn alle Situationen, die Sie erleben, mit dem gleichzeitig vorhandenen Gefühl. Und genau das ist es, was Ihnen hilft, Entscheidungen zu treffen: Ihr »Gefühls-Erfahrungsschatz« weist Ihnen den Weg. [2]

Das Ende der Vernunft

Das Beispiel mit dem Arzttermin verdeutlicht die Grenzen der reinen Vernunft: Sie braucht sozusagen eine »ordnende Hand«. Und diese Aufgabe übernehmen unsere Gefühle. Sie ordnen die Entscheidungen an, sagen dem Verstand, was zu tun ist. Ohne Körperempfindungen könnten wir Situationen gar nicht »vernünftig« bewerten. Die Frage ist nun, wie Verstand und Gefühl miteinander verdrahtet sind.

Biologisch gesehen könnte das so funktionieren: Die körperliche Empfindung in einer bestimmten Situation, zum Beispiel der Blutandrang zum Kopf beim »Erröten«, setzt eine Art Marke. Diese Marke speichert der Körper ab, um sie im Wiederholungsfalle wieder zu aktivieren. Und daran orientieren wir uns automatisch und unbewusst bei anstehenden Entscheidungen.
Beschleicht Sie jetzt ein unangenehmes Gefühl in der Magengrube, weil Sie dieser Erklärung skeptisch gegenüberstehen? Oder durchfluten Sie eher angenehme Empfindungen, weil Sie schon immer der Meinung waren, dass Gefühle wichtig sind? In beiden Fällen hat Ihnen Ihr Körpergefühl solch einen »Marker« verpasst und in Ihrem Gehirn abgespeichert. Damit der Verstand aus den vielen alltäglichen Entscheidungsmöglichkeiten überhaupt sinnvoll auswählen kann, muss er auf jeden Fall eng mit dem Gefühl zusammenarbeiten. So kam der Neurologe Damasio auf die Idee, das gute oder ungute Gefühl in der Magengegend »somatischer Marker« zu nennen.[2] »Soma« ist das griechische Wort für Körper. Ohne diesen Marker ist sinnvolles, zum Überleben notwendiges Entscheiden nicht möglich. Aber was brachte Damasio auf die kühne Idee, das jahrhundertealte kartesianische Dogma der abendländischen Philosophie buchstäblich aus den Angeln zu heben?

Der Mann, der seine Gefühle verlor

Als Neurologe hatte Damasio ein vitales Interesse an Patienten, deren Gefühlsleben durch Hirnverletzungen gestört war. Einer seiner Patienten, nennen wir ihn Elliot, litt an einem gutartigen Hirntumor, der zum Glück erfolgreich operiert werden konnte. Dennoch hatte die Geschwulst Elliots Leben auf subtile Weise zerstört. Vorher ein hochqualifizierter Wirtschaftsfachmann, versagte er plötzlich im Beruf und wurde arbeitslos. Seine Ehe scheiterte, und er verlor durch extrem unkluge Spekulationen sein Vermögen. Schließlich lebte er in der Obhut eines seiner Geschwister, unfähig zu eigenverantwortlichem Handeln.
Auf den ersten Blick fügte Elliot sich unauffällig in seine Umwelt ein und schien keinerlei Probleme zu haben. Deshalb sollte ihm die

Invalidenrente gestrichen werden. Auch auf Damasio machte er nach seiner Hirnoperation zunächst einen völlig normalen, ja sogar überdurchschnittlich intelligenten Eindruck. Damasio konnte sich mit seinem Patienten über Gott und die Welt unterhalten. Elliot kommentierte aktuelle politische Themen mit geistreicher Ironie, er hatte ein gutes Gedächtnis, er konnte sich hervorragend konzentrieren und ermüdete nicht vorzeitig. Das einzig bemerkenswerte war ein gewisse emotionale Zurückhaltung. Kurzum: Vor dem Neurologen saß ein scheinbar ganz normaler Mensch.

Tatsächlich war Elliot aber arbeitsunfähig. Schon an ganz simplen Aufgaben scheiterte er. So war er nicht in der Lage, Unterlagen nach kurzer Beurteilung in die Akten abzulegen. Stundenlang wog er die Vorteile bestimmter Sortierkriterien ab: Sollte er die Papiere unter der Kategorie »Datum« oder doch lieber »Anfangsbuchstabe« einordnen? Oder er begann, die Unterlagen intensiv zu studieren, statt sie abzulegen. Kurz, es erging ihm so wie uns mit dem Entschluss für einen der Arzttermine. Er konnte sich einfach nicht in angemessener Zeit zu sinnvollen Entscheidungen durchringen.

Da Elliots Benehmen keine offensichtlichen nervlichen Störungen erkennen ließ, meinten seine Kollegen, er müsse sich nur ein bisschen zusammenreißen, dann würde es schon wieder. Doch Elliot konnte sich nicht einfach »zusammennehmen«. Hatte die Hirnoperation grundlegende Verhaltensmechanismen zerstört? Waren vielleicht seine geistigen Werkzeuge, zum Beispiel das Gedächtnis, auf fast unmerkliche Weise beschädigt? Psychologische Tests ergaben: Nichts von alledem. Noch verwirrender war, dass Elliot auch Test-Szenarien, in denen er Konfliktsituationen lösen sollte, richtig beurteilen konnte und zu sozial angemessenen Entscheidungen in der Lage war.

Und da machte Elliot eine aufschlussreiche Bemerkung: Er wisse zwar genau, wie »man« sich in den gezeigten Situationen zu verhalten habe. Doch müsse er tatsächlich entscheiden, was zu tun sei, würde er es nicht schaffen. Und genau das hatte er ja immer wieder bewiesen. Im realen Leben, außerhalb des psychologischen Labors, versagte Elliot vollkommen! Doch nie zeigte er angesichts seiner persönlichen Katastrophen auch nur den leisesten Anflug eines Gefühls. Ihm stand nur noch die reine Vernunft zur Verfügung. Und obwohl es so schien, als hätten flüchtige Gefühle sein irrationales Handeln diktiert, musste er alle Entscheidungen mit kühlem Kopf getroffen haben.

Den Arzt beschlichen Selbstzweifel: Was genau hatte er denn bis jetzt an Elliots Psyche getestet? In erster Linie doch »nur« seine Intelligenz. Er hatte schlicht »vergessen,« auch Elliots Gefühlswelt zu untersuchen. Und genau die war seinem Patienten offenkundig abhanden gekommen. Vor ihm saß ein Mensch, der sich allein auf seinen logischen Verstand verlassen konnte – und den dieser Umstand völlig lebensuntüchtig machte. Eigentlich hätte Elliot mit seinem glasklaren Intellekt im Beruf wie im Privatleben erfolgreicher sein müssen als je zuvor.

Allmählich wurde dem Neurologen klar, dass die Tumor-Operation bei seinem Patienten den »logischen« Teil des Gehirns von denjenigen Hirnstrukturen abgetrennt hatte, die Gefühle erzeugen. Wie aber war es dann möglich, dass er gefühlsträchtige Situationen, wie Gewaltszenen auf Bildern, sozial angemessen einschätzen konnte? Entscheidend war Elliots Bemerkung, er »wisse«, wie man sich zu verhalten habe. Offensichtlich empfand er keinerlei Abscheu, wenn ihm ein Mord gezeigt wurde, vielmehr gab er wie ein intelligenter Automat die »richtigen« Gefühlsreaktionen wieder, die er alle schon vor seiner Operation erlernt hatte. Seine erworbenen Reaktionsspeicher waren noch intakt, nur hatten sie nach der Operation keinen Einfluss mehr auf die gefühlsverarbeitenden Hirnabschnitte. Daher war Elliot nicht mehr in der Lage, die Situation mit einem »somatischen Marker« zu verknüpfen, der ihm automatisch zu einer richtigen Entscheidung verholfen hätte. [2]

Feuchte Hände

Obwohl Elliot seine diffizile Gefühlswelt verloren hatte, reagierte er völlig normal, wenn es um reflexartige Entscheidungen ging, die dem bloßen Überleben dienen. So aß und trank er ohne lange Überlegungen, und er fuhr, wie jeder von uns, bei plötzlichen lauten Geräuschen erschrocken zusammen. Demnach besitzen wir zweierlei Arten von Gefühlen. Einmal haben wir jene »primären« Gefühle,

die für's nackte Überleben notwendig sind. Sie sind uns angeboren und sorgen dafür, dass wir unseren Hunger und Durst stillen, bei Gefahr flüchten und Schmerzen vermeiden. So ist uns beispielsweise die Angst vor der Dunkelheit oder sehr großen Gegnern angeboren: Vor einem Riesen schrecken wir automatisch zunächst einmal zurück; vielleicht verstecken wir uns sogar. Aber das ist nur der erste, der unbewusste Teil unserer Reaktion. Erst danach kommt unser Bewusstsein mit ins Spiel.
Warum das? könnte man fragen, das Ziel ist doch schon erreicht: Wir überlebten durch eine angeborene Reaktion: »Furcht vor Unbekanntem.« Doch ohne das Bewusstmachen können wir nichts aus dem Vorfall lernen. Die angeborenen Angstgefühle haben uns zwar vor dem Riesen gerettet, doch erst wenn wir unser »primäres« Körpergefühl Angst überwinden und den Riesen bewusst beobachten, können wir seine Schwächen kennen lernen und ihn austricksen. Oder vielleicht feststellen, dass er harmlos ist und ihn als Verbündeten gewinnen.
Die angeborenen »primären« Gefühle können also nicht die ganze Bandbreite unserer emotionalen Verhaltensweisen ausmachen. Sie bilden nur den Grundapparat, die instinktiven Reaktionen. Im Laufe der Evolution wurde unser Gefühlsnetzwerk erweitert. Und nun kommen wir zu der zweiten Art, zu den »sekundären« Gefühlen.
Stellen Sie sich vor, Sie sitzen in einer Kneipe. Am Nebentisch räkelt sich Ihr Traumtyp. Angenehme Vorstellungen schießen Ihnen durch den Kopf. Gleichzeitig verändert sich Ihr Körperzustand, die »sekundären« Gefühle schlagen wieder einmal zu: Ihr Herz schlägt höher, Schweiß bricht aus, Ihr Mund wird trocken, Ihre Hände unruhig. Der biologische Grund dafür ist eher unerotisch: Ihr Gehirn sendet Hormone und Nervenimpulse an alle Körperteile. Wann sie was zu tun haben, wissen die grauen Zellen anhand der früher gesetzten somatischen Marker. Unbewusst liest Ihr Gehirn in den »Aktenordnern«, die vorher in ähnlichen Situationen angelegt worden sind. Darin steht, welche Situation gewöhnlich mit welcher Art von Gefühl verknüpft ist. Also beispielsweise Schweißausbrüche und Herzrasen beim Anblick blonder, grünäugiger, breitschultriger Männer.

Vielleicht ist es Ihnen egal, ob Ihre »primären, angeborenen« oder Ihre »sekundären, erworbenen« Gefühle Ihre Hände gerade zum Schwitzen oder Ihr Herz zum Rasen gebracht haben. Und selbst wenn Sie es wissen wollten, es wäre unmöglich zu erkennen. Unser Körper hat für beide Gefühlsarten nur einen einzigen Sendekanal bewilligt. Beide senden im »Ersten Programm«. Und so ist leider auf den ersten Blick nicht zu erkennen, welche Art von Gefühlsregung uns gerade beutelt. Fest steht nur, dass wir beide brauchen. Denn ohne unsere Basisausstattung an »primären« Gefühlen könnten wir niemals »sekundäre« Gefühle entwickeln. Und ohne die zweite Garnitur könnten wir niemals unseren Horizont erweitern, lernen und überhaupt Mensch sein. Wie sonst sollten wir jemals so erhabene Ziele wie Altruismus entwickelt haben? Wie wollten wir Mitleid empfinden oder Hoffnung? Wie könnten wir eine Jahre dauernde Ausbildung unter zweifelhaften Bedingungen und mit ungewissem Ausgang durchhalten, wenn wir nicht über unser auf direkte Lusterfüllung zielendes Triebleben hinausdenken könnten? Und vielleicht würden wir uns nie auf das Thema Sex einlassen, würden positive Gefühle zu Kindern, Ehe und Familie nicht fest in unserem Hinterkopf verankert sein. [2, 73]

Wozu Männer?

Und da haben wir den Salat. Wenn also Fortpflanzung nur ein reflexhafter Trieb wäre, ein »primäres« Gefühl, dann hätten wir keine Probleme damit. Wir würden instinktiv reagieren, uns nichts dabei denken, auf und nieder – und fertig ist die Sache. Ist sie aber nicht. Denn von Kindesbeinen an entwickeln sich eine Menge dieser lästigen »sekundären« Gefühle drumherum: »Mit Mädchen spiel' ich nicht«, »Jungs sind doof«, so oder ähnlich lauten die ersten Marker in Sachen Beziehungskiste. Und wenn wir das »Teenie-Erste-Liebe-Alter« mit seinen ganz andersartigen primären Gefühlen erreicht haben, geben Eltern und andere Erwachsene ungefragt noch weise Ratschläge dazu. Und weil uns das unendlich peinlich ist, wird ein Marker für Gefühle der zweiten Art abgespeichert.

Unsere Gefühlswelt ist der Grund, warum wir oft so zerrissen sind zwischen den »lieben Trieben« und der nüchternen Vernunft. Ohne diese Gefühle würde Barbara vielleicht noch mit Boris zusammenhausen, Dreiecksverhältnisse wären unbekannt oder völlig normal, und wir würden bei der Partnerwahl nur den »reinen« Verstand walten lassen. Offenbar hielt Mutter Natur dies für keine gute Idee. Glaubt man den Evolutionsbiologen, dann bedarf es der Paarung mit ihrem aufwendigen Balzverhalten, um neue, höher entwickelte Arten hervorzubringen. Dabei nahm sie auch den Beziehungskisten-Stress billigend mit in Kauf.
Vielleicht würden wir immer noch auf den Bäumen hocken, hätten sich unsere Vorfahren nicht zum Sex herabgelassen. Lebewesen, die sich ungeschlechtlich vermehren, bringen ja (fast) nur Nachwuchs hervor, der ihnen aufs Haar gleicht. Alle »Kinder« haben die gleichen Gene. Genetisch identischer Nachwuchs ändert sich viel langsamer – durch gelegentliche Mutationen, die noch dazu meist ungünstige Folgen haben. Bei der sexuellen Vermehrung werden dagegen die Gene von zwei verschiedenen Lebewesen kräftig durcheinandergemischt. Soweit die Theorie – und wie sieht die Praxis aus?
Mal ehrlich: Berücksichtigen Sie als aufgeklärter Mitteleuropäer gewissenhaft die genetische Ausstattung möglicher Nachkommen, wenn Sie das Objekt Ihrer Begierde vermittels sorgfältig ausgearbeiteten Balzverhaltens anlocken, um schließlich zur innigen Verschmelzung zu gelangen? Oder ist es nicht eher so, dass Sie das alles in dieser Situation nicht die Bohne interessiert? Und, falls Sie stolze Eltern sind – wurde der Herstellungsprozess Ihrer Sprösslinge etwa aus den oben dargelegten Gründen betrieben? Ob sich aus unseren Nachkommen im Laufe der Evolution neue, bessere Menschen entwickeln, können wir ohnehin nicht überblicken. Wie auch, mit unserer beschränkten Lebensspanne? Mit etwas Glück können wir uns gerade mal die Urenkel auf den Schoß setzen.
Bleibt immer noch die Frage: Wozu Sex? Welche erkennbaren Vorteile hatte die umständliche sexuelle Fortpflanzung für die Spezies Mensch? Wozu der »tierische« Aufwand bei der Partnersuche? Immerhin kann das durchaus ins Auge gehen. Man denke nur an den klassischen Sturz von der Leiter beim »Fensterln«. Oder das männliche Imponiergehabe, das schon mal in einer Geisterfahrt auf

der Autobahn gipfeln kann – die alltäglichen Gefahren der Liebe haben schon manchen Kopf und Kragen gekostet. Und noch einen weiteren Schönheitsfehler hat die hübsche Theorie von der Vielfalt des Lebens durch sexuelle Fortpflanzung. Sie erklärt nicht, weswegen der Sex entstand. Wozu zwei Geschlechter? Unsere Gene könnten wir auch durch ungeschlechtliche Vermehrung an die Kinder weitergeben. Das hätte erhebliche Vorteile: Keine Mutter müsste mehr befürchten, ihr Sohnemann könnte den frühzeitigen Haarausfall des Herrn Papa erben. Und überhaupt: Sind Frauen in Beziehung Vermehrung nicht ungleich wichtiger als Männer?

Aber lieb sind sie doch ...

Über Männer kann man geteilter Meinung sein. Nach einem eher bescheidenen Beitrag zur Arterhaltung scheint ihre Funktion weitgehend erschöpft. Natürlich messen einige Industriezweige, deren Angebot Sportlenkräder, Spoiler und 12-Zylinder-Motoren umfasst, dieser Sorte Mensch einen ganz anderen Stellenwert bei. Schließlich leistet sie einen erheblichen Beitrag zum Bruttosozialprodukt. Einige Anthropologen wollen diese Art von Nutzen jedoch nicht gelten lassen. Da Männer keine Kinder bekommen können, seien sie eigentlich überflüssig. Schließlich kennt man etwa 1000 Tierarten, darunter viele Echsen und Fische, die auf die männliche Spezies verzichten. Die Eizellen der Weibchen entwickeln sich auch ohne Befruchtung zum Embryo, was diesem Phänomen den Namen »Jungfernzeugung« einbrachte. [12, 77]
Chauvis dürfen sich mit der Tatsache trösten, dass zumindest Eidechsen eine Pseudokopulation brauchen: Die Weibchen können erst dann entwicklungsfähige Eier legen, wenn ein anderes Weibchen das Paarungsverhalten der entsorgten Männchen nachahmt. Hat ein Weibchen seine Männer-Rolle ausgespielt, kommt das »Bäumchen-wechsel-dich-Spiel«: Nun kann es von einem anderen Weibchen verlangen, ihr gegenüber »Männchen zu machen«. So kommt schließlich jede mal dran und trägt ihr Scherflein zur Arterhaltung bei. [76, 84] Warum aber bleiben diese Echsen nicht beim normalen Sex, warum sparen sie sich die Männchen?

Es ist eine Frage der Bilanz. Denn ohne Männchen, die sich womöglich nicht um die Aufzucht der Jungen kümmern und gerade mal zum Kopulieren taugen, können die Weibchen alle Nahrung, alle Schlafplätze und Verstecke für sich und ihre Nachkommen allein nutzen. Diese Vermehrungsstrategie hat vor allem in unwirtlichen und isolierten Landstrichen Erfolg: dort sind die Ressourcen knapp und können nur eine begrenzte Anzahl von Tieren ernähren. Wo sich die Umweltbedingungen kaum ändern, sind die Mütter mit ihrer genetischen Ausstattung bereits optimal an ihren Lebensraum angepasst – ihre Nachkommen brauchen daher kaum »neue« Erbanlagen, um neuen Herausforderungen zu begegnen. [84]

Und nun kommt der Haken dieses »Matriarchats«: Beim Echsennachwuchs häufen sich die ungünstigen Mutationen und führen dazu, dass die Jungtiere immer lebensuntüchtiger werden. Sie degenerieren, weil fehlerhaftes Erbgut ohne Korrektur weitergegeben wird. Erst wenn die Gene einer zweiten Echse, also eines Männchens, hinzukämen, könnten die fehlerhaften Gene entdeckt und ersetzt werden. So werden viele der Jungechsen nicht einmal mehr geschlechtsreif und sterben, bevor sie sich vermehren konnten. Berechnungen ergaben, dass nach etwa 100.000 Generationen das Aus der Art besiegelt wäre. Also müssen doch gelegentlich mal richtige Echsenmännchen ran. [76, 146]

So halten es die mittelamerikanischen Amazonen-Kärpflinge, nahe Verwandte der jedem Aquarianer bekannten Guppies. Die Amazonen-Kärpflinge sind »Naturbastarde«, sie entstanden durch die Kreuzung zweier nahe verwandter Arten. Nur – sie sind Feministinnen reinsten Wassers, in ihren Reihen dulden sie nur Weibchen. Die Fischforscher staunten nicht schlecht, als sie sich näher mit ihnen befassten. Die Disziplin des Frauenkorps wurde gelegentlich durch männliche Exemplare naher Verwandter untergraben: Sie kopulierten mit Männchen der benachbart lebenden Ursprungsarten. [25] Höhere Ziele, wie die Erhaltung der eigenen Art verlangen Opfer: Zumindest dafür sind Männer erhaltenswert.

Einen in ökonomischer Hinsicht bemerkenswerten Kompromiss fanden gewisse Spinnen: Die Weibchen der Rotrückenspinnen pflegen ihre ohnehin ziemlich kleinwüchsigen Partner nach dem Koitus in zwei von drei Fällen zu verspeisen. So wird der maximale Nutzen aus dem biologisch erforderlichen anderen Geschlecht gezogen. Eine Untersuchung von Maydianne Andrade von der Cornell Universität in New York ergab, dass die Männchen, die schlussendlich verspeist wurden, länger kopulieren durften als jene, die es rechtzeitig schafften, sich zurückzuziehen. Und vor allem pflegten die Weibchen nach einer solchen Mahlzeit keinem weiteren Bewerber die zweifelhafte Chance zur Fortpflanzung einzuräumen. Dadurch kann das männliche »Selbstmord-Gen« erfolgreich weitervererbt werden, so dass auch die weiblichen Nachkommen der Spinne mit einem Extrahappen rechnen dürfen. [147]

Was Männchen alles riskieren, um ihr Sperma an die Frau zu bringen, zeigt der Fall Tiefseeanglerfisch. Das ist ein grauslig anzuschauender Raubfisch, dessen beachtliches Maul mit nadelspitzen Zähnen gespickt ist. Mit einer leuchtenden »Angelrute«, die aus seinem Kopf herauswächst, lockt er in den ewig lichtlosen Tiefen des Ozeans seine Beute an, um sie zu verschlingen. Mit Jungfernzeugung können sich die Weibchen nicht abgeben, denn in diesem extremen Lebensraum ist genetische Vielfalt für den Nachwuchs wichtig. Die Suche nach Partnern in diesen spärlichen Jagdgründen wäre jedoch eine Zeitverschwendung, während der so mancher leckere Bissen vielleicht entwischt. [12, 14, 27]

Um sich und ihren Weibchen in der ozeanischen Finsternis derartigen Stress zu ersparen, brachten die Tiefseeanglerfischmännchen ein edles Opfer: Sie blieben winzig klein – wurden aber besonders treu. Vermittels einer Kralle heften sie sich an eine Fischfrau ihrer Wahl, verwachsen mit ihr und schließen sich an ihren Blutkreislauf an. Mit der gelegentlichen Ablieferung des Spermas scheint die Funktion der »parasitären« Minimänner erschöpft zu sein. [14]

Wenn Mutter Natur die Männchen gelegentlich zu Nachtisch, Call-Boys oder gar zu Parasiten macht, sichert sie nicht nur deren Daseinsberechtigung, sondern es erhebt sich der Verdacht, dass es tatsächlich tiefschürfende Gründe dafür geben muss, den Sex beizubehalten und nur in Ausnahmefällen die Männer abzuschaffen. Aber welche?

Sex als Wurmkur

Auch unserer Gesellschaft sind lesbische Lebensgemeinschaften und parasitäre Männchen nicht fremd. Sie sind aber nicht die Norm. Vielleicht ist deshalb die Spezies Mensch noch nicht ausgestorben, sind unsere Männchen noch nicht zu kleinen Anhängseln verkümmert. Sind wir deshalb als Art so erfolgreich, weil sich die beiden Geschlechter noch immer mit Lust und Tücke der Vermischung ihres Erbguts widmen?

Auch Wissenschaftler machen sich zum Sex so ihre Gedanken. Ende der 70er Jahre schlug der britische Anthropologe William Hamilton eine ungewöhnliche Theorie vor: Die »unerotische«, sprich asexuelle Fortpflanzung erhöhe das Risiko, von Parasiten, Bakterien, Pilzen und Viren als Nistplatz und ergiebige Futterquelle missbraucht zu werden. [1] Sex als Antibiotikum!? Der Gedanke ist nicht ganz so abwegig, wie er auf den ersten Blick erscheint. Denn um zu überleben, müssen wir nicht nur mit unseren »äußeren« Feinden und Konkurrenten fertigwerden, die uns auffressen oder uns das Obst wegmümmeln wollen. Wir müssen auch unseren »inneren« Feinden Paroli bieten, den Parasiten, Viren und anderen Krankheitskeimen. Gegen sie brauchen wir möglichst scharfe und schnelle Abwehrwaffen.

Die wichtigste Waffe ist unser Immunsystem. Seine Aufgabe ist jedoch nicht immer leicht, denn sind Parasiten und Krankheitskeime erst einmal erfolgreich in den Körper eingedrungen, fangen sie an, sich sehr rasch zu vermehren, um unserem Immunsystem zuvorzukommen. Hat es die Krankheitserreger, wie zum Beispiel Masernviren, erkannt und unschädlich gemacht, ist die Gefahr in Zukunft gebannt: Wir sind nun gegen Masern immun und erkranken nicht wieder daran. Aus der Sicht der Viren geht ein ganzer Lebensraum verloren, und sie müssen sich schleunigst ein neues, noch unvorbereitetes Opfer suchen.

Andere Krankheitserreger sind da viel hartnäckiger und fintenreicher: Sie wechseln fortwährend ihr Aussehen, indem sie untereinander Gene austauschen. So verschaffen sie sich ein neues »Outfit« oder neue »Waffen«. Grippeviren ändern ihre Erkennungsmerkmale etwa alle 10 Jahre. Für unser Immunsystem bedeutet dies, dass

es sich ständig etwas gegen die neuen Tarnanzüge der Angreifer einfallen lassen muss. Normalerweise hat es genügend Tricks auf Lager, um auch vermummte Angreifer dingfest zu machen, doch alles hat seine Grenzen. Und daher sind wir auf Gedeih und Verderb der Schlagkräftigkeit unserer Abwehrkommandos ausgeliefert. [26]
Woher bekommen wir ein möglichst gutes Immunsystem? Wenn Sie jetzt auf Frischzellenkuren und Mistelextrakte setzen, liegen Sie leider falsch. Die Möglichkeiten und Grenzen unserer Körperabwehr sind durch unsere Erbanlagen längst vorgegeben. Wir müssen handeln, bevor das Kind in den Brunnen gefallen, sprich gezeugt ist. Das Beste, was Eltern ihren künftigen Kindern antun können, ist, ihnen eine besonders gelungene und »fitte« Mischung ihrer beiden Immunsysteme mitzugeben. Dafür brauchen wir den Sex, und deswegen gibt es ihn noch immer. Und für gesunden Nachwuchs, ein Ziel das alle Eltern erstreben, ist das bisschen Bewegung doch wirklich nicht zuviel verlangt!
Sexuelle Fortpflanzung vermindert die Wahrscheinlichkeit, dass Schädlinge, die der Elterngeneration noch zu schaffen machten, auch den Nachkommen arg zusetzen. Denn das neu gemischte Immunsystem solchermaßen erzeugten Nachwuchses unterscheidet sich deutlich vom Immunsystem ihrer Eltern. Das gibt den Krankheitskeimen harte Nüsse zu knacken. In jüngster Zeit haben sowohl Computersimulationen als auch Beobachtungen in der Natur William Hamiltons Hypothese vom Sex als Medizin erhärtet. Wir müssen uns wohl damit abfinden: Der Sex ist vor allem dazu da, um Mikroben, Pilze und Würmer in Schach zu halten. [1, 4-9, 26]
Das glauben Sie nicht? Welche Folgen ungeschlechtliche Vermehrung in besonders ungünstigen Fällen haben kann, sieht man an modernen Land- oder Forstwirtschaftsmethoden: In Monokulturen haben alle Pflanzen beinahe die gleichen Gene und somit das gleiche »Immunsystem«. Außerdem steht eine große Familie mit vielen »Geschwistern« dicht beieinander. Hat ein Pflanzenschädling, sagen wir ein Käfer, die Abwehrmechanismen einer Pflanze geknackt, winkt ihm reiche Beute. Nun ist das natürlich auch schon den Saatgutzüchtern aufgefallen. Sie züchten ständig neue Sorten mit verbesserter Abwehr, zum Beispiel Mais, der ein Gift gegen

Käfer herstellt. Anfänglich klappt das auch, und der Befall geht zurück. Aber weil die lieben Krabbeltiere dank der sexuellen Fortpflanzung über einen riesigen Bestand an unterschiedlichen Genen verfügen, können sie der List der Landwirte entgehen: In der millionenstarken sechsbeinigen Genbank findet sich auch mal eine Genkombination, die den Käfer immun gegen das Gift macht. Der Besitzer dieser Gene gedeiht prächtig und gibt seine Immunität an den Nachwuchs weiter.

Immer noch nicht überzeugt? Denken Sie vielleicht, dass das für Mais- und Weizenäcker wohl zutreffen mag – aber der Mensch habe doch Apotheken voller Arzneimittel zur Hand. Tatsächlich haben Antibiotika und verbesserte Hygiene vielen Krankheiten ihren Schrecken genommen. Zudem haben wir mit dem Impfen eine weitere Waffe gegen Infektionen und Seuchen in der Hand. Mit dem Resultat, dass heute niemand mehr an Pocken stirbt und dass die noch in den 50er Jahren (!) so gefürchtete Kinderlähmung fast völlig verschwunden ist. Trotzdem sind wir nicht unbesiegbar geworden – im Gegenteil.

Wir haben offenbar vergessen, dass die Spezies Mensch seit jeher von Keimen und Ungeziefer aller Art bedroht war. Nur wer mit ihnen fertig wurde, konnte überleben, sich fortpflanzen und seinen Nachkommen ein anständiges Immunsystem vererben. Das gilt auch noch heute, obwohl die Gefahr, einen gefährlichen Keim oder Eingeweidewurm zu erwischen, in unseren Breitengraden nicht mehr so groß ist wie früher. Aber wehe, wenn uns das Reisefieber packt! Nicht nur sonnige Strände erwarten uns in tropischen Gefilden, auch Amöben, Würmer und Geißeltierchen harren dort ihrer Opfer. Besonders häufig im Angebot: Die Amöbenruhr – eine von heftigen Darmkoliken begleitete Durchfallerkrankung. Die Weltgesundheitsorganisation (WHO) schätzt die Zahl der weltweit Infizierten auf 500 Millionen, d. h., jeder zehnte Mensch auf dieser Welt leidet darunter. 40 bis 50 Millionen erkranken und 40.000 bis 100.000 Menschen sterben jährlich daran. Von der berüchtigsten aller durch Parasiten hervorgerufenen Krankheiten, der Malaria, werden jedes Jahr sogar 110 Millionen Menschen befallen, von denen nach vorsichtigen Schätzungen mindestens 1 Million sterben, zumeist Kinder.[85]

Vom ewigen Kampf der Geschlechter

Nicht nur Parasiten und ihre Wirte, auch Männlein und Weiblein leisten sich einen Wettlauf um die besten Gene. Sie wollen sich zwar miteinander fortpflanzen, doch besetzen sie oft genug unterschiedliche ökologische Nischen. So nähren sich weibliche Stechmücken vom Blut ihrer Opfer, während sich die vegetarischen Männchen mit Blütennektar bescheiden. Dafür brauchen sie eine etwas andere genetische Ausstattung.

Auch dann, wenn keine Unterschiede sichtbar sind, sind nicht alle Genvarianten gleichermaßen für beide Geschlechter vorteilhaft. Die Fitness von männlichen Fruchtfliegen litt, wenn ihnen im Labor bestimmte Gene eingekreuzt wurden, die den Weibchen besondere Widerstandskraft verlieh. In der Natur wären diese Männchen alsbald der natürlichen Auslese zum Opfer gefallen. Deshalb haben Männchen ein Interesse daran, andere Genversionen zu vererben, als ihre Weibchen.

Aber bereits beim Vorgang der Befruchtung verfolgen Männchen und Weibchen – so paradox es klingen mag – unterschiedliche Ziele. Die Herren wollen, dass die Eizelle von einem ihrer Spermien, und nicht etwa von dem der Konkurrenten befruchtet wird. Die Damen dagegen müssen sicherstellen, dass ihre Eizelle nur von einem einzigen Spermium befruchtet wird, und nicht etwa von mehreren. Denn eine Mehrfachbefruchtung würde zum Absterben des Eis führen. Daher hat man bei mehreren Arten bereits eine Art »chemische Kriegführung« zwischen dem Sperma und den weiblichen Sekreten im Geschlechtstrakt der Weibchen nachgewiesen. [18-21]

Von Fruchtfliegen zum Beispiel weiß man, dass die Samenflüssigkeit der Männchen Gifte enthält, die das Weibchen dazu bringen, besonders viele Eier zu legen und zudem nach der Befruchtung und der Eiablage vorzeitig zu sterben. Außerdem enthält die Flüssigkeit Stoffe, die dem Weibchen die Lust an weiteren Paarungen sofort verderben. So kann das Männchen sicherstellen, dass nur seine Gene zum Zuge kommen. Dieser sexuelle Konflikt ist offenbar eine wichtige Triebkraft der Evolution. Denn wenn bestimmte Sexualpartner bevorzugt werden, so wird sich die genetische Ausstattung der Art zu deren Gunsten verändern. [21]

Und beim Menschen? Zwar scheinen die Unterschiede zwischen den Geschlechtern eher in der Frage zu gipfeln, ob Fußball oder der Spielfilm angeschaltet werden soll. Aber es gibt ja durchaus genetische Unterschiede zwischen Mann und Frau. Nicht nur solche, die unmittelbar mit der Fortpflanzung verbunden sind. Beispielsweise im Knochenbau. Männer sind eben größer und kräftiger als Frauen. Dies hat aber weniger etwas mit der »Beschützerrolle« und dem kriegerischen Instinkt, der Männern gerne zugeschrieben wird, zu tun, als vielmehr mit der Arbeitsteilung: Untersuchungen an fünf nordamerikanischen Indianervölkern zeigten, dass die Unterschiede in der Skelettstruktur zwischen Mann und Frau umso größer waren, je mehr der Stamm von der Jagd abhängig ist. Lebten die Rothäute dagegen hauptsächlich vom Ackerbau, und beackerten gemeinsam die Felder, sind die körperlichen Differenzen zwischen den Geschlechtern weitaus geringer. [65]

Parasiten sind jedoch beileibe nicht auf tropische Regionen beschränkt. So werden immerhin 10 bis 20 Prozent aller europäischen Frauen von Trichomonaden befallen, Einzellern, die einen eitrigen Scheidenausfluss hervorrufen. Und wie gefährlich Viren sein können, hat uns AIDS gelehrt. Das AIDS-Virus verfolgt eine besonders heimtückische Strategie. Es legt unser gesamtes Immunsystem so lahm, dass unser Körper noch keine Gegenstrategie entwickeln konnte. Nach jahrelangen, teuren Forschungen sind wir dem Virus noch immer schutzlos ausgeliefert. Trotz aller medizinischen Fortschritte: Wir sind auf ein leistungsfähiges Immunsystem angewiesen. Selbst in unserer »keimfreien« Umwelt ist es überlebenswichtig. Ein schlagkräftiges Abwehrsystem aber bildet sich nur aus gut gemixten Erbanlagen. Daher der ganze Aufwand mit dem Sex. [8, 9, 23, 85]

Stellt sich nur noch die Frage: Sex mit wem? Alle, die gerade mit einem Lustobjekt gesegnet sind, können da nur milde lächeln. Für viele Singles ist dies aber eine entscheidende Frage. Nicht nur, dass man im AIDS-Zeitalter bei der Wahl seines Bettgenossen ein gewisses Maß an Vorsicht walten lassen muss, die Auswahl ist auch gar nicht so groß. Nicht jeder der will, kann, und nicht jeder der kann, will auch. Und schließlich nehmen wir ja auch nicht jeden, der will und kann. Aber halt, warum eigentlich nicht? Wie kommt es, dass wir uns nicht in jedermann verlieben? Das würde doch die Durchmischung der Erbmasse ganz unwahrscheinlich fördern? Doch gerade das verwehrt uns Mutter Natur, indem sie dieses rätselhafte Gefühlsleben dazwischengeschaltet hat. Wie immer, wenn Gefühle im Spiel sind, ist die Erklärung verzwickt. Und deswegen müssen wir ein bisschen weiter ausholen und laden Sie zu der, zugegebenermaßen etwas skurrilen, Entdeckungsreise unseres »sexten« Sinnes ein.

Der sexte Sinn

Wir schreiben das Jahr 1963. David Berliner, ein junger Wissenschaftler der Universität Utah, steht in seinem Labor und kratzt das schmierige Innere von Gipsverbänden ab. Er hat viel zu tun, Utah ist ein beliebtes Wintersportgebiet, und daher mangelt es nicht an Knochenbrüchen. An den Innenseiten abgelegter Gipsbeine haften – vornehm ausgedrückt – Hautreste, aus denen Berliner Extrakte herstellt. Die eher unappetitliche Arbeit macht ihm zunehmend Spaß: Aus einem unerklärlichen Grund verbessert sich seine Laune, sobald er im Labor arbeitet. Auch seine Mitarbeiter sind so gut drauf wie schon lange nicht mehr, selbst verbissene Chemiker-Mienen tauen plötzlich auf. Dieser unerwartete Stimmungsumschwung kann unmöglich an ihm selbst liegen; die Ursache muss irgendeine Veränderung im Labor sein. Berliner verdächtigt seine Reagenzgläschen, denn er hat sie offen im Labor herumstehen lassen. Um die Probe aufs Exempel zu machen, verschließt er die Proben – und schon muffelten die Kollegen wieder herum.
Diese aufregende Beobachtung verlangte zwar eine schnellstmögliche Aufklärung, aber leider hatte Berliner andere Verpflichtungen. Erst gut 25 Jahre später, 1989, holte er seine Hautextrakte wieder

aus der Tiefkühltruhe. Und als er sie öffnete, stieg auch die Stimmung wieder – der Effekt war erhalten geblieben. Wenn also irgendwelche Substanzen in den Extrakten wirksam waren, so mussten sie flüchtig sein. Denn schließlich hatte niemand seine Nase direkt in die Probefläschchen gesteckt. Das Verblüffendste aber war: Die meisten rochen nach rein gar nichts! [34]
Berliner wusste natürlich, dass beispielsweise Hunde mit Düften kommunizieren, die wir Menschen einfach nicht riechen können, und dass das Erschnupperte merkliche Änderungen des Sozialverhaltens bewirkt. Ausdünstungen einer läufigen Hündin ziehen die Rüden nicht nur unwiderstehlich an – sie schalten auch den Sexualtrieb ein. Am Geruch des Urins erkennt ein Hund nicht nur, ob er eine Hündin oder einen Rüden vor sich hat, sondern auch, ob es ein Jungtier oder ob die Hundedame läufig ist. An den Duftmarken erkennt er auch, wer vor ihm da war. Und schließlich braucht er weder einen Artgenossen, noch dessen Hinterlassenschaft direkt vor der Nase zu haben, denn er riecht ihn im wahrsten Sinne des Wortes »10 Meilen gegen den Wind«. Der Geruch ist für den Hund wie ein individueller, unverwechselbarer Personalausweis.
[72, 92, 93, 130]

Liebesfallen

1959 gaben die Biochemiker Peter Karlsson und Martin Lüscher diesen chemischen Signalen der Liebe die Bezeichnung »Pheromone«. [88] Sie erforschten damals das Sexualleben der Insekten. Schmetterlingsweibchen senden Pheromone aus, um Männchen aus großer Entfernung zwecks Paarung anzulocken. Praktisch veranlagte Schmetterlingsjäger nutzten die Anziehungskraft von Seidenspinnerweibchen schon im 19. Jahrhundert, ohne etwas von der Existenz der Lockstoffe zu wissen: Sie setzten einfach eine Nachtfalterdame in einen Käfig und warteten ab. Die Männchen kamen in Scharen; oft mehr als 100 in einer einzigen Nacht. [13]

Die von den Seidenspinnerweibchen ausgesendeten Duftstoffe wirken bereits in winzigsten Mengen. Meist genügen wenige Hundert Moleküle, um die Männchen aus kilometerweiter Entfernung losschwirren zu lassen. Etwa um die gleiche Zeit wie Lüscher und Karlsson kam der deutsche Biochemiker und Nobelpreisträger Adolf Butenandt dem Lockstoff des Seidenspinners auf die Spur. Er nannte ihn Bombykol, da die Nachtfalter lateinisch Bombyx mori heißen. 1961 hatte er das Bombykol im Labor »nachgebaut« und getestet. Damit war der Beweis erbracht, dass sich die Seidenspinner »chemisch«, mit Hilfe von Pheromonen, unterhalten. [70]

Pheromone können verschiedene Rollen übernehmen: Sie dienen als Sexuallockstoffe, Alarm- und Versammlungsstoffe, als Markierungen oder zum Spurenlegen. Die Lockstoffe werden seit Jahren in der biologischen Schädlingsbekämpfung eingesetzt. Erinnern Sie sich an die seltsamen Röhren oder Kästen, die in vielen Wäldern hängen? Das sind Pheromonfallen, die mit den weiblichen Sexuallockstoffen von Schadinsekten, wie zum Beispiel dem Borkenkäfer, präpariert sind. Die Männchen dieser Schädlinge werden von den Fallen unwiderstehlich angezogen, weil sie dort Weibchen vermuten. Statt des erhofften Schäferstündchens erwartet sie aber nur eine klebrige Leimtafel. Eine andere Strategie setzt auf Verwirrung: Im gefährdeten Gebiet, zum Beispiel in den Weinbergen, werden mehrere Pheromon-Verdampfer verteilt. Die Männchen fliegen von Falle zu Falle und geben schließlich erschöpft auf. Das Prinzip beider Taktiken ist das gleiche: Die meisten Weibchen bleiben unbefruchtet und die nächste Schädlingsgeneration zumeist erfreulich klein. [72]

Was der Mensch listenreich ersann, benutzen Spinnen schon lange zum Nahrungserwerb. Bolaspinnen sparen sich die Mühe mit dem Netzbau. Um Opfer zu »leimen«, stellen sie aus ihrer Spinnseide eine klebrige Kugel her. Mit einem Faden hängen sie diese Kugel an einen zweiten, horizontal gespannten Faden. Mit ihren Vorderbeinen ergreift die Spinne nun die Bola, die sie wie ein Lasso werfen kann und lauert nachts auf Beute. Da sie aber nicht ewig auf Futter warten will, hilft sie nach: Sie sendet einen Stoff aus, der das Sexualpheromon ihrer Lieblingsspeise, eines Nachtfalters, perfekt nachahmt. Sobald das getäuschte Nachtfaltermännchen in ihrer Nähe ist, erwartet ihn kein liebeshungriges Weibchen, sondern eine gefräßige Spinne, die ihr klebriges Fanggerät auf ihn schleudert. *Vae victis*! [72]

Der Geruch von Liebe und Angst

Könnte es ähnliche Mechanismen beim Menschen geben? Immerhin können wir manche Zeitgenossen einfach nicht riechen, während wir uns in der Nähe anderer wohl fühlen, ohne einen besonderen Grund dafür nennen zu können. Dabei spielt es keine Rolle, ob der Betreffende seinen Körpergeruch mit Deo neutralisiert hat oder nach Kölnisch Wasser »duftet«. Und hatten nicht auch die geheimnisvollen Hautextrakte von David Berliner einen Stimmungsaufschwung zur Folge? Enthielten sie etwa womöglich sogar Wirkstoffe, die den Sexuallockstoffen der Hunde und den Pheromonen der Käfer ähneln?

Wenn Berliners Reagenzgläschen menschliche Lockstoffe enthielten, dann musste er herausfinden, wie wir sie wahrnehmen. Seit langem weiß man, dass auch Säugetiere über Pheromone kommunizieren. Manche Pheromone werden über eine winzig kleine Öffnung in der Nase wahrgenommen, dem Jacobson'schen Organ. [56, 72, 89] Berliner suchte seinen Kollegen, den Neuroanatomen Larry Stensaas auf, der ebenfalls an der Universität von Utah arbeitete. Stensaas war seit langem fasziniert von der Tatsache, dass ein derartig unscheinbares Sinnesorgan den Sexualtrieb der Tiere kontrollierte. Nur beim Menschen bezweifelten die Experten die Existenz eines funktionierenden Jacobson'schen Organs.

Zwar hatte bereits 1703 der holländische Arzt Frederick Ruysch die beiden unauffälligen Öffnungen des Jacobson'schen Organs in der unteren Nasenscheidewand von Erwachsenen beschrieben. [31] Dann kam das Jahr 1934. S. Pearlman veröffentlichte in einer medizinischen Fachzeitschrift eine Zusammenfassung über dieses geheimnisumwitterte Sinnesorgan, das übrigens auch Vomeronasalorgan, kurz VNO genannt wird. Darin berief er sich auf die anatomischen Tafeln des berühmten deutschen Arztes Rudolf Albert von Kölliker von 1877, die angeblich zeigten, dass das VNO beim Erwachsenen zurückgebildet sei. Nur beim Embryo sei es noch vorhanden. [87]

Nur: Pearlman hätte von Köllikers Arbeit etwas genauer lesen sollen. Denn darin stellt von Kölliker das VNO beim Erwachsenen in vollster Schönheit dar. [29] Da Pearlmans Artikel von den Medizinern der Originalliteratur vorgezogen wurde, verschwand das VNO in den dreißiger Jahren sang- und klanglos aus den anatomischen Tafelwerken. [30] Stensaas fand 1991, dass alle Erwachsenen über ein VNO verfügen, andere Forscher fanden es zumindest in einigen der untersuchten Personen. [91, 563, 569] Und mittlerweile haben die Forscher auch funktionierende Sinneszellen im VNO entdeckt. [566] So weit so gut. Doch hatte es eine Funktion? Sandte es wirklich Signale zum Gehirn? Oder war es nichts weiter als ein verkümmertes Relikt aus vergangenen Zeiten, in denen der Geruchssinn beim Menschen noch eine ähnlich große Rolle spielte wie beim Hund? Zusammen mit ihrem Kollegen Luis Monti-Bloch entwickelten Berliner und Stensaas eine Versuchsapparatur, die die mutmaßlichen Pheromone der Hautextrakte direkt auf das VNO leiten sollte. Sie platzierten zwei feine Elektroden, umgeben von dünnen Plastikschläuchen, in die winzigen VNO-Öffnungen eines Freiwilligen. Durch die Schläuche wurden die Testsubstanzen dann direkt auf das VNO geblasen. Ein Computer zeichnete die Reaktionen des VNO auf, die am Monitor als »Elektrovomeronasogramm« beobachtet werden konnten. Und siehe da, sobald die geheimnisvollen Substanzen, von denen – wohlgemerkt – die meisten nach nichts rochen, in die Vertiefungen in der Nasenscheidewand strömten, füllte sich der ganze Monitor mit hektischen Ausschlägen!

Wenn diese Stoffe wirklich Pheromone waren, dann müssten sie nicht nur die Sinneszellen im VNO anregen, sondern auch messbar in die Körperfunktionen eingreifen. [32, 33, 35] Denn schließlich stimulieren auch einige weit verbreitete Duftstoffe, wie Amylacetat aus dem Aroma von Birnen und Bananen, die Sinneszellen des VNO. Und dass ausgerechnet Bananen Pheromonwirkungen beim Menschen entfalten sollten, ist doch eher unwahrscheinlich. [570]

Weitere Versuche mit den mutmaßlichen Pheromonen zeigten: Berliners Substanzen aus den Hautextrakten konnten den Herzschlag verändern, die Atemfrequenz, die Pupillengröße und die Hauttemperatur. Einige der Versuchspersonen erklärten, während der Tests auffällig entspannt gewesen zu sein. Doch die wohl aufregendste Entdeckung war, dass manche Stoffe nur bei Frauen wirkten, andere nur bei Männern. Und genau das war für Pheromone, die ja den Sexualtrieb beeinflussen sollen, auch zu erwarten. Viele Pheromone erreichen den Partner per Luftpost und müssen daher sowohl artspezifisch als auch geschlechtspezifisch wirken. Denn ein Eichhörnchen hätte wohl kaum Interesse daran, seine Manneskraft an einer Fuchs-Dame zu verschwenden. Um ganz sicher zu gehen, dass Pheromone tatsächlich auch artspezifisch sind, überprüfte der Pheromonforscher Clive Jennings-White von der Universität Utah auch noch zwei sündteure Parfümgrundstoffe, die Duftsekrete der Zibetkatze und des Moschustieres, die jede Menge Pheromone enthalten. Doch beim Menschen verfehlten sie ihre Wirkung. [55]
Die vielfältigen Funktionen von Pheromonen bei Säugetieren lässt uns die Bedeutung beim Menschen erahnen. Ein beträchtlicher Teil der sozialen Beziehungen wird über Pheromone reguliert. [72, 79, 570-572] So gibt es Angst-Pheromone ebenso wie Aggressions-Pheromone, an Pheromonen erkennen Tiere Freund und Feind, aber auch Verwandschaftsbeziehungen und nicht zuletzt, welches Tier dominant ist und welches einen niederen Rang einnimmt. Diese Beobachtungen könnten nicht nur der Psychologie zu einem neuen Verständnis sozialer Interaktionen verhelfen, wie zum Beispiel der immer wieder diskutierten »Hörigkeit« in Liebesbeziehungen, sondern auch der Soziologie einen Einblick in Massenphänomene, wie zum Beispiel der Panik, gewähren, die sich bis heute einer einleuchtenden Erklärung widersetzen.

Das Parfüm aus dem Schweinekoben

Ein alter Menschheitstraum könnte mit den Pheromonen in Erfüllung gehen: Ein Griff zur Parfümflasche und die Damen-, respektive Herrenwelt liegt uns willenlos zu Füßen. Und weil dieser Traum so alt ist, hat es nicht an Versuchen gefehlt, ihn zu verwirklichen. Immerhin gelang es in den letzten Jahrzehnten, einige Pheromone von Säugetieren zu identifizieren und ihre Wirkung zu erforschen. Zum Beispiel bei den Schweinen. Was die Sau so furchtbar anturnt, ist nicht das Ringelschwänzchen, sondern der Speichel des Ebers. Darin befinden sich die Pheromone Androstenon und Androstenol. Sie werden in den Hoden aus Geschlechtshormonen hergestellt und mit dem Blutstrom in den Speichel transportiert. Damit die Sau von diesem Lockstoff auch ordentlich was mitbekommt, knirscht der Eber heftig mit den Zähnen. Dabei schäumt er seinen Speichel kräftig auf, etwa vergleichbar mit dem Sahneschlagen. Aus diesem Schaum kann das Androstenon nun ungehindert verdampfen. Ist eine Sau paarungsbereit und erschnuppert das Androstenon, so erstarrt sie, und der Eber kann sie nach Herzenslust begatten. Bei einer nicht paarungsbereiten Sau kommt dagegen auch der wildeste Schaumschläger nicht zum Zuge. [72, 109]

Die beiden, übrigens leicht nach Urin und Moschus riechenden, Schweinepheromone kommen auch im menschlichen Schweiß vor. Gewiefte Geschäftsleute witterten ihre Chance. Diese zufällige Übereinstimmung war so recht dafür geeignet, den Lockstoffen auch stimulierenden Liebeszauber beim Menschen anzudichten. So gelangte der Schweineduft in die vornehmsten Parfum-Flakons. Das war ebenso einfach wie billig, da die Lockstoffe in der modernen Ferkelproduktion schon lange eingesetzt werden. [72, 130]

Wie dem auch sei – um endlich die Frage zu klären, ob Schweinepheromone überhaupt beim Menschen wirken, startete Jennings-White 1995 ein umfangreiches Untersuchungsprogramm. Er brachte einzelne Pheromone gezielt auf das menschliche Vomeronasalorgan. Die »Elektrovomeronasogramme« ergaben, dass die »schweinischen« Pheromone unseren sechsten Sinn ebensowenig reizen wie die Moschusdüfte. Insofern entfaltet dieser Parfumzusatz lediglich im Schweinekoben seine maximale Wirkung, zum Leidwesen der

Kundschaft weder in der U-Bahn noch in der Disco. Wir wissen leider nicht, wieviele Zwischenfälle mit Wildschweinen auf abgelegenen Wanderwegen auf derartigen Parfumgebrauch zurückgeführt werden müssen. Schließlich muss das arme Tier den Benutzer für einen konkurrierenden Eber halten. [55, 103]

Pheromone steuern auch den Zeitpunkt der Pubertät. Die Geschlechtsreife von Schweinemädchen setzt früher ein, wenn Eber in der Nähe sind. Das Androstenon und Androstenol im männlichen Pheromon-Cocktail stimuliert direkt den Hypothalamus im Gehirn der heranwachsenden Weibchen und reguliert so deren Hormonproduktion. Das funktioniert natürlich erst, wenn die Jungsäue alt genug sind. Kleine Ferkel reagieren noch nicht auf diese »Pheromon-Anmache«. Ferkel brauchen ihre gesamte Energie zunächst für das Wachstum. Erst wenn sie ein bestimmtes Gewicht erreicht haben, können sie auch geschlechtsreif werden. Männliche Pheromone können diesen Vorgang nur beschleunigen, nicht aber verfrüht auslösen. [72]

Was für eine Schweinedame der Koben, kann für ein Mädchen das Internat sein. In reinen Mädchenpensionaten setzt die Pubertät viel später ein, als bei Mädels, die zusammen mit Jungs zur Schule gehen. [100, 106] Auch der Menstruationszyklus erwachsener Frauen unterliegt dem Einfluss männlicher Pheromone. Herausgefunden hat es George Preti vom Monnell Center of Chemical Senses in Philadelphia: Frauen mit unregelmäßigen oder besonders langen Menstruationszyklen erhielten Wattebäusche, die mit männlichem Achselschweiß getränkt waren. Damit betupften sie sich regelmäßig die Oberlippe. Die Pheromone taten ihre Wirkung: Die Monatsblutungen glichen sich der normalen Zykluslänge von etwa 28 Tagen an. Dahinter steckt ein sinnvoller Regulationsmechanismus: Warum sollten einsame Frauen, fern von Männern, regelmäßig in einen Eisprung investieren? Sind jedoch Männer in der Nähe, und befindet sich unter ihnen ein potentieller Partner, dann schaltet der Körper auf Empfang, und der Zyklus tritt regelmäßig und wiederholt ein. [90, 97, 99, 111, 564]

Es gibt übrigens eine romantischere Art, sich Pheromone zuzuführen, als durch Schnüffeln an schweißgetränkten Wattebäuschen: das Küssen. Die Lippenspalte unter der Nase ist ein Ort besonders heftiger Pheromonproduktion. Beim Kuss werden die chemischen

Signale des Partners registriert. Deshalb küssen wir so gerne, es festigt die Paarbindung. Genauso ist es auch bei der Mutter-Kind-Beziehung: Die Haut um die Brustwarze sondert ebenfalls Pheromone ab, an denen Babies einwandfrei ihre Mütter erkennen. Bei Kaninchen wurde nachgewiesen, dass diese Art von Pheromonen sogar von der herkömmlichen Riechschleimhaut gerochen wird und nicht vom VNO. Inzwischen vermuten die Wissenschaftler, dass auch der Mensch einen Teil der Pheromone über seinen bewussten Riechsinn wahrnehmen kann. [40, 41, 565]

Das Kallmann-Syndrom, der Riechkolben und der Sex

Wie eng die Beziehungen zwischen Riechsinn und Sexualtrieb wirklich sind, lehrt eine seltene Erkrankung, die 1856 erstmals der spanische Arzt Maestre de San Juan beschrieb. Männliche Leichen, deren »Riechkolben«, (so heißt wegen seiner Form derjenige Gehirnteil, der für das Riechen zuständig ist), verkümmert waren, hatten gleichzeitig auch vollkommen unterentwickelte Hoden und Geschlechtsorgane. Zu Lebzeiten waren diese Männer weder in die Pubertät gekommen noch hatten sie einen Geschlechtstrieb entwickelt. [56]

1944 wurde diese seltene Erkrankung von Franz Kallmann und Mitarbeitern erneut beschrieben und seitdem Kallmann-Syndrom genannt. [86] Was hat nun ein verkümmerter Riechnerv und die Unfähigkeit, zu riechen, mit einer herausgezögerten oder niemals einsetzenden Pubertät zu tun? Der Beginn der Pubertät wird von Hormonen gesteuert, die das Gehirn aussendet. Die Schlüsselrolle übernehmen hierbei spezielle Nervenzellen. Und die stammen, so seltsam es klingen mag, aus der Riechschleimhaut! Während der Entwicklung des Embryos wandern sie entlang der Riechnerven in unser Gehirn. Da aber beim Kallmann-Syndrom die Riechschleimhaut verkümmert ist, müssen die Betroffenen leider ohne sie auskommen. Mit fatalen Folgen für ihr Liebesleben. [74]

Schmusen: Schweigen ist Gold

Noch ist es niemandem gelungen, ein Parfüm aus menschlichen Duftstoffen zu entwickeln, welches das andere Geschlecht tatsächlich so beeindruckt, dass es Farbe, Form und Größe des Bedufteten vergessen lässt und sich ihm willenlos in freudiger Erregung hingibt. Und auch in Zukunft wird das wohl nicht gelingen, denn ein Universalpheromon, das auf alle Menschen gleich wirkt, gibt es nun mal nicht. Biologisch gesehen wäre es auch sinnlos.
Bei Säugetieren gibt es viele Pheromone, die der Körper aus Geschlechtshormonen herstellt. Sie sind jedoch nur ein kleiner Teil der vielen Vokabeln aus der Duftsprache. Schließlich lässt sich das relativ einfache Molekülskelett der Sexualhormone nicht in beliebig großer Zahl abwandeln. Und wenn jede Tierart über eine eigene Pheromonsprache verfügen soll, und wenn noch dazu jedes Individuum seinen unverwechselbaren Duft verströmen will, stößt Mutter Natur mit einem so beschränkten Wortschatz schnell an ihre Grenzen. Die Forscher haben heute daher eine andere Stoffgruppe im Visier, aus der sich Vokabeln in fast unbegrenzter Menge erzeugen lassen: die Eiweiße. Da sich Eiweiße aus einzelnen Aminosäuren zusammensetzen, deren Reihenfolge von den Genen bestimmt wird, gibt es eine riesige Variationsbreite unter ihnen.
Die Eiweiße, die bei der Geruchskommunikation mitmischen, wurden erst 1987 entdeckt: die Lipocaline. Sie transportieren die Pheromone aus dem Blut in die Schweißdrüsen und verfrachten sie von dort auf die Hautoberfläche. [582] Da jeder Mensch – genetisch bedingt – individuelle Lipocaline erzeugt, stehen Mutter Natur beinahe unerschöpfliche Kombinationsmöglichkeiten zwischen Lipocalinen und Pheromonen zur Verfügung. [573] Denkbar wäre z.B., dass die Pheromone die Nachricht enthalten, die Lipocaline liefern hingegen die individuelle Kennung, sie informieren den Empfänger über den Absender.
Natürlich traf die Erkenntnis, dass Eiweiße, die gar nicht flüchtig sind, über die biologische Wirkung von Individualgerüchen entscheiden, die Branche ziemlich unvorbereitet. Für die Unternehmen, die sich mühten, der Parfümindustrie ihre teuren Pheromoncocktails anzudienen, war das ein herber Schlag. Dennoch kommt

diese Einsicht nicht überraschend. Bei den meisten Säugetieren, egal ob Mäuse, Hamster, Hunde oder Hirsche, untersuchen die Männchen bekanntlich den Urin der Weibchen ihres Interesses. In ihm befinden sich die Lipocaline, beladen mit den entsprechenden Pheromonen. [575, 576] Und daran erschnuppern dann die Männchen, inwiefern das Weibchen paarungsbereit ist. Wären die Informationen nur in den leichtflüchtigen Pheromonen enthalten, dann würden beispielsweise Hunde ihre Laternenpfähle nicht aus nächster Nähe einer detaillierten Inspektion unterziehen, sondern nur ihre Schnauze in den Wind halten und Witterung aufnehmen.

Wie wirksam diese Signalstoffe aus dem Urin in das Körpermilieu von Artgenossen eingreifen können, zeigen Untersuchungen an Mäusen. Dringt ein fremdes Männchen siegreich in das Revier einer Mäusegroßfamilie ein, so kann sein Urin bei in einem sehr frühen Stadium trächtigen Weibchen zum Schwangerschaftsabbruch führen! Aus der Sicht des Mäuserichs ein erstrebenswerter Effekt: Das Mäuseweibchen wird alsbald wieder brünstig und das Männchen kann nun, auf Kosten der Damenwelt, seine Gene weiterreichen und hat gleichzeitig die des Rivalen erfolgreich vernichtet. [121, 125]

Andere Wissenschaftler interpretieren diese Strategie jedoch als Vorsorgemaßnahme der Weibchen: Sobald sie den Urin eines anderen Männchens in ihrem Revier erschnuppern, stoßen sie die befruchteten Eizellen ab, um sich eine Schwangerschaft zu ersparen, die sehr wahrscheinlich mit Kindermord enden wird: Der neue »Lover« würde den Nachwuchs seines Konkurrenten sonst töten und verspeisen. [595]

Weil Eiweiße viel zu schwer sind, um zu verdampfen, wurden sie als Kommunikationsstoffe von der Wissenschaft lange übersehen. Wie sollen sie bitte beim Menschen wirken, wenn wir unsere Nase nicht gerade direkt unter anderer Leute Achselhöhlen halten? Auch beschnüffeln wir nicht regelmäßig den Urin unserer Mitmenschen. Dennoch nehmen wir ständig Lipocaline auf, ohne dass wir es merken. Mit jedem Atemzug gelangen sie mit dem angetrockneten Staub aus Kissen, der Wäsche oder dem (verpieselten) Toilettenfuß-

Lipocaline: Riechen und gerochen werden

Doch Säugetiere scheiden nicht nur mit Urin oder Schweiß Lipocaline samt angehängten Pheromonen aus. Auch in der Nase selbst, im Riechepithel, kommen sie vor. Denn Lipocaline sind auch Vermittler zwischen Duftstoff/Pheromon und Riech- oder VNO-Sinneszelle. Viele Signalstoffe können erst durch geeignete Lipocaline in der Riechschleimhaut wahrgenommen werden. Sie sorgen also einmal für einen bestimmten Geruchsausweis des Körpers, zum anderen machen sie überhaupt erst die Wahrnehmung bestimmter Gerüche möglich.

boden in unsere Nase. Wie effektiv dieser Weg ist, wissen wir aus der Allergieforschung. Alle Allergien auf Tiere, seien es Reaktionen auf Milch, Eier oder Pferdehaare, sind Allergien auf Lipocaline. [582] Im Falle der Pferdehaarallergie handelt es sich beispielsweise um jene Lipocaline, die an den Haaren haften, nachdem sie ihre Pheromonfracht freigesetzt haben. Für Allergiker genügt bereits ein Atemzug in einem Pferdestall, um Reaktionen zu spüren.
Natürlich handelt es sich dabei nicht mehr um eine typische Fernwirkung wie im Falle der Pheromone. Die Lipocaline erfordern körperliche Nähe, um biologische Effekte auszulösen. Frischgebackene Mütter können in den allermeisten Fällen die Kleidung ihres eigenen Babies eindeutig von der fremder Kinder unterscheiden. Darüber identifizieren auch Menschen ihren Familiengeruch, sie wissen, wie ihre Familie riecht. Auch wenn uns dies in unserer eigenen Behausung nicht zu Bewusstsein kommt, erkennen wir auf Anhieb den Geruch beim Betreten fremder Wohnungen. [577] Unter diesem Aspekt darf man Schmusen als wortlosen, dafür aber umso ausführlicheren und vor allem wahrheitsgemäßeren, Datenaustausch betrachten … [575]

Hübsch hässlich – die Kopuline

Im Innersten ihres Herzens hegen viele Menschen weiterhin die Hoffnung, dass es eines Tages vielleicht doch noch ein Pheromon-Parfüm gibt. Ein Parfüm, das sie trotz vermeintlicher optischer Defizite so attraktiv macht, dass Ihnen die Mühen der aktiven Partnerwerbung erspart bleiben. Womöglich gibt es neben den Pheromonen und den Lipocalinen noch mehr Substanzen, die sie ganz unauffällig ans Ziel ihrer Wünsche bringen. In der Tat existiert noch eine dritte Stoffklasse, die sexuelle Attraktivität vermittelt, die Kopuline.

Der Haken: Die Mixtur dürfte in unserer von Waschmittelwerbung geprägten Gesellschaft unverkäuflich sein. Die fraglichen Duftstoffe befinden sich in den Vaginalsekreten von Frauen, die im Gegensatz zu den meisten Pheromonen und Lipocalinen unseren Geruchssinn aktiv herausfordern. Chemisch betrachtet handelt es sich dabei um eine Mischung aus übelriechenden Säuren wie Essig-, Propan- und Buttersäure. Die genaue Zusammensetzung hängt vom Stadium des Zyklus der Frauen ab. Wer die Pille nimmt, produziert übrigens deutlich weniger Kopuline und in anderer Kombination.

Astrid Jütte testete 1995 an der Universität Wien die Wirkung dieser Duftnoten auf Männer. Dazu mussten die Herren Fotos von Damen unterschiedlicher Attraktivität betrachten. Dann imprägnierte man die Bilder ein wenig mit Kopulinen und zeigte sie ihnen erneut. Ergebnis: je unattraktiver die Frau *ohne* ihre Duftnote eingeschätzt wurde, desto attraktiver erschien sie *mit* Kopulingeruch. Mit den Kopulinen in der Nase vergaßen die Herren ihre kritische Haltung gegenüber der Weiblichkeit. Es kommt also nicht immer nur aufs Gesicht an, Hauptsache der Geruch stimmt. Wie oft mag die Körperpflege-Industrie die besten Absichten ihrer Kundinnen vereitelt haben? Daran ändern auch ihre klinisch reinen Werbebotschaften nichts, denen zufolge jeder Eigengeruch dem Liebesleben abträglich sei. [564]

Trotz aller Gemeinsamkeiten unterscheiden sich Menschen in Sachen Pheromone vom Schwein oder Hund. Wir sind über eine »Alles-oder-Nichts-Reaktion« der Tiere hinausgewachsen. Das

Mitspracherecht unseres komplizierten Seelenlebens ist der Grund dafür, dass menschliche Pheromone nicht missbraucht werden können, obwohl sie inzwischen käuflich zu erwerben sind. Wer sich Pheromone aufsprüht, mag vielleicht die Stimmung eines begehrten Menschen verbessern und selbst lockerer »auf Balz« gehen können. Das heißt aber noch lange nicht, dass es dann auch »klappt«. Schließlich steuert nicht nur die Nase unser Verhalten. [567, 568, 571]

Die Gedanken sind frei –
oder warum wir nichts von Pheromonen wissen dürfen

»Ich ging in die Klinik, schnupperte wie ein Hund und erkannte alle zwanzig Patienten, die dort waren, bevor ich sie sehen konnte. Jeder von ihnen hatte seine eigene olfaktorische Physiognomie, ein Duft-Gesicht, das weit plastischer und einprägsamer, weit assoziationsreicher war, als sein wirkliches Gesicht.« So zitiert der britische Neurologe Oliver Sacks einen seiner Patienten, einen Medizinstudenten, der nach exzessivem Drogenkonsum plötzlich menschliche Gerüche mit der gleichen Empfindlichkeit identifizieren konnte, als ob er eine »Hundenase« hätte. Sacks berichtet weiter: »Er konnte ihre Gefühle – Angst, Zufriedenheit, sexuelle Erregtheit – wie ein Hund riechen ... Vorher war er eher intellektuell orientiert gewesen und hatte zu Reflexion und Abstraktion geneigt. Jetzt dagegen stellte er fest, daß Nachdenken, Abstrahieren und Kategorisieren angesichts der übermächtigen Unmittelbarkeit einer jeden Erfahrung für ihn ziemlich unwirklich und schwierig geworden war«. [10]

Dieses extrem seltene Phänomen, das auch bei Hirnstörungen im Schläfenlappen des Großhirns beobachtet wird, stand erkennbar Pate bei Patrick Süskinds Erfolgsroman »Das Parfum«: Es bildet den klinischen Hintergrund für die besonderen Fähigkeiten seines Helden Grenouille, der aus weiter Ferne die sexuelle Reife schöner Mädchen wittert. Aus der Haut seiner Opfer gewinnt Grenouille deren Pheromone und verarbeitet sie zu einem Parfum, das auf die Mitmenschen unwiderstehliche Anziehungskraft ausübt. [11]

Stellen Sie sich einmal vor, jeder andere Mensch könnte jederzeit und von weitem die intimsten Details Ihrer Befindlichkeit »riechen«, Ihr verborgenes Seelenleben böte sich selbst ungeliebten Mitmenschen gewissermaßen splitternackt dar? Unter welchem seelischen Stress litten wir dann im Gewühl eines verkaufsoffenen Samstags in der Innenstadt? Wieviel Zeit würden wir angesichts der mit jedem Atemzug einströmenden Verlockungen in einem Großraumbüro noch arbeiten? Zu welchem Kulturgenuss wären wir des abends bei der Theaterpremiere noch fähig? Bedenken Sie dabei, dass die Wahrnehmung der Pheromone viel intensiver und plastischer ist, als das, was unsere Augen sehen. [16]

Bei Sacks Patienten haben offenbar die Drogen den »Zensor« im Gehirn ausgeschaltet, der nach Siegmund Freud zwischen Unbewusstem und Bewusstsein steht, und den Zugang zum Unterbewusstsein versperrt. [141] Das Tier nutzt seinen Pheromonsinn bewusst, es nimmt damit gezielt die Witterung auf. Dem menschlichen Bewusstsein ist die Information versperrt. Sie nähert sich ihm als unbestimmtes Gefühl, als Stimmung, in Form von Sympathie oder Antipathie, als Angst oder Eros. Unser Verstand versucht mit dem Begriff »Ausstrahlung« die Pheromoneinflüsse anderer Menschen auf unser seelisches Gleichgewicht zu charakterisieren. Diese »Informationsunterdrückung« war eine wesentliche Voraussetzung dafür, dass die Menschheit kulturelle Leistungen vollbringen konnte. Und vielleicht ist auch die Kunst manchmal Ausdruck dieses verlorenen Paradieses in unserer Wahrnehmung, sie schlägt die Brücke zwischen den verschütteten Quellen unserer Stimmungen und unserer rationalen Wahrnehmung.

Es ist vermutlich ganz gut, dass wir Menschen keine »Hundenasen« mehr haben. So hält uns unser Unterbewusstes viele Informationen vom Leib, um unser Bewusstsein nicht unnötig abzulenken. Nichtsdestotrotz werden diese unbewussten Wahrnehmungen von unserem Körper benutzt und in Reaktionen umgesetzt. Auf diesem Wege kam der Mensch vermutlich zu seinem freien Willen. Ohne diese Beschränkung unserer bewussten Wahrnehmung wären wir noch heute völlig unseren Trieben ausgeliefert. Sie ist die Basis unserer Ratio, unserer kritischen Vernunft.

So wie wir unsere Vernunft brauchen, benötigen wir auch unsere unbewussten Emotionen, weil sie bereits viele Entscheidungen im Vorfeld treffen und Probleme lösen, die unser Bewusstsein unnötig belasten würden. So regelt der Appetit unser Essverhalten. Seine biologischen Quellen sind bekannt, aber niemandem bewusst. Klar, dass aus der Trennung von Vernunft und unbewusster Libido psychische Konflikte entstehen können. Hier liegt ein Schlüssel zum Verständnis tiefenpsychologischer Prozesse, der die Theorien der klassischen Psychoanalyse z.T. überprüfbar macht und hilft, sie vom ideologischen Ballast zu befreien. Zugleich lässt sich damit die Trennung von Vernunft und Gefühl im Sinne René Descartes auf eine biologische Grundlage stellen. Sie lässt sich zu den somatischen Markern Damasios weiterentwickeln, bei dem die Emotion wieder zur Basis rationaler Entscheidungen wird.

Aber wir mussten zur Menschwerdung nicht nur unser Hirn freibekommen von der steten Präsenz der Triebe, sondern auch unseren Körper entlasten, um Energie und Zeit zum Nachdenken, zu schöpferischen Tätigkeiten zu gewinnen. Paviane beispielsweise verbringen die Hälfte ihrer Wachzeit mit Fressen, und die andere Hälfte mit dem Aufsuchen von Futterquellen und Schlafplätzen. Die Nutzung des Feuers markiert den zweiten Wendepunkt in der Evolution des Menschen. Das Feuer erlaubte nicht nur das Fernhalten wilder Tiere, sondern machte auch die Nahrung besser verdaulich. Vor allem konnten pflanzliche Produkte entgiftet werden. Man denke nur an Kartoffeln oder Bohnen, die roh nicht gegessen werden können. Dadurch erweiterte sich der Speisezettel des Menschen. Die Nahrungsaufnahme beschränkte sich auf wenige Stunden, Kiefer und Zähne bildeten sich zurück, Magen und Darm wurden entlastet. So gewann die Menschheit Zeit für andere, schöpferische Tätigkeiten.

Eine dritte Voraussetzung betraf wieder unser Gehirn: Der Größenzuwachs gegenüber dem Affen ist vielleicht gar nicht so entscheidend. Wir haben wie alle domestizierten Säugetiere ein erheblich kleineres Gehirn als die Wildform; in unserem Falle beispielsweise als die Neandertaler. [142] Entscheidend ist die Merkfähigkeit, die Gedächtnisleistung der grauen Zellen, und damit verbunden die Entwicklung der Sprache. Lernen, durch die Sprache vermittelt, schuf unsere Kultur. [143] Kulturelles wird nicht vererbt.

Das erspart uns komplexe evolutionäre Fortschritte in unseren Genen. Denn die gehen stets langsamer vonstatten, als das Lernen. Wohl nur so gelang es uns so erfolgreich, sich veränderten Umweltbedingungen anzupassen.

Woran unser Körper den »Richtigen« erkennt

»Man kann in der Wahl seiner Feinde nicht vorsichtig genug sein«, befand Oscar Wilde 1890 in seinem »Dorian Gray«. Hätte er statt Feinde Verwandte geschrieben, wäre damit unser Problem auf den Punkt gebracht. Um den Partner mit dem passenden Immunsystem zu erkennen, verlässt sich die Natur weder auf Kontaktanzeigen, noch auf Eheanbahnungsinstitute oder den Ball der einsamen Herzen. Woran erkennen wir den »Richtigen«? Die Antwort ist ebenso einfach wie genial: Die Gene, die für das Immunsystem des Körpers verantwortlich sind, bestimmen auch unseren Pheromoncocktail und somit unseren Körperduft. Unsere Körperausdünstungen und unser Abwehrsystem sind also aufs engste miteinander verknüpft. Der Nachweis gelang zunächst im Tierversuch. Statten wir doch den Labormäuschen einen Besuch ab. [26, 56]
Wie alle Säugetiere besitzen auch Mäuse in ihrem Erbmaterial einen Genkomplex, den MHC, der wichtige Immunfunktionen steuert. MHC bedeutet »Major Histocompatibility Complex«, auf deutsch »Haupt-Histokompatibilitäts-Komplex«. Diese Wort-Ungetüme müssen Sie sich natürlich nicht merken. Der MHC ist verantwortlich für das Erkennen fremden Gewebes. Bei Transplantationen beispielsweise hat nur ein Organ von einem Spender mit fast gleichem MHC wie der Empfänger eine Chance, angenommen zu werden. Alle anderen würden als »fremd« erkannt und abgestoßen. Identische MHCs besitzen nur eineiige Zwillinge, da beide mit dem gleichen Erbmaterial ausgestattet sind. Schon bei normalen Geschwistern kann es beträchtliche Unterschiede geben. [26, 37-39, 105]
Der MHC kommt in so vielen Spielarten vor, wie sonst kein anderer Genkomplex. Denken Sie nur an die Augenfarbe: So schrecklich viele Varianten gibt's da nicht. Beim MHC ist das anders, schließlich ist er für die Krankheitsabwehr zuständig. Und da es

unerhört viele Krankheitserreger und andere Stoffe gibt, die schnellstens unschädlich zu machen sind, ist es vorteilhaft für die Menschheit, wenn es eine ebensolche Vielfalt der Immunsysteme gibt. [104]

Doch zurück zu den Labormäusen. Von ihnen weiß man schon lange, dass sie sich ihre Partner erschnuppern. Für den ganz individuellen Körpergeruch sorgt nun – der MHC! Eine der Liebe nicht abgeneigte Maus sucht sich einen Mäuserich, dessen MHC sich deutlich von ihrem unterscheidet. Das heißt, sie findet nur den Partner attraktiv, der ganz anders riecht als sie. Doch nicht nur die kleinen Nager selbst, auch wir Menschen können die unterschiedlichen Mäuse-MHCs an ihrer Duftnote unterscheiden!

Was lag da näher, als nachzuschnüffeln, ob wir nicht auch unsere eigenen MHC-Typen geruchlich unterscheiden können. Wir können es – und wir bevorzugen, genau wie die Mäuse, einen uns fremden Typ. Die Liebe geht offenbar durch die Nase. Wir erschnuppern das Immunsystem des anderen, um unseren Kindern den bestmöglichen Immunschutz mitzugeben. Das heißt, wir suchen uns bevorzugt einen Partner mit einem unähnlichen MHC. Bewerber, die so ähnlich riechen wie wir, und mögen sie noch so gut aussehen, fallen bei der Auswahl in der Regel durch.

Das macht biologisch gesehen Sinn: Es ist die eingebaute Sicherung gegen Inzucht. Denn der Körperduft von Verwandten ähnelt sich aufgrund der ähnlichen Erbanlagen. Deshalb ist »Geschwisterliebe« eher die Ausnahme. Zweifelsohne spielen Erziehung und Tabus eine Rolle, doch auch unsere Nase mischt dabei kräftig mit. Sie sorgt dafür, dass wir Inzucht unter engen Verwandten vermeiden und dass Menschen, die zufällig relativ gleiche Erbanlagen haben, voneinander fernbleiben – zum Wohle des Nachwuchses. 40 Prozent der Kinder aus inzestuösen Verbindungen sterben vor dem Erreichen der Geschlechtsreife oder leiden an schweren Krankheiten. [39]

Über die große Vielfalt an individuellen Körperdüften haben wir bereits gesprochen. Wie auf Seite 40 erwähnt, können Pheromone und Duftstoffe nur in Verbindung mit Lipocalinen einem jeden Individuum seine individuelle »Note« mitgeben. Und diese Eiweiße werden – Sie ahnten es wahrscheinlich schon – vom MHC codiert. So erhält jeder »seine« Duftmarke, die ihn als immunologischer Fingerabdruck Zeit seines Lebens begleitet. Da der MHC in zahllosen Variationen vorkommt, erklärt sich die ungeheure Vielfalt der Lipocaline. Und damit auch, dass wir bestimmte Menschen einfach nicht riechen können – so oder so. [574, 575]

Frauen, so scheint es, verfügen über einen von Natur aus besser entwickelten Geruchssinn als Männer, besonders in Bezug auf Moschusdüfte. Für sie ist es auch viel wichtiger, anhand der Pheromone zielsicher den richtigen Partner für ihre zukünftigen Kinder zu erschnüffeln. Schließlich kann »sie« in ihrem Leben nur etwa 400 Eizellen produzieren, und höchstens ein rundes Dutzend Kinder großziehen – von der körperlichen Belastung eines solchermaßen erfüllten Lebens einmal ganz abgesehen.

»Er« steht da viel weniger unter Druck: Sein Körper kann pro Tag Millionen Samenzellen herstellen, mit denen er – zumindest theoretisch – Tausende von Kindern zeugen könnte, ohne dass ihn das sonderlich belasten würde. Das richtige Näschen ist für ihn – zumindest biologisch – nicht so wichtig. Ihm genügen visuelle Reize, um tüchtig in Fahrt zu kommen. Nicht umsonst erfreuen sich jene bunt illustrierten Magazine, die uns offenbar daran erinnern wollen, dass der Mensch ein Säugetier ist, eines breiten Benutzerkreises unter Männern.

Jetzt leuchtet auch ein anderes Phänomen ein, das wohl jeder schon erlebt hat: Man findet einen Vertreter des anderen Geschlechts erregend, obwohl »nichts an ihm dran« ist. Keines der üblicherweise gesuchten Attribute ist ihm zu eigen, und trotzdem fühlt man sich heftig zu ihm hingezogen. Das ist die Macht der menschlichen Pheromone. Andererseits begegnet man einem Menschen, der vom seelisch-charakterlichen gut passen würde, aber es »funkt« einfach nicht. Aus der Sicht der Biologie ist dann jede Liebesmühe vergebens. Wieviele unnötige und wirkungslose Paartherapien ließen sich ersparen, würde man diese biologischen Effekte berücksichtigen?

Vielfach können sie keinen Erfolg haben. Nicht alle psychischen Probleme beruhen auf traumatischen Erlebnissen. Wie gebannt starren Patienten wie Therapeuten zurück in die Kindheit. Wie oft mag dies den unbefangenen Blick in die Zukunft verstellt haben?

Wieviele unnötige Schuldzuweisungen zwischen ehemals Liebenden, zwischen Kindern und Eltern hätten sich vermeiden lassen, würde man die Gesetze der Biologie anerkennen und das Glück dort akzeptieren, wo es vorhanden ist, statt es per Therapie erzwingen zu wollen?

Die Pille als Liebestöter

Jahrtausendelang funktionierte die von Mutter Natur sorgfältig eingerichtete Hilfestellung bei der Partnerwahl ganz passabel. Jedenfalls dort, wo die Partner die freie Wahl hatten. Schließlich sind arrangierte Ehen der Familienvorstände in vielen Kulturen nichts Ungewöhnliches. Zum Beispiel in Japan. So zeigten dann auch neuere Untersuchungen, dass viele japanische Ehefrauen ihre Männer nicht so recht riechen konnten, während die deutschen Frauen, die sich ihre Männer selbst aussuchen, mit dem Geruch ihrer Angetrauten durchaus zufrieden waren. [75] Über das, was die »göttlichen« Pharaonen, die nur enge Verwandte ehelichen durften, beim Geruch ihrer Partner empfanden, lässt sich nur spekulieren. Schließlich dienten diese Verbindungen in erster Linie der Machterhaltung.
Natürlich taten sich die ägyptischen Könige damit auch sonst keinen großen Gefallen, trug doch die Inzucht zu ihrem meist ruhmlosen Ende bei. Es ist schon eine Plage mit dem Verstand. Galten »Vernunftehen« lange als Zeichen einer gesunden Familienpolitik. Heutzutage gibt es andere Probleme bei Partnerwahl und Fortpflanzung: Unzählige Paare bleiben ungewollt kinderlos. Ein Grund dafür könnte in einer Errungenschaft unserer Zivilisation liegen, die eigentlich vor unerwünschtem Nachwuchs schützen und nicht etwa erwünschte Kinder verhindern soll: Die Antibabypille. [36]
Nimmt eine Frau die Pille, wird ihrem Körper eine Schwangerschaft vorgetäuscht. Die Hormone beeinflussen auch die Nase, denn die Pille kann die Vorlieben der Frau in Richtung familienähnliche Düfte verändern: Während »pillenfreie« Frauen sich eher zu einem Partner mit unähnlichem MHC hingezogen fühlen, mögen

Pillenverwenderinnen lieber Männer riechen, deren Körpergeruch ihrem eigenen ähnelt. Die Erklärung liegt auf der Hand: Für ein besonders fittes Kind sollte sie sich einen Partner mit einem möglichst unähnlichen MHC suchen. Ist die Frau schwanger, steht für sie die Sorge um das eigene Kind im Vordergrund. Jetzt werden möglichst verwandte Pheromoncocktails bevorzugt.
Manchmal mit unerwarteten Folgen: Denn eine Frau, die die Pille verwendet, verliebt sich häufiger in einen Partner mit ähnlichem MHC. Das Glück ist zunächst groß, man wünscht sich ein Kind, die Pille wird abgesetzt – und es klappt einfach nicht. Die Pille hat die Frau »an der Nase herumgeführt«. Je ähnlicher die Immunsysteme der beiden Verliebten sind, desto geringer ist die Chance auf ein Kind, weil der Körper ungünstige Kombinationen verhindert. Nehmen wir einmal den umgekehrten Fall: Eine Frau nimmt die Pille erst, nachdem sie einen passenden Partner kennen gelernt hat: Alsbald reagiert sie gereizt und übellaunig, weil ihr sein Pheromoncocktail auf einmal nicht mehr passt – und beide wissen nicht warum. Ehekrisen, Partnerprobleme, Libidoverlust und als Krönung des Ganzen stundenlange Sitzungen in der Paartherapie finden so ihre natürliche Erklärung.
Wie kam man auf diese Zusammenhänge? Folgende Beobachtung brachte die Forscher auf die Fährte: Da gibt es Paare, die selbst nach mehrmaliger und erfolgreicher künstlicher Befruchtung keinen Nachwuchs bekamen. Es zeigt sich in diesen Fällen häufig, dass beide Partner eine hohe MHC-Ähnlichkeit aufwiesen. Offenbar merkt der Körper der Frau, dass das Kind mit dieser Gen-Ausstattung im Kampf gegen Krankheiten und Parasiten nicht bestehen könnte und stößt die Embryonen vorsorglich ab. Denn um ein Kind zu zeugen reicht es nicht, eine Eizelle zu befruchten, sie muss auch die so genannte »mütterliche Selektion« überleben. Nicht einwandfreie Embryonen »mustert« die Gebärmutter regelrecht aus. Das erklärt übrigens auch, warum bei älteren Frauen die Wahrscheinlichkeit steigt, ein krankes oder missgebildetes Kind zu gebären. Offenbar verliert der Uterus mit den Jahren die Fähigkeit, zwischen gesunden und kranken Embryonen zu unterscheiden. [36, 65]
Auch bei Paaren, die häufige Fehlgeburten zu beklagen hatten, fand man überdurchschnittlich oft übereinstimmende MHC-Komplexe.

Bekommt ein solches Paar ein gesundes, normal ausgetragenes Baby, so ist sein Geburtsgewicht nicht selten reduziert. Die nordamerikanische Sekte der Hutteriten nutzt diesen Effekt unfreiwillig zur Geburtenkontrolle. Da sie sehr abgeschlossen leben, sind bei ihnen Verwandschaftsehen üblich. Klar, dass sich ihre Erbanlagen mittlerweile ziemlich stark ähneln. Auffällig ist nun, dass – obwohl sie eine künstliche Geburtenkontrolle ablehnen – die Geburten der Kinder besonders lange auseinander liegen. Aufgrund der Ähnlichkeit ihrer Gene werden viele befruchtete Eizellen schon frühzeitig abgestoßen. So früh, dass die Frau ihre Schwangerschaft gar nicht registriert und die Eizelle bei der Monatsblutung verliert.

Vielleicht sollten wir den mittelbaren Wirkungen von Arzneistoffen mehr Aufmerksamkeit schenken und Substanzen nicht nur danach beurteilen, ob sie in hoher Dosis Labormäuse töten. Es geht nicht darum, die Antibabypille an den Pranger zu stellen, sondern zu zeigen, dass durchaus nützliche Dinge manchmal völlig unvorhersehbare Wirkungen zeitigen können. Die Natur benutzt unendlich viele Regelkreise, die wir nicht kennen, und mit deren Veränderung wir Erfahrungen sammeln müssen, um die Risiken unseres Handelns kennen zu lernen und beherrschen zu können. Das gilt gerade für eine so bahnbrechende Erfindung wie die Pille, die neuerdings in einem weiteren Verdacht in Sachen Unfruchtbarkeit steht – diesmal in einem, der durchaus vorhersehbar gewesen wäre.

Impotent vom Waschen

Das Sperma des Mannes hat sich – so die Mehrzahl der Studien – seit 1940 kontinuierlich verschlechtert, sowohl in der Qualität als auch in der Quantität. [175, 177] Gleichzeitig nahmen bei Männern Brustkrebs, Hodenkrebs und Missbildungen der Genitale zu. [155-178] Einen wichtigen Hinweis zur Ursachenfindung verdanken die Forscher aufmerksamen Anglern. In den letzten Jahren hatten immer mehr zwittrige Fische angebissen. Um der merkwürdigen Beobachtung auf den Grund zu gehen, verankerten Mitarbeiter der britischen Universität Uxbridge Käfige mit Testfischen in Flüssen. Unterhalb von Kläranlagen trat schon nach wenigen Tagen eine Ver-

weiblichung der Fisch-Männchen auf. Die Männchen produzierten darüber hinaus Eiweiße für Fischeier, noch dazu in derselben Menge wie reife Weibchen. Die hormonelle Wirkung hielt bis zu 5 Kilometer unterhalb der Abwasserrohre an. [168, 170]
Der Argwohn der Forscher richtete sich alsbald gegen die Antibabypille. Im Gegensatz zu den natürlichen Sexualhormonen des menschlichen Körpers sind die Wirkstoffe der Pille ziemlich stabil. Zur Empfängnisverhütung braucht man Hormone, die nach dem Verschlucken nicht sofort von den Verdauungssäften zerstört werden. Sie werden über den Urin wieder ausgeschieden und durch die Toilette in die Kläranlagen gespült. Dort können sie im Gegensatz zu Waschmitteln nicht abgebaut werden. So gelangt der Verhütungscocktail aus der Kläranlage in unsere Gewässer. Schließlich gewinnen die Wasserwerke daraus wieder Trinkwasser. Womit sich der Kreislauf schließt.
Für den Großraum London konnte tatsächlich gezeigt werden, dass in Haushalten, die mit aufbereitetem Wasser der Themse versorgt werden, die Männer häufiger unfruchtbar waren, als bei Trinkwasser aus reineren Quellen. [161] Dänische Wissenschaftler glauben, dass schon eine leicht erhöhte Zufuhr von weiblichen Sexualhormonen bei Jungen zu Beginn der Pubertät später zu Unfruchtbarkeit führt. [178, 553] Angesichts der Pillenhormone im Wasser werden wir uns in Zukunft die Grundsätze biologischer Datenübertragung zu eigen machen müssen: Nur mit solchen Signalen zu arbeiten, die in angemessener Zeit auch wieder zerstört werden. Anderenfalls dürfen wir uns über das Informations-Chaos, das wir anrichten, nicht wundern.
Das gilt natürlich in besonderm Maße für künstliche Sexuallockstoffe. In jüngster Zeit sorgte das Moschusxylol für Aufregung. Weil es billig ist und eine angenehm »warme« Duftnote verströmt, avancierte es zu einem allgegenwärtigen Zusatz in Waschpulvern und Weichspülern, Seifen, Raumluftverbesserern und natürlich Parfüms. Echter Moschus wäre unerschwinglich. Er wird aus den Sexualdrüsen eines asiatischen Hirsches gewonnen, der deswegen schon fast ausgerottet ist. Der aus vielen komplizierten Substanzen bestehende echte Moschusextrakt ist darüber hinaus nur schwer synthetisch nachzuahmen. Deshalb wurde das Moschusxylol ent-

wickelt, das täuschend ähnlich riecht, aber eine völlig andere und viel simplere chemische Struktur hat.

Als der französische Chemiker Albert Baur Ende des 19. Jahrhunderts den Kunstmoschus erfand, dachte noch niemand an die biologische Abbaubarkeit, ein Kriterium, das heute jedes ordinäre Spülmittel erfüllen muss. Man war sogar stolz auf die Stabilität des Stoffes, vor dem selbst moderne Kläranlagen kapitulieren müssen. Von dort tritt das Moschusxylol in die Gewässer hinein. Es gelangt in die Fische und mit deren Filet in den Menschen, wo es im Fettgewebe deponiert wird. Bis in die Muttermilch ist es dann nur noch ein kurzer Weg. [181-183] Beim Stillen könnte sich der Lockstoff den Babies einprägen. Vielleicht werden die Moschus-geprägten Babys als Teenies besonders solche Artgenossen attraktiv finden, die nach Mutters Weichspüler riechen?

Untersuchungen in britischen Gewässern förderten eine weitere herbe Lehre über Waschpulver zutage: Sie blockieren schon in Spuren das Hodenwachstum von Forellen. Und das, obwohl sie im Gegensatz zum synthetischen Moschus biologisch abbaubar sind. Genau diese Abbauprodukte (von Alkylphenol-Ethoxylaten) erwiesen sich als hormonell besonders wirksam. [168] Es ist schon vertrackt: Kaum glaubt man das Umweltrisiko durch die Forderung nach mehr Ökologie im Griff zu haben, schon präsentiert eine undankbare Natur die nächste Rechnung.

Aber es gibt auch Positives. Diesmal vom biologischen Landbau: Dänische Wissenschaftler fanden kürzlich heraus, dass die Spermaqualität »chemiefreier« Biobauern erheblich besser war, als die einer Vergleichsgruppe städtischer Industriearbeiter. Die Schlussfolgerung liegt auf der Hand: Umweltgifte, Pestizide und sonstige Chemikalien sorgen offenbar von ganz allein wieder für das biologische Gleichgewicht, indem die Chemieverwender sich einfach nicht mehr fortpflanzen können. Eine Theorie, die sich mit einer Flut wissenschaftlicher Arbeiten stützen ließe, die zeigt, dass eine ganze Reihe klassischer Umweltgifte wie DDT, PCB oder Dioxine gerade so wie Sexualhormone wirken können – mal als weibliche, mal als männliche. [152-160]

Vielleicht trägt auch die falsche Ernährung der Industriearbeiter das ihrige dazu bei: Kantinenessen, Gemüse aus Dosen, Suppen aus der Tüte, dazu typisch dänische »Spezialitäten« wie Formfleischvorderschinkenröllchen gelten nicht gerade als pure Gesundkost. Gemüsekonserven werden inzwischen ernsthaft als Ursache männlicher Unfruchtbarkeit diskutiert: Sie enthalten so manchesmal Bisphenol A. Bisphenol A ist ein Bestandteil von Kunststoffen, die zur Innenauskleidung der Dosen dienen. Sie sollen uns vor den Gefahren schützen, die vom nackten Metall der Dosenwand ausgehen würden. Bisphenol A gehört zu den wirksamsten hormonellen Stoffen in unserer Nahrung. [169]

Damit könnten wir es bereits bewenden lassen. Der Zeitgeist wär's zufrieden. Aber neben »Umweltgiften« und »ungesunder Ernährung« gibt's noch ganz andere Ursachen für Unfruchtbarkeit. Dafür müssen wir den Herren allerdings ein wenig an die Wäsche gehen. Vielleicht trugen die Biobauern ja andere Slips als die Industriearbeiter. Unsere Großväter stiegen noch in die Feinripp-Unterwäsche nach dem Schnittmuster Boxershort. Im Laufe der Jahre kamen diese, der Manneszier viel Platz und Bewegungsfreiheit bietenden Dessous, aus der Mode. Die modernen engen Jockey-Slips drücken die Hoden an den warmen Körper, was die Natur zu vermeiden trachtete. Sie ließ den Inhalt frei herunterbaumeln, um ihn durch Kühlung frisch zu halten. Auf Wärme reagieren Spermien empfindlich und es kommt zu »Ertragseinbußen«. Naturvölker nutzen dieses Prinzip sogar zu Verhütung: mit heißen Wassertauchbädern sorgen die Männer für eine kurzfristige Unfruchtbarkeit. [164]

Wir wissen weder etwas über die Unterwäsche der fraglichen Ökobauern, noch etwas darüber, ob sie einem ganz anderen wichtigen Einflussfaktor in Sachen Spermaqualität ausgesetzt waren: Der Eifersucht. Sie kurbelt die Produktion gehörig an. Britische Wissenschaftler befragten Männer, ob sie ihre Partnerinnen für treu oder untreu hielten und vermaßen dann das Ejakulat. Männer, die sich betrogen wähnten, produzierten deutlich mehr Samenflüssigkeit und Spermien als diejenigen, die sich der Treue ihrer Partnerinnen sicher waren. Diese Strategie spart wertvolle Energie. Warum sollte »er« auch bei einer treuen Partnerin jedes Mal den maximalen Output bringen? Erst die drohende Untreue der Partnerin dreht den »Hahn« wieder auf. [81]

So wird die Deutung des eingangs genannten Befundes immer schwieriger. Denn wir wissen nichts über die Treue der Ökobäuerinnen. Ein anderer Einflussfaktor wäre genauso plausibel: Vielleicht kredenzen die gesundheitsbewussten Bäuerinnen ihren Männern lieber ungesüßten Kräutertee statt eines gepflegten Pils. Nicht nur in Waschwasser und Gemüsekonserven, auch im Bier sind weibliche Sexualhormone gelöst. Sie gelangen nicht durch irgendwelche reinheitsgebotswidrigen Praktiken hinein – im Gegenteil, sie sind ein natürlicher Bestandteil des Hopfens. [180] Hopfen enthält, genau wie Sojabohne oder Haschisch, erkleckliche Mengen dieser Hormone. Früher wurde Hopfen gezielt verordnet, um die Manneskraft zu schwächen: Besorgte Eltern flößten ihren pubertierenden Sprösslingen Hopfentee ein, um das Onanieren zu unterdrücken. [179]

Eine andere Gruppe von Getränken rückt neuerdings ins Visier der Sexualmedizin. Je höher der Konsum an Koffein, desto geringer die Chance einer Schwangerschaft. [171,172] Damit wären neben Bier auch Kaffee und Tee Risikofaktoren ersten Ranges. Eine genaue Analyse ergab aber, dass es nicht am Koffein liegt, sondern koffeinhaltige Brausen für dieses Ergebnis verantwortlich sind: Bereits ein bis zwei Dosen Cola sollen die Fruchtbarkeit von Frauen um die Hälfte senken. [173] In der Dritten Welt dient Cola sogar zur Verhütung. Dazu wird es allerdings nicht getrunken, sondern als postkoitale Spülung verwendet. [174] Im Reagenzglas tötete vor allem Diät-Cola die Spermien zuverlässig und in Rekordzeit ab. [174] Welche Wirkstoffe dafür in Frage kommen, liegt noch im Dunkeln.

Seit jeher liefern Sexualität, Potenz und Gebärfähigkeit ideologischen Diskussionen einen fruchtbaren Dünger, und eignen sich ideal für das Geschäft mit der Angst. Wir wollen deshalb nicht verschweigen, dass die in vielen Studien beobachtete Abnahme der Spermaqualität von einigen Wissenschaftlern bezweifelt wird. [161] Diese Stimmen gehen aber im Chor der Cassandrarufe eines Zeitgeistes unter, der Theorien bereits dann für wahr hält, wenn sich dafür Umweltgifte und falsche Ernährung verantwortlich machen lassen. Dabei werden gerade Fruchtbarkeitsstörungen von einer kaum überschaubaren Fülle von Faktoren beeinflusst. Dazu gehören natürlich nicht nur psychische, kulturelle und chemische

Einflüsse, sondern auch physikalische. Mit letzteren wollen wir den Reigen der möglichen Ursachen beschließen.

In freier Wildbahn regeln weder Shorts noch Coladosen die Fortpflanzung der Tiere, sondern die Tageslänge, d. h. das Licht. Und bei uns Menschen? Wir leben und arbeiten seit etwa zwei Generationen überwiegend unter Kunstlicht, das ganz anders und viel schwächer ist, als das natürliche Tageslicht (s. Seite 185 ff.). Das Licht steuert sowohl über seine Intensität als auch seine spektrale Zusammensetzung den menschlichen Hormonhaushalt. Es wäre schon etwas merkwürdig, wenn unsere veränderten Wohn- und Arbeitsgepflogenheiten keine Folgen auf unsere Fruchtbarkeit hätten.

Nun liefert uns die Sonne ein paar mehr Arten von Strahlung als nur das Tageslicht. Zum Beispiel den Sonnenwind. Der Sonnenwind ist ein Gas, das mit etwa 400 Kilometern pro Sekunde zur Erde strömt. Das Erdmagnetfeld lenkt es an den äußeren Schichten unserer Atmosphäre zu den Polen ab, und wir können die Störungen des Erdmagnetfeldes am Himmel als Polarlicht bestaunen. Als Wissenschaftler die Geburtstage von Eskimos mit dem jeweiligen Magnetfeld der Erde verglichen, zeigte sich, dass das Magnetfeld und damit der Sonnenwind die Fruchtbarkeit der Menschen am Polarkreis beeinflusst.[167] Glücklicherweise gehört Unfruchtbarkeit aus globaler Sicht eher zu den unbedeutenden Problemen der Menschheit. Denn bisher vermehrt sie sich prächtig. Und ein Ende der Bevölkerungsexplosion ist bis heute nicht absehbar.

Krieg der Spermien

Dass sich Frauen um Männer und Männer um Frauen heftige Gefechte liefern können, verschafft Theaterdarstellern, Kinostars und Literaten ein weites Betätigungsfeld. Ob wir solche Scharmützel lieber als offenen Kampf oder verdecktes Ränkespiel beobachten, bleibt dem Geschmack und Temperament des Einzelnen überlassen. Doch brauchen beim »Kampf der Geschlechter« weder Muskeln noch Intrigen im Spiel zu sein. Gehen wir doch ein Stück näher ran! Ganz nah. Die Rede ist vom »kleinen« Unterschied. Der Stolz jeden Mannes verdankt seine Existenz der immer währenden

Konkurrenz männlicher Wesen um das Vorrecht, seine Spermien nicht nur überhaupt, sondern auch so nahe wie möglich an die Eizellen der Partnerin heranzubringen.

Natürlich profitieren auch weibliche Wesen von den männlichen Anhängseln: So können sie kontrollieren, wann und mit wem sie sich paaren. Würden wir unsere Eizellen wie die meisten Fische einfach in die Umgebung absondern, könnten sie die verschiedensten männlichen Bewerber ungefragt mit ihrem Sperma einnebeln. Erst durch die innere Befruchtung können die Weibchen unliebsame Exemplare effektiv ausschließen.

Von Penisknochen und Scheidenverschlüssen

Für Männer und Männchen erhebt sich die Frage, ob wirklich sie der Vater des Nachwuchses sind, oder ob sie etwa von einem Konkurrenten gehörnt wurden? Dann wäre der ganze Aufwand für die Balz und das Liebesspiel umsonst gewesen, und er würde sich der Aufzucht der Brut eines Nebenbuhlers widmen. Auch Menschenmänner wähnten schon immer Arges und haben zur Vermeidung unerwünschter Betätigung ihrer Frauen verschließbare Keuschheitsgürtel ersonnen. Tiere entwickelten etwas humanere, aber auch reichlich abenteuerliche Methoden, um potentiellen Konkurrenten gewisse Vergnügungen zu vermiesen. Manche Hundertfüßler beispielsweise blockieren mit einem einzigen riesigen Monsterspermium den Geschlechtstrakt ihrer Weibchen. Erdhörnchen-Männer verschließen die Scheide ihrer Partnerin nach der Paarung mit Sekreten, die den Silikonmassen ähneln, mit denen Heimwerker Badewannen abdichten. Der Pfropf hält zwar einige Tage, doch perfekt ist das System nicht. Geschickte Männchen sind dahintergekommen, dass die Masse verschiebbar ist und betätigen sich gerne als Einbrecher. [65]

Als nützlich erweist sich auch ein Penisknochen. Den haben nicht nur viele Nagetiere entwickelt. Auch Bären, Walrosse,

> Hunde, Katzen, Robben, Fledermäuse und einige Menschenaffen sind im Besitz eines solchen knöchernen Penisskeletts. Zum Leidwesen mancher Männer muss sich der Mensch mit einem etwas elastischeren Hydroskelett begnügen: Als solches dienen die mit Blut zu füllenden Schwellkörper. Alle Penisversteifer, wie auch immer sie beschaffen sein mögen, dienen letztendlich dem Ziel, die Samenzellen so dicht wie möglich an die Eizellen heranzubringen. Sie entwickelten sich in Anpassung an die weibliche Anatomie und aus Gründen der männlichen Konkurrenz. [65]

Bei vielen Tieren lässt sich schon auf den »ersten Blick« erkennen, ob die Männchen ein wechselhaftes Sexualleben führen. Dies steht im Zusammenhang mit dem Körpergewicht und der Hodengröße. Entdeckt wurde diese Korrelation bei unseren nächsten Verwandten, den Menschenaffen: Weder Schimpansenfrauen noch -männer halten etwas von Monogamie. In der vier bis fünf Tage dauernden Brunstphase paaren sich die Schimpansinnen mit so vielen Männern, wie es ihnen gefällt. Auch die Schimpansenmänner »lassen nichts anbrennen«, sie warten sogar friedlich, bis sie an der Reihe sind. Sie müssen sich nicht prügeln, denn das eigentliche Scharmützel findet im Körper des Weibchens statt: Dort konkurrieren die Spermien der verschiedenen Lover miteinander, selbst wenn zwischen den Affairen der Schimpansin mehrere Tage liegen. [65, 77]
Es liegt auf der Hand, dass Männchen, die mehr Samenzellen produzieren und sich häufiger paaren können, im Vorteil sind. Schimpansen haben daher, relativ zu ihrem Körpergewicht, ausgesprochen große Hoden entwickelt. Ganz anders die Gorillas. Die riesigen Gorillamänner, die fast doppelt so groß wie ihre Frauen sind, halten sich einen Harem. Etwaige Rivalen werden durch Größe, Kraft und Imponiergehabe davon abgehalten, sich an den Haremsdamen zu vergreifen. Daher genügen den Gorillas relativ kleine Hoden. Was die Gorillas an Produktionskosten für das Ejakulat einsparen, müssen sie allerdings in Muskelkraft und starke Knochen investieren, wenn sie sich erfolgreich fortpflanzen wollen. [27, 65, 77]

Die Spezies Mensch rangiert bei diesem Vergleich zwischen Schimpansen und Gorillas. Das lässt den Schluss zu, dass wir Menschen einst deutlich promiskuitiver lebten als heute. Hätte nicht sonst die seit Jahrtausenden akzeptierte feste Paarbindung zu kleineren Hoden führen müssen? Da Seitensprünge, Fremdgehen und gehörnte Ehemänner immer noch zum menschlichen Alltag gehören, muss es wohl in der Natur der Sache liegen. »Die feste Paarbindung«, so der kanadische Biologe Adrian Forsyth, »wie sie für westliche und stark materialistische Gesellschaften mit großen Hinterlassenschaften und hoher väterlicher Investition charakteristisch ist, dürfte atypisch und neu sein. Eine Bestandsaufnahme von mehreren hundert menschlichen Kulturen läßt erkennen, daß in Dreiviertel davon außerehelicher Geschlechtsverkehr der Frauen vorkommt, und daß er in mehr als der Hälfte der untersuchten Kulturen üblich ist.« [65]

Die Vielweiberei einiger Gesellschaften scheint eher eine Errungenschaft neueren Datums zu sein, die mit einer mittleren Verfügbarkeit der Ressourcen einhergeht. Sie erlaubt einigen wenigen Männern, sich viele Frauen und Kinder zu leisten. Die Frauen profitieren vom Einflussreichtum und der Macht des Mannes. Auch wenn so mancher Mann vom Haremsleben träumt, ist es in der menschlichen Natur offenbar nicht vorgesehen. Das zeigt wiederum der Vergleich mit den Gorillas. Im Gegensatz zu ihnen haben Menschenmänner weder Reißzähne, um Konkurrenten zu bekämpfen, noch sind sie wesentlich schwerer und größer als die Frauen. Gerade das ist für vielweibernde Menschenaffen mit Harem und Fortpflanzungsmonopol typisch. [65]

Damit wäre der biologische Rahmen menschlicher Beziehungskisten umrissen. Allerdings kam inzwischen eine neue »Beschränkung« dazu: Der Status eines Mannes wird heute in unserer Gesellschaft weniger nach der Anzahl der Kinder eingestuft. Nicht zuletzt, weil viele Frauen nur wenige oder auch gar keine Kinder haben wollen. So scheint es, dass Männer die fehlenden sichtbaren Ergebnisse ihrer Potenz nun durch eine größere Anzahl von Affären zu kompensieren versuchen oder durch demonstrative Ansammlung materiellen Besitzes. Wir wünschen viel Vergnügen!

Wie die Männer abhängig wurden

Hätten wir Menschen so ausgeprägte Sexualzyklen wie etwa Hunde, wären die Frauen einmal im Monat von Männern umschwärmt wie das Licht von den vielbesungenen Motten. Eine eher unangenehme Vorstellung: Telefonterror, herumlungernde Männer vor der Haustüre, Anmache auf der Straße, Prügeleien um die Angebetete – kaum vorstellbar, dass wir als hormonabhängige Opfer unserer Triebe einigermaßen vorzeigbare kulturelle Leistungen erzielt hätten. Allerdings hätte dieses Verfahren auch einen Vorteil: Wir würden unmissverständlich die »fruchtbaren Tage« erkennen. Menschenmänner sind die einzigen Säugetiere, die keine Gewissheit darüber haben, wann ihre Frauen empfängnisfähig sind.

Es kursieren unter Biologen viele Spekulationen, warum die Menschenfrauen ihre »Brunst« verloren haben, oder vielleicht auch nie entwickelt haben. Größere Säugetiere werden höchstens zweimal im Jahr brünstig. Vielleicht war es für unsere Vorfahren in den Tropen mit ihrem ganzjährigen Futterangebot sinnvoll, das ganze Jahr über empfängnisfähig zu bleiben, damit die Kinder zu unterschiedlichen Zeitpunkten zur Welt kamen. So wäre die Horde nicht auf einmal mit vielen hilflosen Kleinkindern belastet gewesen, die das Jagen, Umherziehen und Nahrungssammeln behindert hätten. In unseren Breiten würde eine Häufung der Geburten im Frühsommer nach wie vor Vorteile bringen.

Eine plausible Erklärung ist, dass die Frauen den Männern Sex gegen Nahrung und Schutz anboten. Damit sie auch außerhalb der »Brunftzeit« versorgt würden, wäre das »kleine Geheimnis« sehr nützlich gewesen. Gehen wir einmal davon aus, dass unsere Vorfahren in kleinen Gruppen über die Savannen zogen. Die Männer beteiligten sich an der Jungenaufzucht, so wie es auch die Menschenaffen tun. Hatte sich ein Paar gefunden, musste der Mann gut auf seine Partnerin aufpassen, um sicher zu gehen, auch wirklich der Vater seiner Kinder zu sein. Die Geheimniskrämerei um den weiblichen Eisprung machte den Mann »abhängig«. Er musste also nett zu ihr sein und ihr das geben und beschaffen, was sie wollte. Denn war er auf der Jagd, ergaben sich genügend Gelegenheiten für

Seitensprünge, verbunden mit Geschenken und anderen beliebten Gegenleistungen, Nahrung inbegriffen. Vor allem für die Frau eines unsensiblen Gatten genügend Grund, solchen Versuchungen zu erliegen. Der verborgene Eisprung brachte den Frauen also außer Sex auch Männer-Schutz und Kulinarisches ein. [66]
Allerdings sei den Herren zum Troste gesagt, dass die Frauen den Eisprung vermutlich doch nicht so ganz verheimlichen können. Versuche des Verhaltensforschers Karl Grammer von der Universität Wien zeigten, dass Männer, zumindest im Labor, eine Nase dafür haben, ob die Frau gerade ihre fruchtbaren Tage hat. Er ließ sie an Vaginalsekreten von Frauen schnuppern, sogenannten Kopulinen, die aus verschiedenen Stadien des weiblichen Zyklus stammten. Nur die Kopuline, die Frauen während ihres Eisprungs absondern, erhöhten bei den Männern das sexuelle Interesse. Und umgekehrt genauso: Der bloße Geruch von Männerschweiß, vor allem des urinartigen Androstenons, stößt während der unfruchtbaren Tage auf Ablehnung. Wenn die Frau ihren Eisprung hat, ist ihr die urinartige Note des Androstenons schnuppe. So steigen die Chancen des Mannes, an den fruchtbaren Tagen der Frau zum Zuge zu kommen. Parallel dazu erreicht die sexuelle Aktivität der Frauen in der Mitte ihres Zyklus ihren Höhepunkt, wie Untersuchungen in den verschiedensten Kulturkreisen zeigten. Der Mythos von der ständigen sexuellen Bereitschaft der Frau entpuppt sich also als eine Mär. [22, 564, 595]

Aphrodisiaka

Dass ihre Frauen nicht nur zu bestimmten Zeiten »wollen«, bereitet manchen Männern schon mal Schwierigkeiten. Denn manchmal geht »es« eben nicht. Für diese missliche Situation haben alle Kulturen dieser Welt die obskursten Mittelchen parat. In Asien setzt »mann« auf das Nashorn-Horn, zoologisch betrachtet übrigens eine Ansammlung fest miteinander verbackener Haare. Fein gepulvert eingenommen, soll es verbrauchte Manneskraft sofort zurückbringen. Dieselbe Mär haftet auch dem Penisknochen des Tigers an. Die einzig messbare Folge dieses Aberglaubens: Er brachte

Nashörner und Tiger an den Rand der Ausrottung. Überall auf der Welt wechseln exotische Präparate, in dunklen Winkeln peinlich berührten Kunden feilgeboten, zu horrenden Preisen die Besitzer. Doch nicht nur die Preise sind ärgerlich, die meisten Aphrodisiaka halten nicht, was sie versprechen.

Aber: Keine Regel ohne Ausnahme. Allen Märchen zum Trotz, verdient nur ein einziges Aphrodisiakum seinen Namen und wird sogar als Medikament eingesetzt: Die Rinde des afrikanischen Yohimbe-Baumes. Der Wirkstoff Yohimbin steigert die Blutzufuhr in die unteren Regionen, und was besser durchblutet wird, lässt sich eben leichter aktivieren. Außerdem erleichtert das Yohimbin das Auslösen von Reflexen im unteren Rückenmark, das für die nervliche Steuerung der Geschlechtsorgane zuständig ist. Natürlich darf man keine übertriebenen Vorstellungen von einem Aphrodisiakum haben, denn ein Wundermittel ist auch Yohimbin nicht. [114-116]

Da Liebe auch durch den Magen geht, wäre es doch am schönsten, wenn Kulinarisches ebenfalls angenehme »Nebenwirkungen« hervorriefe. Frösche allerdings stehen nicht gerade im Ruf, Boten der Liebe zu sein. Eine Gruppe französischer Fremdenlegionäre erlebte jedoch Gegenteiliges: Nach dem Genuss von Froschschenkeln erlitten sie tagelange schmerzhafte Dauererektionen. Der Truppenarzt fand heraus, dass die fraglichen Frösche vor ihrem unrühmlichen Ende »Spanische Fliegen« vertilgt hatten. Eigentlich ist die berüchtigte »Spanische Fliege« ja ein Käfer. Er steigert zwar nicht die Potenz, doch hemmt das in ihm enthaltene Gift Cantharidin den Blutabfluss aus dem Glied. Das Resultat ist eine langanhaltende, aber wenig lustvolle, da schmerzhafte Erektion. Wer Pech hat, fängt sich noch dazu einen deftigen Nierenschaden ein. [94, 115]

Im Gegensatz zu Fröschen sollen vor allem Delikatessen wie Trüffeln anturnen, einen Ruf, den sie wohl eher ihrem Geruch als ihrer Form zu verdanken haben. Denn die begehrten Pilzknollen enthalten das uns schon bekannte Schweinepheromon Androstenol, das nach Schweiß riecht. [101, 102] Das erklärt, warum man Schweinedamen so erfolgreich auf Trüffelsuche schicken kann. Zielsicher, vermutlich einen Eber wähnend, spüren sie die gefragten, in der Erde verborgenen Knollen auf. Und da sich auch in unserem Schweiß Androstenol befindet [131], bei Männern mehr als bei Frauen, empfinden viele das Trüffelaroma als besonders anregend. Seine Wirkung beschränkt sich allerdings auf die Nase.

Viele Trüffelliebhaber mögen nun entsetzt sein: Schweiß in ihren geliebten Knollen? Igittigitt. Gilt nicht der menschliche Körperduft in vielen Kulturen als »ungehörig«? Dabei sind wir unter den Menschenaffen gar diejenigen mit den meisten Schweißdrüsen. Schweiß soll nicht nur den Körper abkühlen, er transportiert auch die Pheromone. [17, 56, 131] Nimmt unser VNO Pheromone des anderen wahr, kommt »Leben in die Bude«.

Da sich sexuelles Interesse gewöhnlich nicht ausschließlich im Kopf abspielt, müssen die nötigen körperlichen Aktivitäten koordiniert werden. Bei Interesse am Gegenüber schickt das Gehirn Botenstoffe über die Blutbahn in die Keimdrüsen. Zugleich telegraphiert es über die Nervenleitungen seine Pläne an unsere Schweiß- und Duftdrüsen. Sie stellen postwendend Pheromone her, um das Gegenüber ebenfalls zu aktivieren. Die Durchblutung nimmt zu, die Hauttemperatur steigt, uns wird warm ums Herz, was die Verdampfung des Nachrichtencocktails garantiert. Bei Desinteresse erspart sich unser Hirn die Mühe, und wir zeigen dem anderen buchstäblich die kalte Schulter. Nun wird auch klar, wozu wir Achselhaare besitzen: In der Achselhöhle werden besonders viele Duftstoffe produziert, und die Haare vergrößern die Verdampfungsfläche für das anregende Gemisch. Jedoch ist es in vielen Gesellschaften schon fast zur kulturellen Norm geworden, dass sich die Frauen ihre Achseln rasieren. Damit unterbinden sie ihren natürlichen Verteilmechanismus für Pheromone. Pech für die Männer. [56, 80, 131]

Bei sanktionierten Gelegenheiten, wie etwa bei Sportveranstaltungen, darf der Schweiß öffentlich ungehemmt fließen. Hier ist die Situation ent erotisiert: Gleichgeschlechtliche Fußballer rennen in schwitznassen Hemdchen hinter dem Leder her, einsame Athletinnen kämpfen um die Siegeslorbeeren. In vielen anderen »gemischtgeschlechtlichen« Alltagssituationen wird mangelnde Pheromon- und Schweißentfernung als soziale Rücksichtslosigkeit und Geruchsbelästigung empfunden.

Ganz anders verhält es sich beim Sex. Hier wird Schweißgeruch wieder akzeptiert, für viele gehört der Körpergeruch des geliebten Partners einfach dazu, wird geradezu zum Parfüm erhoben. Dichter besangen den Körperduft der Angebeteten und schnupperten ekstatisch an getragenen Wäschestücken. Napoleon beschwor seine Josephine, sich nicht zu waschen, bis er wieder bei ihr in Paris weilte, damit er sich an ihrem Dufte laben könne. Auch Goethe frönte dieser Leidenschaft und entwendete seiner Geliebten, Freifrau von Stein, ein Mieder, um in stillen Stunden ihren Duft inhalieren zu können. Und häufig schlafen Frauen auf den mit dem Körperduft imprägnierten Kopfkissen des sich in der Weltgeschichte herumtreibenden Partners. Auch beim Tanzen, einer in der Regel schweißtreibenden Betätigung, die dem gegenseitigen Kennenlernen dient, werden vermehrt Duftsignale gebildet. Und die wurden in vergangenen Zeiten sogar von Apfelscheibchen aufgesogen, die sich Bauernmädels unter die Achselhöhle klemmten, und die sie dem Burschen ihres Begehrs zum Verspeisen anboten.

Der Umgang mit dem Körpergeruch folgt einer eigenen Logik: Männer dürfen ihre Achselbehaarung behalten, um anderen Männchen ihre dominanten Düfte zu präsentieren. Frauen verbergen ihre natürlichen erotischen Duftreize, indem sie die Haare entfernen, und beide Geschlechter nebeln sich mit Duftstoffen aus der Retorte oder von Pflanzen und Tieren ein, bis sie möglichst nicht mehr nach Mensch, sondern nach Veilchen, Vanille oder gar wie Moschusochsen riechen. Vom Babyöl über die Zahnpasta, vom Weichspüler über Deoroller, Duschgel, Shampoo, Waschmittel und Slipeinlage bis hin zum Leihwagen – alles wird parfümiert und damit »attraktiver«. Doch was bringt das?

Fäkalien im Flakon

Das Parfümieren mit Blütendüften dürfte für uns Menschen keine fortpflanzungsbiologische Bedeutung haben. Parfüms gefallen uns einfach, denn wir Menschen konnten, zumindest unseren bewussten Riechsinn, zu einem ästhetischen Sinn weiterentwickeln und Freude an edlen Düften gewinnen. Genau wie unsere Emotionen

(s. Seite 13 ff.) entwickelte sich unser Geruchssinn zu einer neuen und subtileren Form weiter. Tieren dagegen bleibt dieses ästhetische Erleben verwehrt. Sie nutzen ihren Geruchssinn allein zur Orientierung, um präzise und spezifische Informationen über ihre Umwelt zu erhalten. Unser Riechsinn dient dagegen nicht mehr allein der reinen Informationsbeschaffung. Eine solche Parallelentwicklung durchliefen auch die lebenserhaltenden Triebe wie Hunger, Durst und Sex. Essen, allein um zu überleben, ist nicht mehr angesagt, sobald der Mensch es sich erlauben kann. Stattdessen wird diniert. Und auch der Sex dient uns nicht nur der Fortpflanzung, auch er kann in exotischen Formen zelebriert werden. [16] Der Mensch kann diese Energien sogar in einem gewissen Umfang sublimieren. So wurden so »unbiologische« Einrichtungen wie Klöster möglich und mancherorts sogar zu Kulturträgern.

Dennoch bleibt vieles am Geruchssinn rätselhaft: Warum gehen wir mit Düften und Gerüchen so emotionsgeladen um? Wieso können wir einen Geruch selten objektiv beschreiben, und benennen ihn in der Schwarz-Weiß-Kategorie »gut« oder »ekelhaft«? Gewöhnlich flüchten wir uns in Vergleiche, es riecht nach »Rose«, »Kaffee« oder »Raubtierkäfig«. Versuchen Sie einmal, die Geruchsqualitäten Ihres Lieblingsparfums so zu beschreiben, dass sich Ihre Freundin genau das Richtige vorstellt. Ziemlich schwierig, oder? All das liegt daran, dass der Geruchssinn, ähnlich wie der Pheromon-Sinn, vor allem unser Gefühlsleben anspricht. Der Intellekt dagegen wird erstmal vornehm umgangen. Die Ursache dafür ist der Bau unseres Zentralnervensystems: Die meisten Riechnerven gehen in das limbische System und den Hypothalamus. Das limbische System umfasst entwicklungsgeschichtlich uralte Gehirnabschnitte, in denen Gefühle, Lust und Unlust entstehen. Im Gegensatz dazu zieht der Großteil der Nervenbahnen von Augen und Ohren sofort in die bewusst zugänglichen Teile des Gehirns. [16, 24, 73, 95, 129]

Das Riechen und die Lust sind also zwei Seiten derselben Medaille. Zwar hat es die Evolution nicht für nötig befunden, Geruchsreize anständig mit der Sprache zu koppeln, doch dafür gibt es umso innigere Beziehungen zum Gedächtnis und zum Unterbewusstsein. Auch das Lernen und das Einprägen spielt sich im limbischen System ab. Sicher kennen Sie das Phänomen: Treten nach dem Verzehr von leicht »sauer« riechender Hühnersuppe üble Konsequenzen auf, hat man, oft noch jahrelang, einen Horror vor derartigen Brühen. Und das, obwohl die Wahrnehmung des üblen Geruchs und die Folgen um Stunden auseinander liegen. Würde die Verbindung zwischen Ursache und Wirkung nicht automatisch hergestellt, wäre die Warnfunktion des Geruchssinnes für die Katz. Daher gibt es eine direkte Verbindung zwischen Gedächtnis und Geruch. Nicht nur Riechen und Lust, auch Riechen und Lernen sind gute Nachbarn.

Lust und Ekel – nur eine Frage der Dosis

Irwin Douglass, ein Spezialist für Schwefelchemie, glaubt, dass unsere Vorfahren anhand bestimmter Gerüche lernten, was ihnen gut tat und wovon sie lieber die Finger lassen sollten. So warnte sie der Gestank von Schwefelverbindungen, wie sie Sümpfen entweichen, davor, in einer nahe gelegenen Höhle zu übernachten. Da sich solche Dämpfe als erstickende Schicht auf den Höhlenboden legen, hätten sie ihnen den ewigen Schlaf beschert. Schweflige Ausdünstungen warnen auch vor vulkanischer Tätigkeit. So entwickelten und vererbten unsere Vorfahren Abneigungen gegen bedrohliche Gerüche aus Sümpfen, aber auch aus verdorbener Nahrung, Kot und anderen Infektionsherden. Deshalb können wir Schwefelverbindungen schon in winzigen Konzentrationen wahrnehmen. [42]
Paradoxerweise riechen viele Geruchsstoffe in Spuren angenehm und erst in größeren Mengen widerwärtig. Schwefelwasserstoff, der Wirkstoff von Stinkbomben, erinnert in starker Verdünnung an Kohl. Ein drastisches Beispiel sind Indol und das nahe verwandte Skatol, beides Abbauprodukte von Nahrungseiweiß. Sie sind für den typischen Geruch nach »Scheiße« verantwortlich. Doch ein ganz anderer Geruchseindruck stellt sich ein, wenn sich nur ein Hauch von ihnen in der Luft befindet: Die beiden »Stinker« verstärken nun exotische Blüten-

düfte. Jasmin- und Orangenblüten, Tabak, Orchideen und Narzissen, Käse und Tomatenmark – ohne die Verwandlungskünstler Skatol und Indol würde ihnen das gewisse Etwas fehlen. Die biologische Bedeutung liegt auf der Hand: Die Menschen lernten, dass sie dort, wo beide in geringen Mengen vorkommen, Essbares oder Angenehmes erwartet, während hohe Konzentrationen aus verdorbenem Fleisch, vergammeltem Fisch oder Fäkalien Gefahr anzeigen und Ekelgefühle auslösen. [42]

Für akute Warnungen, die giftige Stoffe wie Ammoniakdämpfe und andere ätzende Gase ausüben, und ein blitzschnelles, reflexhaftes Handeln erfordern, verlässt sich der Körper übrigens nicht auf das Riechepithel. Diese Stoffe reizen spezielle Rezeptoren, sogenannte freie Nervenendigungen des Nervus trigeminus in der Nase, die direkt ins Hirn gehen. Das geht so viel schneller, als über den »Umweg« der Riechsinneszellen. Schließlich müssen wir unsere Nase aus der Affäre ziehen, bevor es brenzlig wird. [50]

Umgekehrt merken wir uns natürlich auch Angenehmes. Wenn wir jemanden gut riechen können, wenn sein Geruch »stimmt«, dann prägt sich auch sein Duftcocktail fest in unsere Erinnerung ein. Auf diese Weise können uns auch geruchlose Pheromone dressieren, wenn sie gekoppelt mit einem bestimmten Körpergeruch vorkommen, den wir bewusst wahrnehmen. [108, 580] Dieses Phänomen treibt manchmal kuriose Blüten, wie das berühmte Beispiel eines Mannes zeigt, der nicht etwa orientalischem Parfüm verfallen war, sondern den Geruch von Dieselöl erotisch empfand. Er hatte in einer ölverschmierten Garage sein erstes, offenbar sehr schönes Liebesabenteuer erlebt. [56]

Warum aber sprühen sich viele von uns mit Parfüms ein, die Fäkalnoten exotischer Tiere enthalten, Moschus beispielsweise? In höheren Konzentrationen riechen diese Lockstoffe penetrant nach »Tier« mit unangenehmer Fäkal- oder Urinnote. Nur in hoher Verdünnung sind sie erträglich und verströmen eine warme, angenehme Note. Was brachte die Parfümeure überhaupt auf die Idee, die üblen und unglaublich teuren Gerüche aus männlichen Analdrüsen in Damenparfüms zu mischen? Schließlich locken diese Pheromone nicht Männer, sondern nur interessierte Weibchen exotischer Tierarten an.

Der österreichische Parfümeur Paul Jellinek liefert eine einleuchtende Erklärung. Wir Menschen empfinden Parfüms mit diesen tierischen Riechstoffen, in ganz geringer Konzentration versteht sich, als angenehm erotisierend. Sobald wir aber bemerken, dass so ein Parfüm irgendwie nach Tier riecht, ist es mit der Liebe vorbei und macht Ekelgefühlen Platz. Jellinek meint, dass diese tierischen Düfte unser Unterbewusstsein anregen und wir, ohne es zu merken, an stimulierende Düfte unserer eigenen Genitalregion erinnert werden. [57]

Auch wenn das auf den ersten Blick etwas befremdlich klingen mag, betrachten wir die Idee einmal aus der Nähe: Urin verdankt bestimmte Geruchsnoten unter anderem gewissen Abbauprodukten der Geschlechtshormone. Sie zeigen zuverlässig an, ob das Weibchen paarungsbereit ist. So erschnuppern Säugetiermännchen am Urin des Weibchens, was Sache ist. Auch weibliche Wesen erkennen am Uringeruch, was für einen Kerl sie da vor sich haben. [109] Überreste des Verfahrens könnten bei uns Menschen sehr wohl im Unterbewusstsein vorhanden sein. Auch die anderen Pheromone aus den etwas höher gelegenen Regionen stellt unser Körper aus Hormonen her. Und diese riechen, wenn sie überhaupt einen Duft haben, ja nicht alle nach Moschus, sondern auch nach Urin. So könnten wir erklären, warum wir Menschen auf Moschusparfüms, die heute ja in der Regel künstliche Moschusnoten enthalten, »abfahren«: Moschus, egal ob echt oder synthetisch, erinnert an Körpergerüche und damit natürlich auch an Pheromone. Auf diese Weise könnten Moschusparfüms unsere Erinnerung an eine begehrte Person aktivieren und unsere Lust und Laune steigern. [56, 57]

Dufte Düfte

Nicht nur Pheromone, Moschus und Körpergerüche beeinflussen unsere Psyche. Es gibt Duftstoffe aus Pflanzen, die wie Psychopharmaka wirken. So werden Riechstoffe aus der Muskatnuss, dem Lavendel oder der Baldrianwurzel zur Beruhigung und Stimmungsaufhellung verwendet. Lange bevor man entdeckte, dass handfeste chemische Substanzen diese Wirkungen auf unseren Körper ausüben, wussten Schamanen, Priester, Kräuterweiblein und Medizinmänner um die geheimnisvollen Wirkungen von Kräutern, Harzen, Balsamen und aromatischen Hölzern. Sie verbrannten diese Zutaten bei ihren Kultveranstaltungen, um ihre Anhänger in einen entrückten, euphorischen Zustand zu versetzen. Der Rauch kräuselte sich zum Himmel und schuf so eine sichtbare Verbindung zum Göttlichen. [44, 45, 47–49, 51, 52]

Bis heute ist man vom Duftopfer nicht abgekommen. Die katholische Kirche schwört auf Drogen, die sie seit über tausend Jahren von islamischen Glaubenskonkurrenten bezieht: Der Weihrauch enthält die Vorstufen von THC, von Tetrahydrocannabinol. [144] Was so kompliziert klingt, ist der Wirkstoff von Haschisch. Beim Verbrennen von Weihrauch entsteht er in beträchtlicher Menge. Als diese Erkenntnis durchsickerte, dauerte es nur noch kurze Zeit, bis eine konservative Regierung den Besitz kleiner Mengen THC-haltiger Drogen legalisierte. Zufall?

Auch in manch einem profanen Haushalt vernebeln Duftlämpchen allerlei Aromatisches. Inzwischen gibt es eine manchmal schon beinahe mystisch anmutende Literatur darüber, wie sich mit Hilfe von Duftölen alle möglichen, vor allem psychische Erkrankungen therapieren lassen. Doch der Nachweis einer reproduzierbaren Wirkung, wie »Aspirin hilft gegen Kopfschmerzen«, gestaltet sich bei ätherischen Ölen als schwierig. [47–52] Denn ätherische Öle sind keine einheitlichen Flüssigkeiten, wie etwa Wasser, sondern stets Gemische, die nicht selten aus Hunderten von Komponenten bestehen. Viele davon kommen nur in winzigsten Mengen vor. Und gerade die können für die erwünschte Wirkung verantwortlich sein. Aufgrund der Vielfalt der Inhaltsstoffe handelt es sich nicht selten um Kombinationswirkungen, da sich die einzelnen Komponenten in ihrer Wirkung erheblich beeinflussen können. [43, 46, 52, 71, 113, 127]

Da diese Öle Naturprodukte sind, schwankt ihre Zusammensetzung erheblich, je nach Sorte, Klima- und Bodenverhältnissen der Anbaugebiete. Es ist wie mit dem Wein; jeder Jahrgang ist anders. Nicht zuletzt spielt auch die Gewinnungsmethode und die Lagerung des Öls eine Rolle. Mit anderen Worten: Kaum ein, sagen wir Rosenöl, ist genau wie das andere. Wie will man da etwas Verbindliches über die allgemeine Wirkung aussagen? [67, 68, 127]

Und noch etwas erschwert die Erforschung der Wirkung einer Aromatherapie: Kaum ein Markt wird derartig mit Verfälschungen und synthetischen Nachahmungen überschwemmt, wie dieser. Es ist egal, ob die Öle wertvoll sind oder in rauhen Mengen anfallen, der Hang zur Manipulation scheint gewissermaßen zu den Urtrieben des Menschen zu gehören. Dabei scheut er keinen Aufwand, und die Panschereien haben manchmal ein nobelpreisverdächtiges Niveau. Selbst spottbillige Orangenöle, die zum Kilopreis von maximal fünf Mark zu haben sind, werden noch gepanscht. Als beispielsweise Professor Wilfried König von der Universität Hamburg Earl Grey-Tee analysierte, der laut Etikett mit Bergamotte-Öl aromatisiert war, musste er erkennen, dass nur wenige Proben wirklich echtes Aroma enthielten. [82] Das ätherische Öl aus der orangenähnlichen Bergamotte-Frucht ist nicht ganz billig und wird hauptsächlich auf Sizilien gewonnen. Martin Henglein, Präsident der »Vereinigung für Aromatologie und Aromatherapie« klagt, »ein großer Teil der ätherischen Öle, die es bei Großhändlern zu kaufen gibt, sind verfälscht«. [82]

Nichtsdestotrotz ist die Idee, mit Düften zu therapieren, bestechend. Denn Wohlgerüche sprechen vor allem unser Unterbewusstsein an. Der Riechsinn ist, wie bereits erwähnt, eher ein emotionaler, denn ein intellektueller Sinn und nur unvollkommen an sprachliche Ausdrucksformen, also an das Bewusstsein, geknüpft. Der Riechsinn tönt unsere Wahrnehmungen daher mit Gefühlen, verschafft uns aber keine so detaillierten Informationen wie das Auge. Geruchsreize gelangen ins limbische System, und dort wird auf die einströmenden Informationen sofort, ohne vorhergehende Analyse, reagiert. [50]

Gerade bei Entspannungstherapien können Aromen helfen, das – den Stress erzeugende – Bewusstsein und das darauf körperlich reagierende Unterbewusstsein voneinander abzukoppeln. Die Suggestionen eines Therapeuten sind natürlich dann am erfolgreichsten, wenn das Bewusstsein des Patienten umgangen wird, ihm quasi keine Möglichkeit gegeben wird, »dazwischenzufunken«. Ein für den Patienten angenehmer Duft spricht direkt sein Unterbewusstsein an und versetzt ihn in eine positivere Grundstimmung. Der Patient erlebt ein Gefühl, das der Sprache nur schwer zugänglich ist, und er wird von dem störenden Bewussten abgelenkt. [119]
Wie bei allen Heilverfahren spielt auch bei der Aromatherapie der so genannte Placebo-Effekt eine Rolle. Darunter versteht man einen Heilungserfolg mit einem Medikament, das gar keine Wirkstoffe besitzt. Allein durch Suggestion des Arztes, oder den Glauben des Patienten an die Pillen, kommt die Genesung zustande. Sogar das Aussehen des Scheinmedikamentes trägt zu seinem Erfolg bei. Bei Pillen sind zum Beispiel die Farbe, Größe und Darreichungsform wichtig: Weiße Tabletten wirken eher schmerzlindernd, blaue beruhigend, großen Pillen wird auch eine größere Wirkung zugeschrieben. Kapseln vertrauen die Patienten mehr als Tabletten, und am wirksamsten ist das Placebo, wenn es als Injektion gegeben wird. [122, 128] Bedenken Sie bitte, dass der Placeboeffekt eine der universellsten und nebenwirkungsärmsten Therapien überhaupt ist. Sogar Tiere reagieren auf Placebos.
Überträgt man diese Erkenntnisse auf die Aromatherapie, lässt sich ableiten, dass die Wirkung ätherischer Öle wohl nicht allein auf deren Geruch beruht, sondern auch auf der Art der Darreichung. [549] Viele Aromatherapeuten massieren die Öle ein. Zwar werden ätherische Öle durch die Haut absorbiert, inwiefern ihre Bestandteile auf die Psyche wirken, ist jedoch unklar. Klar dagegen ist, dass zärtliche, mitfühlende Berührungen bei allen Säugetieren eine sehr wichtige Rolle spielen. So weiß man, dass neugeborene Jungen eher sterben, wenn man die Muttertiere daran hindert, die Kleinen nach der Geburt abzulecken. Vermindertes Wachstum beim Menschen wird mit mangelnder Zärtlichkeit während des Kleinkindalters in Verbindung gebracht. Da wir annehmen können, dass wir Menschen ein weiter entwickeltes ästhetisches Empfinden

als Tiere haben, ist es auch wahrscheinlich, dass wir Menschen stärker auf solche taktilen Reize als auf Geruchsreize allein reagieren. [120]

Sicher ist nur, dass ätherische Öle eine Allgemeinwirkung auf den Körper ausüben. Sie regen reflektorisch die Hirnzentren an, die Atmung und Blutdruck kontrollieren. [53] Da verwundert es kaum, dass man sich nach dem Einatmen des passenden – anregenden oder beruhigenden – Öles besser fühlt. Inwiefern bestimmte Einzelbestandteile der Öle messbaren Einfluss auf unsere Psyche haben, ist noch weitgehend unbekannt.

Bei aller Euphorie über die vermeintlichen Wunderwirkungen der Aromatherapie wird gerne vergessen, dass ätherische Öle, vor allem diejenigen aus Blättern und Wurzeln, die Pflanze in der Natur vor unerwünschten Fressern und Pflanzenschädlingen schützen sollen. Deshalb können sie Substanzen enthalten, die in höheren Konzentrationen hautreizend oder sogar giftig sind. So ist das Thymol aus dem Thymianöl ein recht wirksames antibakterielles Desinfektionsmittel. [115, 123, 124] Vor einer unkritischen Anwendung der Duftöle, vor allem als Massageölzusatz, sei an dieser Stelle gewarnt.

Besonders problematisch ist das delta-3-Caren aus dem Terpentinöl, das aus bestimmten Nadelbaumarten gewonnen wird. Terpentinöl wurde im Zuge der Ökowelle als naturbelassenes Lösungsmittel für Naturfarben propagiert. [145] Caren aber löst bei vielen Menschen böse Hautreizungen bis hin zu Allergien aus. In Duftlampen sollen sie nach den Erfahrungen von Allergologen bei Kindern für asthmatische Beschwerden verantwortlich sein. Deshalb kam man schon lange von »naturbelassenen« Ölen ab und entfernte die kritischen Stoffe. Bis Hersteller, Wissenschaftler und Therapeuten ihre Hausaufgaben erledigt haben, sollten Sie sich einfach auf ihren guten Riecher verlassen und die Öle verwenden, die Ihrer momentanen Stimmung am meisten zusagen. Die gute Laune oder die Entspannung stellen sich dann schon von selbst ein. Oder nehmen Sie ein Parfüm, denn das wird garantiert immer nach demselben Rezept hergestellt.

Wer schön sein will ...

... muss bekanntlich leiden. Das merkten schon die Höflinge im elisabethanischen England. Mit arsenhaltiger Schminke ruinierten sich Königin Elisabeth I. und ihr Hofstaat Teint und Gesundheit. Daraufhin verfügte sie, dass alle Spiegel im Palast entfernt werden mussten. [627] Aber es hat offenbar nicht viel genützt. In den neunziger Jahren boten deutsche Bioläden Make-up feil, das bis zu 21 Prozent pures Blei enthielt. Schließlich gibt es einige ebenso farbige wie giftige Bleioxide, die sich die Kundschaft als »Naturkosmetik« mit Begeisterung auf die Haut schmierte. [342]

Während Parfüm und Make-up wohl so alt wie die Menschheit sind, gelten Deos als typisches Produkt unseres Zeitgeistes, der jedweden Körpergeruch als peinlich empfindet. Deshalb enthalten Deos spezielle Geruchstöter, vor allem Aluminiumsalze wie Aluminiumhydroxychlorid oder Aluminium-Zirkonium-Komplexe. Sie verengen die Kanäle der Schweißdrüsen und verringern somit die Schweißsekretion. Dadurch bremsen sie das Wachstum der Bakterien, die es sich in der menschlichen Achselhöhle bequem gemacht haben. Ihre Stoffwechselprodukte sorgen für den typischen Schweißgeruch. Versiegt der Schweiß, hungern die Bakterien, was wiederum ihren Ausstoß an strengen Gerüchen wie Buttersäure oder Schwefelverbindungen bremst. [628]

Das Aluminium geriet aus zwei Gründen in die Kritik: Erstens, weil nach dem Einatmen feiner Aluminium-Zirkonium-Stäube in der Lunge Granulome, d. h. Geschwulste auftraten. Das führte 1977 in den USA zu einem Verbot in Deosprays. [586] Und zweitens, weil das Gehirn von Patienten mit Alzheimer hohe Alu-Gehalte aufweist. Dieser Befund war der Medizin bisher unerklärlich. Denn der Darm kann das Leichtmetall angeblich gar nicht aufnehmen. Sollte es trotzdem in den Kreislauf gelangen, stoppt spätestens die Blut-Hirn-Schranke den Schadstoff. Schließlich haben zahllose Patienten jahrelang Magensäurebinder auf Aluminiumbasis eingenommen – ohne sichtbare Folgen. [583, 589–592]

Auf einen ganz anderen, aber umso brisanteren Belastungspfad stießen unlängst amerikanische Epidemiologen. Die Arbeitsgruppe um Professor Amy B. Graves von der Universität Seattle untersuchte, ob die Verwendung von Magensäurebindern und von, halten Sie sich fest, Deos das Alzheimer-Risiko beeinflusst. Das zunächst beruhigende Ergebnis: Weder die Verwendung von Deorollern oder -stiften noch die Einnahme von Magensäurebindern korrelierte mit der Alzheimerschen Demenz. Als man allerdings die Daten im Detail untersuchte, gab es eine Überraschung: Die Wissenschaftler fanden einen klaren Zusammenhang zwischen der Häufigkeit und Dauer der Benutzung von aluminiumhaltigen Sprays und dem späteren Auftreten von Alzheimer. [583] Wenn das Alu nicht über den Darm ins Gehirn gelangt, dann vielleicht über die Nase?

Biologisch wäre ein Zusammenhang plausibel. Die Aluminiumsalze werden beim Einatmen aufgrund ihrer Teilchengröße vor allem im Nasen-Rachenraum abgelagert. Am Kaninchen konnte gezeigt werden, dass Aluminium problemlos über den Riechnerv in das Riechhirn gelangt. [586, 587] Es fällt auf, dass bei Alzheimer-Patienten gerade das Riechhirn geschädigt ist. Bestätigt wird der ursächliche Zusammenhang zwischen Alzheimer und Aluminium durch die Untersuchungen von Professor McLachlan von der Universität Toronto. Ihm gelang es, durch Ausleitung von Aluminium den geistigen Verfall der Patienten zu verlangsamen. [588]

Natürlich muss es neben den Deosprays noch andere Aluminiumquellen und Aufnahmepfade geben, denn nicht jeder Alzheimerpatient hatte vorher Deos versprüht und nicht jeder Deobenutzer leidet später an Alzheimer. Umso mehr überrascht es, dass die angeführten Beobachtungen zwar große Unruhe in der Fachwelt ausgelöst haben, jedoch bisher keine weiteren Studien zu diesem Thema publiziert wurden. Obwohl nichts einfacher wäre, als im Rahmen der zahlreichen Alzheimer-Studien auch mal die Angehörigen nach dem Deo zu fragen. Sollte diese Daten wirklich niemand erhoben haben?

Es geht um weitaus mehr als »nur« um Alzheimer. Denn offenbar ist der Riechnerv ein Transportband ins Gehirn. Auf diesem Wege werden Schwermetalle, wie Cadmium und Nickel, aber auch Lösungsmittel, ja sogar ganze Bakterien und Viren direkt in unser Gehirn verfrachtet. [54, 583, 584] Für Duftstoffe und Pheromone sollte dies ebenfalls möglich sein. Leider fand dieser Weg von der Nase in den Sitz von Seele und Intellekt bisher kaum die Aufmerksamkeit der Medizin. Damit werden nicht nur neue therapeutische Möglichkeiten verschenkt. Eine Intoxikation über die Nase könnte auch helfen, die Ursachen einer erklecklichen Anzahl von Erkrankungen des ZNS zu verstehen, die mit Störungen der Geruchswahrnehmung oder Schäden des Riechhirns verbunden sind. Damit wäre die Nase gleichermaßen prädestiniert zur Therapie von neurologischen wie psychiatrischen Krankheiten.

Wozu Schönheit?

Dass einmal ein so profaner Kosmetikartikel wie ein Deo zur Aufklärung medizinischer Sachverhalte beitragen würde, hättten sich seine Erfinder sicher nicht träumen lassen. Sie wollten mit ihrem Geruchstöter dem ästhetischen Empfinden dienen. Ob Chemiker Deos mixen, Parfümeure Duftkompositionen kreieren, Künstler Gemälde schaffen oder Symphonien komponieren: Die Triebkraft, Schönes zu schaffen, zu genießen oder zu besitzen, wohnt offenbar jedem inne. Die Seele braucht Schönheit wie der Körper das Licht. Wer stets mit Hässlichem konfrontiert ist, verliert seinen Antrieb, wird miesepetrig, schlimmstenfalls sogar depressiv. Schönheit bereitet dagegen Freude, sie erhöht unser Lebensgefühl, wir werden aktiver und aufgeschlossener. Die Künstler des Altertums und Mittelalters waren stets um Schönheit bemüht. Für sie war es selbstverständlich, dass Schönheit untrennbar mit Symmetrie verbunden ist. Gesicht und Körper des Menschen sind zweiseitig symmetrisch aufgebaut. Bereits die Nase erregte ihr Missfallen, ragt sie doch einsam aus dem Gesicht, statt paarweise zur Schönheit beizutragen. [64]
Symmetrie bedeutete soviel wie Vollkommenheit und kam damit dem Göttlichen gleich. Und damit nichts schief ging, gab es für die Künstler der Antike genaue Vorgaben, wie die Proportionen des menschlichen Körpers idealerweise aussehen sollten. Der »Goldene Schnitt« enthält ebenfalls solche Regeln. Schöpfer religiöser Kunst achteten stets auf die Symmetrie – egal ob bei Triptychons, Kirchenfenstern oder dem Grundriss einer Kathedrale. Auch

unsere Ohren mögen Symmetrien. Wir brauchen dafür gar nicht den Begriff der symmetrischen Klänge zu bemühen, denn was sind eingängige Rhythmen anderes als Ordnungsprinzipien, die durch Wiederholung für ein Wiedererkennen sorgen und dem Zuhörer ein inneres »Mitschwingen« ermöglichen?
Heute tun wir uns beim Gang durch ein Museum für moderne Kunst oder bei einer akustischen Darbietung der 12-Ton-Musik schon wesentlich schwerer damit, Schönheit zu definieren. Immerhin blieben Natur und Technik konservativ. Beim Betrachten von Kieselalgen oder Bäumen, von Düsenjägern oder Kaffeemaschinen fällt auf, dass sie symmetrische Formen bevorzugen. Doch nicht nur Gegenstände empfinden wir als schön, wenn sie symmetrisch sind, auch auf der geistigen Ebene sind wir auf Symmetrien »geeicht«, ja geradezu angewiesen. Geraten unsere Gedanken in Unordnung, ordnen wir sie so schnell wie möglich neu. Gerade das Zählen schafft Symmetrie und ist eine Grundlage des Ordnens. Nur wenig beunruhigt uns Menschen mehr, als über etwas im Unklaren zu sein.

Ordnung ist das halbe Leben

Symmetrie ist ein Grundprinzip alles Lebendigen. Trocken physikalisch betrachtet, ist Leben stete Arbeit gegen die Unordnung dieser Welt. Geordnete Strukturen, ein Embryo, eine Rose, ein Bakterium, entstehen entsprechend den Bauplänen des Erbgutes. Das Lebendige schafft Ordnung im Chaos. Unser gesamtes Universum dagegen strebt – so sieht es jedenfalls die Physik – stets dem Zustand maximaler Unordnung zu. Das sieht man ja täglich beim Abwasch in der Küche, den Papieren auf dem Schreibtisch, oder den Spielsachen im Kinderzimmer. Ja sogar die Zeit ist darüber definiert: Stets folgt ein Zustand größerer Unordnung (»Entropie«) einem geordneteren. Dabei bedeutet Entropie nicht nur Unordnung, sondern eine höhere Wahrscheinlichkeit. Je geordneter ein Zustand ist, desto unwahrscheinlicher ist er nach den Gesetzen der Physik.
Wenn das Leben endet, beginnt die Auflösung, die Unordnung. Die Entropie steigt. Die Ordnung verlässt den Körper. Symmetrie ist das grundlegende Ordnungsprinzip dieser Welt. Sobald Atome geord-

net werden, entstehen bestimmte Formen der Symmetrie. Symmetrie ist aber mehr, als eine einfache geometrische Struktur. Es gibt unendlich viele Symmetrieebenen, komplexe Symmetrien. Symmetrien schaffen Hierarchien ebenso wie Gleichgewichte: Eine Pyramide, egal ob als Bauwerk oder als Organisationsform, eine Waage, gleich ob als Messinstrument beim Krämer, als Mobile an der Zimmerdecke oder als Patt im Parlament, beide stellen eine Form von Symmetrie auf unterschiedlichen Ebenen dar. Nebenbei bemerkt: Der politische Begriff von »Ordnung« beschreibt eine bestimmte, für uns sichtbare Form der Ordnung, die nicht identisch ist mit dem physikalischen oder biologischen Organisationsgrad. Geordnete Gesellschaften brauchen keine »Law & Order-Politik«.

Vielleicht empfinden wir gerade deshalb Symmetrie als »schön«. Unser Hang zur Ästhetik bringt das Prinzip des Lebens gegenüber dem ungeordneten Kosmos zum Ausdruck. Vielleicht ist der Hang zur Symmetrie, zur Schönheit, für den Menschen noch entscheidender als Verstand und Gefühle? Schönheit bringt Intellekt und Emotion auf die gleiche Wellenlänge. Dichtung bedeutet nicht umsonst das »verdichten« von Information, um mit möglichst wenig Worten die Gefühle und Gedanken des Lesers in beabsichtigter und geordneter Weise anzuregen. So können wir endlich den biologischen und gesundheitlichen Nutzen von Musik, Poesie oder Malerei verstehen. Sie sind folglich auch ein ideales Mittel der Therapie. Vielleicht gibt es eines Tages Kunstkonzerne wie es heute Arzneimittelkonzerne gibt.

Wenn die Rechnung aufgeht

Warum besonders symmetrische Gesichter als schön empfunden werden, kann tatsächlich mit dem Widerspruch von Verstand und Gefühl in unserem Gehirn zusammenhängen. Die linke Gehirnhälfte ist hauptsächlich für sprachliche und abstrakte Fähigkeiten zuständig, die rechte für Intuition und Emotionen. Auch auf dem Gesicht drückt sich diese Zweiteilung aus. Deckt man bei einem Porträt abwechselnd die rechte und linke Gesichtshälfte ab, erkennt man oftmals recht unterschiedliche Gesichtsausdrücke, um nicht zu sagen Charakterzüge. Die linke Gesichtshälfte wird vom rechten, vom »emotionalen« Gehirn dirigiert, kann also Gefühle mit viel tieferem Ausdruck darstellen als die rechte und umgekehrt. [73, 83, 95]

Das Gleiche gilt für die Wahrnehmung eines Gesichts durch unsere Sinne. Jede Gehirnhälfte bekommt zwar die gleichen Informationen von den Sinnesorganen, jedoch konzentriert sich jede nur auf die Botschaft, für deren Verarbeitung sie da ist: Die linke beachtet die vernünftigen Informationen, die rechte die emotionalen. Sind die Urteile beider Gehirnhälften deckungsgleich, ist alles in Ordnung. Sind sie verschieden, bekommen wir Schwierigkeiten mit der Einordnung und werden unsicher. Gefahr droht. Vielleicht beruhigt ein besonders symmetrisches Gesicht unser Gehirn, weil beide Gehirnhälften das Gleiche empfangen und somit besser in Einklang zu bringen sind. Das schafft Vertrauen, denn wir Menschen sind nicht so besonders gut darin, die Gefühle und Absichten unseres Gegenübers aus seinem Verhalten abzulesen. Und geklärte Verhältnisse sind ja auch eine Form der Ordnung, die wir so notwendig für unser Seelenleben brauchen.

Die Psychologen Joseph LeDoux und Michael Gazzaniga beobachteten an einem ihrer Patienten, bei dem die Gehirnhälften operativ getrennt worden waren, folgendes Phänomen: An Tagen, an denen die linke und rechte Gehirnhälfte des Patienten seine Umwelt, seine Freunde gleich beurteilten, »war er ein ruhiger, fügsamer und sympathischer Jugendlicher«. Aber »an Tagen, an denen die rechte und die linke Seite in ihren Bewertungen nicht übereinstimmten, erwies es sich als schwer, mit dem Patienten umzugehen«. Nach LeDoux und Gazzaniga sieht es ganz so aus, »als ob jedes geistige System jederzeit die unterschiedlichen emotionalen Zustände des anderen registrieren kann. Wenn sie nicht übereinstimmen, wird ein Gefühl der Angst ausgelöst, das letztendlich an Hyperaktivität und allgemeiner Aggression abzulesen ist«. [83]

Tatsächlich erkennt unser hoch entwickeltes Nervensystem symmetrische Strukturen viel leichter als chaotische. Suchen Sie nicht auch in Wolkenformen oder unruhigen Teppichmustern nach geordneten Strukturen? Ertappen Sie sich nicht gelegentlich dabei, Gesichter in dem ganzen Chaos auszumachen? Auch beim Blick durch ein Mikroskop erkennen wir in einem Wassertropfen zuerst die geordneten Strukturen. Eventuell vorhandene Amöben, die ja keine spezielle Körperform besitzen, übersehen wir leicht. Die Amöbe könnte doch alles mögliche sein, ein Sandkörnchen, ein Fussel, irgendein Schmutzpartikelchen. Gewöhnlich entdecken wir das Tierchen erst dann, wenn es sich bewegt. [15, 58, 59, 64]

Symmetrie dient also auch dazu, dass Tiere ihre Artgenossen und Partner schnell und sicher vor dem Hintergrund einer unstrukturierten Umwelt wahrnehmen können. Schließlich ist Unbelebtes nur selten symmetrisch, von Kristallen, Sonne und Mond einmal abgesehen. Umgekehrt kann Asymmetrie auch schlicht Gefahr bedeuten. Tarnanzüge, egal ob von Soldaten oder Raubkatzen, nutzen stets asymmetrische Muster. Wir erschrecken, flüchten oder gehen in Verteidigungshaltung, entdecken wir plötzlich ein vorher »unsichtbares« Wesen, das durch sein unregelmäßiges Tarnmuster mit seiner Umgebung verschmolzen war. Versetzen Sie sich nur mal in eine Motte, die in Zungenweite eines perfekt an seine asymmetrische Umgebung angepassten Chamäleons landet. [61]

Symmetrie dient also der Ordnung und der Orientierung. Vielleicht steckt aber noch mehr dahinter. Bieten symmetrische, also paarweise angelegte Strukturen nicht mehr Sicherheit, als einfache? Bei Ausfall einer der beiden gleichwertigen Organe hat der Organismus noch immer einen Ersatz in petto, der die Aufgaben des beschädigten übernehmen kann. Warum sonst noch entwickeln sich Lebewesen symmetrisch? Könnten in der »ordentlichen« Symmetrie nicht auch spezielle Informationen »codiert« werden? Wie der Körper während seiner embryonalen Entwicklung symmetrisch wird, wissen die Entwicklungsbiologen noch immer nicht genau. Kristalle »wachsen« nur dann zu perfekter Symmetrie, wenn ihre Bildung nicht durch Erschütterungen gestört wurde. Was könnte das harmonische Wachstum eines biologischen Systems, eines Embryos, stören?

Russische Forscher untersuchten die Schädel von Ostsee-Robben aus den Zeiten vor der Erfindung des DDT und anderer Schädlingsbekämpfungsmittel und verglichen sie mit Robben aus unserer Zeit. Ihr Ergebnis war eindeutig: Die Schädel heutiger Seehunde, deren Speiseplan eine reichliche Auswahl der Segnungen moderner Chemie enthält, waren viel asymmetrischer als die Schädel der Tiere aus vergangenen Zeiten, deren Tafel noch reichlich mit unverseuchten Fischen gedeckt war. Die Forscher schlugen sogar die Asymmetrie von Schädelknochen als Maßstab für die Belastung eines Gewässers mit Umweltgiften vor. [60]
Das ist sicherlich zu kurz gegriffen. Nicht nur Gifte, auch Krankheitserreger stören die vorgeburtliche Entwicklung der Körpersymmetrie. Babies, deren Mütter während der Schwangerschaft an einer Infektion litten, kamen mit leicht asymmetrischen Körperhälften zur Welt. Mit der Schwere der Krankheit nimmt die Asymmetrie des Säuglings zu. Womöglich haben Asymmetrien tatsächlich Auswirkungen auf die Gesundheit im späteren Leben. Menschen mit asymmetrischem Körperbau tendieren im höheren Lebensalter häufiger zu Herzerkrankungen. Ganz allgemein lässt sich sagen: Je ausgewogener der Körperbau, desto »gesünder« das Lebewesen. Bei Moorhühnern zeigte sich, dass parasitenbefallene Männchen ein weniger farbenprächtiges Gefieder haben. Für die Weibchen bedeuten Symmetrie und glänzendes Gefieder demnach eine Art Gütesiegel. Deshalb geben sie sich den Schönlingen hin. Symmetrien sprechen eine verborgene Sprache. [69]
Manche Symmetrien können sogar auf bestimmte Begabungen und Neigungen hinweisen. Bei den meisten Frauen sind Zeige- und Ringfinger gleichlang. Ist der Zeigefinger jedoch länger, so steigt das Brustkrebsrisiko, dafür sind diese Frauen aber auch besonders fruchtbar. Bei Männern, die dieses Merkmal aufweisen, ist es jedoch genau umgekehrt: sie sind weniger fruchtbar. Sind männliche Ringfinger länger als der Zeigefinger, so sind sie eher Linkshänder und zudem musikalisch begabt. Autisten haben oft ebenfalls diese Handform. Und längere Ringfinger sollen bei beiden Geschlechtern auf eine homosexuelle Veranlagung hinweisen. [593] Was wie mittelalterlicher Hexenglauben klingt, hat einen ziemlichen ernsthaften Hintergrund.

Alle diese Effekte sollen auf eine gemeinsame Ursache zurückzuführen sein: In der fötalen Phase, in der die Finger ausgebildet werden, wird deren Länge von den im Uterus vorhandenen Sexualhormonen beeinflusst. Diese Hormone greifen natürlich auch in die Entwicklung anderer Organe ein, insbesondere des Nervensystems und Gehirns. Ein hohes Niveau an männlichem Testosteron führt zu längeren Ringfingern mitsamt den oben genannten Eigenschaften. Hohe Pegel an weiblichen Östrogenen und Progesteronen fördern dagegen das Wachstum von Zeigefinger und die damit verbundenen Anlagen.
Doch das ist noch nicht alles. Asymmetrische Ohren und Hände sowie ein besonders langer Ringfinger gehen bei Männern mit einer erhöhten Depressionsrate einher. Vielleicht liegt es daran, dass hohe Testosteronspiegel während der Entwicklung des Embryos das Immunsystem unterdrücken. So können sie zu Störungen in der Gehirnentwicklung führen und Legasthenie, also Lese-Rechtschreibschwäche, Autismus und Migräne begünstigen. [593, 594]

Let the good times roll ...

Der Vergleich von Hormonspiegeln im Fruchtwasser und der Entwicklung intellektueller Fähigkeiten am Ende des ersten Lebensjahres zeigte, dass diejenigen Babies am schlechtesten abschnitten, die den höchsten Testosteronspiegeln ausgesetzt waren. Da viel Testosteron laut Statistik auch mit einer höheren Musikalität korreliert, verglich man sogar die Hände der Musiker eines britischen Symphonieorchesters mit dem Bevölkerungsdurchschnitt. Auch diesmal bestätigte sich die Testosterontheorie. Selbst innerhalb des Orchesters gaben die Finger Auskunft über die Fähigkeiten: Topmusiker hatten längere Ringfinger als ihre Kollegen. [593]

Was auch immer die Hormonkonzentration in der Gebärmutter aus den Männern macht: Frauen haben ein Näschen für Symmetrie: Sie brauchen nur ihre gute Nase, um zu wissen, ob ein Mann schön ist oder nicht. Diese kurios anmutende Erkenntnis wurde 1999 von der Arbeitsgruppe um Professor Randy Thornhill von der Universität New Mexico publiziert und alsbald von den Wiener Forschern Professor Karl Grammer und Anja Rikowski bestätigt. Frauen sollten in diesem Experiment den Duft von T-Shirts beurteilen, die von Männern zwei Nächte lang getragen worden waren. Kriterien waren, wie angenehm, intensiv und sexuell attraktiv die Hemdchen rochen. Zuvor hatte man die Symmetrien von Gesicht, Armen und Beinen der Männer vermessen. Das Ergebnis: Je symmetrischer der männliche Körper, desto attraktiver der Geruch – zumindest, solange sich die Frauen in der fruchtbaren Phase ihres Monatszyklus befanden. Außerhalb dieses Zeitraums waren die Frauen ebenso unempfänglich für die Geruchsbotschaften wie die gleichzeitig getesteten Männer. [578, 579]

Die Forscher schließen daraus, dass Männer spezielle Signalstoffe oder Pheromone aussenden. Der Duft steht in direkter Korrelation zur Qualität der genetischen Ausstattung und seiner biologischen Fitness. Asymmetrien sind ein Hinweis auf genetische Fehler oder Entwicklungsstörungen, die als Embryo im Uterus erlitten wurden. Männer mit asymmetrischen Händen, deren rechte und linke Hand nicht genau spiegelbildlich sind, produzieren eine schlechtere Spermaqualität. Da Frauen immer den besten Vererber für ihre Kinder suchen, weist ihnen ihr Geruchssinn in der fruchtbaren Zyklusphase den Weg. [578, 579]

Trotz aller Korrelationen: Wir sollten uns stets bewusst sein, dass die vorgeburtlichen Hormonspiegel, die Fingerlänge und die Körpersymmetrien nur eine Einflussgröße auf Gesundheit oder Krankheit, auf Veranlagungen und Neigungen darstellt, die es uns nicht erlaubt, daraus Rückschlüsse auf das jeweilige Individuum abzuleiten.

Bei mir biste scheen

So oder so: Schönheit und Symmetrie verfolgen offenbar einen tieferen Zweck als »nur« Amüsement. Schließlich tun wir ja allerlei dafür, schön zu sein. Schwer vorstellbar, dass wir uns für nichts und wieder nichts anstrengen. Um dem vermeintlichen Ideal zu entsprechen, sind viele Menschen zu erstaunlichen Opfern bereit. Ob eintönige Diäten, stundenlanges Bodybuilding, kneifende Mieder oder teure Kosmetika – nichts bleibt unversucht, um ins Schema zu passen. Helfen alle Selbstkasteiungen nichts, begibt sich mancher gar unters Messer des Schönheitschirurgen. Ähnliches beobachtet man in Asien, auch wenn es dort weniger um schwellende Proportionen geht: Japanische Männer lassen sich ihre »Mongolenfalten« wegoperieren, um dem idealisierten westlichen Standard des »Rundauges« zu entsprechen. [118] Seltsam mag diätgebeutelten Europäern auch die japanische Begeisterung für fette Sumo-Ringer erscheinen. Die von Natur aus durchweg zierlich gebauten Japaner fahren voll auf die mit spezieller Reis-Diät gemästeten Fleischberge ab.

Der Mensch findet offenbar solche körperlichen Attribute besonders attraktiv, die in seiner Kultur besonders schwer erreichbar sind: Die Chinesen haben einst gar dicke Landsleute bewundert, die sich üppige Mahlzeiten leisten konnten. »Sind Sie aber fett geworden«, soll einmal eine besonders ehrerbietige Begrüßung gewesen sein. In unserer Überflussgesellschaft gilt dagegen der dürre Körper als das Ideal schlechthin. Nach dem Zweiten Weltkrieg und zu Wirtschaftswunderzeiten, als Schmalhans noch Küchenmeister war, erschienen üppige Formen besonders begehrenswert. In den Sechzigern und vor allem den Siebzigern, als Sonntags wieder Braten auf dem Tisch stand, wurden sogar ausgemergelte Figuren wie Twiggy zu Idolen hochstilisiert.

All das sind Modeerscheinungen, die es Menschen erlauben, »anders« als der Durchschnitt zu sein und sich als Individuum hervorzuheben. Daneben gibt es in Sachen Ästhetik aber offensichtlich noch etwas Konstanteres, eine universelle Idealvorstellung davon, was schön ist. Wie sonst konnten Künstler der griechischen Antike die zeitlose Schönheit ihrer Marmorstatuen schaffen? Aber vielleicht trifft das nur für den europäischen Geschmack zu. Was würde

wohl ein japanischer Kfz-Mechaniker, ein chinesischer Reisbauer oder ein südafrikanischer Buschmann zu einer grünspanüberzogenen Aphrodite sagen, die eifrige Archäologen aus dem Schlamm des Mittelmeeres geborgen haben? Empfindet nicht jede Kultur andere Gesichter als schön? Es muss neben der Symmetrie noch etwas anderes geben. Denn auch Fratzen können symmetrisch sein.
Über das Wesen der Schönheit haben Philosophen und Soziologen eine bemerkenswerte Fülle mehr oder weniger ansprechender Theorien entwickelt. Während bei Heraklit die Schönheit eine zu einer »harmonischen Einheit gefaßten Mannigfaltigkeit« darstellte, und so die Vielfalt der Symmetrien hervorhob, wurde bei Schelling die Ästhetik zum »Ausfluß des Absoluten«, das die »Aufgabe erhält, Subjektives und Objektives durch Zurückstrahlen des absolut Identischen zu versöhnen«. Vielleicht wollte er ja nur sagen, dass Schönheit Intellekt und Emotion in Einklang bringt. Nachdem sich im 19. Jahrhundert die Psychologen vergebens um eine brauchbare Definition bemüht hatten, führte Husserl den Begriff des »ästhetischen Gegenstandes« ein, der »vom Auffassenden im ästhetischen Erleben realisiert wird«. Schlussendlich mischte sich auch noch die Soziologie in den Reigen der Wortklaubereien und Zirkelschlüsse ein, und definierte »ästhetisches Verhalten als allgemeines Verhalten zur Wirklichkeit«.
Wenden wir uns vom »Ausfluß des Absurden« ab und appetitlicheren Vorstellungen zu – zum Beispiel einer schönen Frau. Überlegen Sie einmal selbst: Wie soll sie denn nun wirklich aussehen, Ihre ersehnte Traumfrau? Wir wissen ja nun, warum Sie sich als Mann mehr von Ihren Augen leiten lassen dürfen als von ihrer Nase. Hand aufs Herz, meine Herren, stehen Sie eher auf die kleine Brünette im Buchladen, oder wäre Ihnen die langbeinige Blondine aus der Jeans-Werbung lieber? Und wie wird die Antwort wohl in Japan ausfallen? Gibt es da Gemeinsamkeiten außer der Symmetrie? Bekanntlich unterscheiden sich die Bewohner beider Landstriche erheblich im Aussehen. Und genau deshalb tat sich ein britisch-japanisches Forscherteam zusammen, um dieser Frage mit Fotoapparat und Computer zu Leibe zu rücken.[63]
Seither kann man Schönheit messen – zumindest die eines Frauengesichts, und es lässt sich sogar nachprüfen, ob unsere Vorstellung

von Schönheit einem kulturell erlernten Programm folgt oder auch angeboren ist. Schritt Numero 1: Man fotografiere die Gesichter junger Frauen – und setze daraus mittels Computer ein weibliches Durchschnittsgesicht zusammen: 60 Gesichter von Engländerinnen wurden am Bildschirm »übereinandergelegt«. Nach dem Urteil männlicher Testpersonen übertraf das neue »Komposit-Bild« die einzelnen Exemplare deutlich in Sachen Schönheit. [63]
Das heißt, unser Gehirn errechnet offenbar die »goldene Mitte« aller bisher gesehenen Gesichter als Maßstab seiner Wünsche. Das macht Sinn: Schließlich soll der evolutionäre Mainstream erfolgreich sein und nicht die zahllosen Abweichler, die mit ihren Anomalien »Fehler« im Programm signalisieren. Solange das ökologische Umfeld einer Art stabil ist, sind »Borderline-Genome« im Nachteil. Anders in Zeiten der Instabilität. Nicht nur, wenn sich das Klima ändert, sondern auch, wenn Parasiten auf ein paar neue Tricks verfallen, die für die betroffene Art den Garaus bedeuten könnten: Dann wird schon irgendeine dieser Abweichungen die Grundlage für das Überleben der Art bilden.
Die Durchschnittshypothese, die bereits der Philosoph Immanuel Kant postuliert hatte, erklärt auch, warum wir nicht alle den gleichen Partner präferieren, sondern fast jeder Topf seinen passenden Deckel findet. Uns gefällt erfahrungsgemäß eher ein Partner mit einem Gesicht, das dem unseren nicht unähnlich ist. Schließlich sehen wir manche Menschen in unserem Leben häufiger als andere. Es sind zuerst natürlich die Gesichter der Mutter und übrigen Familienmitglieder, die uns gewöhnlich ein wenig ähneln, dann ist es unser eigenes Gesicht, das wir im Spiegel betrachten. So ist uns allen ein anderer Durchschnitt einprogrammiert.
Nun zur Frage nach der kulturellen Prägung: Das Forscherteam führte die gleiche Untersuchung auch in Japan durch – mit exakt dem gleichen Ergebnis. Beim Schönheitsideal handelt es sich offenbar um ein biologisch vorgegebenes Programm, das im Falle der Fortpflanzung kulturellen Einflüssen kaum Spielraum bietet. Anders mag die Lage bei Musik oder Malerei sein. Welche Art von Musik präferiert wird, ist der Biologie womöglich egal, solange unsere Neuronen Symmetrien und Ordnungsprinzipien erkennen.

Die Forschergruppe wollte aber auch noch hinter das Geheimnis besonders schöner Frauen kommen. Sie bat die männlichen Probanden, die ihrer Ansicht nach attraktivsten Damen herauszusuchen. Aus den gewählten jeweils 15 schönsten Konterfeis generierte der Computer zwei neue Durchschnittsgesichter – eines für Japan und eines für England. Diese neue Kombination begeisterte die männlichen Juroren deutlich mehr. Also spielt noch etwas anderes mit als nur der Durchschnitt. Vielleicht doch die Kultur? Nächster Schritt: Man errechnete die Abweichungen der neuen Schönen von dem Gesamtdurchschnitt. Dabei fiel zunächst auf, dass die Abweichungen sowohl in Japan als auch in Europa genau die gleichen waren. Nun wollten es die Wissenschaftler genau wissen und begannen, die Abweichungen zwischen den beiden Gesichtern zu überzeichnen. Und siehe da: Das bewerteten die Testpersonen nun als Supergesicht! Hinter der Schönheit einer Frau steckt demnach noch ein biologisches Geheimnis.

Drehen wir den Spieß einmal um. Wenn man Schönheit messen kann, müsste es doch auch die ultimative Verbrechervisage geben. Schon 1878 versuchte der Genetiker Francis Galton aus einer Reihe von Steckbriefen das universelle Gaunergesicht zu kreieren. Er legte diese Bilder übereinander und setzte daraus dann das »Ultraböse« zusammen. Das wollte er jedenfalls. Zu seiner großen Überraschung kam allerdings ein ganz anständig und harmlos dreinschauendes Antlitz dabei heraus. Egal wie hässlich die Gesichter sein mögen, der Durchschnitt ist immer schöner. Nun ist klar, warum Galton seine wohl durchdachte Absicht enttäuscht aufgeben musste.[62] Hätte er noch ein wenig weiter experimentiert, hätte er womöglich mehr als 100 Jahre vor dem britisch-japanischen Team das Geheimnis eines schönen Frauengesichts gelüftet – und damit zumindest vielen Sozialwissenschaftlern unnötige Irrungen erspart.

Zum Schluss wollen wir Ihnen aber noch ein Ergebnis der britisch-japanischen Schönheitsforscher präsentieren: Die idealen Trends fürs universell schöne weibliche Gesicht. Das sind:
- Kleiner Abstand zwischen Mund und Kinn, sowie Nase und Mund
- hohe Wangenknochen mit »dünnen« Backen

– große Augen mit klar geschnittenen Augenbrauen.
Und diese Trends gelten gleichzeitig in denkbar weit voneinander entfernten Kulturen wie der europäischen und der japanischen. Die Grundmuster der Schönheit ähneln sich offenbar weltweit. Das bedeutet: In unserem Gehirn ist ein universell vererbtes Schönheitsideal verankert, das eben nicht allein von Kultur und Mode geprägt wird. Und doch beinflusst unsere Kultur unsere Vorstellung von Schönheit. Mehr davon im nächsten Kapitel.

2 Von Trendsettern und Konsumäffchen

»Nicht immer, aber immer öfter« gibt's den »Geschmack von Freiheit und Abenteuer«. »Nimm 2, und naschen ist gesund«, denn »ich will so bleiben, wie ich bin«, »so wertvoll wie ein kleiner Zwerg« ... et cetera et cetera. Wie viele Werbesprüche fallen Ihnen noch ein? Und wie viele kennen schon Ihre Kinder? Bei 2000 bis 3000 Werbekontakten pro Tag, denen durchschnittliche Verbraucher ausgesetzt werden, wird wohl einiges hängen geblieben sein, oder? Über 50 Milliarden Mark gibt die Wirtschaft in Deutschland Jahr um Jahr für Werbung aus, und über 300.000 Menschen beschäftigen sich damit, wie man uns zum Kauf anregen kann. [204, 239] Da werden alle Register gezogen. Und glauben Sie ja nicht, dass Sie dieser Gehirnwäsche entrinnen könnten!

»Aufgrund nachweislicher Steuerungsmechanismen ist der unabhängig und frei entscheidende Bürger eine Fiktion, ein bloßes Denkmodell.« Das behauptet jedenfalls ein Lehrbuch der Werbeforscher. Und die Werbefachleute wenden die Erkenntnisse der Verhaltenswissenschaften konsequent an: Längst ist bewiesen, dass der Mensch auf viele Reize automatisch reagiert, und dadurch die Steuerung seines Verhaltens möglich wird. [202]

Professor Werner Kroeber-Riel, der Nestor der deutschen Konsumforschung, hält die Vorstellung »vom souveränen und vernünftigen Menschen« schlicht für eine »Ideologie«, die »unsere tierische Abstammung« vergäße: »Wir übersehen gerne, daß große Teile unseres Zentralnervensystems noch aus dieser tierischen Vergangenheit stammen und unser Verhalten bestimmen. Wir glauben gerne, daß jede erotische Erregung Ausdruck einer willentlich gesteuerten menschlichen Zuneigung ist und vergessen, daß es so etwas wie reizgebundene Hormonausschüttung und triebhafte Reaktionen gibt ... Wir sollten uns zu diesen tierischen Verhaltensweisen bekennen und sie nicht durch Spekulationen über unsere menschliche Freiheit und Unabhängigkeit übertünchen. Wir sollten uns nicht schämen, alle noch etwas Tier (sprich ›Konsumäffchen‹) zu sein. Und wir sollten uns mit den sich daraus ergebenden Problemen sachlich auseinandersetzen.« [234]

So wie ein Tier auf bestimmte Umweltreize automatisch reagiert – in Fressstimmung kommt und Speichel absondert, oder aggressiv wird und ein anderes Tier angreift –, so reagiert auch der Mensch in bestimmten Reizsituationen nach ererbten Gesetzmäßigkeiten. Das widerspricht natürlich drastisch unserem Wunschbild vom frei entscheidenden Bürger. Wer sähe sich nicht lieber als Trendsetter denn als manipulierten Konsumaffen? Doch inwieweit sind wir überhaupt in der Lage, unser eigenes Verhalten objektiv zu beurteilen? Dazu gibt es eine aufschlussreiche Umfrage aus England: 70 Prozent der dort Befragten fanden, dass »Werbung die Leute oft veranlaßt, Dinge zu kaufen, die sie eigentlich nicht brauchen«. Auf die Frage, ob sie selbst von der Werbung entsprechend beeinflusst würden, antworteten dagegen nur 15 Prozent mit »Ja«. Es überrascht nicht, dass wir unser eigenes Urteilsvermögen höher einschätzen als das unserer Mitmenschen. Was überrascht, ist der hohe Prozentsatz der Leute, die sich für nicht manipulierbar halten. [202]
Falls auch Sie dazugehören, falls Sie meinen, dass Sie Ihren Kaffee wegen des einzigartigen Geschmacks und nicht wegen des Images kaufen, dann lassen Sie uns doch einmal gemeinsam einen Supermarkt durchstreifen. In diesen Tempeln des Konsums finden die Erkenntnisse von Psychologie, Sozial- und Verhaltenswissenschaften ihre praktische Umsetzung. Jagd frei auf den Konsumenten!

Kundenfalle Supermarkt

Haben Sie Ihren Einkaufszettel schon beisammen? Trauben, Wurst und Linsen, und sonst eigentlich nichts? Während wir arglos zum Supermarkt streben, sind dort bereits die notwendigen Vorkehrungen getroffen, um unsere guten Vorsätze zur Strecke zu bringen. Trösten Sie sich: Die meisten Menschen lassen erheblich mehr Geld an der Kasse, als sie ursprünglich ausgeben wollten. Werbefachleute behaupten, dass die Kunden von ein bis zwei Dritteln der Artikel, die schließlich im Einkaufswagen landen, zu Beginn ihres Einkaufs noch nichts wussten. [207,208,236] Mag sein, dass dabei ein wenig Eigenlob – um nicht zu sagen Selbstüberschätzung – mitschwingt, die Verlockungen des Kaufs kennen wir trotzdem zur Genüge.

Also, hinein ins Getümmel, wir betreten den Verkaufsvorraum. Er ist hell und großzügig gestaltet. Doch bei Leibe nicht nach den Schönheitskriterien eines fähigen Innenarchitekten. Denn Supermärkte werden von Werbefachleuten nach eingehenden Analysen unseres Verhaltens entworfen. Da soll nichts dem Zufall überlassen bleiben, der Parcours ist generalstabsmäßig auf unsere menschlichen Schwächen ausgelegt. Als erstes gilt es, die hinderliche Schwellenangst abzubauen, uns quasi ins Geschäft hineinzuziehen. Jeder Laden ist – verhaltenspsychologisch betrachtet – zuerst einmal fremdes Terrain. Unbewusst stellen sich unser Geist und Körper auf Gefahr und Kampf ein. Eine durchdachte Lichtführung nimmt ihm seinen Höhlencharakter: Hellere Lampen im Eingangsbereich und in den hinteren Verkaufszonen machen den Verkaufsvorraum von außen einsehbar und mindern unsere Unsicherheit im Laden selbst. [209]

Unsicherheit bedeutet Stress, und Stress löst beim Menschen Unruhe und Bewegung aus. Das ist angeboren. Und deshalb ist die Eingangszone in der Regel weitläufig gestaltet. Mit ein paar schnellen Schritten streben wir in den Laden. Gemütlichkeit empfängt uns: Spotstrahler tauchen Topfpflanzen, Geschenkartikel und Holzspielzeug in ein helles, angenehm warmes Licht. Eine Pinnwand für Mitteilungen aus der Nachbarschaft signalisiert Kundennähe. Das entspannt und schafft ein positives Einkaufsklima. [210]

Beim Gang durchs Drehkreuz greifen wir uns einen Einkaufswagen. Falls Sie sich je über die Dimensionen dieser »Wägelchen« gewundert haben – die sind natürlich Kalkül. Denn kaufen Sie nur wenig ein, verlieren sich die Einkäufe traurig im Wagen. Und je leerer der Wagen wirkt, desto eher stellt sich das Gefühl ein, noch nicht alles erledigt zu haben. In der Kassenschlange drängt sich womöglich auch noch der Eindruck auf, sich nichts leisten zu können. Erst ein randvoller Drahtkorb erfüllt viele Menschen mit Befriedigung. Experten sprechen deshalb vom »Kaufsog« leerer, übergroßer Wagen.

Mit forschem Schritt schieben wir unseren Großraumwaggon an, um rasch unsere Einkaufsliste zu erledigen. 70 Prozent der Menschen unseres Kulturkreises gehen beim Betreteten eines Verkaufsraums spontan nach rechts und bewegen sich dann – warum auch immer – in Binnenkreisen entgegen dem Uhrzeigersinn weiter. [211] Stehen wir vor einem Regal, fixieren wir zuerst die rechte Seite und greifen bevorzugt mit der rechten Hand zu. [240] Jetzt können Sie sich sicher denken, warum unnötige und überteuerte Ware gerne auf rechtsseitigen Regalflächen platziert wird. Und auch wenn wir uns fest vornehmen, diese Produkte zu ignorieren: Regalstopper, Sonderangebote und Aktionsdisplays zwingen uns, das gesamte Angebot in gebührender Breite wahrzunehmen. [244] Ständig werden wir aufgehalten und abgelenkt, damit wir ebenso oft entscheiden müssen, zwischen unserer Lust, die Dinge zu besitzen, und unserem Verstand, der uns sagt: Eigentlich brauche ich das nicht.

Auf unserem Weg zur Wursttheke stoppt uns schon nach wenigen Metern die in sonniges Licht getauchte Obst- und Gemüseabteilung. Sie ist der erste Kundenmagnet, der den Speichelfluss anregt. Denn wer Appetit hat, kauft mehr. Die offen angebotenen Früchte verlocken zum Zugreifen. Alles, was wir anfassen können, löst einen stärkeren Besitzreiz aus als das, was wir nur anschauen dürfen. [194] Spiegel hinter dem Obst signalisieren üppige Warenfülle. Greifen Sie ruhig zu und wiegen Sie Ihre Trauben aus. Na, etwas mehr als beabsichtigt, aber einen Zweig abzuzupfen, das wäre irgendwie peinlich. Selbstbedienungswaagen sind nicht nur dazu da, Personalkosten zu sparen. Mal ehrlich: Wie oft haben Sie sich schon beim Abfüllen verschätzt und mehr in die Tüte gepackt, als Sie eigentlich wollten. Und haben Sie jemals das »Zuviel« dann auch wieder zurückgelegt? Wir greifen nun mal gerne zu. Bei jeder zweiten Wägeaktion wird mehr abgefüllt und mitgenommen als beabsichtigt. [208]

Wir erreichen die Wursttheke und stellen uns am Ende der Schlange an. Die Dame, die gerade bedient wird, spürt die Ungeduld der anderen wohl. Das bedeutet Stress. Im Stress sind wir jedoch »für kaufstimulierende Signale schwer empfänglich«, sprich: Wir kaufen weniger. Deshalb platzieren Profis an der Wursttheke Sonderaktionen nach dem Marketinggrundsatz: Ablenken und Kaufanreize bieten. Erst im Stehen werden wir der Musikberieselung gewahr, das stereotype Wummern der Bässe im Herzrhythmus dringt allmählich in unser Bewusstsein. Die 72 Schläge pro Minute entsprechen der Pulsfrequenz eines gesunden, ausgeglichenen Menschen. So schleicht sich der unauffällig geglättete Sound eines vertrauten Schlagers direkt in unser vegetatives Nervensystem. Unser Stress schwindet, und das Portemonnaie sitzt lockerer. [212]

Nach dem Motto »Hintergrundmusik lässt die Kassen klingeln« bieten Spezialunternehmen eigens dafür konstruierte Abspielgeräte an. [213] Die Musik gibt's im Abonnement, auf den jeweiligen Ladentyp zugeschnitten: »Durch die Wahl der Musikinstrumente und Musikstücke«, verspricht ein Lehrbuch, »lassen sich auch, abgestimmt auf einzelne Zielgruppen, spezifische Emotionen wie ›französisches savoir vivre‹ oder ›Sehnsucht nach der Ferne‹ auslösen.« [234] In Lebensmittelmärkten sollte die Musik ein Gefühl von Frische verstärken. Die Experten empfehlen hier helle, klare Klangfarben in Dur-Tonlage mit leichten Dissonanzen. Höhen und Tiefen werden beschnitten, damit der Sound ungehindert unsere Gefühle aktiviert und keine aggressiven Höhepunkte das gute Feeling einer entspannten Einkaufsatmosphäre stören. [213] Ohne Hintergrundmusik leidet der Umsatz gewaltig. [214]

Für dieses »Hintergrundsgedudel« gibt es klare Regeln: Akustisch tote Räume sind unbedingt zu vermeiden. Frei bleiben lediglich die Kassenplätze. Begleitet von Musik betritt der Kunde ungebremst auch den hintersten Winkel der Laden-Höhle. Völlig deplatziert wäre eine Stereoanlage aus dem Wohnzimmer des Marktleiters, um einem kauflustigen Publikum die Lieblingshits der Belegschaft in Hifi-Qualität darzubieten. Bloß keine Gesangsstimmen oder mitreißende Violinsoli, nur keine schnellen Passagen oder Pausen zwischen den einzelnen Stücken. Denn das verleitet zum Zuhören und könnte uns von unseren Kaufabsichten ablenken. Die akustische Kulisse soll zwar den Einkaufsstress auffangen, aber zugleich muss sie unsere Wachheit soweit kitzeln, dass wir die zahlreichen Angebote auch aufmerksam betrachten und nicht etwa unseren eigenen Gedanken nachhängen. [213, 214]

Endlich fragt uns die Verkäuferin an der Wursttheke »Was darf's denn sein?«, alsbald gefolgt vom stereotypen »Darf's auch etwas mehr sein?«. Als höfliche Kunden lehnen wir doch nicht in aller Öffentlichkeit ab – oder? Das unscheinbare Plastiksäckchen verliert sich im Einkaufswagen. Was fehlte nun noch? Ach ja, die Linsen.

Wo haben sie die bloß wieder versteckt? Gewöhnlich dort, wo niemand gern hingeht, im Innern des Marktes. Wir orientieren uns alle am liebsten an den Außenwänden, so wie auch im Restaurant zuerst die Wandplätze besetzt sind. Sie bieten Schutz und Feldkontrolle. Deshalb sind die notwendigen Artikel des täglichen Bedarfs im Mittelgang platziert. Weil Muss-Artikel wie Klopapier oder Salz stets gebraucht werden, ziehen sie die Kunden ins Ladeninnere. Und da aus dem ersten Regalmeter automatisch mehr gekauft wird als aus den folgenden, befinden sich unsere Linsen auf der linken Seite im hintersten Regal in der Bückzone auf dem untersten Boden. [240]

Vom Lebensnotwendigen allein kann der Laden nicht leben. Andererseits: Überflüssige Luxusartikel braucht der Kunde nicht. Deshalb stehen die teuren Produkte in der sogenannten Griff- und Augenhöhe. Denn dorthin greifen wir vier- bis achtmal so gerne wie in die unbequemen Regalplätze weiter unten oder oben. Selbst der Umstand, wieviele Zentimeter Regalbrett ein Artikel zugemessen bekommt, lässt sich auf unser Wahrnehmungsverhalten abstimmen. Denn die Länge der Kontaktstrecke entscheidet drüber, ob es gelingt, unentschlossene Kunden zum Kauf zu verleiten. Für Süßwaren beispielsweise beträgt sie in einem durchschnittlichen Lebensmittelmarkt beachtliche 75 Regalmeter. [215] Wie gut hatten es da die Kunden im Mittelalter: Um das Jahr 1500 untersagte die Erfurter Krämerzunft dem Händler, zuviel Ware zu zeigen. Der Käufer sollte nicht zum Kauf verleitet werden. *O tempora, o mores!*

Und wer ahnt schon Ungemach bei einem Regal, dessen unterstes Brett schräg angebracht ist? Der arglose Griff zu einer großen Flasche Weichspüler hat eine unerwartete Folge: Die restlichen Flaschen rutschen alle nach. Viele Kunden sind davon so perplex, dass sie es noch einmal probieren. Und schon haben sie eine zweite in der Hand. Zurückstellen erweist sich als schwierig, weil man gebückt und mit Kraft die nachgerutschten Flaschen nach hinten schieben muss. Da nimmt man lieber beide mit, um sich nicht vor allen Leuten mit seiner Ungeschicklichkeit zu blamieren.

Wir haben alles, was wir brauchen und können die Kassenzone ansteuern. Mit dem Abhaken des geistigen Einkaufszettels schwindet der Einkaufsstress, wir sind ruhiger und für Kaufanreize empfänglicher. Jetzt gilt es, uns zu unüberlegten Impulskäufen zu verleiten. In einem gut geführten Markt können sie bis zu 30 Prozent aller Käufe ausmachen. Besonders an der Kasse, denn da kommt der Kundenstrom zum Stehen. Unser Blick fällt auf Frauenzeitschriften und Groschenromane, Wühlkörbe bieten Kaugummi, Plastikspielzeug und Schnapsfläschchen feil. In Griffhöhe für Erwachsene, also in Augenhöhe für Kinder finden sich zahlreiche süße Überraschungen und eine Eistruhe – zur Verkürzung der Wartezeit. Quengelware, wie die Experten sagen. [241]

In der Kassenregion wird gut zehnmal mehr umgesetzt und verdient als in anderen Bereichen des Marktes. Da sparen die Hersteller nicht mit Werbung. Mit Werbung für den Filialleiter: »594 Millionen Kauf- und Verzehrimpulse« für »Koala-Bären« verspricht ein Unternehmen bei »allen Kindern und Müttern« durch »millionenstarke Werbung in TV und Funk« auszulösen. [216] Deshalb müsse der »einzigartige Impulsartikel im Süßwarenbereich« in der Nähe der gewinnträchtigen Kasse platziert werden. Entsprechend hart ist die Konkurrenz. Erfahrene Marktleiter versichern, dass Artikel, die häufig wie Blei in den Regalen liegen, in der Kassenzone mühelos abverkauft werden.

Ist Ihnen schon aufgefallen, dass moderne Supermärkte inzwischen auf eine schnurgerade Kassenzeile verzichten? Sie ordnen die Kassen versetzt oder im Rondell an. So können wir unsere Mitmenschen ungehindert beim Einkaufen beobachten. Das lockert die Stimmung und lenkt vom Warten ab. Die Kundschaft dankt es mit vermehrten Impulskäufen. [210]

Spätestens an der Kasse entfaltet auch der in manchen Supermärkten geschickt angebotene »kleine Einkaufswagen für die Kinder« seine optimale Wirkung: Er ist genauso bereitwillig voll gepackt worden wie der große von Mutti – und das Drama beginnt: Wie soll sie in der Kassenschlange das ganze überflüssige Zeug wieder loswerden? Einige Objekte werden unauffällig in die Grabbelschachteln und Wühltische gelegt, der andere Teil wird zur Verminderung des Kindergeschreis dann doch mitbezahlt. Und selbst wenn es an der Kasse nicht zum Drama kommt: Das Kind hat mit dem Wägelchen zur Durchsetzung seiner Wünsche einfach die besseren Karten.

Verpackt, umgarnt und eingewickelt

Schon vor Jahren zeigte Professor Ernest Dichter, der Vater der Motivforschung, wie's gemacht wird: Er füllte billigen Kopfweh-Whiskey in die Flaschen der Nobelkonkurrenz und ließ die Kunden kosten. Prompt wurde der ordinäre Inhalt als »edler Tropfen« herausgeschmeckt. [235] Heute stylen Verpackungsdesigner die Hüllen so lange durch, bis die Kundschaft einen höheren Preis vermutet als das Ganze schließlich kosten soll. [217] Das vermittelt uns stets das Gefühl, günstig zu kaufen. Die Marktforscher zielen hier auf unsere »Preisbewilligungsbereitschaft« ab. Das ist der Grund, warum viele Anbieter vor allem in die Verpackung investieren. Eine gelungene Lebensmittel-Verpackung ruft beim Verbraucher allemal die Vorstellung von Appetitlichkeit und Frische hervor und verheißt ihm Genuss.

Es geht hier weniger um die Plastik-Möhrenbeutel, die, mit einem engmaschigen roten Muster bedruckt, auch biegsamen Karotten die geforderte Frische verleihen. Hersteller wie Handel wissen längst: »Die Qualitätsunterschiede zwischen den Markenprodukten schrumpfen, vielfach sind sie durch den Verbraucher objektiv gar nicht mehr wahrzunehmen.« [217] Nicht der Inhalt, die Verpackung ist kaufentscheidend. Ohne bunten Pappkarton sieht ein Waschpulver aus wie das andere, ohne durchgestyltes Etikett könnten wir keine zwei Speiseöle unterscheiden. Der Inhalt ist allenthalben der gleiche. Deshalb ist es so ungeheuer wichtig, Verpackungen bis ins letzte Detail zu planen. Die Hülle gleicht unser fehlendes Wissen über den Inhalt der Produkte aus, die wir kaufen. Das Drumherum soll vor allem den Kunden einwickeln und weniger die Ware.

Einen kritischen Verbraucher wie Sie wickelt man so leicht nicht ein? Vorsicht! Ein ganzes Arsenal an Messinstrumenten wird aufgeboten, um Sie aufs Kreuz zu legen. Begleiten Sie uns doch einmal in ein Labor, in dem Verbraucher analysiert, wo Werbebotschaften entwickelt und ausprobiert werden. Dagegen wirken die üblichen Tests praktizierender Psychologen wie kindliche Spiele. Denn hier geht es um angewandte, praktische Seelenkenntnis, die sich für den Verkäufer messbar in Mark und Pfennig ausdrücken lassen muss.

Heute steht ein umfangreiches Arsenal sogenannter objektiver Messmethoden zur Verfügung, angefangen von der Messung des Blutdrucks über den Einsatz von Gehirnstrom-Analysatoren nach dem Prinzip des Elektroenzephalogramms (EEG) bis hin zu so genannten Lügendetektoren (EDR). Letztere messen die Schweißentwicklung auf der Haut beim Betrachten eines Fernsehspots oder eines Plakates und geben so Auskunft über das Maß unserer inneren Erregung. Dabei ergibt bereits eine Veränderung der Öffnung unserer Schweißporen ein messbares Signal, ohne dass die Versuchsperson in erkennbarer Weise schwitzen muss. Zum Aufdecken von »Lügen« ist das Gerät entgegen seinem Namen wenig geeignet. [242] Besonders pfiffige Forscher glauben, ihren Versuchspersonen sogar Blut abzapfen zu müssen, um deren Hormonspiegel beim Anblick von Breitreifen-Profilen oder Damenbinden-Testflüssigkeiten zu bestimmen. [203, 234, 242, 243]

Und dieser »Diaprojektor« dort, der mit dem integrierten Bildschirm, das ist ein Elektronen-Tachistoskop: Ein computergesteuerter Lichtblitz erleuchtet ein Dia mit der Werbebotschaft, der Verpackung, dem Plakat für eine tausendstel Sekunde. So wird ausgeschlossen, dass Sie dabei irgendetwas bewusst erkennen. Was das wohl soll? »Das Tachistoskop-Verfahren«, erklärt das Branchenblatt *Ernährungsindustrie*, »ermöglicht selbst den Einblick in erste, spontan im Unterbewußtsein aufgenommene Anmutungen von Wahrnehmungen.« [217] Antworten Sie bitte so spontan wie möglich: Wie fühlen Sie sich? Was ist Ihr erster Eindruck? Woran denken Sie gerade? Schrittweise wird dann die Belichtungszeit verlängert. So lassen sich die einzelnen Erkennungsphasen und die dabei ausgelösten Gefühle im Zeitlupentempo verfolgen. [217]

Etwa einen Monat lang wird eine Verpackung am Tachistoskop studiert und so lange umgestaltet, bis sie die gewünschte Anmutung auslöst. Mit dem Pupillometer lassen sich auch noch die Veränderungen der Sehöffnung des Auges messen. Wenn wir etwas Angenehmes oder Erregendes sehen, so erweitern sich zwangsläufig unsere Pupillen – ein angeborener Reflex. Die logische Fortsetzung ist die Augenkamera zur Blickaufzeichnung: Sie erfasst, in welcher Reihenfolge unser Blick über ein Bild, eine Werbung oder Verpackung wandert. Schließlich soll der Konsument auch wirklich alle wesentlichen Signale aufnehmen. Denn nur wenn sein Blick auf den Markennamen gelenkt wird, wenn er ihn auch beim flüchtigen Durchblättern unwillkürlich erkennt, kann auch die Botschaft hängen bleiben. [245]

Bereits nach einer Sekunde Betrachtungszeit können bei einer fachmännisch gestalteten Verpackung drei von vier Testpersonen sowohl die Produktart als auch den Markennamen nennen. Verläuft die Bildentstehung reibungslos, stimmen die Assoziationen und spielt unser Unterbewusstsein mit, dann ist die erste Hürde genommen. Als nächstes soll die Verpackung als so angenehm empfunden werden, dass wir sie mit Händen greifen wollen; die Oberfläche so verführerisch, dass wir sie betasten möchten. Das ist die Stunde der Greifbühne. Auf einem Regalbrett wird Ihnen die Testpackung mitsamt den Produkten der Konkurrenz präsentiert. Sie sollen binnen fünf Sekunden eine Packung herausgreifen. Das spontane Entnehmen erlaubt Rückschlüsse auf Ihr impulsives Kaufverhalten. Farben, Bildkomposition und Produktname schaffen in unserer Phantasie den kleinen Unterschied, der uns zum Kaufen reizt. [217]

Das Neueste in diesem Szenario ist der virtuelle Supermarkt. Vor einem Großmonitor mit dreidimensional wirkenden Regalen und Produkten kann sich der Testkunde wie im richtigen Supermarkt fühlen. Durch Berühren des Monitors, eines »Touchscreens«, erscheinen die Produkte in Großaufnahme, lassen sich drehen und rundum begutachten. Der Computer erfasst die Verweildauer vor einzelnen Produkten und ob der Kunde tatsächlich »kauft«. Der Babykosthersteller Milupa erprobte als einer der ersten das computersimulierte Einkaufen an 300 Müttern. Dabei ließ sich das für einen Hersteller wichtigste Spielchen erfolgreich simulieren: Wie steht's mit der Preisbewilligungsbereitschaft? Das Ergebnis: »Bei Erhöhung der Milumil-Preise und gleichzeitigen Preissenkungen der Wettbewerber-Preise blieben die Käuferraten stabil.« Zumindest für den Programmierer des Computerprogramms ein voller Erfolg. [218]

Der geheime Verführer: Vance Packard

Nicht immer ist das Ergebnis so erfreulich. Der Weltkonzern Hoechst hatte vor Jahren eine Anzeigenkampagne entwickelt, in der drei niedliche Kleinkinder abgebildet waren, eins aus Asien, eins aus Afrika und ein europäisches. Am Tachistoskop war jeder vierte Betrachter unangenehm berührt, wenn er das Bild für eine 500stel Sekunde »sah«. Als man das Negerkind wegretuschierte, war's nur noch jeder Zehnte. Sobald die ursprüngliche Anzeige nach etwas längerer Belichtungszeit bewusst erkannt wurde, gab es keine negativen Äußerungen mehr. [202] Rassenvorurteile oder Ablehnung von Fremden verletzen die bei uns erwünschten Normen. Ihre Äußerung würde gegen unser Selbstbild eines weltoffenen Menschen verstoßen. Und so siegt unser Verstand, sobald wir das Bild bewusst erkennen.

Halten wir fest: 500stel einer Sekunde reichen bereits zur Übermittlung von Information aus, ohne dass wir überhaupt etwas merken. Schon fangen wir an, uns ein Urteil zu bilden. Und das hindert uns nicht daran, unsere Meinung für objektiv zu halten. Im Gegenteil: Wir halten uns für »Schnelldenker«. Eine solche Möglichkeit der Manipulation war seit jeher Traum der Werbebranche. So wundert es nicht, dass sie als »Geheimwaffe« des Marketings ihre Kreise zog: Der 12. September 1957 gilt als Geburtsstunde der »Unterschwelligen Werbung«. Damals berief James Vicary von der »Sublimal Projection Company« in New York eine Pressekonferenz ein: Durch eine neuartige Werbetechnik sei es gelungen, in einem New Yorker Kino den Absatz von Cola um 18 Prozent und von Popcorn um 58 Prozent zu steigern. Man habe einem Kinofilm einfach ein paar Werbebotschaften untergemogelt. Die Vorstellung eines laufenden Films wird durch 25 Bilder pro Sekunde erzeugt. Die löst unser Auge nicht auf – sie verschwimmen zu einer Bewegung. Klemmt man immer wieder mal ein anderes Bild dazwischen, würde dies vom Betrachter gar nicht wahrgenommen. [219] Nun, was wie eine Sensation klingt, war zunächst einmal Werbung für eine Werbeagentur, vor allem, nachdem Vicary mit Hinweis auf Patentanmeldungen keinerlei Details verraten wollte.

Allerdings bekam er sehr schnell publizistische Unterstützung von einem Verbraucherschützer: Vance Packard berichtete in seinem Bestseller »Die geheimen Verführer« von einem beinahe gleichartigen Experiment aus New Jersey: Mittels unterschwelliger Werbedias habe man den Verkauf von Eiskrem erfolgreich angekurbelt. Damit stand die Wirksamkeit und Gefährlichkeit dieser Form der Beeinflussung außer Zweifel. Fernsehanstalten und Rundfunkstationen in aller Welt boten der Werbewirtschaft ihre Dienste an, Verbraucherschützer protestierten. [220, 221]

Dieses Experiment ist nicht nur das berühmteste, sondern auch das berüchtigste, gibt die Werbeexpertin Eva Heller zu bedenken: Vicary und Packard waren offenbar gute Freunde, die sich die Bälle gegenseitig zuspielten, um die Auftragslage zugunsten ihrer unternehmerischen Interessen zu verbessern. Und Heller bezweifelt sogar, dass diese Versuche überhaupt stattgefunden haben. So wäre beispielsweise bei 25 Bildern in der Sekunde »jeder normal sehfähige Zuschauer in der Lage, die versteckte Werbung mühelos zu entdecken«. [219]

Heller fordert deshalb, dass »sich sowohl Werbemacher wie Werbekritiker endlich und für immer von der Idee einer unterschwelligen Manipulation trennen«. [219] Zwar gelang es im Labor wiederholt, eine solche Wirkung zu demonstrieren, doch ihre Wirksamkeit im realen Leben blieb zweifelhaft. Ein erstes Experiment gibt Heller Recht: Im März 1994 überprüfte Geoffrey Underwood, Psychologe an der Universität Nottingham, die Wirkung unterschwelliger Bilder während einer Sendung des britischen Fernsehsenders BBC. Ein kurzer Film zeigte zwei Kinder beim Spielen. Für 20 Millisekunden erschien darin das lächelnde Gesicht einer Frau. Das bloße Auge hatte also keine Chance, irgendetwas zu sehen. Während in den östlichen Landesteilen der Film mit dem unterschwelligen Lächeln ausgestrahlt wurde, sah der Westen den Originalfilm ohne ein dazwischengemogeltes Gesicht. Nach der Sendung wurde kurz ein emotionsloses Antlitz gezeigt. Nun bat man die Zuschauer telefonisch, dessen Gesichtsausdruck zu beurteilen. Die Analyse der gut 70.000 Antworten ergab zwischen den beiden Sendegebieten keinen nennenswerten Unterschied. [222]

Ob damit das letzte Wort gesprochen ist, sei dahingestellt. Das Gehirn nimmt ständig Reize wahr, die uns nicht zu Bewusstsein kommen, die von ihm aber trotzdem erkannt und bewertet werden. Das ist ein uraltes und prinzipiell nützliches Erbe unserer Entwicklungsgeschichte, denn wir müssen im Notfall blitzschnell und »intuitiv« merken, ob uns Gefahr droht. Das »Blindsehen« (s. Seite 202 ff.), also die Fähigkeit vieler Blinder über ihre »blinden« Augen Informationen aufzunehmen, ohne dass sie etwas erkennen, ist ein Teil dieses Mechanismus. Daher kann die Wirkung unbewusster »Wahrnehmungen« auf so etwas »Unwichtiges« wie Kaufentscheidungen nicht allzu groß sein. Das Beispiel mit der Hoechst-Werbung im Tachistoskop zeigt im Grunde deutlich, was unterschwellige Werbung vermag – und was nicht. Bewusst wahrgenommene Werbebotschaften sind ungleich wirksamer, nicht nur weil sie länger einwirken, sondern eben weil sie unser Bewusstsein erreichen. Zur Steuerung unseres Verhaltens stehen viel wirksamere Techniken zur Verfügung als die »unterschwellige Werbung«. »Der Umworbene«, konstatiert Kroeber-Riel, »nimmt zwar die Werbung wahr, aber er durchschaut ihre Wirkungen nicht.« [202]

Wie eine Dose unsere Wahrnehmung narrt

Wer von uns weiß schon, ob ihn ein bestimmter Joghurtbecher zum Kauf animiert? Oder warum er immer das gleiche Speiseöl erwirbt? Ein klassisches Beispiel für perfekt geplante Produkthüllen ist die griffige »Livio«-Dose aus dem Hause Unilever: eine praktische und unverfängliche Verpackung, die es faustdick hinter dem Blech hat. Der Hersteller hatte herausgefunden, dass wir Verbraucher von der Farbe der Büchse unbewusst auf die Fließfähigkeit des darin enthaltenen Öls schließen. Eigentlich wäre Rot die ideale Farbe für die schnelle Wahrnehmung im Supermarkt. Es löst eine unwillkürliche Orientierungsreaktion aus, ein reflexartiges Hinschauen. Doch leider lässt Rot das Öl in unserer Vorstellung dickflüssig erscheinen. Und das suggeriert Schwierigkeiten beim Entleeren der Dose. Die ideale Farbe für Öl ist ein helles Gelbgrün. Das schließlich bei der Produkteinführung gewählte Gelb-Orange als Hintergrundfarbe mit ein paar roten Tomatenscheiben in der Mitte ist ein optimaler Kompromiss zwischen dem Wunsch nach einem dünnflüssigen Öl und dem erforderlichen Aufmerksamkeitswert. Das einprägsame Bild mit dem Grün der Salatblätter als Komplementärfarbe zu Rot verstärkt das Gesundheitsimage. Nachdem sich das Produkt in den Regalen etabliert hatte, wurden die Dosen auf das ursprünglich avisierte Gelbgrün umgestellt. [202]

Ebenso intelligent wurde der Phantasiename »Livio« mit Hilfe von Psychotests ersonnen. Die Buchstabenfolge tippt die Vorstellung von »Olive« an. Olivenöl hielten die Verbraucher damals – auch aufgrund seines hohen Preises – für gut und wertvoll. Konsequenterweise weckt auch der Schriftzug Assoziationen an Oliven: Die Buchstaben sind olivgrün mit oval durchgestylten Rundungen. Obwohl das Kunstwort »Livio« nichts Direktes über den Doseninhalt aussagt, wird damit eine ganz bestimmte Qualität suggeriert. Dem Hersteller gibt das die Freiheit, unter den geschmacksneutralen Ölen ein preisgünstiges auszuwählen. Olivenöl dürfte wohl kaum dazu zählen, denn das ist ziemlich teuer. Der Preis im Laden hängt demnach nicht vom Wert des Inhalts ab, sondern schlicht von unserer »Preisbewilligungsbereitschaft«. Diese völlig undurchschaubare Methode, durch reine Äußerlichkeiten unser Qualitätsempfinden zu steuern, hat erheblich zum Erfolg des Produktes beigetragen. [202]

Vergleicht man die Inhaltsangaben des Etiketts von »Livio« mit »becel«, das vom gleichen Anbieter stammt, so lässt sich kein wesentlicher Unterschied erkennen. Trotzdem unterscheiden viele Menschen in ihrer Phantasie streng zwischen beiden Markenbildern. Dafür ist nicht nur die massive Gesundheitswerbung für »becel« verantwortlich, sondern auch der höhere Preis. Denn wer schließt bei fehlender Warenkenntnis nicht gerne vom Preis auf die Qualität? Deshalb lassen sich bei undurchschaubaren Waren wie Speiseöl oder Fleischsalat durch maßvolle Preisanhebungen Mehrkäufe auslösen. [234] Verpackung und Preis sind imagebildend. Einst erwarben sich Unternehmen durch ihre Produkte einen guten »Ruf«. Doch das dauerte seine Zeit. Darauf kann heute kein Hersteller warten. Der Konkurrenzkampf zwingt zur Erzeugung von Imagevorstellungen, bevor das Produkt auf den Markt kommt. Uns Verbrauchern ersetzen diese Imagephantasien fehlendes Wissen, ohne dass wir uns dies eingestehen würden. [248]

Die Macht der Bilder

Wir leben in einem optischen Zeitalter, in der Ära der Bildkommunikation. Fernsehen ist zu unserer liebsten Freizeitbeschäftigung geworden, über zwei Stunden täglich sitzt der Bundesbürger vor der Glotze. Bildbetonte Zeitschriften wie etwa *Focus* verdrängen die klassischen Lesemedien, Computergrafiken entführen uns in virtuelle Wirklichkeiten. Unsere Kultur befindet sich im Umbruch. An Stelle der sprachlichen Kommunikation tritt in zunehmendem Maße die Beeinflussung durch das Bild. Wir denken in Bildern, Bilder folgen uns als Erinnerung, sie bewegen uns als Träume, Ideen oder Modelle zu neuen Taten. Wenn wir an Paris denken, erscheint bei den meisten der Eiffelturm vor dem geistigen Auge, das Bild vom Palmenstrand weckt Urlaubserinnerungen, ein roter Teppich steht für »exklusiv«, Perlen und Gold für »besonders kostbar«, ein Löwe oder Tiger für »stark« oder die blinde Göttin Justitia für »Gerechtigkeit«, selbst Gerüche und Geräusche sind mit festen, inneren Bildern verbunden.

Das ist nur allzu menschlich, denn am Anfang des Fühlens und Denkens stand das Bild und nicht die Sprache. In vorgeschichtlicher Zeit haben die Menschen ihre Vorstellungen in Form von Zeichnungen in Felswände geritzt. Das Kleinkind kritzelt graphische Figuren, noch bevor es sprechen kann. Bilder haben eine enge Beziehung zu unserem emotionalen Verhalten. Sie werden in der rechten Gehirnhälfte verarbeitet, die sehr viel stärker auf emotionale Reize reagiert und gedanklich viel weniger kontrolliert wird. So sind wir durch Bilder leichter zu beeinflussen als durch Worte. [203]

Aus der Verhaltensbiologie ist bekannt, dass manche Bilder über Kulturen hinweg ein inneres Schema ansprechen, dass sie quasi in unseren Genen verankert sind. Die wichtigsten »Attrappen« dieser Art sind Kindchenschema, Augen, Mund, Busen, Po und die damit verbundene Körpersprache. Das Kindchenschema appelliert an den Pflegetrieb und ruft vor allem bei Frauen spontane Zuwendung und innere Erregung hervor, messbar am schnelleren Pulsschlag. Ein ebenso starker Schlüsselreiz für Männer ist die weibliche Brust, wobei die Brustwarze und der plastische, dreidimensionale Eindruck entscheidend für die Wirkung sind. [202] Die aktivierende Wirkung, die solche Attrappen beim Betrachten auslösen, entspricht dem Genuss einer Tasse Kaffee. Sie ist unvermeidlich. Wer das Bild sieht, kann nicht anders, und er kann nichts dafür. Es ist eine körperliche Reaktion. Und sie kann geschlechtsspezifisch sein. Solche unterschiedlichen Emotionen lassen sich nicht kognitiv oder durch »Umerziehung« nivellieren.

Eine weitere recht verbreitete Werbemaßnahme ist das Benutzen von Denkschablonen, nach denen unser Gehirn arbeitet. Sagt man »Werkzeug«, stellen sich die meisten Menschen einen Hammer vor, auf das Stichwort »Blume« wird meist »Rose« geantwortet, auf Afrika folgt die Assoziation »heiß«. Durch Ausnutzung solcher Denkmuster lassen sich im Kopf des Menschen gezielt bestimmte Bilder erzeugen und mit der Ware verknüpfen. Nicht nur sprachliche Techniken wie »Livio« sind wirksam, sondern vor allem bildliche. Mit einem Model auf der Kühlerhaube eines Pkw wird das Styling des Wagens besser beurteilt. »Zugleich wird das Auto aber auch als weniger sicher eingestuft«, da junge Frauen Männer bekanntlich zu Imponiergehabe, sprich zu leichtsinniger Fahrweise verleiten können. Fragt man die Versuchspersonen, ob ihre Entscheidung mit der Dame in Verbindung stünde, weisen dies 9 von 10 Männern entrüstet zurück. [202] Männer sind schließlich objektiv, souverän und vernünftig. Die Werbung manipuliert bekanntlich nur die anderen.

Dieser Sachverhalt hat für das Marketing eine nicht zu unterschätzende Bedeutung. »Die durch Werbung erzeugten Gedächtnisbilder haben besondere ›Manipulationswirkungen‹«, konstatiert ein Lehrbuch zum Thema »Bildkommunikation«. Und zwar deshalb, weil »ihr Einfluß auf das Verhalten nicht oder wenig bewußt wird«. »Das spontane Wiedererkennen von Bildern – zum Beispiel von Bildern auf einer Verpackung – in einer Kaufsituation kann bereits ausreichen, um eine Kaufentscheidung auszulösen.« [203] Dazu gehören nicht nur »echte« Bilder, sondern auch künstliche Schemen. »Die vom Fernsehen verbreitete Bilderflut hat zu einer ungeheuren Ausweitung der im Publikum vorhandenen Schemavorstellungen geführt, etwa für Fantasiefiguren wie Superman oder Donald Duck.« [223]

Aber nicht nur das. Bilder schaffen uns auch eine zweite, fiktive Welt, sie wirken als »magische Fenster« zu einer Wirklichkeit, die wir zwar nicht aus eigener Erfahrung kennen, die wir aber subjektiv erleben können. Das betrifft vor allem Kinder. So verwundert es kaum, dass bei einer Malaktion in Bayern, bei der 40.000 Bauernhofposter an Kindergärten verschickt wurden und die lieben Kleinen die Poster ausmalen durften, jedes dritte Kind die Kühe lila malte. Selbst Kinder aus ländlichen Gegenden griffen zu dieser Farbe. Offenbar wird die Scheinwelt der Werbung mit der Wirklichkeit in den Köpfen von Kindern immer mehr verwechselt. [205] Aus der Sicht des Marketings ein überzeugender Erfolg!

Selbst Erwachsenen fällt es mitunter schwer, die verschiedenen Wirklichkeitsebenen auseinander zu halten. So war zum Beispiel der Werbespot einer Autofirma überaus erfolgreich, in der ein Wagen durch die Landschaft fährt, wobei der Schatten des Autos die Silhouette eines leichtfüßig galoppierenden Pferdes ist. Testpersonen, denen dieser Spot vorgeführt wurde, bezeichneten das Auto als sportlich, schnell, wendig und gut aussehend. »Die Schatten prägen sich so gut ein, dass sie im Eindruck dominieren. Interessant ist, daß die Testpersonen ihre intensiven Eindrücke von den Eigenschaften des Wagens (wie ›wendig‹) rational nicht begründen konnten oder wollten.« [203]

Richtig erfolgreich ist Werbung also erst, wenn sie durch die entsprechenden Bilder auch eine Botschaft vermittelt, wenn sie Gefühle und Wahrheit, Gesundheit, Erfolg und Liebe oder ein angenehmes Leben verspricht. Wer möchte nicht auch einmal mit Angelo seinen Espresso trinken, mit Cool-man auf der Alm rappen oder mit dem Tiger im Tank über die Highways brausen?

»Emotionale Konditionierung« nennen das die Werbefachleute, die Vermittlung von »Produkterlebnissen«. Die Technik ist einfach: Ein gefühlsbeladenes Bild wird mit einer Ware oder Dienstleistung verknüpft. So lässt sich das Gefühl auf das Produkt übertragen. Wird die Werbebotschaft ständig wiederholt, verlaufen die Assoziationen in unseren Köpfen eines Tages automatisch. Es ist halt wie beim Vokabellernen in der Schule: Eine Dressur unserer Gedanken, die sich unserer willentlichen Kontrolle entzieht. Der Gedanke an ein Produkt ruft uns automatisch die Werbebotschaft, das Bild, die

Melodie oder den Spruch wieder ins Gedächtnis. Nach einer erfolgreichen Konditionierung löst allein das Betrachten einer Ware oder eines Markensymbols beim Konsumenten spezifische Stimmungen aus, sei es Abenteuerlust oder kosmetische Pflegebedürftigkeit. Das ist der Werbetrick, der Menschen dazu verleitet, eine bestimmte Marke zu kaufen, obwohl die Konkurrenz genauso gut und billiger ist. [202]

Wie Nestlé dem Kaffeekränzchen einen Bären aufbindet

Erfolg wie Scheitern eines Phantasiebildes lassen sich schön an einem Kontroll-Experiment des Hauses Nestlé zeigen: [200] Um herauszufinden, warum so viele Verbraucher zur Kondensmilch »Bärenmarke« greifen, statt zu »Libbys« oder »Glücksklee«, obwohl alle drei von Nestlé kommen, bat eine Agentur Hausfrauen, die Bärenmarke kennen und regelmäßig verwenden, einem Schnellzeichner zu erklären wie er die Dose malen soll. Überlegen Sie einmal selbst, wie die Büchsenmilch-Banderole aussieht. Die einmütige Antwort der Verwenderinnen lautete: Auf der Dose ist der bekannte braune Teddy abgebildet mit einer Milchkanne in der Hand.
Nur – eine solche Abbildung gab es in der 75-jährigen Geschichte noch nie auf der Dose. Stets befand sich darauf ein weiß-rot umrandetes stilisiertes Emblem mit Mutter Bär, die Baby Bär die Flasche gibt. Das Gesicht des Tieres ist im Laufe der Jahrzehnte überarbeitet worden, da es anfangs ziemlich grimmig dreinblickte. In diesem Metier ist es alles andere als überraschend, wenn Verbraucher einmütig und überzeugt behaupten, sie hätten mit eigenen Augen etwas völlig anderes auf dem Etikett gesehen.
Danach wurden die Damen gefragt, was in den Dosen Besonderes drin sei. Na, was wohl? »Die kostbare Milch, die in den Alpen wächst, wird nicht von Menschenhand oder fabrikatorischen Vorgängen verfälscht.« Wohlgemerkt, Kaffeesahne ist eingedampfte und hitzesterilisierte Milch, die gewöhnlich nicht von kuscheligen Plüschteddys aus sahnestrotzenden Alpenkuheutern ermolken wird. Die Ursache für diese etwas eigenwillige Vorstellung liegt im

Markenbild. Das Markenzeichen »Mutter Bär gibt Baby Bär die Flasche« symbolisiert die Mütterlichkeit der starken, nährenden und fruchtbaren Natur, ihre urwüchsige Kraft und damit auch Unverfälschtheit. [200]
Der Versuchsleiter, Peter Carlberg, Direktor einer erfolgreichen Werbeagentur, berichtet weiter: »Wir haben dann mit diesem Symbol ›Bär mit Milchkanne‹ gespielt und gefragt: Wo kommt dieser Bär her, wie lebt er?« Und auch das ließ er zeichnen. Was glauben Sie, wie der Bär lebt? Er wohnt auf einer Alm in den Alpen, in einem soliden Haus statt einer Hütte. Auf dem Tisch steht eine Holzkuh zum Spielen – noch ohne lila Fell, denn auf der Alm gibt's noch kein Werbefernsehen. Das Portrait von Großvater Bär hängt an der Wand und so weiter. Der Bär ist sozusagen ein besserer Mensch in einer noch heilen Welt. [200]
Was dieses Schema »Bär mit Milchkanne« weiter erreicht: Es ruft eine Vorstellung davon wach, welche Menschen die »Bärenmarke« verwenden. Die typische »Bärenmarke«-Verbraucherin wurde auf Anweisung der Teilnehmerinnen gezeichnet: »Nett, frisch mit roten Bäckchen, Kittelschürze, nicht besonders raffiniert, traditionell hausfraulich. Sie benutzt gediegenes Kaffeegeschirr mit Blümchen drauf ... Man kann dieses Spiel mit Vorstellungen, die durch eine einzige Marke ausgelöst werden, noch weiter treiben: Was hat die Bärenmarke-Verwenderin für einen Mann, wie viele Kinder, was essen und trinken sie sonst noch, wo finden die Mahlzeiten statt.« [200]
So entsteht eine eigene neue Welt, in der Träume wahr werden. Als Käufer nimmt man an dieser Markenwelt teil. Markenbilder haben unsere Märchen abgelöst. Werbeslogans sind heute bei Kindern viel weiter verbreitet als Hänsel und Gretel, ohne jedoch deren Aufgabe wahrzunehmen, nämlich Kindern zu sagen, dass sie mitunter Entbehrungen und Prüfungen auf sich nehmen müssen, um an ihr Ziel zu gelangen. Im Gegenteil: Werbung schafft den Mythos einer Welt der sofort erfüllbaren Wünsche. In der Zeit von Game Shows, Video-Clips, Sponsoring und Product Placement sind Markenbilder in der Phantasie der Kunden fest verankert.
Das funktioniert aber nicht immer so reibungslos wie hier dargestellt. Naturgemäß können auch Marketing-Experten Opfer ihrer

eigenen Wunschwelt werden. Und zwar dann, wenn die Geister, die sie riefen, ein Eigenleben entfalten. So versuchte Nestlé, die Faszination ihrer »Bärenmarke« für ein neues Produkt zu nutzen. Sie verpasste einer fettarmen Kondensmilch namens die »Leichte 4« das gleiche Emblem. Doch der Schuss ging nach hinten los, denn der feiste Braunbär vertrug sich nicht mit dem Magermilch-Inhalt. Carlberg: »Es kommt sofort der Gedanke auf: ›Jetzt haben sie das 'rausgenommen, was an der Alpenmilch gut ist‹. Auch die Vorstellung von der Frau, die diese Marke ›Leichte 4‹ verwendet, ist eine völlig andere, wandert in Richtung ›berufstätig sein‹, ›schlank bleiben‹, ›viel Kaffee trinken‹.« Die ›Leichte 4‹-Frau hat's eilig: Die Milch bleibt in der Originaldose auf dem Tisch, wird nicht erst in ein Porzellankännchen umgefüllt. Daneben steht die Kaffeekanne, aus der sie sich andauernd nachschenkt. Unsere Bärenmarke-Originalfrau dagegen bleibt zu Hause, bäckt Kuchen, umsorgt die Kinder und pflegt gute Beziehungen zur Nachbarschaft. Für Bärenmarke ist dies eine schlechte Nachricht: »In dem Augenblick, in dem die ›Leichte 4‹ eingeführt wurde, kamen bei den traditionellen Verwenderinnen Zweifel an der Qualität auf, der Mythos der Marke wurde aufgehoben.« Die Werbeexperten hatten sich selbst überlistet. [200]

Sand im Getriebe: So umgarnt man Werbegegner

Zum Leidwesen der Werbetreibenden gibt es eine Sorte Mensch, die gegen die übliche Werbetour immun ist: Nicht nur, dass sie die Werbeseiten der Illustrierten überblättert, sie fährt auch achtlos an Plakatwänden vorbei, und die teuren Werbespots im Fernsehen zappt sie zu allem Überfluss einfach weg. Schlimmer noch, die Gruppe der Werbeüberdrüssigen wächst stetig. Drei Viertel aller Fernsehzuschauer wechseln mittlerweile den Kanal, wenn Werbung kommt, meldet das Werbefachblatt *Horizont*. Das bestätigte auch die Verbraucheranalyse der Verlagsgruppen Bauer und Springer. Gerade mal die ersten Sequenzen des ersten Spots werden noch registriert. [223] Sogar die Hälfte der Spotmacher selbst zappt bei den Werbeblöcken in Spielfilmen lieber weg, so das Ergebnis einer Umfrage bei Deutschlands Agenturchefs. [199]

Schon 1980 erkannten Werbeagenturen selbstkritisch, dass »die Verbraucher gute Gründe haben, von Werbung verärgert und gelangweilt zu sein ... Die Werbung selbst läßt nichts unversucht, das Unbehagen der Verbraucher ständig zu nähren; auch das spielen uns Untersuchungen immer wieder zurück.«[219] Um die Werbebotschaft einer Anzeige in *Spiegel* oder *Stern* aufzunehmen, »müßten die Leser 35 bis 40 Sekunden aufwenden. Tatsächlich wenden sich die Leser einer Anzeige knapp zwei Sekunden zu.«[223] Selbst die Droge »Fernsehen« leidet inzwischen darunter: Die Anzahl derer, die nicht mehr fernsehen, steigt mit dem Bildungsniveau. 1995 hat die Verweigerungsquote der Akademiker, die das Fernsehgerät am Feierabend nicht einschalten, bereits die 40-Prozent-Grenze erreicht.[230]

Viele Menschen bekommen Aggressionen, wenn sie nervtötende Waschmittelpropaganda vernehmen, wenn sogar Kloschüsseln zu sprechen anfangen oder wenn Süßwaren befehlen »nimm 2«. Die Parolen von den Schmutzschatten, Grauschleiern und dem schlechten Gewissen wenden sich an all die Menschen, die Schuldgefühle mit sich herumtragen. Mit der Wäsche wird auch ihre Seele nicht nur sauber, sondern rein gewaschen. Die sprechende Kloschüssel wendet sich an alle, die mit dem Leben nicht so recht fertig werden, die gerne an Wunder glauben und Horoskope lesen. »Nimm 2« appelliert schließlich an jene Obrigkeitsgläubigen, die gelernt haben, auch unsinnige Befehle widerspruchslos auszuführen. Für den kritischen Verbraucher ist solcherart Werbung der Beweis dafür, dass die gesamte Branche quasi die Hilfsschule der Nation ist. Er hingegen will ernst genommen sein und nicht durch die Werbung bevormundet werden.

Diese Ablehnung, auch Reaktanz genannt, ist bei den Werbetreibenden gefürchtet. Mit speziellen Strategien versuchen sie, derart hartgesottene Verbraucher so geschickt zu umgarnen, dass sie sich am Ende sogar noch als souveräne Konsumenten fühlen. Denn dann ist Werbung auch bei ihnen wirksam. Dazu muss die Reklame noch das Kunststück fertigbringen, den Verbraucher im Glauben zu lassen, er könne frei wählen – freier jedenfalls, als wenn ihm die Werbung vorenthalten würde. So warb beispielsweise eine private Krankenversicherung in einer Anzeige: »›Ich will selbst entscheiden können!‹ Wenn ich meinen Urlaub plane, lasse ich mich nicht bevormunden. Ich entscheide selbst. Und das gleiche gilt auch für meinen Schutz bei Krankheit.« Diese Floskeln spielen gekonnt mit der Reaktanz des Kunden. [202]

Die Werbetechniken müssen stets dem jeweiligen Stand der öffentlichen Stimmung angepasst werden. Vor Jahren stand noch die »Kompetenztechnik« im Vordergrund frei nach dem Motto, »die gibt der Zahnarzt seiner Familie«. Als den gepflegten Herren in den weißen Kitteln niemand mehr glauben wollte, folgte die »Fließtext-Technik«: In eine Anzeige wird ein kleingedruckter Text eingeblendet, der vom Schriftbild her völlig sachlich wirkt. Zwar sieht er wie ein Informationsangebot aus, aber er lädt nicht zum Lesen ein. Solche Fließtexte enthalten weder Hervorhebungen, Unterstreichungen noch sonstige Gestaltungselemente. Denn sonst würden sie schnell ihre eigentliche Aufgabe einbüßen, die Illusion von Glaubwürdigkeit zu erzeugen. Der Konsument ist zu bequem, um den Text zu lesen. Aber er honoriert ihn, weil er »mit eigenen Augen« die sachlichen Gründe für den Kauf »gesehen« hat. Das bloße Gefühl von Informiertheit ist völlig hinreichend. Die Reaktanz ist umschifft, und die eigentliche, emotionale Werbebotschaft kann nun »von hinten durch die Brust ins Auge« ihre Wirkung entfalten.

Unter den Methoden, die trickreich den Widerstand gegen die Werbung unterlaufen, gewinnt die – bei uns verbotene – »redaktionelle Werbung« an Boden. Gemeint ist Werbung, die nicht als solche gekennzeichnet ist. Da schildert zum Beispiel eine Frauenzeitschrift in einem stimmungsvollen Artikel, wie man am heimischen Herd eine original spanische Paella zubereitet. Es sieht alles ganz spannend und appetitlich aus und kompliziert dazu. Was den wenigsten Leserinnen spanisch vorkommt: Ein paar Seiten weiter wird die Paella als Fertiggericht für die Mikrowelle offeriert. Text wie Anzeige stammen von der gleichen Agentur. Der Verlag spart nicht nur das Honorar für den Autor – er bekommt dafür ein Vielfaches bezahlt.

Der Griff unter die Gürtellinie

Eine ganz legale Lösung bietet dagegen das Sponsoring: Wenn auf der Rückseite von Eintrittskarten für ein Klassik-Konzert eine Automarke als Sponsor auftaucht, können selbst überzeugte Werbegegner nur wenig dagegen einwenden. Vielen Marketingchefs genügt aber eine solche »unaufdringliche« Form der Namensnennung nicht, weil sie fürchten, dass die Konzertbesucher sich eher an die Musik, denn an die Fahrzeugflotte erinnern. Aber da bieten sich zur Freude der Werbeabteilungen viele Fernsehsendungen an, um mit Markenartikeln auffällig »eingerahmt« zu werden. Der Zuschauer mag sich zwar fragen, was diverse Biersorten mit Sportereignissen, Joghurts mit »Traumhochzeiten« oder Mineralwässer mit Gesundheitssendungen zu tun haben, die Artikel bleiben aber im Gedächtnis haften. Die Firmen spekulieren auf den Imagetransfer. [249]

International steht übrigens Italien an der Spitze des Programmsponsorings. Keine Show, kein Fernsehereignis, in denen sich die Produkte des jeweiligen Finanziers der Sendung nicht ausbreiten. Mitte der achtziger Jahre erreichte das Sponsoring hier einen ungeahnten Höhepunkt, als in einer sehr erfolgreichen Show die brasilianische Kakaomarke »Cacao Meravigliao« als Sponsor auftauchte. Diese erfreute sich fortan einer außerordentlichen Nachfrage in Bars und Geschäften, nur – es gab sie nirgends zu kaufen. Sie war als Spitze gegen das überbordende Programmsponsoring einfach erfunden worden ...

Mittlerweile greift die Branche zu neuen, viel subtileren Methoden, und das immer öfter. [198] Der Fachausdruck dafür ist Werbung »below the line«, was unwillkürlich Assoziationen an die Gürtellinie erweckt. Umschrieben wird das Ganze mit so dynamisch klingenden Worten wie Product Placement, TV-Sponsoring, Licensing, Computer Advertising oder Event Marketing. Fachleute schätzen, dass heute bis zu 25 Milliarden Mark für Kommunikationsmaßnahmen »below the line« ausgegeben werden. Ein ganz anständiger Umsatz, wenn man bedenkt, dass 1995 das Gesamtvolumen der klassischen Werbung, also der Anzeigen, Fernseh- und Funkspots, 54 Milliarden Mark betrug. [204, 239]

Schon in dem 1956 entstandenen Heimatfilm »Und ewig rauschen die Wälder« spielte eine Suchard-Schokolade eine unübersehbare, 18 Sekunden lange Hauptrolle. In moderneren Produktionen lutschte Götz George genervt an seinen Paroli-Hustenbonbons herum, steuert das mit Markenartikeln überladene »Traumschiff« fremde Ufer an, beleuchten die »Sterne des Südens« die Robinson-Clubs und braust der »Bergdoktor« mit seinem Mercedes-Geländewagen über die Almen. Ob öffentlich-rechtlich oder privat – alle Sender platzieren fleißig Produkte. [204]

Sponsoring hat in den 40er Jahren in Amerika begonnen und inzwischen die Welt erobert. Führend in der Einflussnahme war schon damals der internationale Seifenmulti Procter & Gamble. In schriftlich fixierten Richtlinien ordnete er an, dass zum Beispiel in von ihm gesponsorten TV-Serien, sogenannten »Seifenopern«, niemals Schwarze erscheinen dürften und dass die Wirtschaftswelt stets positiv darzustellen sei. [204]

Product Placement war noch nie so leicht wie heute. Im Zeichen knapp werdender Mittel vergeben die Fernsehanstalten ihre Produktionen an freie Firmen zu festen Preisen. Je mehr Product Placement diese betreiben, desto geringer sind ihre eigenen Kosten und desto höhere Gewinne werden erzielt. [246] Und die Sender bekommen preisgünstig Serien. Inzwischen gibt es feste Preislisten. Bei den so genannten »Creative Placements« kann die Markenfirma sogar ins Drehbuch eingreifen. Dabei »werden für die Produkte kleine Geschichten entwickelt und nahtlos in die Handlung integriert. Die Schauspieler verwenden die Produkte aktiv und geben nach Möglichkeit eine positive Wertung ab«, so ein Fachbuch. Für ca. 3.500 Mark pro Sekunde ist so ein Produktauftritt zu haben, und außerdem bleiben die Artikel – laut einer repräsentativen Stichprobe in Amerika – besser im Gedächtnis haften als in einem klassischen Werbespot. Einen Tag nach der Ausstrahlung erinnerten sich noch 56 Prozent der Zuschauer an Placements, jedoch nur 26 Prozent an die Produkte der Werbespots. [204]

Der liebe Gott wäscht weißer

Manipulation ist keine spezifische Geheimwaffe der Werbung, sie war und ist alltäglich in allen gesellschaftlichen Bereichen, von der Erziehung über die Politik bis zur Religion. Und sie ist in einem gewissen Umfang sinnvoll. Wenn wir unseren Kindern unsere ethischen Maßstäbe nahe bringen, dient sie auch als Mittel, eine Kultur stabil zu halten. Und wer Wertvorstellungen verändern möchte, tut gut daran, zumindest die Welt der Symbole intakt zu lassen. Die ersten Missionare, die das Christentum in Europa und Kleinasien verbreiteten, mussten alsbald erfahren, wie wichtig die Übernahme von religiösen Sinn-Bildern für den Glauben ist. Damit die großen Muttergöttinnen Kleinasiens und Germaniens weiterleben konnten, schufen sie die »Heilige Mutter Gottes« – und damit die Marienverehrung – auch ohne biblischen Auftrag. Aus den Anbetungsstätten des Donnergottes Wotan, dem höchsten Gott der Germanen, wurden Kirchen, dem heiligen St. Michael geweiht. In der Folgezeit mauserte sich dieser Heilige zum Sinnbild alles Deutschen. Und so existiert Wotan auch heute noch, allerdings stark abgemagert in der Kümmergestalt des »Deutschen Michel«.
Untersuchungen zeigten, dass die Bibel uns auch heute noch enorm fasziniert. Eingeholt wurde die Heilige Schrift jedoch mittlerweile von BMW und dem Überschallflugzeug Concorde, überholt von Porsche, den Olympischen Spielen und dem Halten von Haustieren.[224] Die Ehrfurcht vor religiösen Symbolen und Werten blieb. Und obwohl immer mehr Menschen der Kirche den Rücken kehren und die Religionsverwalter, das »Bodenpersonal«, allmählich an Autorität einbüßen, nimmt die Suche nach dem Sinn des Lebens eher zu. Kein Wunder, dass die Werbung der Versuchung nicht widerstehen konnte, diese Lücke zu besetzen, indem sie sich den einschlägigen, langbewährten Schatz religiöser Bildsymbole zunutze macht. Denn einst, als die Bevölkerung noch nicht lesen und schreiben konnte, wurde Religion durch Bild-Geschichten verbreitet. Insofern können die Darstellungen in den Kirchenfenstern als Vorläufer der Comics gelten. Dafür war es notwendig, feste Bildformeln, also wiedererkennbare und einprägsame Schemata zu verwenden. Das ist der Grund, warum die biblischen

Darstellungen aus vergangenen Jahrhunderten so stereotyp wirken wie Mickey Mouse. Der künstlerischen Freiheit waren enge Grenzen gesetzt. Mittlerweile sind diese Formeln tief in unserem Denken verwurzelt. [237]

Also trinkt man Jägermeister, »damit dieser Kelch nicht an mir vorübergeht«, spricht ein »frisches Wort zum Sonntag« mit Atemgold und lässt den französischen Kleinwagen direkt aus dem Paradies anrollen. Religiöses hat immer Saison und findet zunehmend außerhalb der Kirche statt. Die Vermittlung von Glaubensbotschaften übernimmt die Werbung gerne: Einmal verspricht sie edle Gefühle und die reine Wahrheit, Gesundheit, Erfolg und Liebe, Problemlösungen und ein angenehmes Leben ohne Reue. Andererseits vermittelt sie noch nicht zum Kauf bekehrten Verbrauchern geschickt einen Vorgeschmack auf die gleichen Höllenszenarien, die schon seit Jahrhunderten sündigen Abweichlern in Aussicht gestellt werden.

Unübertroffenes in puncto Missionarsarbeit leistet die Waschmittelwerbung: Durch die Pülverchen wird die Wäsche »nicht sauber sondern rein«, um einen bekannten Werbeslogan von Ariel zu zitieren. Was heißt hier »nicht sauber«? Und was bitte macht den kleinen Unterschied zu »rein«? Oft genug hat die Kirche »weiß« mit »rein« und damit mit »gut« gleichgesetzt. [200] Es geht also gar nicht um »stofflichen« Schmutz. »Strahlendes Weiß« signalisiert eine ganz andere Art von »Unbefleckheit«, die Freiheit von Sünden. Wer nicht das richtige Pulver in die Maschine streut, dem schlägt prompt das Gewissen. Das gute Gewissen tritt uns in der Gestalt der Klementine entgegen, einer Art »schaumgeborener« Chemie-Göttin mit typisch germanischem Charme. Mit dem »richtigen« Waschmittel wird auch die Seele »gereinigt«, während Flecken auf der Wäsche schnell Schuldgefühle aktivieren. In gewisser Weise ruft diese Werbung das Bild der Taufe ab, die ebenfalls die »Sünden abwaschen« soll.

Aus dem gleichen Grund wurden die Waschmittel so ziemlich als die ersten Produkte von der Industrie massiv als »umweltschonend« beworben. Und das zu einer Zeit, in der sich die Wirtschaft über ökologisches Gedankengut noch mokierte. Damals befreite das Waschen zwar von Schuldgefühlen, das dazu verwendete Phos-

phat belastete aber zunehmend unser aufkeimendes Umweltgewissen. Da diese Dissonanz eine Verunsicherung im Markenbild auslöste, mussten eines Tages die Ökowaschmittel her. So wurde das Umweltbewusstsein ungewollt »supermarktfähig«. [197]
Darüber hinaus ändern sich mit dem Schwinden kirchlicher Werte auch die Werbebotschaften. Wie differenziert die verschiedenen Zielgruppen und ihre Sorgen und Wünsche angesprochen werden, erklärt Peter Carlberg: Völlig anders geartet als die »Ariel-Frau« ist die »Persil-Frau«. Sie führt »insgesamt ein kultivierteres Haus als der Durchschnitt. Sie hat nicht das Problem, dass ihre Wäsche zu schmutzig ist, sondern hat einen ›Wäscheschatz‹, den sie ›pflegen‹ möchte. Andere Leute sehen in der Reinlichkeit ihres Haushalts geradezu eine moralische Verpflichtung. Die ›Dash-Frau‹ ist diejenige, die auf keinen Fall von irgend jemandem angetippt werden will, weil sie irgend etwas im Haushalt falsch gemacht hat oder selbst schmutzig ist.« [200]

Der Geist aus der Flasche

Andere Produkte erlösten als »Evangelium der Erfrischung« beinahe den ganzen Erdball vom quälenden Durst. Das Weltunternehmen Coca-Cola hat sich dieser besonderen Mission verschrieben. So wir beladen sind, soll uns die braune Brause mit paradiesischer Labsal erquicken. Der ehemalige Präsident von Coca-Cola, Robert Woodruff, formulierte einst: »Coca-Cola ist ebenso eine Religion wie ein Geschäft.« [238] Und nach diesem Motto wurde missioniert. Beobachter beschreiben die früheren Konzessionärs-Versammlungen als »pseudoreligiöse Vereinigungen«, bei denen als Kultobjekt eine sprechende Cola-Flasche über den Köpfen der Konzessionäre thronte. [238]
In Deutschland war die Coca-Cola-Company seit 1929 unter dem Namen »Deutsche Vertriebs GmbH für Naturgetränke« aktiv. [225] 1954 feierte ihr Nachfolger, die deutsche »Coca-Cola GmbH« in Essen, ihr Jubiläum unter dem Motto »25 Jahre im Dienste der Erfrischung«. Eine Festschrift erinnert an das denkwürdige Ereignis: »Tausend Augenpaare blickten am Freitagmorgen voll

gespannter Erwartung, als der Vorhang nach Verklingen der Ouvertüre langsam die Bühne freigab und eine riesige Coca-Cola-Flasche aufglühte. Mit dunkler, sympathischer Stimme begann sie zu sprechen, im Rhythmus der Sprachschwingungen magisch aufleuchtend: ›Ich bin nicht Glas und Inhalt, nicht tote Materie, für euch bin ich sprudelndes Leben und prickelnde Lebendigkeit, ich bin der Inbegriff eurer Arbeit, aufstrahlender Mittelpunkt...‹« Die Flasche schloß mit den Worten:»Ich war, ich bin und will in alle Zukunft sein: Coca-Cola, lebendiges Leben, schöpferischer Geist«. Ganz wie Jahwe am Berg Sinai aus den Wolken zu Mose sprach: »Ich war, ich bin und werde sein ...«. [238] 1940 errichtete die Coca-Cola-Company in Georgia eine »Krypta der Zivilisation«, die nach Meinung der Firma erst wieder im Jahre 8113 geöffnet werden darf. [225] In dieser Gruft hat man die beachtlichsten »Symbole der amerikanischen Kultur« bestattet und – als Pendant zum ausgestopften Lenin im Mausoleum am Roten Platz – eine Cola-Flasche aufgebahrt.

»Coke hat den Status eines modernen Religionsersatzes erreicht«, behauptet »Cola-Biograph« Mark Pendergrast. Und versteigt sich sogar zu der sicher etwas übertriebenen Behauptung: Cola fördere »eine bestimmte, befriedigende, allumfassende Weltsicht, die für ewige Werte wie Liebe, Frieden und universelle Brüderlichkeit Partei ergreift. Es liefert ein Allheilmittel, wann immer das tägliche Leben zu schwierig, ermüdend, zerrissen oder verwirrend aussieht. Als ein heiliges Symbol löst Coca-Cola unterschiedliche Gottesdienst-Stimmungen aus, die von Exaltiertheit zu nachdenklicher Einsamkeit, von beinahe-orgasmischer Zusammengehörigkeit bis zu verspielten Hetzjagden reicht.« Und Paul Foley, der Chef der Dachorganisation, ermahnte seine Kreativen: »Wir verkaufen heiße Luft. Sie trinken das Image, nicht das Produkt.« [225]

Rausgeworfenes Geld – der eigentliche Kulturschöpfer

Das Understatement von Paul Foley enthüllt nicht die ganze Wahrheit über Cola. Schließlich enthält die Brause eine ganze Reihe psychoaktiver Wirkstoffe wie Koffein und amphetaminähnliche Ver-

bindungen [429], »Stimmungsmacher«, die den Erfolg der Brause auch ohne Werbepsychologie erklären können. [247] Aber das Image des Produktes ist von der Werbung geprägt. Sie bestimmt unsere Kultur, auch dann, wenn sie als Unkultur daherkommt. Sie beeinflusst unser Denken und unsere Wertvorstellungen. Sie ist Ausdruck gesellschaftlicher Kultur, sie spiegelt den Wertewandel wider.
Trotzdem bleiben Zweifel an der Allmacht der Reklame. Warum sonst schalten immer mehr Menschen ab, wenn sie einer Werbebotschaft gewahr werden. Professor Kroeber-Riel weiß, dass »der Kontakt zur Werbebotschaft fast immer abgebrochen wird«. [223] So geraten auch die Werbetreibenden in hellsichtigen Momenten schon mal in die Sinnkrise. »Daß der größte Teil der Werbung beschämend wirkungslos ist«, erläutert Eva Heller, »läßt sich gut am Zigarettenmarkt darstellen: Von 1970 bis 1980 wurden ... 202 neue Zigarettenmarken auf den bundesdeutschen Markt gebracht. Echte Erfolge waren ... nur zwei Marken.« [219] Es mag ja sein, dass eine nackte Frauenbrust eine aktivierende Wirkung auf den männlichen Kreislauf entfaltet, aber kauft sich der Betrachter deshalb gleich einen verchromten Spoiler für seine Limousine oder ein extralanges Bügelbrett für die Frau Gemahlin? Und wenn, greift er dann wie von Geisterhand geführt, auch zur beworbenen Marke?
Erfolgreichen Werbekampagnen stehen erheblich mehr Beispiele gegenüber, die ihr Ziel verfehlten. Wirft man einen Blick in die einschlägigen Fachzeitschriften der Branche, keimen schnell gewisse Zweifel an der Ernsthaftigkeit des Genres auf: Weil die klassischen Werbeinstrumente immer weniger greifen, werden zunehmend neue Zielgruppen entdeckt. Da gibt es die »Cackies«, gemeint sind Kinder (Cash Actuated Consumer Kids), die – wer hätte es gedacht – gerne die Statussymbole ihrer Eltern zum Spielen haben möchten, oder der »Lebenserotiker«, oder bei Frauen, dem bevorzugten Ziel verklemmter Marketingstrategen, die »frustrierte Auflehnerin«, die 6 Prozent der Frauen ausmachen soll, die »enttäuschte Emanzipierte« (ebenfalls 6 Prozent), die »verpflichtungsfeindliche Erlebnisorientierte« (5,1 Prozent), die »zurückhaltende Skeptische« (13,1 Prozent), die »passive Gläubige« (8,9 Prozent) und die »uninte-

grierte Konservative« mit noch 9 Promille Marktanteil. [226-228] Es gibt offenbar ganze Abteilungen, die sich mit der Erfindung neuer soziologischer Worthülsen beschäftigen, um sie der Wirtschaft als werbliche Wunderwaffe anzudienen. [195, 196, 227, 229, 232, 233]

All das vermag aber nicht darüber hinwegzutäuschen, dass Werbung sehr wohl eine Wirkung hat – wenn auch eine ganz andere, als viele Werbeexperten eingestehen wollen: Gerade die erfolglosen Werbekampagnen bestimmen unser Denken. Wenn sich die Werbebotschaften, wenn sich die typischen Bilder stets gleichen, wenn die zahlreichen Biermarken zum selben Sujet greifen, zum Beispiel lachende junge Frauen, die einen Herren anhimmeln, der seinerseits ein Bierglas bestaunt, dann wird die Marke austauschbar. Die Wirkung für den Auftraggeber ist gering. Aber es prägt die Vorstellung der Menschen, wie sie zu leben, zu genießen, ja wie sie auszusehen haben. Im Kapitel über die Ästhetik (s. Seite 75 ff.) haben wir gesehen, wie »Schönheit« entsteht: Der Durchschnittswert der bisher wahrgenommenen Gesichter prägt unsere Präferenzen. Nicht anders steht es mit kulturellen Dingen. Verhaltensweisen, die wir stereotyp vor Augen geführt bekommen, gelten nicht nur als normal sondern auch als wünschenswert. Mit der Werbung schafft sich eine Gesellschaft ihr Idealbild davon, wie sie leben möchte.

Wer hat Angst vor dem persönlichen Nichts?

Die Wohlstandsentwicklung der letzten dreißig Jahre ist an den Menschen und der Gesellschaft nicht spurlos vorübergegangen. Zwischen Zweitwagen, Drittfernseher und Karibikurlaub ist mittlerweile eine neue Generation herangewachsen. Und die orientiert sich, getreu dem Vorbild der Elterngeneration, auf ihre für Jugendliche typische Weise einfach an dem, was »in«, »neu«, und »modisch« ist, an Produkten und Symbolen der Konsumgesellschaft. Unter der Devise »I like Genuss – sofort« sind Sony und Swatch, Red Bull und Diesel-Jeans, Fun- und Extremsport, Hip-Hop, Techno, Grunge, Handy oder Cyber ein *Muss*. Die neue Erlebnisgeneration scheint »born to shop«, zum Kaufen geboren zu sein. Jeder vierte

Westdeutsche im Alter von 14 bis 29 Jahren gibt mittlerweile offen zu, dass er »manchmal wie im Rausch kauft«. [206]
Die Industrie kommt dem entgegen, indem sie Einkaufszentren, Malls und Passagen nicht nur als Walhallas des Erlebniskonsums, sondern auch als Fluchtburgen für Menschen baut, die der Langeweile und Vereinsamung entgehen wollen. Entbehrt es nicht einer gewissen Ironie, dass der Dom vom Warentempel als geistigem und kulturellem Zentrum abgelöst wurde; die alten Heiligenbildchen und Paradiesvorstellungen von Barbie-Puppen und Cyberspace? Zu allen Zeiten zimmern die Menschen ihre Vorstellung von der Realität aus den jeweils aktuellen Phantasien und »Ikonen«.

Die Veränderungen von Moral- und Wertvorstellungen sind ein zentrales Forschungsthema der Werbeexperten. Das Unternehmen Nestlé ließ vor einigen Jahren von dem angesehenen Marktforschungsinstitut Gesellschaft für Konsumforschung (GfK) eine Studie anfertigen, die sich mit »menschlichen Verhaltensweisen und Einstellungen« beschäftigte. Ein Ergebnis aus dem Bereich Erziehung: Dass Kinder zum Bitte-und-Danke-Sagen erzogen werden, ist für viele Eltern eine lästige Dressur, die auch die Kinder gerne vermeiden möchten. »Die Liebe«, so die Studie, »geht für die nachwachsenden Generationen auch nicht länger durch den Magen. Sie wollen Essen nicht als materialisierte Emotion sehen, nicht irgend jemandem dafür zu Dank verpflichtet sein, dafür Bitte und Danke sagen müssen. Das wird als ›emotionale Klebe‹ abgelehnt. Essen muß frei von emotionalen Bindungen sein – und machen.« [193] Die Konsequenz konnte man kurz darauf im Supermarkt erwerben: »Kinderteller«, spezielle Fertiggerichte, die endlich helfen, den lästigen Gefühlskleister zu Muttern abzubauen. Und da der freie Mensch nicht warten mag, muss die Zubereitung ruck-zuck gehen.

Das Resümee der GfK-Studie lobt das Angebot ihres Auftraggebers Nestlé: »Diese Einstellungen begünstigen gerade die industriell gefertigten Lebensmittel, die bindungsfrei, flexibel, problemlos und ohne emotionale Verpflichtungen in gewünschter Wahlfreiheit alle Möglichkeiten offenlassen. Die so einfach zu diesem Lebensstil gehören, ihn in gewisser Weise erst möglich machen.« [193] Die Marketing-Psychologin Carmen Lakaschus prophezeit scharfsinnig,

»daß der Verbraucher zunehmend das Eigenschaftsprofil des ›verwöhnten Einzelkindes‹ zeigt und zeigen wird«. Was wunder, nimmt doch die Anzahl der Geschwister ab. Lakaschus weiter: »Das Bedürfnis nach persönlicher Zuwendung ist hoch und narzistische Tendenzen und orale Bedürfnisse besonders ausgeprägt.«[231] Unilever greift diese Haltung in seiner »Du-Darfst«-Werbung auf: »Ich will so bleiben wie ich bin« als Angebot an alle, die eine persönliche Weiterentwicklung und Reifung ablehnen.

Professor Horst Opaschowski verfolgt diese Entwicklung im Auftrag des Zigarettenkonzerns BAT mit Argusaugen und wissenschaftlicher Akribie. BAT unterhält ein eigenes Forschungsinstitut, um das Freizeitverhalten der Deutschen mit tiefenpsychologischen Mitteln zu analysieren. Opaschowski, Leiter des Hauses: »Im heutigen Freizeitkonsum wird Genuß gesucht, aber meist nur Zerstreuung und Amüsement gefunden.« Und weiter: »Konsum-Ablenkungen werden oft dankbar aufgegriffen, weil die Konfrontation mit sich selbst nur schwer zu ertragen ist.« Die Erwartung, »den arbeitsfreien Teil des Lebens ohne Konsum gestalten und für das eigene Tun selbst Verantwortung tragen zu müssen, erzeugt Unbehagen. Zum Teil kommt Panikstimmung auf: Die Angst vor dem persönlichen Nichts.«[192] Aus seiner Sicht ist das sicher richtig. Aber wem steht schon eine Position als Leiter einer Freizeitforschungseinrichtung offen, um ein erfülltes Arbeitsleben zu gestalten?

Der wichtigste Angriffspunkt der Werbung ist weniger die Angst vor dem persönlichen Nichts, sondern, wen wundert's, des Menschen Schwächen, seine Triebe und Sehnsüchte. Wenn es die nicht schon gäbe, könnte kein Händler mehr verkaufen als eigentlich gebraucht wird. Werbung erfüllt heute eine wichtige sozialpsychologische Funktion: Sie hilft vielen Menschen, ihr Selbstbild aufrechtzuerhalten; der Konsum überdeckt ihre inneren Konflikte, hilft, der Realität zu entfliehen. Und das kann manchmal auch ganz schön sein.

3 Von Angst und Neugier

Ob es der Werbung auch gelingen wird, uns zum Verzehr von Gen-Tomaten zu verleiten? Oder werden die Kassandrarufe die Oberhand behalten, die an die Angst des Menschen appellieren, an unsere Furcht vor Fremdem und Unbekanntem? Erinnern wir uns an das Ergebnis am Tachistoskop mit den drei Kleinkindern (s. Seite 99). Das dunkelhäutige Kind rief – solange es nicht bewusst erkannt wurde – negative Gefühle hervor. Und weil die Angst vor dem Fremden ein so starkes Gefühl ist, wird sie seit Menschengedenken benutzt und missbraucht.

»Aus Motiven wie unterschiedlichen Lebensgewohnheiten, Hautfarben, Ideologien werden noch heute jährlich Hunderttausende von Menschen getötet«, schreibt der Vater der Motivforschung, der Philosoph Professor Ernest Dichter. Seine Analyse zur Friedensforschung ergab, »daß die Angst vor dem Ungewohnten, Fremden eine ausschlaggebende Rolle spielt. Natürlich gehen diese tiefen Motivationen oft einher mit ökonomischen Faktoren oder der Unterdrückung einer Gruppe durch die andere. Aber Kriege beginnen meist mit einem großen Gerede über die eigene Sicherheit.« [235]

Selbst wenn wir Mischlingskinder total niedlich, pakistanische Männer besonders schön und sierra-leonische Frauen wahnsinnig erotisch finden: In den meisten Kulturen gibt es offenbar eine Abneigung gegen »fremdes Erbgut«, zumindest in der eigenen Familie. In den USA sind nach 200 Jahren Menschenrechten gemischtrassige Ehen die Ausnahme, und in Südafrika regierte bis vor wenigen Jahren ganz offiziell die Apartheit. In Bezug auf Ehe und Kinder scheint sich die Experimentierfreudigkeit der Völker in Grenzen zu halten. Die Ethnologin Margret Schleidt berichtet aus der Südsee von entsprechenden Rivalitäten sogar zwischen den Bewohnern nahe gelegener Inseln, weil sie »sehr schlecht riechen«. [300] Da fallen uns doch sofort das Vomeronasalorgan und der MHC ein!

Was könnte hinter der »Fremdenfeindlichkeit« stecken? Etwa Angst vor fremden Genen? Eine Beobachtung am Rittersporn könnte diese etwas gewagte These stützen: Die Samen des Rittersporns sind dann am »fittesten«, wenn die Blüten von etwa 10 Meter entfernt wachsenden Exemplaren bestäubt wurden. Stehen die Partner zu nah oder zu weit weg, so wird aus den Samen nichts Rechtes. Wie beim MHC gilt auch hier das Prinzip des goldenen Mittelweges: Der (biologisch) ideale Partner soll sich zwar deutlich unterscheiden, aber bitte auch nicht zu verschieden sein. Nur so bekommen die Nachkommen einen optimalen Gen-Mix in die Wiege gelegt [132] (s. Seite 23 ff.).

Der Rittersporn zeigt uns, dass nicht nur zu ähnliche sondern auch zu fremde Gene der eigenen Art den Fortpflanzungserfolg gefährden können. Wer weiß, ob das fremde Erbgut den Nachwuchs wirklich optimal auf seinen späteren Lebensraum vorbereitet? Womöglich steckt hinter der Ablehnung von allzu Fremdem ein Schutzmechanismus der Evolution zur Arterhaltung. Wie brisant mag unter diesen Umständen erst die Gentechnik sein! Oder verbirgt sich hinter der Ablehnung der Gentechnik nur eine andere Form der Angst vor fremden Genen?

»Jurassic Park« in Haus und Garten

Erscheinen vor Ihrem inneren Auge beim Thema Gentechnik nicht auch alle möglichen Monster oder geklonte, gleichförmig aussehende, klaglos funktionierende Roboter-Menschen? Wohin führt es, wenn sich skrupellose Forscher ungefragt in die Schöpfung einmischen und ein bisschen Gott spielen, um Huxleys »Schöne neue Welt« zu überbieten? Wann wird die »eierlegende Wollmilchsau« Realität in industriellen Mastbetrieben? Und wie lange dauert es noch, bis wir die erste Invasion von Killerbienen-Mutanten erleben, die versehentlich aus einem geheimen Gentechnik-Labor entfleucht sind und nun alles niederstechen, was ihnen über den Weg läuft?

Baseler Entwicklungsbiologen ist es bereits gelungen, mit Hilfe der Gentechnik eine Fliege mit 14 Augen »herzustellen«. Augen, die nicht nur im Gesicht, sondern auch auf den Beinen und den Flügeln der Tiere sitzen. Auf der Titelseite des amerikanischen Wissenschaftsmagazins *Science* vom 24. März 1995 können Sie ein Portrait dieser künstlichen »Missbildung« bewundern. Die Schweizer Forscher zeigten zudem, dass die Erbanlagen für Fliegenaugen fast identisch mit den Genen sind, die die Entwicklung von Mäuse- und Menschenaugen steuern. [301] Ist der »designte« Homunkulus aus der Retorte nur noch eine Frage der Zeit? Wen wundert's, dass es den meisten Menschen vor dieser Technik graut? Und auch an die Floskel vom Sieg der Gentechnik über den Welthunger glaubt niemand ernsthaft. Denn gentechnische Verfahren sind teuer, und zu essen bekommen gewöhnlich nur diejenigen, die dafür bezahlen können.

Hat uns nicht auch die Chemie das Blaue vom Himmel versprochen, um nun von einer neuen Wissenschaft, der Umwelttoxikologie, auf den Boden ihrer riskanten Tatsachen gebracht zu werden? Haben nicht Atomphysiker für Schnelle Brüter geschwärmt, die fast wie ein »Perpetuum mobile« Energie gewissermaßen aus dem Nichts schaffen? Was ist daraus geworden? Spätestens seit Tschernobyl ein Alptraum. In Deutschland wenden sich 70 Prozent der Bevölkerung gegen die Gentechnik. [302] Die Urangst des Menschen vor dem Unbekannten findet hier ihren aktuellen Ausdruck.

Die Angst vor der Gentechnik ist verständlich. Sie ist – unter den gegebenen Rahmenbedingungen – das Natürlichste der Welt. Denn im Grunde fehlt es uns an glaubwürdigen Informationen. Stattdessen beherrscht Propaganda die Szene: Die Befürworter locken mit Heile-Welt-Hochglanzbroschüren und die Gegner entwerfen Horrorszenarien. Unabhängig von Ethik, Moral und anderen kulturellen Normen reagieren wir Menschen mit Unbehagen auf Unbekanntes. Bruchstückhafte, unzureichende Informationen, aus denen wir uns kein harmonisches Bild zusammensetzen können, machen uns Angst, schließlich brauchen wir solche Bilder, um uns zu orientieren. Da das technische und wissenschaftliche Knowhow in den letzten Jahren rasante Fortschritte gemacht hat, bleibt es nicht aus, dass wir vielen Entwicklungen nicht mehr folgen können. Vor allem dann nicht, wenn wir, wie im Falle der Gentechnik, nur mit spektakulären »Häppchen« versorgt werden.

Gentechnik im täglichen Brot – schlimm genug. Fremde Gene gar im eigenen Erbgut – eine grauenhafte Vorstellung. Besonders beunruhigend ist, dass Gentechniker sogar Erbmaterial über die Artengrenzen hinweg austauschen; dass sie Gene von Mäusen in Tabakstauden einbauen. Oder von arktischen Flundern in Tomaten. Und niemand weiß etwas Sicheres über die Folgen solcher Eingriffe in den Schöpfungsplan. [303] Wer weiß, zu welchen Katastrophen es kommen könnte, wenn sich fremdes Erbgut in unseren Zellen breitmacht?

Denn viele unserer Mitgeschöpfe führen Böses im Schilde, wenn sie andere mit ihren Genen »belästigen«. Ein Beispiel dafür sind Viren. Sie sind ausgefuchste Spezialisten, wenn es darum geht, fremdes Erbmaterial unter die Leute zu bringen. Hat uns etwa ein Grippevirus erwischt, so baut es sein Erbmaterial in unsere Zellen ein. Mit dem Ergebnis, dass sie ihm willfährig Abermillionen neuer Ebenbilder basteln. Das geht so lange, bis unser Immunsystem die Viren erkennt und vernichtet. Bis dahin dürfen wir, zum Dank für unser Entgegenkommen, das Bett hüten. Besonders heimtückisch für den Betroffenen wird es, wenn Virus-Gene die Kunst der Tarnung perfektionieren. Dieses Metier beherrscht der AIDS-Erreger mit perfider Vollkommenheit: Auch das HIV-Virus baut seine genetische Information in unser Erbmaterial ein. Nun verändert es aber andauernd seinen »Bauplan«, so dass der Körper immer wieder neu aussehende Viren herstellen muss. Unser Immunsystem bekommt keine Chance, ausreichende Mengen Abwehrstoffe zu bilden. Da es ständig »neuen« Feinden gegenübersteht, ist es machtlos. Aus diesem Grund lässt sich momentan auch kein wirksamer AIDS-Impfstoff entwickeln. [304]

Wenn Viren ihre Gene in andere Lebewesen einschleusen können, gibt es nicht womöglich noch andere »Gen-Schleuderer«? Sind Erbmaterial-Übertragungen von Art zu Art in der Natur vielleicht gar nicht so selten? Heute weiß man: Ohne »Gen-Tourismus« säßen wir vermutlich gar nicht hier. Schon zu Beginn der Evolution fand wahrscheinlich ein entscheidender Gen-Transfer über die Artgrenze hinweg statt: Einzeller haben sich andere Mikroorganismen »einverleibt«. Aus diesen einzelligen Mini-Lebensgemeinschaften entwickelten sich im Laufe von Jahrmillionen die vielzelligen Tiere und wir mit ihnen. Die einst verschluckten Mikroorganismen gaben den größten Teil ihrer Gene auf und wurden zu den unent-

behrlichen Kraftwerken, den Mitochondrien, ihrer Wirtszellen. Seitdem »wohnen« sie friedlich in jeder unserer Körperzellen. Die Pflanzen entstanden ebenfalls durch derartige Verschmelzungen. Sie bieten gleich zwei Untermietern Kost und Logis: Neben den Mitochondrien gestatten sie auch Chloroplasten, den Trägern des Blattgrüns, sich in ihren Zellen nutzbringend zu betätigen. [136]
Doch nicht nur Mikroorganismen, auch »freie« Gene fanden in den Zellen Unterschlupf. Und das führte zu einer Zusammenarbeit besonderer Art: Wesentliche Teile unseres Erbgutes sind aus solchen eingewanderten, einst »parasitären« Genen entstanden. In Lebewesen, die sich durch sexuelle Fortpflanzung vermehren, gelang es »springenden Genen«, sich in die Chromosomen einzuschleichen. Gewöhnlich nutzten sie ihre Wirtszellen schamlos aus, und häufig gingen ihre Gastgeber daran zugrunde. Doch manche dieser »Gen-Parasiten« wurden von ihren Wirten »gezähmt« und bescherten ihnen so unabsichtlich wertvolle Entwicklungshilfe: Viele springende Gene greifen ganz erheblich in das Erbgut ihres Wirtes ein, sie ordnen seine Gene neu oder verändern sie anderweitig. Ja, offenbar können die Zellen ohne diese gezähmten Fremd-Gene so einen Erbgut-Umbau überhaupt nicht bewerkstelligen! [137]
Gerade diese Gen-Umstrukturierung bringt für Pflanzen und Tiere schnelle Fortschritte in der Evolution. Die kleinen, schrittweisen Mutationen, bisher das Rückgrat der Evolutionstheorie, wären dazu kaum in der Lage. Fremde Gene sind eine treibende Kraft, wenn es darum geht, sich schnell an verändernde Umweltbedingungen anzupassen. Vielleicht verdanken so erfolgreiche Arten wie Küchenschaben, Ratten und Menschen ihre Triumphe den »richtigen« fremden Genen ...

Chaos, das wir nicht verstehen: Die Ordnung in der DNS

Ist unser Erbmaterial nicht etwas ganz und gar Unveränderliches, und bedrohen nicht schon geringste Veränderungen, sprich Beschädigungen, unsere Individualität und Lebensfähigkeit? Nun, ganz so einfach ist die Sache glücklicherweise nicht. Denn unser Erbmaterial, die DNS, ist keinesfalls wehrlos gegenüber Manipulationen. Es kann auch gar nicht anders sein, denn mit »fremden Genen« hatte die DNS seit ihrer Existenz auf dieser Erde täglich zu tun.

Unsere Gene sitzen keineswegs stets gut verborgen im Allerheiligsten des Zellkerns. Im Gegenteil: Die DNS-Stränge sind ständig im Umbau und in Bewegung. Anders könnten sie ihre Funktion gar nicht erfüllen, denn unser Organismus holt dauernd Teile der in ihr archivierten »Baupläne« hervor. Schließlich nützt es nichts, Informationen nur zu speichern, sie müssen auch benutzt werden, müssen jederzeit verfügbar sein. Was einfach klingt, ist ein hochkomplizierter Vorgang, denn unsere Gene liegen nicht, säuberlich wie die Perlen auf eine Kette gereiht, im Zellkern. Um Platz zu sparen und Ordnung zu schaffen, sind die DNS-Stränge wie Kordeln gedreht und dann noch einmal mit sich selbst verschlungen; ähnlich einer »vertüddelten« Telefonschnur. Damit das Riesenmolekül stabil bleibt, umgibt es die Zelle mit Klammern aus Eiweiß.

Nun hat die Zelle zwar ihr Platzproblem gelöst und verhindert, dass sich die DNS-Fäden verheddern oder beschädigt werden, doch hat sie sich damit auch den leichten Zugriff auf die Erbinformationen verbaut. Wenn wir ein Buch lesen wollen, klappen wir es einfach auf. Das Lesen der Gen-Informationen ist ungleich schwieriger. Die Zelle verfügt über ein ganzes Arsenal von Werkzeugen, um die verdrillten DNS-Fäden vorsichtig aufzudröseln und die Informationen wieder freizulegen. Spezielle »Scanner« lesen den Text, und wieder andere Systeme setzen die Anweisungen um. Genauso behutsam wird die Kette nach Gebrauch wieder »zusammengerollt«. [305]

Wie gelangen solche »freien Gene« überhaupt in ihre Wirtszellen? Hier betätigen sich manche Viren als öffentliche Verkehrsmittel. Sie schleppen auch fremde Gene mit, die sie irgendwann einmal von Motten, Maden oder Mäusen aufgeschnappt haben. Zusammen mit ihrem eigenen Erbgut schleusen sie die Reiselustigen in die Zellen ihrer Opfer ein. Die Mitläufer-Gene erfahren auf diese Art und Weise eine rege Verbreitung. Meistens bemerken wir dieses Gen-Geschleuder zwar nicht, doch kann es auch einmal fatal für uns ausgehen. So entdeckten Wissenschaftler vor kurzem »Mariner«, ein springendes Gen aus Insekten, das wahrscheinlich von Viren verbreitet wird. »Mariner« kann bei uns sogar eine seltene Erbkrankheit auslösen, das zu Muskelschwund führende Charcot-Marie-Tooth-Syndrom. [74, 306]

Besonders freche Viren nehmen auch unsere eigenen Gene zu Experimentierzwecken mit. Auch das kann höchst unangenehme Folgen zeitigen, und zwar dann, wenn sie zufällig jene Erbanlagen erwischen, die das Zellwachstum kontrollieren. Infizieren die Viren neue Opfer, so sorgen die geklauten Wachstumsgene dafür, dass die befallenen Zellen ungezügelt wachsen und zu Krebszellen entarten. Ist es da nicht ein Wunder, dass so viele von uns noch gesund auf Erden wandeln? [137]

Nun, glücklicherweise stehen wir den meisten Gen-Invasionen ebensowenig wehrlos gegenüber, wie andere Lebewesen den listenreichen Werkzeugen der Gentechniker. Die bedienen sich sogar selbst der Viren, wollen sie ein gewünschtes Stück Erbgut in ihre Versuchsobjekte einschleusen. Auch die Genforscher müssen sich an die Technologien von Mutter Natur halten, wollen sie erfolgreich manipulieren. Eine Garantie dafür bietet das simple Nachahmen der Viren-Tricks allerdings nicht. Denn gelungen ist eine Genmanipulation, egal ob »natürlich« oder »gentechnisch«, erst dann, wenn das übertragene Gen dauerhaft in der neuen Zelle bleibt und an die nachfolgenden Generationen weitervererbt wird. Und dagegen wissen sich die Zellen wirkungsvoll zu wehren. [136]

So gibt es äußerst effiziente Gen-Reparaturmannschaften. Sie sind ständig auf dem *qui vive*, flicken beschädigte DNS-Stücke wieder zusammen und schneiden falsche oder gar »fremde« Strangstücke heraus. Mit diesen Putzkolonnen wehren wir uns gegen schädliche Umwelteinflüsse ebenso wie gegen interne Pannen am Erbgut. Denn werden bei der Teilung fehlerhafte Informationen weitergegeben, endet das in aller Regel tödlich für die Zelle. Täglich passieren in jeder unserer Körperzellen Tausende von DNS-Unfällen, die schleunigst wieder in Ordnung gebracht werden müssen. Die Gen-Polizei schützt nicht nur unsere Zellen vor Mutationen, sie bereitet zudem den Molekularbiologen ernsthafte Schwierigkeiten. Sie erkennt die mit viel Raffinesse eingeschleusten »Fremdlinge« und wirft sie einfach wieder raus. Nur wenn mal eine Veränderung »durchrutscht« oder wenn es gelingt, die Schutzmechanismen zu überlisten, haben die Gentechniker Aussicht auf Erfolg. [305, 307]

Allerdings kann es auch im gesunden Organismus schon einmal passieren, dass die Gen-Polizei versagt. So können sich gelegentlich »gute« oder »schlechte« springende Gene einnisten, oder es kommt – ganz ohne Gentechnik – zu »Monstern« wie der oben erwähnten 14-äugigen Fliege. Kanadische Gartenbesitzer staunten nicht schlecht, als sie eines Tages eine Kröte entdeckten, die Augen im Mund hatte. [308] Die Kröte scheint mit dieser Mutation zurechtzukommen, sie findet Nahrung und kann sie auch verzehren. Ihr neues Outfit wird sich jedoch in freier Wildbahn nur dann durchsetzen, wenn sie dadurch einen Vorteil gewinnt. So wie die Killerbiene, die seit einigen Jahren von Brasilien aus über Mexiko Menschen wie Bienenvölker in den USA mit ungezügelter Angriffslust bedroht. Auch sie entstand nicht durch waghalsige Gentechnik-Experimente, sondern durch ganz gewöhnliches Kreuzen an sich harmloser Bienenstämme. [309] Die Gegner der Gentechnik mögen in den genannten Beispielen einen weiteren Beweis für deren Gefährlichkeit sehen; schließlich würden sich mit der Gentechnik die Risiken noch multiplizieren. Die Befürworter können darauf verweisen, dass man sich die negativen Auswirkungen dieser Technologie ebensogut mit herkömmlichen Methoden einhandeln könne.

Hilfe von der Atomindustrie: Mutationszüchtung

Wozu überhaupt Gentechnik? Schließlich hat die traditionelle Landwirtschaft eine Fülle von schmackhaften Nutzpflanzen und liebenswerten Tierrassen hervorgebracht, und das ging Jahrtausende lang auch ohne jede Gentechnik. Die enormen Investitionen in die Gentechnik bedeuten über kurz oder lang das Ende der bewährten konventionellen Züchtung. Möglicherweise geht damit eine große Chance verloren. Amerikanische Züchter erzielten durch Einkreuzen von Wildreis in moderne Hochleistungssorten völlig unerwartet Ertragssteigerungen von 20 Prozent. Das Ungewöhnliche daran: Die Wildsorten konnten den Züchtern bis dahin mangels Ertrag sonst nur ein schnödes Lächeln entlocken. Offenbar führt die Neukombination der beiden Reis-Genomen zu nicht vorhersehbaren Eigenschaften. Es gelang sogar, einen virusresistenten Reis zu züchten, indem zwei anfällige Arten miteinander gekreuzt wurden. [610]

Warum sollten wir also mit Gentechnik auch noch unsere Gesundheit aufs Spiel setzen, ohne dass wir die Folgen bis in die letzte Konsequenz kennen? Ein nostalgischer Blick zurück auf fette Gemüsebeete bestätigt diese Sichtweise. Züchter schufen ganz ohne Gentechnik unsere vielen gesunden und schmackhaften Kohlsorten: Blumenkohl, Broccoli, Rotkohl, Weißkohl, Rosenkohl und Kohlrabi. Doch sie alle gibt es in der Natur so nicht und hat es nie gegeben. [631] Sie entstanden samt und sonders aus einer einzigen Urform, die heute nur noch Besucher der Nordseeinsel Helgoland zu Gesicht bekommen, wo er wild an den Klippen wächst: Dem Wildkohl. Der aber ähnelt eher dem Raps. Die Züchter haben ihn gründlich umgeformt: Für den Kohlrabi haben sie den Stengel monströs anschwellen lassen, für Blumenkohl eine riesige Blüte wuchern lassen und für den Rotkohl die Sprossachse kräftig gestaucht. Nur: Wäre das ein Ergebnis der Gentechnik, so würden gerade die schmackhaftesten Teile als »Krebsgeschwülste« gebrandmarkt.

Und wie schafften es die Züchter überhaupt, so viele schmackhafte Sorten mit herkömmlichen Zuchtmethoden in einem relativ kurzen Zeitraum zu erzeugen? Denn die Praxis der Züchter heißt: Zeit ist Geld. Brauchbare, natürlich entstehende Mutationen, die einmal Stammeltern vielversprechender neuer Sorten werden könnten, fallen den Züchtern nicht alle Tage in die Hände. Bei Neuzüchtungen von Gemüse vergehen von der Entdeckung bis zur Marktreife gut zehn Jahre. Und bei Obstbäumen dauert es noch länger. Für die Züchter ein mühsames und nicht gerade lukratives Geschäft, denn

Schnellschüsse, die schon nach kurzer Zeit Gewinn abwerfen, bleiben die Ausnahme.

Hier wusste die Atomindustrie Rat: Sie machte die Mutationszüchtung möglich. Das Saatgut wird bei dieser Methode radioaktiv bestrahlt, um das Erbgut zu verändern. Unter den entstandenen Mutanten werden diejenigen Pflanzen ausgewählt, deren »Missbildungen« für den Züchter Vorteile versprechen. [625, 626] Dazu müssen jedoch ungeheure Mengen an Saatgut behandelt und ausgesät, sprich »freigesetzt« werden, bis sich unter zahllosen Defekten auch mal ein nützliches Merkmal findet.

Diese Methode ist eine der Grundlagen des züchterischen Fortschritts der letzten 30 Jahre, und ihre Folgen essen wir täglich. Fehlten dem Weizen beispielsweise Gene für Krankheitsresistenz oder Salztoleranz, so war die Mutationszüchtung oft der einzige Weg, diese neuen Eigenschaften künstlich zu erzeugen. Künstlich erzeugt heißt, nach dem Zufallsprinzip auch Gene zu produzieren, die es bis dahin in der Natur noch gar nicht gab. Von der Idee her kann man das Verfahren mit dem Versuch vergleichen, mittels einer Maschinenpistole auf eine Bücherwand zu schießen, in der Hoffnung auf den durchlöcherten Seiten auch mal neue und literarisch wertvolle Worte vorzufinden.

Ungeheure Mengen an Saatgut wurden so behandelt und »freigesetzt«. Niemand fragte danach, ob von den zahllosen unbekannten Mutanten eine Gefahr für Umwelt oder Mensch ausgeht, nirgendwo haben aufgebrachte Umweltschützer die Felder zertrampelt oder Mahnwachen vor Patentämtern aufgestellt. Vergleichen Sie das mit ein wenig Distanz mit der Diskussion um die Freisetzung gentechnisch veränderter Pflanzen. Fällt Ihnen etwas auf? Die genmanipulierten Pflanzen enthalten alle gleichartige, definierte Veränderungen ihres Erbgutes – etwas, das bei der Mutationszüchtung undenkbar war. Im Vergleich dazu bedient sich die Gentechnik bisher überschaubarer und gezielter Eingriffe. Natürlich kennen wir damit noch nicht das tatsächliche Risikopotential dieser Technik – aber es erlaubt, die Qualität und Glaubwürdigkeit der bisherigen Diskussion einzuschätzen.

Praktisch alle Getreidearten von Weizen bis Hirse, Quinoa und Amaranth wurden dieser Behandlung in Kernreaktoren unterzo-

gen. Viele Gemüsesorten wie Soja, Kartoffeln und Tomaten, aber auch Obst wie Zitrus, Äpfel, Pfirsiche und Trauben, bombardierte man ebenfalls mit Gammastrahlen oder schnellen Neutronen. [611-618, 620-623] Dabei ging es den Züchtern nicht nur um höhere Erträge oder Resistenzen, sondern auch um Eigenschaften, die der Verbraucher schätzt wie kernlose Orangen oder Trauben. [632]
Die Kritik an der Gentechnik wird von der Atomwirtschaft mit Genugtuung zur Kenntnis genommen: Schließlich habe sich die Mutationszüchtung – so heißt es in ihren Schriften – lange genug bewährt, um eine echte Alternative zu transgenen Pflanzen zu bieten, also zu Pflanzen, denen ein Gen aus einer anderen Art eingeschleust wurde. Die Internationale Atomenergiekommission (IAEA) berichtet von über 14 000 Projekten in den Jahren 1967 bis 1992, bei denen Lebensmittel mit radioaktiven Strahlen behandelt wurden. [625, 626] Doch das ist nur die Spitze des Eisbergs, weil die allermeisten Experimente nie gemeldet wurden. Im Ostblock galten sie sowieso als geheime Kommandosache, und im Westen war die Mutationszüchtung in den Atomkraftwerken so selbstverständlich, dass niemand davon Notiz nahm.
Durch den unermüdlichen Fleiß der Züchter sind auch die öffentlichen Mutantensortimente reich bestückt. Allein bei Reis gibt es etwa 7000 und bei der Tomate 1800 nützliche Mutanten. [633] Um neue Sorten zu entwickeln, besorgen sich die Züchter aus diesen Mutantensortimenten die passenden Eigenschaften, sofern sie in ihren eigenen Sammlungen nicht fündig werden. Nun beginnt die eigentliche Arbeit: Das Einbauen der künstlichen Gene in die bisherigen Sorten. Dies ist sowohl durch Einkreuzen als auch mit den Mitteln der Gentechnik möglich. Das ist die züchterische Grundlage unserer Landwirtschaft. Auch des Öko-Landbaus, der mangels geeigneter Pestizide in besonderem Maße auf resistente Sorten angewiesen ist.
Ohne den ständigen Zufluss an neuen Genen in unsere üblichen Sorten wären die meisten gar nicht mehr überlebensfähig, weil die Schädlinge und Krankheitserreger ständig neue »Waffen« ausprobieren, um die Verteidigungslinien der neuen Sorten zu überwinden. Das wird ihnen durch die moderne Züchtung leicht gemacht. Denn die Sorten haben eine einheitliche genetische Ausstattung, so

dass die Schädlinge die gesamte Anbaufläche »abernten« können, sobald sie die spezifischen Resistenzfaktoren einer einzigen Weizen- oder Maispflanze überwunden haben. Die früher üblichen Sorten boten einen besseren Schutz vor Ernteeinbußen, weil sie genetisch uneinheitlich waren, jede Pflanze brachte eine andere Mixtur von Resistenzfaktoren mit. [634] Doch das würde heute längst nicht mehr reichen. Durch den weltweiten Handel und Ferntourismus schleppen wir ständig neue Krankheiten und Schädlinge ein, die sich rasant verbreiten. Dagegen bieten auch alte Landsorten keinen Schutz, weil sie ihn vor hundert Jahren noch nicht brauchten. Durch Mutationszüchtung kamen nach den Unterlagen der IAEA bei den Hülsenfrüchten mindestens 100 neue Sorten auf den Markt, und in Italien bedecken Hartweizenmutanten etwa 70 Prozent der Anbaufläche, so dass der Liebhaber der italienischen Küche heute als Ergebnis dieser Züchtung seine »al dente« Spaghetti genießt. Zwar ist das Rätsel, warum die Banane krumm ist, immer noch nicht gelöst, wohl aber werden wir mit neuen Bananensorten aus Mutationszüchtung erfreut. Die haben ihren Ursprung allerdings nicht in den Reihen der klassischen Bananenrepubliken wie Costa Rica, Panama oder Nicaragua, sondern in einer postmodernen: Österreich. Seibersdorf bei Wien ist ein Zentrum der europäischen Mutationszüchtung und weltberühmt für seine neuen Bananensorten. *Tempora mutantur.* [625, 626]

Sag's durch die Blume

Wenden wir uns lieber den schönen Dingen des Lebens zu: Lassen wir uns im Blumenshop einen wunderschönen Strauß binden, um mit diesem Geschenk der Natur die Sache mit der Mutationszüchtung erstmal zu vergessen. Doch gerade die schönsten Blüten wären ohne Strahlenbehandlung gar nicht auf den Markt gekommen. Egal ob Chrysanthemen, Gerbera oder Rosen, ob Bougainvillea, Lantana oder die exquisit duftenden Tuberosen, ihre Vielfalt und Farbenpracht verdanken wir letztlich dem Aufenthalt ihrer Vorfahren in einem Reaktor. [619] Übrigens: Sogar Faserpflanzen wie Jute und Baumwolle gestalteten die Züchter mit Radioaktivität nach ihren Wünschen. Seither muss selbst der Blaue Engel auf der Jutetasche und den Ökobaumwollsocken ein wenig schmunzeln, wenn er so auch mal Schleichwerbung für Kernkraft machen darf. [611, 615]

Bei Bakterien, Schimmelpilzen und Hefen war die Mutationszüchtung mit Radioaktivität besonders erfolgreich. Sie ist die Grundlage unserer Biotechnologie. Egal ob Antibiotika, Säuren, Enzyme oder Aromastoffe, ohne bestrahlte Mikroorganismen gäbe es diese Industrie wahrscheinlich nicht. Auf diesem Wege entstanden unsere modernen, extrem triebstarken Hefen für Brot und Bier. Aber auch hochgiftige Pilze – wie neue Mutterkornsorten. Mutterkorn nennt man Getreidekörner, die von einem Pilz befallen sind, der sie in schwärzliche, lange, amorphe Gebilde verwandelt. Und die sind ziemlich giftig. Einzelne Wirkstoffe daraus leisten als Arznei wohldosiert zur Migränetherapie oder in der Geburtshilfe hervorragende Dienste. Dieser Wirkung auf die Gebärmutter verdankt das Mutterkorn seinen Namen. [337, 480]

Wenn früher das Getreide stark befallen war, gelangte reichlich Gift mit dem Mehl ins Brot. Wer davon aß, erkrankte an »Antoniusfeuer« oder »Kaltem Brand«. Je nach Giftzusammensetzung traten entweder schwere Nervenkrankheiten, Krämpfe, Psychosen und Verblödung ein. Oder Arme und Beine starben ab und verfaulten. [636] Mutterkornvergiftungen hatten einst eine ebenso verheerende Wirkung wie Pest und Cholera. In Deutschland fand die letzte schwere Epidemie 1879/1881 statt. [635] Erst die verbesserte Reinigung des Getreides setzte ihnen ein Ende.

Durch Mutationszüchtung erzeugte man besonders gehaltvolle, sprich giftige Mutterkornsorten. [633] Um die darin enthaltenen Arzneimittel in großem Stile für die pharmazeutische Industrie erzeugen zu können, werden Roggenfelder mit den Pilzsporen infiziert. Über die Gefährdung unseres Brotgetreides durch die Freisetzung besonders gefährlicher Erreger hat sich offenbar noch niemand Gedanken gemacht. Immerhin eignen sich solche Ideen hervorragend als biologische Waffen.

Wer setzt dieser Technik Schranken? Warum hört man nichts von ihr? Weder Gentechniker noch ihre Gegner haben die Mutationszüchtung je thematisiert. Die taktischen Erwägungen, die dahinterstecken, sind offensichtlich: Die Befürworter müssten sich vorhalten lassen, dass man daran schon ablesen könne, zu was sie noch alles fähig wären. Doch auch die ansonsten lautstarken Gentechnik-Gegner können diesmal schweigen wie ein Grab. Denn das wäre das Ende jeder moralischen Überheblichkeit, dann müssten endlich alle Züchtungsmethoden auf ihre Risiken überprüft werden, egal, ob traditionelles Kreuzen, Mutationszüchten oder gentechnische Verfahren.

Keines der angeführten Beispiele liefert Argumente für oder gegen die Gentechnik. Dennoch, es gibt ganz triftige Gründe, der Gentechnik mit einer gewissen Skepsis gegenüberzustehen. Schon der gesunde Menschenverstand besagt, dass jede neue Technik, auch bei aller Vorsicht, unvermeidlich Risiken mit sich bringt. Wer Flugzeuge baut, muss einkalkulieren, dass auch bei umfangreichen Sicherheitsvorkehrungen einmal eines abstürzt. Doch liegt die wichtigste Gefahr der Gentechnik wohl kaum in den oft beschworenen »Monsterzüchtungen«. Denn schließlich soll die Technik Geld einspielen – und wer kauft schon gerne Monster? Die amerikanische Filmindustrie hat billigere Methoden für ihre Jurassic-Park-Ungeheuer; sie braucht dafür keine Molekularbiologen.

Darauf können Sie Gift nehmen: Der *Bt*-Mais

Weder gentechnologisch entwickelte Sorten noch herkömmliche Züchtungen erlauben es, vorherzusagen, welche Eigenschaften die neuen Pflanzen einmal haben werden. Ein eindrucksvolles Beispiel ist der mittlerweile weltweit angebaute *Bt*-Mais. Er sorgt immer wieder für neue Überraschungen. Hinter dem kryptischen Kürzel »Bt« steckt ein Bodenbakterium namens *Bacillus thuringiensis*, das ein giftiges Eiweiß bildet. Dieses Eiweiß tötet unterschiedslos jedes Insekt, das versehentlich davon kostet. Weil es vom Sonnenlicht schnell inaktiviert wird und deshalb kaum bedenkliche Rückstände hinterlässt, wird es schon seit vier Jahrzehnten im biologischen Landbau als Insektizid versprüht. [642]
Allerdings war der Erfolg im Maisanbau immer nur mäßig, da die Zünsler-Raupen vor dem Biopestizid sicher sind, sobald sie sich in

das Innere der Maispflanze gefressen haben. Gentechnologen der Firma Novartis gelang es nun, das entsprechende Gen aus *Bacillus thuringiensis* in das Erbgut von Mais einzubringen. Beim *Bt*-Mais bilden alle Pflanzenzellen fortwährend *Bt*-Gift, so dass sämtliche Zünslerlarven sterben. Damit bot sich endlich eine elegante Möglichkeit, dem wichtigsten Schädling der Pflanze, dem Maiszünsler, mit einem Mittel der Biobauern erfolgreich zu Leibe zu rücken. Zugleich sollte damit noch ein ökologischer Vorteil verbunden sein. Denn der Biobauer beseitigt bei seinen Sprühaktionen nicht nur die Schädlinge, sondern auch sämtliche Nützlinge, die sich am Unkraut gütlich tun. Mit dem *Bt*-Mais werden demnach nur noch Schädlinge erreicht, die auch wirklich am Mais fressen. Wie sich nachträglich herausstellte, wurde in Wirklichkeit der »Kriegsschauplatz« nur eine Etage tiefer verlegt. Da der Mais das *Bt*-Gift auch in der Wurzel bildet, gelangt es in den Boden. Im Erdreich wird es sofort von den Bodenpartikeln gebunden, und ist so vor dem Abbau durch Bodenmikroben wirksam geschützt. Dort kann es wochenlang aktiv bleiben. [608] Zwar produzieren auch frei lebende *Thuringiensis*-Bazillen ihr *Bt*-Toxin, da sie Bodenbakterien sind. Nur: Die Bakterien erzeugen eine inaktive Vorstufe des Giftes, die erst im Insektendarm aktiv wird. Der *Bt*-Mais dagegen produziert das fertige Insektengift und reichert es im Ackerland an. Die Experten erwarten nun auch einen Schutz der Maiswurzeln vor Schädlingen, befürchten andererseits ein Risiko für das Bodenleben. [607]
Und noch etwas anderes hatten die Experten nicht bedacht: In der Tat hält das *Bt*-Toxin den Maiszünsler in Schach. Allerding wird der Mais nun von anderen Schädlingen befallen, die durch die bislang aufgebrachten Maiszünsler-Spritzmittel offenbar gar nicht erst zum Zuge kamen. Doch *Bt*-Mais-Produzent Novartis hat auch schon ein Gegenmittel parat: Ein Gemisch aus altbekannten Pestiziden. Das darin enthaltene Carbamat ist nicht unproblematisch, denn es schadet auch Bienen, Vögeln, Fischen und Säugetieren. Da das Unternehmen wohl ein beträchtliches Geschäft wittert, hat es die Mixtur zum Weltpatent angemeldet. Schließlich wirkt sie auch bei den transgenen Sojabohnen des Konkurrenten Monsanto ertragssteigernd. Ob die Geschäftsidee der Branche zur Freude gereicht, ist allerdings fraglich. Denn Umweltorganisationen befürchteten

schon immer, dass der Einsatz herkömmlicher Pestizide durch gentechnisch veränderte, schädlingsresistente Pflanzen nicht automatisch sinkt. [608, 609]

Aber nicht nur unerwünschte Nebenwirkungen sind zu vermelden, sondern gleichermaßen auch erfreuliche Überraschungen. Deutsche Landwirte berichten über Ertragssteigerungen von 20 Prozent. Viel wichtiger ist aber, dass der Mais erheblich weniger von Schadpilzen wie *Fusarium* und *Aspergillus* befallen wird, weil das Insektengift neben dem Zünsler auch die Blattläuse abtötet. Mit ihnen gelangen Pilzkrankheiten von Pflanze zu Pflanze. Der Vorteil für den Verbraucher: *Bt*-Mais ist erheblich geringer mit Schimmelpilzgiften belastet, als herkömmliche Maiskörner. [643]

Doch ist damit der wichtigste Einwand gegen die Gentechnik nicht aus der Welt geräumt: Durch das Einschleusen fremder Gene könnten Pflanzen, Tiere und Mikroben entstehen, die sich unkontrollierbar ausbreiten und ein Öko-Tohuwabohu ungeahnten Ausmaßes anrichten. [303] Beispielsweise könnten sich Treibhaus-Tomaten mit dem Kälteresistenz-Gen arktischer Flundern im hiesigen Winter wohl fühlen und womöglich die Waldränder säumen oder gar die Weizenfelder verunkrauten. Man braucht keine große Phantasie, um sich vorstellen zu können, dass durch ein neuartiges Lebewesen ein ganzes Ökosystem unwiederbringlich Schaden nehmen könnte. Doch bevor wir uns in apokalyptischen Spekulationen ergehen, wenden wir uns erneut einer Biotechnik zu, vor der niemand Angst hat und die als Hoffnungsträger gilt: Die biologische Schädlingsbekämpfung. Dort ist man mit den befürchteten Öko-Gaus der Gentechnik bestens vertraut.

Wehe, wenn sie losgelassen!

Biologische Schädlingsbekämpfung wird als echte Alternative zur chemischen Keule gepriesen. Unsere Biobauern sind so stolz darauf: Keine Chemie, kein Gift, nur Natur. So bleibt das Ökosystem im Lot. Man nehme einen Nützling und überlasse es ihm, die Schädlinge »rückstandsfrei« zu verspeisen. Und so leisten inzwischen Myriaden von Raubmilben oder Schlupfwespen in

den Gewächshäusern unserer Gemüsebauern ganze Arbeit. Die Sache hat jedoch einen Haken: Am erfolgreichsten ist sie unter Glas. In freier Wildbahn gibt es reihenweise Probleme. Zum Beispiel schmecken auch die Nützlinge lecker – zumindest aus der Sicht ihrer Fraßfeinde. Clevere Schädlingsexperten suchen daher auf anderen Kontinenten nach Nützlingen, die dort, wo sie später freigesetzt werden sollen, noch keine persönlichen Feindschaften unterhalten. So können sie – zumindest theoretisch – unbehelligt ihr segensreiches Werk auf den heimischen Äckern vollbringen.
Das Bio-Konzept zur Schädlingsbekämpfung überzeugte auch die Regierung von Jamaika. Sie hatte das Problem, dass sich auf der Karibikinsel jede Menge Ratten tummelten, die sich am Zuckerrohr gütlich taten. Leider richtet Rattengift gegen die lästige Nagerplage auf Dauer wenig aus, weil die Tiere schnell lernen, die vergifteten Köder zu erkennen und zudem mit einer bewundernswerten Fähigkeit ausgestattet sind, Gift-Resistenzen zu entwickeln. So entschloss man sich, einen natürlichen Feind der Ratten ins Land zu holen: Den indischen Mungo. Mungos sind intelligente, katzenartige Tiere, die Ratten ebenso entschlossen verzehren wie Schlangen und anderes unerwünschtes Kleinvieh. [310]
Leider kam es bei dieser Aktion zu einer kleinen Panne: Mit den Mungos schleppten die Experten auch die Tollwut ein. In einem anderen Punkt hatten sie allerdings Recht behalten: Die importierten Mungos erfreuten sich an der reich gedeckten Tafel und vermehrten sich auf Kosten der Ratten vorzüglich. Und eines Tages war die Rattenplage besiegt. Allerdings verlangte es die zahlreichen Mungos weiterhin nach schmackhafter Kost. Und da es keine Ratten mehr gab, machten sie sich über die appetitlichen Hühnchen der armen Subsistenzbauern, über die Kleinsäuger der Insel und die größeren Vogelarten her. Mungos sind unglaublich gewandte und schlaue Tiere. Es machte ihnen daher keine Mühe, die Insel ratzekahl zu jagen. Ratzekahl? Nicht ganz, denn die ausgemerzten Ratten hinterließen eine »ökologische Nische«: Das verlockende Futterangebot der Zuckerrohrplantagen nutzten alsbald flinke Baumratten. Ihnen können die Mungos kaum nachstellen, da sie nicht auf Bäume klettern. Die Bilanz des Mungo-Versuchs: Eine

neue Seuche, ein verarmtes Ökosystem, eine Baumrattenplage und weiterhin abgenagte Zuckerrohrfelder. [310]

Das wertvolle Zuckerrohr führte auch in Australien zu einer unrühmlichen und teuren Nachhilfestunde in Sachen »Ökologie«. Die dortigen Farmer lassen sich offenbar nur ungern reinreden: Um Herr über Mäuse und Zuckerrohrkäfer zu werden, führten sie im Jahre 1935 – entgegen der Warnungen der Wissenschaftler – die Aga-Kröte (*Bufo marinus*) aus Südamerika ein. Diese hält den Käfer, so man ihn ihr anbietet, für eine außerordentliche Delikatesse. Unglücklicherweise pflegen die Kröten jedoch des Nachts zu speisen, während der Zuckerrohrkäfer bei Tage seinen Geschäften nachgeht, wenn die Kröten unter Steinen schlafen. Auch an den flinken Mäusen zeigten die dicken Lurche nur mäßiges Interesse.

Dennoch gediehen die Kröten prächtig: Nach Anbruch der Dunkelheit vertilgten sie alles einheimische Kleingetier, das ihnen vor die Zunge kam. Da die Aga-Kröte sehr giftig ist, verenden auch Krokodile, Eidechsen und Schlangen, die ihrerseits den trägen Neuankömmling probieren. Mit Millionenaufwand versuchte die australische Regierung, den Vormarsch der Kröten zu stoppen; auch durch die Infektion mit einem Virus. Dabei entdeckten die Wissenschaftler, dass die Kröte selbst Trägerin eines Virus ist, das einheimische Frösche, Fische, frisch geschlüpfte Krokodile und Schlangen befällt. [311, 315, 598]

Aber nicht nur Bauern und Politiker, auch Wissenschaftler können irren, wie die folgende abenteuerliche Odyssee zeigen möge: 1955 führten indische Pflanzenzüchter in Poona Anbauversuche mit amerikanischem Weizen durch. In jedem Sack Weizen auf dieser Erde finden sich naturgemäß auch ein paar Unkrautsamen; in diesem Fall waren Körner des anderthalb Meter hohen Karottenkrautes (*Parthenium hysterophorus*) aus Mexiko dazwischengeraten. Und damit begann eines der folgenreichsten »Freisetzungsexperimente« in der Geschichte Indiens.

Denn inzwischen hat sich das Kraut mit den weißen Blüten im ganzen Land ausgebreitet. Unbehelligt von Schädlingen oder Krankheiten wuchert die anspruchslose Pflanze heute in den Städten und auf dem Land, entlang der Straßenränder, an Bahndämmen und auf Viehweiden. Überall dort, wo das Kraut gedeiht, folgt eine Allergie-

welle. Verantwortlich dafür sind eine Reihe von natürlichen Giftstoffen des Neubürgers, die auch der Landwirtschaft Probleme bereiten. So leiden die heiligen Kühe an Euterentzündungen, und die Pollen des Karottenkrauts verhindern die Befruchtung von Nutzpflanzen. Gift half bisher nichts, und das Ausreißen per Hand bewirkte allenfalls, dass sich jeder zweite Helfer eine Allergie zuzog.
Schließlich gaben die Ökologen den entscheidenden Tipp: Man müsste in der Heimat des Allergiekrautes nach natürlichen Feinden suchen. Alsbald schafften Experten des indischen »Biologie-Kontroll-Zentrums« einen Blattkäfer (*Zygogramma bicolorata*) von Mexiko nach Indien. In Mexiko hält er die Pflanze so wirkungsvoll in Schach, dass sie nie zum Problem wurde. Anders in Indien: Dort droht der zur Hilfe geholte Käfer nun selber zur Plage zu werden, denn er frisst statt Karottenkraut vor allem Sonnenblumen, ein wichtiges Produkt der indischen Landwirtschaft.
Mehr als 1.780 verschiedene Nützlinge zur Bekämpfung der verschiedensten Schadinsekten wurden seit dem Jahr 1880 weltweit freigesetzt. Und nicht immer lässt sich erahnen, was den biologischen Kammerjägern nach getaner Arbeit noch alles einfällt. Viele von ihnen bescheiden sich nicht damit, nachdem alle Beute vertilgt ist, einfach zu verhungern. Sogar ein Sympathieträger wie der Marienkäfer, den man in den USA seit 1987 zur Bekämpfung der Weizen-Blattlaus erfolgreich einsetzte, verwandelte sich in einen Öko-Fiesling: Er hat nun einheimische Marienkäferarten verdrängt.
Andere Gast-Insekten, die zur Schädlingsbekämpfung engagiert wurden, leben sich besser in ihrer neuen Heimat ein, als ihren »Arbeitgebern« lieb ist: Auf den Kleinen Antillen wachsen lästige, sperrige, stachelige Kakteen, die bei den ansässigen Farmern auf wenig Sympathie stoßen, da sie ihr Land verunkrauten. Daraufhin führte man 1957 den Schmetterling *Cactoblastus cactorum* auf die Karibikinseln ein, der die pieksigen Gewächse deutlich dezimierte. Doch die Falter zog es mehr nach Norden: 1989 tauchten sie auf Inseln vor Florida auf, wo sie sich zum Entsetzen der Botaniker an einer dort vom Aussterben bedrohten Kaktusart, der *Opuntia spinosissima*, gütlich taten. Mittlerweile sind die reiselustigen Motten bereits im US-Bundesstaat Georgia gesichtet worden. Noch schwerer vorherzusehen war der Effekt, den eine andere Mottenart,

Agapeta zoegana, auf die Vegetation hatte. Nachdem seine Raupen das in die USA eingeschleppte Knapweed dezimiert hatte, ging gleichzeitig der Ertrag einer vom Weidevieh gern gefressenen Grasart um 70 Prozent zurück. Warum, das weiß bis heute niemand. [597]

Wie phantasievoll Lebewesen ihre Möglichkeiten in einem veränderten Ökosystem ausschöpfen, machten die afrikanischen Harlekinschrecken mit einem neuen Unkraut namens *Chromolaena odorata* vor. Ursprünglich stammt das Kraut aus dem tropischen Südamerika. Von dort wurde es nach Sri Lanka verschleppt und erreichte über Südostasien eines Tages Afrika. Die weite Reise ist ihm offenbar gut bekommen, denn mittlerweile breitet es sich in seiner neuen Heimat rasant aus – mit fatalen Folgen für die Landwirtschaft. [637]

Überall dort, wo sich *Chromolaena* ansiedelt, avanciert ein bis dahin harmloses Insekt in kürzester Zeit zu einem wichtigen Schädling: Die Harlekinschrecke (*Zonocerus variegatus*) frisst seither die Maniok- und Maisfelder sowie die Gemüsegärten der afrikanischen Familien kahl. Lange wurde über die Bedeutung des Unkrauts für die Heuschreckenart gerätselt, bis man herausfand, dass es ihnen reichlich giftige Pyrrolizidin-Alkaloide liefert. Die Schrecken fressen gezielt nur bestimmte, gifthaltige Blütenteile und reichern die darin enthaltenen Wirkstoffe in einer Drüse an. Bei Bedarf spritzen sie sie jedem Feind entgegen, der sich ihnen nähert. Damit bewaffnet, machen sie sich in großen Schwärmen über die viel bekömmlicheren Nutzpflanzen her. So können durch Einschleppung exotischer Arten auf ziemlich verschlungenen Pfaden Risiken für das Ökosystem mit dramatischen Folgen für die Nahrungsversorgung des Menschen entstehen. [637]

Das unrühmliche Ende einer biologischen Waffe

Seit einem Jahrhundert versuchen die Australier, der Kaninchenplage Herr zu werden – bisher ohne Erfolg. 1859 importierte Thomas Austin 24 Tiere nach Winchelsea, Victoria, um sie zu jagen. Er war wohl kein begnadeter Schütze, denn inzwischen hoppeln etwa 300 Millionen Karnickel über den Kontinent. Sie untergraben das Grasland, verursachen Bodenerosion und fressen den australischen Bauern jährlich Feldfrüchte im Wert von 600 Millionen Australischer Dollar weg. [547] Die Füchse, die man zur Kaninchen-Bekämpfung einführte, erwiesen sich als Beelzebub. Zusammen mit den Katzen, die als biologische Mäusefänger importiert wurden, dezimierten sie den Bestand an einheimischen Kleintieren drastisch. Man schätzt, dass alleine in Neusüdwales jährlich 400 Millionen heimische Beuteltiere, Vögel und Reptilien den streunenden Katzen zum Opfer fallen. [312]

Doch so einfach ließen sich die Australier nicht entmutigen. Die Wissenschaftler verlegten sich auf B-Waffen zur Karnickelbekämpfung. Die Einführung des Myxomatose-Virus aus Europa zeigte auch einen durchschlagenden Erfolg – 99 Prozent der Mümmelmänner verendeten. Die Überlebenden wurden jedoch immun gegen das Virus und vermehrten sich seither wieder wie die sprichwörtlichen Karnickel. [313]

Die Australier ließen nicht locker und begannen, mit anderen Krankheitserregern zu experimentieren. Vor allem das Calicivirus erweckte ihre Neugier. In den 80er Jahren in China entdeckt, verbreitete es sich seither über ganz Europa und über die Ozeane bis nach Mexiko. Es scheint nur Kaninchen zu befallen, verschont offenbar andere Tiere und den Menschen. Da man aber nicht wieder unüberlegt fremde Gene einführen wollte, testeten die Australier das Virus unter »Hochsicherheitsbedingungen« auf einer abgelegenen Insel. Und trotzdem entkam es: Die Wissenschaftler hatten nicht mit der australischen Buschfliege gerechnet. Mit ihrer Hilfe eroberte das Virus das Festland. Dort verbreitete sich der Killerkeim mit einer Geschwindigkeit von 8 Kilometern am Tag, eine Spur verendeter Kaninchen zurücklassend. [314]

Um Missverständnissen vorzubeugen: Die biologische Schädlingsbekämpfung ist ein außerordentlich intelligentes Konzept. Nur sind ökologische Gleichgewichte offenbar doch komplizierter als zunächst vermutet. Und die Eigenschaft »biologisch« ist keineswegs gleichbedeutend mit »ökologisch neutral«. Auch Bio-Methoden können unsere Umwelt gefährden, und nicht nur die Gentechnik oder die Chemische Keule. Denn während Pestizide irgendwann im Laufe von Jahrzehnten oder schlimmstenfalls Jahrhunderten abgebaut werden, können sich Nützlinge vermehren und an veränderte Umweltbedingungen anpassen. Ihre Gene ermöglichen es ihnen, flexibel auf ihre Umwelt zu reagieren, und so kann es Jahrzehnte oder Jahrhunderte dauern, bis sich ein neues ökologisches Gleichgewicht einstellt.

Natürlich ließe sich einwenden, dass die biologische Schädlingsbekämpfung ja nur dann gefährlich werden kann, wenn sie – als Parallele zur Gentechnik – »fremde Gene« einschleust. Um die Risiken zu minimieren, sollten wir uns nur auf einheimische Nützlinge beschränken. Dafür müssten wir uns aber erst einmal darüber im Klaren sein, was heimisch ist und wo das Fremde beginnt. Kein Problem? Gut, dann kommen Sie doch einfach mal mit in einen Münchner Biergarten. Dort lässt es sich trefflich disputieren ...

Zenzi, no a Maß!

Wir haben einen passablen Tag mit weißblauem Himmel erwischt und lassen uns in der nun aufkommenden sommerlichen Schwüle erleichtert auf eine der grob gezimmerten Bänke fallen. Für Lokalkolorit sorgen die enormen Maßkrüge auf den rustikalen Holztischen. Vom Nebentisch klingt gar preußischer Dialekt an unsere Ohren. Noch immer leicht erhitzt, rücken wir vorsichtshalber in den Schatten der alten Kastanien und winken die resolute Kellnerin herbei, damit sie auch uns den nach alter Väter Sitte stets zu knapp eingeschenkten Gerstensaft herbeischaffe. Fehlt nur noch eine passende »Grundlage«. Mögen Sie dazu einen knackigen Radi oder lieber eine Riesenbrezel? Oder gelüstet Sie's eher nach Herzhafterem? »Schweinshaxn, Weißwürschtl und an Erdäpfisalod hat's vorn an da

Thekn«, informiert uns die fesche Bedienung. Es geht halt nichts über eine zünftige deutsche Hausmannskost!

Mit allem Notwendigen versorgt, beobachten wir nun entspannt unsere Umgebung. Kundig salzt unser bayerischer Tischnachbar seine Radischeiben ein, lässt die Kristalle eine genau bemessene Zeit einziehen und steckt sie sich dann mit Genießermiene in den Mund. Ein paar Gymnasiasten versuchen, betont cool vorbeizuschlendern, was allerdings durch ihre Bemühungen geschmälert wird, den am Imbiss nebenan erstandenen Döner heil in den Mund zu bekommen. Unser Nachbar deutet mit seiner Brezel auf die Jugendlichen, die eine unübersehbare Spur aus Petersilienblättchen, Zwiebelringen und Knoblauchsoße hinterlassen, und grinst schadenfroh: »Net amoi g'scheit essn kannst des ausländische Zeigl.« Zur Bekräftigung schiebt er ein ordentliches Stück seiner Brez'n in den Mund, um den trockenen Bissen sogleich mit einem kräftigen Schluck kühlen Schankbieres herunterzuspülen.

Ja aber, wenden wir ein, das, was er da trinke und äße, das sei genauso »ausländisch« wie türkische Döner. Um genau zu sein: Die Türkei läge schon auf halbem Wege in die Urheimat seiner bayerischen Nutzpflanzen. Sowohl die schattenspendenden Kastanienbäume als auch der Rettich stammen aus Kleinasien und sind wahrscheinlich erst von den Römern nach Mitteleuropa importiert worden. Und auch der Rest des Mahls ist alles andere als urbayerisch. Gerste und Weizen, zur Herstellung von Bier und Brezel unerlässlich, haben ihren Ursprung in Vorderasien, und die Kartoffel für den »Erdäpfelsalat« stammt aus Amerika. [361]

Wir spüren am Blick unseres verdutzten Tischnachbarn, dass der Begriff »Saupreiß« konkrete gedankliche Formen anzunehmen droht. Vorbeugend wenden wir ein, wohl nur der werte Besucher des Biergartens sei ein reinrassiger Mitteleuropäer – falls der Herr definitiv ausschließen könne, frei von asiatischen, arabischen oder afrikanischen Vorfahren zu sein, die als römische Söldner den germanischen Genbestand sicherlich oft genug bereichert haben. Über Details der Völkerwanderung wollen wir erst gar nicht spekulieren.

Da fasst sich ein Hamburger Sommerfrischler ein Herz und bemerkt mit leicht provozierendem Unterton »So, wir essen also schon seit Jahrtausenden Importware, das wollen Sie doch damit sagen. Das heißt also, wenn ich mal eine Radtour durch die Kornfelder mache, dann könnte ich genauso gut durch den vorderen Orient fahren, weil das Getreide daher kommt?« »Da kannst da Oidn ja a paar Kornbleamln mitbringa«, lästert der Bayer und fügt auf hochdeutsch hinzu, »zur Erhaltung des preißischen Kulturbesitzes«. Aber der zahlt's ihm mit gleicher Münze heim: »Wahrscheinlich ist nicht einmal Ihr Unkraut original bayerisch.«

Wir müssen ihm Recht geben. Blaue Kornblumen und der rote Klatschmohn sind zusammen mit dem Getreide »zuagroaste« Vorderasiaten.[362] Daran ändern auch die wunderschönen Aquarelle in den alten Kinderbüchern nichts, wo Oma und Enkel an lauen Sommerabenden mit dicken Feldblumensträußen in die Kate zurückkehren, und die rot-blau-getupften Gebinde in Steinkrügen auf die Fensterbank stellen.

Der Disput nimmt seinen unvermeidlichen Lauf. Die »Zuagroastn« haben spürbar Oberwasser und trumpfen nun mit den Naturschönheiten ihrer Heimat auf: der Lüneburger Heide, einer wirklich unberührten Landschaft. »Noi, noi. Des denket Se bloß«, mischt sich der Nebentisch ein. Mit der Lüneburger Heide sei es wie mit der Schwäbischen Alb. Beide sind alles andere als ursprüngliche Naturparadiese. Bis zum Mittelalter stand hier dichter Eichenwald. Erst durch Rodung und die Beweidung mit Schafen und Heidschnucken, die außer Wacholder und Heidekraut alles wegfraßen, entstanden diese künstlichen Ökosysteme.[363]

Schadenfreude hat unseren bajuwarischen Tischnachbarn besänftigt und die Lüneburger Landsmannschaft lenkt vorsichtshalber ein: »Im Grunde ist es doch egal, woher die Gene stammen. Es kommt darauf an, was man daraus macht. Prost Mahlzeit!« Ein kräftiger Schluck aus den Bierkrügen schafft Völkerverständigung. Denn in einem Punkt herrscht in Deutschland Eintracht: »Mir wollen kein Chemie-Bier zum Essen.« Und gleich noch ein Prosit auf das »Deutsche Reinheitsgebot«.

Eine junge Dame, die bisher schweigend zugehört hatte, fängt plötzlich an zu glucksen. »Ja was gibt's denn da zu lachen?« Fragende Gesichter wenden sich ihr zu. Als Österreicherin scheint sie mit der deutschen Rechtslage offenbar besser vertraut als die anwesenden praktizierenden Bierexperten. »Schön wär's mit der Chemiefreiheit«, erklärt sie mit charmantem Lächeln, »aber der Hopfen ist nun mal eine ausgesprochen anfällige Pflanze. Unzählige Male wird er mit der Giftspritze eingenebelt.« Damit er nach der Ernte nicht vergammelt, würde der Hopfen kräftig geschwefelt, oder zu Pellets verarbeitet, kleinen Röllchen, die eher Ähnlichkeit mit Hundefutter hätten als mit Pilstrinkers Vorstellung vom Brauwesen. Gerne würden die Brauereien auch zu Hopfenextrakten greifen: Das sei ganz im Sinne des Reinheitsgebotes, spottet die Dame, denn bei den Extrakten könne man wenigstens die Spritzmittel wieder entfernen. [348, 349]

Die Zuhörer sind verstummt und starren skeptisch in ihre halbvollen Maßkrüge. Sie nutzt die Stille und setzt noch eins drauf: »Deutsches Bier muss nicht nur sauber und frisch gezapft, es muss auch haltbar sein. Deshalb stabilisieren die Brauer ihr Gebräu mit einem Kunststoff namens Polyvinylpolypyrrolidon. Außerdem erlaubt der § 9 des Reinheitsgebotes den Zusatz von Saccharin, einem künstlichen Süßstoff. Von wegen kein Chemie-Bier.« [347]

»Und i hob gmoant, dass dös Reinheitsgebot dös net zulasst«, staunt eine gestandene Münchnerin. »Und jetzt dös!« »Gnä' Frau, das Reinheitsgebot war ja kein Gesundheitsschutzgesetz, sondern ein Steuergesetz.« [346] Die anderen geben noch nicht so schnell auf: »Wenigstens ist das Maisbier hier verboten.« Was wäre daran so schlimm, fragt die Österreicherin zurück. »Ihre Regierung wurde deswegen sogar schon einmal vor den Kadi zitiert, vor den Europäischen Gerichtshof. Denn die ausländischen Brauer wollten nicht recht einsehen, warum ihr Mais schlechter sein soll als der Deutschen Rübenzucker. Und genau den hat das Reinheitsgebot erlaubt – allerdings nur ›technisch reinen‹.« [346] In dieser Klageschrift tauche außerdem die süffisante Frage auf, warum in Deutschland gerade der Biertrinker so dringlich vor ungebührlichen Zusätzen geschützt werden müsse, während die Kinder zusatzstoffhaltige Limos und Colas in beliebiger Menge vertilgen dürften. [335]

Ratlose und betroffene Gesichter. Die Österreicherin zuckt nonchalant mit den Schultern »Ich kann Ihnen diese Frage ebensowenig beantworten, wie Ihre Regierung. Aber der politische Nutzen derartiger Prozesse liegt auf der Hand: Sie gaukeln vor, dass in

Deutschland eben noch Sauberkeit und Ordnung herrschen, was nichts anderes heißen kann, als dass es woanders eben anders ist. Solche Reinheitsgebote setzen auf unsere Angst vor dem Unbekannten, vor fremden Speisen und Getränken – zum Wohle der eigenen Lebensmittelwirtschaft –, und das nicht nur beim Bier.«

Eine Reise durch Europa

Europas Grenzen stehen offen – ein Traum vieler Politiker, eine Vision wurde Wirklichkeit. Wenn Völker sich näher kommen wollen, geht das nicht am besten an der gemeinsamen Tafel? Schon der große österreichische Staatsmann Fürst von Metternich ließ seine politischen Kontrahenten erst nach üppigen, entspannt stimmenden Festmahlen Staatsvertäge unterzeichnen. Und was ist delikater, als fremdländische Köstlichkeiten in ihrer Herkunftsregion zu probieren? Unserem schönen Europa fehlt es nicht an kulinarischen Genüssen. Ob englischer Stilton, italienischer Mozzarella oder Schweizer Appenzeller, nicht nur in punkto Käse hat jedes Land, ja, jede Region ihre Spezialitäten. Im Urlaub speisen wir genüsslich italienische Pasta, österreichische Germknödel und holländischen Matjes, wir schwärmen für griechischen Ouzo und schlürfen französischen Rotwein. Wieder daheim, schlägt uns finsterer Nationalismus entgegen, wenn's ums Essen geht.
Wenn dem deutschen Michel die Küche fremder Länder schwer im Magen liegt, ist natürlich die EU schuld. Auch welke Salatköpfe, wässrige Schnitzel und lieblichsüße Moselweine im heimischen Supermarkt können unser Urteil nicht erschüttern. Während wir lautstark gegen Ausländerfeindlichkeit demonstrieren, errichten wir ein festes Bollwerk aus Vorurteilen gegen die Speisen jener Völker, die nun, dank der EU, genauso in unsere Läden gelangen, wie wir sie aus dem Urlaub kennen. Zum Beispiel die feinen Pralinen aus Brüssel: Über viele Jahre galten sie als exquisites Mitbringsel. Seitdem die Feinschmecker wissen, dass die Naschereien Sojazusätze enthalten (wie schrecklich!), vermögen sie offenbar nur noch mit erheblichen Schuldgefühlen an ihre ehemaligen Gelüste zu denken. Und was tut die deutsche Metzgerszunft, wenn eine weitere

belgische Spezialität, die berühmten Pasteten, auch bei uns immer mehr Liebhaber finden? Genau, sie erfindet flugs ein Reinheitsgebot für Deutsche Wurst – ein Widerspruch in sich. Galt nicht deutsche Wurst als »Götterspeise«, da nur ein Gott wissen könne, was wirklich drin ist? Warum wohl sträuben sich die Metzger gegen eine Deklaration ihrer Zutaten?

Seitdem die EU gestattet, dass quietschrot gefärbte Würstchen aus Spanien die Grenze überschreiten, wähnen Berliner Ökofreaks und hessische Stammtischbrüder das kulturelle Erbe und die nationale Identität mit der gewohnten Wurstfarbe schwinden. Die Paprikawürste von der iberischen Halbinsel werden statt mit Paprika mit dem hierzulande dafür verbotenen Naturfarbstoff Cochenille gerötet. Zu allem Übel gewinnt man ihn aus den befruchteten und anschließend getrockneten Weibchen einer Schildlausart. [350] Fazit: Igittigitt! Die Spanier könnten den Deutschen mit dem gleichen Recht den Biergenuss madig machen, denn unser »Dunkles« wird im Rahmen des technischen Fortschritts nicht mehr eigens gebraut. Man nimmt einfach ein Helles und färbt es mit »Reinheitsgebotsfarbe« dunkel. [347, 351] Dieser braune Farbstoff mit der Tarnbezeichnung »Farbebier« ist ebenso natürlich wie Spaniens Läuserot.

Deutsche Fleischer erzeugen das Rot deutscher Würste lieber mit Nitritpökelsalz. Das ist wesentlich umstrittener als Cochenille, da beim Pökeln von Wurst und Schinken krebserregende Nitrosamine entstehen können. [341] Bon appetit! Auch wird gerne verschwiegen, dass der »unreine« spanische Farbstoff hierzulande völlig unbehelligt von Kindern verzehrt werden darf: Die geschwängerte Läusemasse dient – da »natürlich« – zum Färben von Zuckerwaren, Puddings und kandierten Früchten. [352] So gesehen kann der Glaube ans »strengste Lebensmittelrecht der Welt« schon mal ins Wanken geraten.

Blicken wir auf die Wiege unserer Kultur, nach Griechenland: Der Handel mit griechischem Zaziki war nach einem weiteren deutschen Reinheitsgebot, diesmal für Milchprodukte, untersagt. Echtes Zaziki enthält nicht nur viel Knoblauch und Gurke, sondern auch Quark, Joghurt und einen Schuss Olivenöl. Für unsere Juristen ein klarer Fall: Hier wird ein reines Milchprodukt mit einem

»Fremdfett« verfälscht. Olivenöl ist lebensmittelrechtlich eine üble Verunreinigung deutscher Küche. Das Kammergericht in Berlin sah sich aufgrund der Rechtslage gezwungen, den Verkauf der griechischen Spezialität zu unterbinden. [336] Zaziki war in Deutschland bis Ende 1992 nur mit Butter statt Olivenöl »echt«.
Urlaubserinnerungen schufen auch einen Markt für griechischen Feta. Klar, in Griechenland ist Feta Schafskäse. So will es jedenfalls das griechische Recht. Aber in Deutschland? Hierzulande ist Feta nur dann aus Schafsmilch, wenn er nicht Feta heißt, sondern Schafskäse. Was hierzulande die Bezeichnung »Feta« trägt, ist gewöhnlich ein Imitat aus Kuhmilch. Griechisches Recht gilt nun mal nicht in Germania – und außerdem müssen wir unsere (Kuh-)Milchseen loswerden. Was halten wohl die Griechen von derartigen »Reinheitsgeboten«? Nun, sie werden auf den ersten Blick erkennen, was der deutsche Ökomichel mit Jutetasche und Autoaufkleber »Nein zum Ausländerhass« geflissentlich übersieht: Reinheitsgebote haben herzlich wenig mit Reinheit, dafür aber sehr viel mit Geld zu tun. Wenn es darum geht, landwirtschaftliche Überschüsse über unsere Mägen zu entsorgen und die hiesigen Bauern zu subventionieren, sprechen die Politiker gerne von »Reinheitsgeboten zum Schutze des Verbrauchers«.
Diese Methode ist nicht neu und auch nicht auf Deutschland begrenzt. Seit vielen Jahren wird sie regelmäßig an Europas Innengrenzen angewendet: Gibt's in Italien einen Preisverfall beim Fleisch, entdecken Italiens Zöllner am Brenner bei Einfuhren aus deutschen Landen prompt die Maul- und Klauenseuche. Wollen wir den heimischen Rindfleischmarkt stützen, verweisen wir mit Hinweis auf den Rinderwahnsinn Ochsen schottischer Abstammung und Corned Beef englischer Machart des Landes. Dass der Erreger bei unseren Schafen seit Jahrhunderten vorkommt, dass auf dem Kontinent das erste Rind mit diesen Symptomen bereits vor 100 Jahren beschrieben wurde, dass in deutschen Zoos Tiere an dieser Krankheit leiden, dass sie in Nerzfarmen schon vertreten war, bevor in England das erste wahnsinnige Rind auftrat, stört uns nicht in unserem Bemühen, die Fremdenangst zu mobilisieren und Kapital daraus zu schlagen. [353-355]
Gewiss sind auch andere Staaten kein Hort redlicher Verbrau-

cherpolitik. Und durch den Binnenmarkt wird sicher nicht nur echter griechischer Feta in unseren Ladenregalen landen. Im Gegenzug bereichert unsere Industrie die französische Küche mit »Deutschem Kaviar« und die Trattorias der Toskana mit rustikalem Kunstsauerbrot »nach original Deutschem Bäckerrezept«. Bliebe die Frage: Wohin reisen wir, wenn uns nach abendländischer Esskultur gelüstet?

Bangemachen gilt nicht: Ernährungstabus

Die Manipulation ganzer Völker durch das Wachrufen von Ängsten hat System. Es ist ein wichtiges Mittel der Politik, vor allem, wenn es darum geht, Kriege emotional vorzubereiten oder, wie im Falle des Lebensmittelrechts, sich wenigstens wirtschaftliche Vorteile zu verschaffen. Kauft die Kundschaft »national«, bleibt das Geld im Lande.
Aber nicht immer ist die Ablehnung, auch die irrationale, eine unnötige Einschränkung. Manchmal wird sie auch für durchaus sinnvolle Zwecke erzeugt, zum Beispiel, um den Erfolg der Kultur und das Überleben des Volkes sicherzustellen. Für solch diffizile Aufgaben eignet sich weniger die Tagespolitik, hier stehen die Religionen in der Pflicht. Etwa, wenn es darum geht, dass eine beliebte Speise dem Gaumen fremd wird. Speziell der Genuss bestimmten Fleisches ist in einigen Weltreligionen tabuisiert. Bei den Juden und Moslems ist es das Schwein, bei den Hindus das Rind und bei den Christen, was nur wenige wissen, das Pferd.
Viele Deutsche empfinden beim Gedanken an Pferdefleisch eine unwillkürliche Abneigung, obwohl es genauso gut ist wie Fleisch von Schwein, Hund, Katze oder Schaf. Unsere Vorfahren hatten da weniger Skrupel. Sie ließen sich reichlich Pferdefleisch munden. Bis zum Jahre 732 nach Christus. Dann machte Papst Gregor III. einen Strich durch den Speiseplan der Germanen. In einem Brief wies er ihren Apostel Bonifacius, den späteren Erzbischof von Mainz, an: »Du hast einigen erlaubt, das Fleisch von wilden Pferden zu essen, den meisten auch das von zahmen. Von nun an, heiligster Bruder, gestatte dies auf keine Weise mehr.« [324]

Woher der Sinneswandel? Kannte Petrus' Stellvertreter auf Erden nicht Matthäus' Kapitel 15? »Nicht was zum Mund des Menschen hineingeht, sei unrein, sondern das, was an Worten und damit an Gedanken herauskommt.« Es ging sicher auch nicht darum, heidnische Bräuche der Pferdeverehrung auszumerzen, denn dann hätte er auch das Eiersuchen an Ostern als heidnischen Fruchtbarkeitskult verbieten müssen. Ein Blick ins Geschichtsbuch hilft uns weiter: Im Jahr 732 fand in der Region um Tours und Poitiers die Schlacht gegen die Araber statt. Als berittene Nomaden waren sie innerhalb von 70 Jahren nach Mohammeds Tod von Mesopotamien bis an den Atlantik vorgedrungen. Um das Jahr 700 hatten sie Gibraltar erreicht, das seinen Namen ihrem Heerführer Al Tarik verdankt. 711 eroberten die Araber Spanien, das sie später zu wirtschaftlicher und kultureller Blüte führen sollten, und 720 überschritten sie die Pyrenäen. 732 wurden sie in Frankreich in einer sieben Tage dauernden Schlacht von Karl Martell besiegt. Ohne die schwere Reiterei des fränkischen Heeres wären wir heute womöglich Araber. [322]

Auch im Osten bedrohten nomadische Reiterheere den Herrschaftsbereich des Christentums. Damit ist klar, warum sich niemand für die heidnischen Ostereier interessierte: Mit Hennen und Häschen kann man keine Schlacht gewinnen. Das Verbot, Pferdefleisch zu essen, wurde von den geistigen und weltlichen Herrschern deswegen erlassen, weil sich die Kavallerie zunehmend als kriegsentscheidend erwies. Erst als neue Waffen wie Panzer die Schlachtrösser ablösten, wurde das Verbot einfach »vergessen«. Dennoch empfinden viele Menschen, vor allem solche, die nie wissentlich Pferdefleisch probiert haben, Ekel davor. Einen Ekel, der genau genommen militärische Ursachen hat, und der uns in Jahrhunderten anerzogen wurde, um unsere kulturelle Identität zu erhalten. [322]

Auch am Schwein erhitzen sich die Gemüter. In Gesundköstler-Kreisen kursieren zahlreiche Schriften, die vor dem Verzehr ungesunden Schweinefleisches warnen. Schließlich äßen auch Juden und Muslime ganz bewusst nichts Schweinernes. In der Bibel (3. Mose 11) gilt das Borstenvieh als »unrein« und im Koran (2. Sure, Vers 174) als »verboten«. Zur Begründung müssen gewöhnlich die Trichinen herhalten oder die angebliche Unsauberkeit des Tieres.

Beide Argumente sind ziemlich absurd. Erstens ist das Schwein sehr reinlich. Weil es keine Schweißdrüsen hat, muss es sich zur Kühlung im Schlamm suhlen. Fehlt es daran, wälzt es sich notgedrungen im eigenen Kot. Schweine sind nur dann »unrein«, wenn wir sie dazu zwingen. Zweitens übertragen auch andere Tiere gefährliche Krankheiten. Rind oder Schaf haben statt Trichinen Infektionen mit Tuberkulose oder Brucellose zu bieten. Zur Vermeidung genügt es, das Fleisch, egal ob vom Schaf, Schwein oder Rind, ausreichend zu erhitzen. Wäre es um die Gesundheit gegangen, hätten Jahwe und Allah zuvörderst den Verzehr allen *rohen* Fleisches verboten. Genau das taten sie nicht. Es ging also um etwas anderes. [322]

Der Grund ist nach Auffassung des amerikanischen Anthropologen Marvin Harris viel augenfälliger: Das Schwein braucht Wasser, Schatten und Wälder, in denen es Futter suchen kann. Überall dort, wo es trocken, unbewaldet und heiß ist, wird es zum Konkurrenten für den Menschen, der das wenige Wasser für sich und seine Bewässerungssysteme braucht. [322] Ausgrabungen im Nahen Osten zeigen, dass es dort 4 000 bis 2 000 vor Christi Geburt eine ausgiebige Schweinehaltung gab. [323] Damals stand der Wald noch. Auch das Neue Testament erwähnt eine große Schweineherde am See Genezareth. In Ägypten und Mesopotamien erfolgte das Verbot, Schweine zu mästen, nach der Abholzung der Wälder. [321]

Seine größten Erfolge erzielte der Islam in trockenen, unbewaldeten Gebieten. Dort wo Schweine gedeihen, werden sie auch verspeist. »Wann immer der Islam in Gegenden vorgedrungen ist, in denen die Schweinezucht eine Hauptstütze des traditionellen landwirtschaftlichen Systems bildete, konnte er wesentliche Teile der Bevölkerung nicht für sich gewinnen«, urteilt Marvin Harris. Auf der anderen Seite wirkt ein typisches Nutzvieh des Islam ganz im Sinne der Religion: die Ziege. Wo sie weidet, stirbt der Wald. [322]

Während wir Europäer hinter dem Schweinefleischverbot noch ein gesundheitliches Geheimnis vermuten, gelten die vielen »Heiligen Kühe« Indiens als sprichwörtliches Beispiel für unsinnige Verbote. Der Glaube der Hindus, man dürfe Rinder weder schlachten noch essen, beruht oberflächlich betrachtet auf der Vorstellung der Seelenwanderung. Die vorletzte Stufe dieser Wanderung ist das Rind, die letzte der Mensch. Wer Rinder tötet, muss von vorn anfangen. Ursprünglich sah alles ganz anders aus. Da lebten in Indien Nomaden, deren Lebenszweck die Rinderhaltung war. Ihre Priester widmeten sich dem Züchten, Schlachten und Verspeisen von Rindern. Als die Bevölkerung im 6. Jahrhundert vor Christus stark anwuchs, reichten die Steaks aber offenbar nur noch für die wedischen Priester. Es kam zu sozialen Spannungen. Der Hunger erzwang den Übergang von der Weidewirtschaft zum Ackerbau, zum Vegetarismus. Die Bevölkerung war nur noch zu ernähren, wenn sie statt Fleisch Bohnen oder Brot aß. Und sie akzeptierte nicht, wenn Einzelne im Fleisch schwelgten. Der Hinduismus setzte sich in Indien erst durch, als er das Verbot, Rinder zu schlachten, zum Dogma erhob. [322]

Die »heiligen Kühe« garantieren auch das wirtschaftliche Überleben. Denn zum Pflügen der Äcker braucht man Zugtiere. Auf den winzigen Feldern sind die zähen und anspruchslosen indischen Rinder erheblich wirtschaftlicher als Traktoren: Sie brauchen weder Benzin noch Ersatzteile, sie fungieren in den Straßen als Müllabfuhr und liefern zudem noch wertvolle Milch, sowie Dung zum Feuern. Allein der Heizwert der getrockneten Kuhfladen erspart den indischen Haushalten jährlich etwa 30 Millionen Liter Heizöl. [322]

Die Wiederkäuer nähren sich von Abfällen, die der Mensch nicht verdauen kann: Häcksel, Stengel und Blätter, Schalen, ja sogar Papier und Karton. Mit Hilfe der ausgemergelten Rinder können auch die ärmsten Bauern existieren – und das sind in Indien die allermeisten. Gäbe es einen Rindfleischmarkt, würde der Preis der Tiere erheblich steigen, und die Bauern könnten sich keine Zugtiere mehr leisten. Die »heiligen Kühe« der Hindus sind alles andere als eine religiöse Marotte. Sie garantieren wirtschaftliche und soziale Stabilität. Würden die Inder ihre »heiligen Kühe« essen, würden die Armen verhungern. [322]

Ob Pferd, Schwein oder Rind, in allen drei Fällen haben die religiösen Machthaber dafür gesorgt, dass Bekanntes und Geliebtes dem Gaumen fremd wurde. Sie drohten mit mehr oder weniger ewiger

Verdammnis für die unsterbliche Seele und erzeugten damit die erforderlichen Ängste. Nur so konnten sie die Gaumen ihrer Gläubigen der einst beliebten Speisen entwöhnen.
Alles, was ungewohnt schmeckt oder schmecken könnte, ist fremd und damit riskant. Nur wenn wir Vertrautes schmecken, ist die Welt in Ordnung. Unsere Riech- und Geschmacksnerven, mit denen wir den Geschmack unserer Nahrung beurteilen, sprechen zunächst das limbische System im Gehirn an (s. Seite 65). Dort, im Unterbewusstsein, werden die Instinkte und Triebe gesteuert. Dieser Mechanismus hat, auch wenn er uns auf den ersten Blick vielleicht absurd vorkommt, durchaus seinen Sinn: Er hat uns in grauer Vorzeit vor Vergiftungen geschützt. Und dies ist auch der Grund, weshalb Menschen manchmal eher hungern, als ihren Speiseplan umzustellen, wie das Beispiel der Kartoffel zeigt.

Was der Bauer nicht kennt ...

Mögen Sie gerne Kartoffelsalat mit Würstchen? Oder doch lieber Pellkartoffeln mit frischem Kräuterquark? Heute genießt die südamerikanische Knolle bei uns fraglos Bürgerrecht. Eine »deutsche« Speisekarte wäre ohne Kartoffelsalat, Pommes (übrigens eine belgische Erfindung) und Bratkartoffeln unvorstellbar. Doch war es keine Liebe auf den ersten Blick, und es dauerte eine ganze Weile, bis die suspekte Kartoffel zur Grundlage unserer Landwirtschaft und unserer Ernährung wurde. Vor drei Jahrhunderten bereitete die südamerikanische Einwanderin unseren Vorfahren erhebliche Schwierigkeiten. Der Legende nach haben sich nicht wenige der neugierigen Erst-Importeure mit der Kartoffelpflanze ganz gehörig den Magen verdorben, da man weder die genießbaren Teile noch ihre Zubereitung kannte: Das Kraut der Kartoffel ist giftig, schließlich ist sie als Nachtschattengewächs mit Tollkirsche und Tabak verwandt. Nur die Knollen sind genießbar und diese wiederum nur in gekochtem Zustand. [133]
1699 bestaunten die Berliner erstmals Kartoffeln – allerdings als Zierpflanze im Botanischen Garten. Und obwohl um 1720 Pfälzer Einwanderer die nahrhafte Knolle nach Berlin mitbrachten und mit

Genuss verzehrten, blickten die Preußen verächtlich auf die Erdäpfel herab. Trotz Hungersnot beschränkte sich ein echter Berliner zu dieser Zeit lieber auf seine geliebten Hülsenfrüchte, statt zu der als Viehfutter apostrophierten Kartoffel zu greifen. Wie dem auch sei, erst Friedrich dem Großen gelang es mit »Druck von oben«, die Kartoffel in die Töpfe seiner Untertanen zu verfrachten. Noch 1766 musste das Gesinde unter Strafandrohung gezwungen werden, Kartoffeln zu essen. [133, 138]

Das Beispiel der Kartoffel zeigt, wie schwer es sein kann, den Speiseplan seiner Untertanen zu ändern. Wir wissen auch nicht, wie schnell das Gebot durchgesetzt wurde, Pferdefleisch zu verschmähen. Leider ist ebenfalls nicht überliefert, ob sich die Vorfahren der Berliner einst genauso gegen den Import der später so heiß geliebten Linsen, Erbsen und Bohnen aus den Mittelmeerländern gesträubt haben.

Grünzeug auf Reisen

Nicht nur die Kartoffel verschlug es in die Fremde: Weltweit beruht die Landwirtschaft auf »fremden Genen«. Es gibt praktisch keine Nutzpflanze, die zuvörderst dort angebaut wird, wo sie ursprünglich zuhause war: Kam der Weizen aus Vorderasien, so wogen heute die größten Weizenfelder in Kanada und in den USA. Die riesigen Sonnenblumenfelder der Ukraine verdanken ihre Existenz den wilden Verwandten der nordamerikanischen Plains. Der Mais eroberte unsere Äcker von Südamerika aus. Die Sojabohne, heute vor allem in den USA und in Brasilien angebaut, stammt ursprünglich aus Südostasien. Der Kaffee ging den Weg von der Alten in die Neue Welt, der Kakao reiste umgekehrt. [332]

Weshalb diese Pflanzen in der Fremde einen solchen Erfolg haben, ist kein Geheimnis. Dort, wo sie zuhause sind, gibt es auch die auf sie spezialisierten Krankheiten und Schädlinge. Bringt man jedoch zum Beispiel die Kartoffel in ein für sie neues und ökologisch geeignetes Anbaugebiet, so kann sie dort erst einmal ohne ihre natürlichen Feinde wachsen und gedeihen. Nun greift zudem der Mensch ein: Im Laufe der Jahrhunderte werden neue Sorten gezüchtet, die genetische Ausstattung der Wildform verändert. Bei den Versuchen der Züchter, den Ertrag zu verbessern, bleiben fast immer die Gene für die Abwehr gegen Schädlinge auf der Strecke. Das macht die Pflanzen natürlich auch anfällig für Schädlinge ihrer neuen Heimat, die ständig auf der Suche nach neuen Futterquellen sind. Abhilfe schaffen dann nur noch Giftspritze, biologische Schädlingsbekämpfung oder Gentechnik.

Wenn dann noch versehentlich Schädlinge aus der früheren Heimat der Nutzpflanzen importiert werden (s. Karottenkraut in Indien), kann das fatale Folgen haben. So reisten in den 20er Jahren des 20. Jahrhunderts ein paar amerikanische Kartoffelkäfer als blinde Passagiere nach Europa. Dort fanden sie schmackhafte und sehr giftarme Kartoffelpflanzen vor, die sie begierig verschlangen. Für die Käfer war es das Paradies auf Erden: Sie brauchten nicht einmal, wie in ihrer Heimat, mühsam Pflanze für Pflanze zu suchen, denn es gab ganze Felder davon. So verursachten die gestreiften Krabbeltiere und ihre Larven erhebliche Ertragseinbußen. Um die Plage wenigstens einzudämmen, wurden im Nachkriegsdeutschland mobile Einsatzkommandos aus Schulkindern zum Käfersammeln abkommandiert. [133]

Es hätte allerdings auch schlimmer kommen können. So wie 1845 in Irland, wo andere Schädlinge Mitursache einer Katastrophe geschichtlichen Ausmaßes waren. Das Grundnahrungsmittel der Iren war praktisch nur die Kartoffel. Hinzu kam, dass die englische Besatzungsmacht der irischen Bevölkerung untersagte, das gleichzeitig angebaute Getreide zu essen, da dieses ausschließlich für den Export bestimmt war. Doch in jenem Jahr fiel die gesamte irische Kartoffelernte der eingeschleppten Kraut- und Knollenfäule zum Opfer. Doch die Engländer gestatteten den Iren trotzdem nicht, dass Getreide verzehrt wurde. Eine der schrecklichsten Hungersnöte der jüngeren Geschichte und eine moderne Neuauflage der Völkerwanderung folgten. Viele Iren gingen nach Amerika, von wo – Ironie des Schicksals – die angefaulten, verpilzten Kartoffelknollen wahrscheinlich per Dampfschiff nach Europa gekommen waren. [364]

Dass das Einschleppen fremder Gene gleichermaßen fatal wie segensreich sein kann, mussten auch die Winzer erfahren. Als französische Forscher am 15. Juli 1868 in der Provence an den Wurzeln kranker Reben erstmals nordamerikanische Rebläuse erblickten, ahnten sie gewiss noch nicht, dass sich die Insekten in Windeseile über ganz Europa ausbreiten und schon 1881 den Kaukasus erreichen würden. Sie zerstörten in Frankreich innerhalb von 15 Jahren über 800.000 Hektar des einst blühenden Weinbaugebietes. Der europäische Weinbau stand praktisch vor dem Aus. Die von der französischen Regierung am 22. Juli 1879 ausgesetzte Prämie von sage und schreibe 300.000 Francs für die Erfindung eines wirksamen Bekämpfungsmittels wurde nie vergeben, denn bis heute erweisen sich alle gegen die Reblaus eingesetzten Chemikalien als nicht oder nicht ausreichend wirksam. [344]

Dass wir heute in Europa trotzdem noch Wein anbauen können, verdanken wir amerikanischen Wildreben, aus denen französische Züchter reblausfeste Unterlagssorten entwickelten. Denn dort, wo die Reblaus herkam, musste es auch resistente Rebsorten geben. Der gesamte europäische Weinbau wurde auf »neuweltliche« Pfropfreben umgestellt. Im Nachhinein kann man wohl festhalten, dass die Einschleppung nordamerikanischer »Fremdlinge« den klassischen Weinbau Europas zuerst fast vernichtet und dann schließlich vor dem Ruin bewahrt hat. [365]

Go west!

Der Mensch lebt aber nicht nur von Kartoffeln, Wein und Brot. Er will auch Fleisch, Fisch oder Muscheln verzehren. So haben wir allein bei den Rindern für ein erhebliches Bevölkerungswachstum gesorgt: Derzeit trampeln knapp 1,5 Milliarden davon über die Erde. »1 Rindvieh kommt auf 4 Menschen«, so drückt es süffisant der Münchner Botaniker und Mikrobiologe Professor Hubert Ziegler aus. [332] Schafe und Ziegen sorgen schon seit Jahrhunderten für eine starke Überweidung, vor allem in den Trockengebieten der Erde: In der Sahel- und Sudanzone in Afrika, in Teilen des Nahen Ostens, im Mittelmeergebiet und in Nordafrika. Die ökologischen Probleme der Massentierhaltung sind sattsam bekannt. Doch wie steht es mit »exotischen« Nutztieren? Die Fischereiwirtschaft hat hier einen reichen Erfahrungsschatz.

Als Mitte des 19. Jahrhunderts in Deutschland der Ertrag an Edelkrebsen stark zurückging, holte man Amerikanische Flusskrebse über den Atlantik und setzte sie in heimischen Gewässern aus. Sie vermehrten sich prächtig, und schon bald hatten die Krebsfischer wieder ihr Auskommen. Nur: Mit dem Amerikaner hatte man sich auch die Krebspest ins Land geholt. Während diese Pilzerkrankung für die einheimischen Krebse tödlich endet, sind die Amerikanischen Krebse immun dagegen. Die Ausbreitung der Krebspest reduzierte die Bestände der einheimischen Arten so weit, dass man sie unter Naturschutz stellen musste. [599-601]

Seit einigen Jahren droht den einheimischen Krebsen erneut Ungemach aus Amerika. Der von dort eingeschleppte Kamberkrebs zeichnet sich durch eine besondere Aggressivität aus. Inzwischen ist er schon in fast alle größeren Norddeutschen Flüsse und Seen eingedrungen. Dabei hat er die Bestände des einheimischen Edelkrebses weitgehend vernichtet, indem er seine »Gastgeber« einfach auffraß. Vom Süden Europas rückt der rote Sumpfkrebs vor. Auch er kam vor einigen Jahren aus Amerika. Mit seiner Wühlarbeit zerstört er in Spanien die Dämme der Reisfelder. Trotz zahlreicher Bekämpfungsversuche ist er in kürzester Zeit bis in die Schweiz vorgerückt. [601]

Doch auch die Heimat der Neuankömmlinge blieb nicht verschont. Da Nordamerika hauptsächlich von Europäern »erobert« wurde, war es nur logisch, dass man auch Delikatessen aus der alten Heimat hinterherholte. So kam etwa um 1870 der Europäische Karpfen in einige Seen in Baltimore und Washington. Die Zucht florierte und war ein voller wirtschaftlicher Erfolg.

Doch hie und da entschlüpfte die Fischbrut, und so breitete sich das Flossentier genauso schnell aus, wie die menschlichen Einwanderer es vor ihm schon getan hatten, frei nach dem Motto »go west«. Nachdem allerdings der Karpfen billig für jeden verfügbar war, sank er in der Gunst der Feinschmecker. Weil ihn keiner mehr fing, verdrängte der anpassungsfähige Europäer einheimische Fischarten aus ihrem Lebensraum. [317] Der Karpfen ist jedoch nicht der einzige Gen-Import in die Neue Welt. Untersuchungen in den großen Seen im Grenzgebiet zwischen Kanada und den USA ergaben, dass seit dem vorigen Jahrhundert 136 Tier- und Pflanzenarten eingeschleppt wurden, ein Drittel davon allein in den letzten drei Jahrzehnten. [345]

Wenden wir uns gen Süden. In Südamerika hat Professor Wolfgang Villwock vom Zoologischen Institut der Universität Hamburg eine haarsträubende Geschichte aufgetan. In den 40er Jahren wurden in die Gewässer der Altiplano Hochebene, deren bekanntestes der Titicacasee ist, europäische Forellenarten eingesetzt. Daraufhin starb der größte Teil der dort heimischen Zahnkarpfenarten aus. Die Indios verloren damit ihre Nahrungsgrundlage. Mit ihren vorväterlichen Fanggerätschaften hatten sie es schwer, die flinken Forellen zu erbeuten. Zudem sind diese Raubfische für die Indios tabu: Forellen fressen Frösche, die in den Mythen der Indios die Mutter Erde verkörpern. Und deren Feinde darf man nicht als Speise auf den Tisch bringen. Statt dem Fischfang widmen sich die Indios nun dem Plündern von Reihernestern, um die Küken zu mästen. Vormals tauschten sie die Zahnkarpfen gegen Llama- und Alpaca-Wolle. Jetzt stopfen sie einheimische Vögel aus, um sie an die Touristen zu verkaufen. [316]

Wenn schon so harmlose Lebewesen wie Forellen in fremden Ökosystemen derartiges Unheil anrichten, kann man dann noch guten Gewissens mit Roger Mann argumentieren? Der Wissenschaftler vom Virginia Institute of Marine Science setzte japanische Austern zu Testzwecken an der amerikanischen Ostküste aus, um die von Krankheiten heimgesuchte Austernwirtschaft wiederzubeleben. Ein Problem sah er darin nicht: »Exotische Arten«, so Mann, »haben ihren Wert bewiesen. Die gesamte nordamerikanische Landwirtschaft beruht auf fremden Spezies. Falls wir wirklich dahin zurück wollen, Büffelzucht zu betreiben, ist das eine andere Sache.« [317]

Eine Seefahrt, die ist lustig

Aber bitte, es gibt doch umweltverträgliche Lösungsmöglichkeiten, die vor allem von Öko-Gruppen und Dritte-Welt-Läden favorisiert werden. Warum beschränken wir uns nicht auf das, was wir haben? Wäre es nicht viel sinnvoller, sich mit Hilfe des lokalen Angebotes saisongerecht zu ernähren? Keiner muss in Deutschland im Dezember israelische Erdbeeren essen oder italienischen Spargel im März. Brauchen wir wirklich das ganze Jahr über frische Tomaten? Wäre es nicht viel vernünftiger, Nutzpflanzen nur dort anzubauen und Tiere da zu halten, wo sie herkommen? Gut, bei ein paar Artikeln drücken wir ein Auge zu, sonst müssten wir auch ohne Kaffee, Kakao, Jutetaschen und kunstgewerbliche Güter aus dem Sortiment der Dritte-Welt-Läden auskommen. Schließlich wollen wir ja gleichzeitig den armen Bauern in den Erzeugerländern durch fairen Handel eine unabhängige Existenz verschaffen.

Einmal abgesehen davon, dass derart rigorose Importbeschränkungen für uns im Winter Kohleintopf, Steckrüben, Tiefkühl- und Dosenfutter bedeuten würde, bleibt die Frage, ob dieses Szenario wirklich eine Lösung bietet. Sehen wir uns doch einmal im Hafen um. Die internationale Schifffahrt verfrachtet nicht nur Schüttgut, Rohöl, Auswanderer und Reiselustige. Richtig interessant wird es erst weit unterhalb des Sonnendecks: Seit 1880 ist es gängige Praxis, bei Leerfahrten Ballastwasser zur Stabilisierung aufzunehmen. Werden im nächsten Hafen dann die Klappen zum Entlasten der Wassertanks geöffnet, strömt eine ganze Armada von Fremdlingen mit heraus: Meeresplankton, Algen, Krebse, Fische, Würmer, Weichtiere und Seesterne. In den amerikanischen Großen Seen sind mit Ballastwasser über 145 fremde Arten angekommen. 75 Prozent der Seenflora und -fauna bestehen heute aus Einwanderern. [605]

Amerikanische Wissenschaftler sprechen von einem »Ökologischen Roulette«. Sie berichten, dass sich in den letzten 20 Jahren mindestens 45 fremde Organismen erfolgreich in den verschiedensten Küstenregionen der Erde angesiedelt haben. Die Dunkelziffer ist jedoch recht hoch, da man die Massenvermehrung von Kleinstlebewesen wie etwa Kieselalgen nicht so leicht registriert, wie das Auftreten einer neuen Fischart. [338] Fern der Heimat, in Gewässern ohne natürliche Feinde, finden sie nur allzu oft ideale Bedingungen vor. So tauchen japanische Fische plötzlich im arabischen Golf auf, amerikanische Muscheln landen in deutschen Gewässern und australische Krabben finden in Kalifornien eine neue Heimat.

Per Schiff reiste bei uns schon 1912 eine chinesische Touristin ein, die – ganz ohne Visum und zum Leidwesen unserer Wasserbauämter und Fischer – hier inzwischen heimisch geworden ist: die Rede ist von der Wollhandkrabbe. Weder Wasserschutzanlagen, die sie fleißig unterwühlt, noch in Reusen gefangene Fische sind vor ihr sicher. [140] Die Dreikantmuschel, eine europäische Touristin, bevölkert seit 1986 die amerikanischen Flüsse Hudson, Mississippi und Susquehanna. Sie verstopft darüber hinaus durch ihr massenhaftes Auftreten die Rohrleitungen. Wie teuer solche Verschleppungen werden können, zeigte sich in Florida: Dort gibt man bereits über 11 Millionen Dollar jährlich zur Bekämpfung der exotischen Wasserhyazinthe und der Hydrilla aus, die die Schiffahrtswege zuwuchern. [317, 606]

Sprung über die Gartengrenze

Daheim ist es immer noch am schönsten – und der Schrebergarten der Zufluchtsort aller, die fremder Schönheit nicht soviel abgewinnen können. Die Dahlien blühen in üppiger Pracht, und der Mehltau hat die Rosen verschont. Zufrieden lassen wir unseren Blick auf Fleißigen Lieschen, chinesischen Forsythien und dem amerikanischen Essigbaum ruhen. Die frisch lackierten Gartenzwerge grüßen immer mit dem gleichen freundlichen Lächeln. Wem diese Aliens im eigenen Garten zu spießig sind, der erholt sich im Botanischen Garten: Lauter Exoten im Freisetzungsexperiment. Niemand machte sich offenbar Gedanken über die Folgen, wenn beispielsweise der Kaukasische Bärenklau, auch Herkulesstaude genannt, die botanische Gartengrenze überspringt und sich bei uns ausbreitet. [546]
1890 brachten die beiden Botaniker Sommier und Levier den Kaukasischen Bärenklau in den Genfer Alpengarten. Von hier aus gelangte der attraktive Doldenblütler in zahlreiche Gärten Europas. [367] 1911 wurde das erste verwilderte Exemplar bei Dresden gesichtet, und seither gibt es für den Bärenklau kein Halten mehr. Als ursprüngliche Steppenpflanze ist er sehr

genügsam und kommt auch auf kargen Flächen gut zurecht. Auf Schuttplätzen, Abraumhalden, Bahndämmen oder Wegesrändern ist er gerne zuhause. Schon beim Berühren ist äußerste Vorsicht geboten: Der Saft der bis zu drei Meter hohen Pflanze verursacht schwerste Hautverbrennungen. Nur Nachtwanderer lässt die Staude unbehelligt, weil sich das wirksame Gift erst im Zusammenwirken mit der Sonneneinstrahlung bildet.
366, 544, 546

Eine Forschungsstation dürfte eine der größten Umweltkatastrophen im Mittelmeer verursacht haben: Vor zehn Jahren hat man vor der französischen Mittelmeerküste, in der Nähe von Monaco, zum ersten Mal die grüne Wucheralge *Caulerpa taxifolia* bemerkt. Sie war vermutlich dem Ozeanographischen Museum in Monaco »entkommen«. Die Alge, eine wegen ihrer Farbe und Robustheit auch bei Aquarianern beliebte Zierpflanze, kann aber genausogut beim Reinigen der Fischbassins per Klospülung in die Freiheit gelangt sein. Im Mittelmeer scheint sie prächtig zu gedeihen, denn sie breitet sich schnell aus und wurde schon an vielen Stellen gesichtet. [356]

Mittlerweile bedeckt sie an die 1500 Hektar Meeresgrund entlang des Küstenstreifens zwischen Toulon in Frankreich und Imperia in Italien. Isolierte Bestände wurden bei den Balearen, Elba und Sizilien entdeckt. Im Mittelmeer scheint die Alge außerdem mutiert zu sein, denn sie wird doppelt so groß wie die tropische Stammform [545] und enthält mehr vom Giftstoff Caulerpicin. Wissenschaftler befürchten, dass ihr die mediterranen Seegraswiesen zum Opfer fallen könnten, die unzähligen Fischarten als Kinderstube dienen. [356] Unter dem dichten Caulerpa-Algenteppich gedeihen keine anderen Algen, keine Schalentiere und fast keine Fische mehr. Die alles überwuchernde »Grüne Pest« hat eine drastische Reduzierung der Fischbestände und der Nahrung und Sauerstoff spendenden Meerespflanzen zur Folge. Auch für den Menschen könnte sie noch zum Problem werden, dann nämlich, wenn sich Fische, Schalen- und Krustentiere davon ernähren und das Caulerpa-Gift in die Nahrungskette gelangt. [545]

Was »blinde Schiffspassagiere«, verwilderte Pflanzen, importierte Käfer und entfleuchte Fische an Umweltschäden anrichten, könnte man als Vorschau dessen ansehen, was uns mit den Freilassungsversuchen gentechnisch manipulierter Organismen bevorsteht. Aber Vorsicht, bevor Sie jetzt beinharte Handelsbeschränkungen fordern, denken Sie dran, dass man dann auch eine weitere Tätigkeit des Menschen verbieten müsste, die womöglich noch größere Gefahren für die Umwelt und unsere Gesundheit birgt: Das Reisen.

Wenn einer eine Reise tut ...

Wie schön, dass die Welt kleiner geworden ist. Wo unsere Vorfahren noch Bandscheiben schädigende Tagesreisen mit Postkutschen in Kauf nehmen mussten, fahren jetzt Hochgeschwindigkeitszüge, die uns in wenigen Stunden ans Ziel bringen. Statt wochenlang auf Viermastern bei trockenem Schiffszwieback und ranzigem Speck widrigen Winden zu trotzen, steigt man in Boston in einen vollklimatisierten Jumbo und kommt sechs Stunden später in London an, leichtes Bordmenü inbegriffen. Flugreisenden, die von Europa ins ferne Mexiko fliegen, bietet sich kurz vor der Landung ein befremdliches Schauspiel. Da geht das Personal mit Handspritzen durch das Flugzeug und versprüht Desinfektionsmittel. Auf Nachfragen hin erfahren wir, dass es sich um eine staatliche Anordnung handele. Sie soll die Einschleppung von Krankheitskeimen und Schädlingen verhindern. Eine erstaunliche Maßnahme, wenn man aus dem »sauberen« Europa kommt.

So ganz widersinnig ist dieses Vorgehen jedoch nicht. Nach einem Bericht des amerikanischen Instituts für Medizin (IOM) ist der Luftverkehr eine der Hauptursachen für das Einschleppen gefährlicher Erkrankungen in die USA: Bakterien, Viren und Parasiten reisen gemeinsam mit den Menschen und verbreiten unter anderem Malaria, Dengue-Fieber, HIV, Borreliose und Gelbfieber. [339] Das Risiko der Ansteckung, vor allem für Erreger, die über die Atemluft kommen, hat sich erhöht, denn die Fluggesellschaften haben die Luftzirkulation in den Maschinen seit 1980 drastisch reduziert. Wo

früher die gesamte Atemluft alle drei Minuten gegen Frischluft ausgetauscht wurde, geschieht das heute überhaupt nicht mehr. Das spart teures Kerosin und schont die Umwelt, erhöht aber auch die Infektionsgefahr, zum Beispiel für Tuberkulose. [340]
Man muss übrigens gar nicht unbedingt in die Ferne schweifen, um in den Genuss tropischer Parasiten zu kommen: So diagnostizierte man bei einem Schweizer Bauern, der sein Lebtag nicht aus seiner Heimat herausgekommen war, eine tropische Malaria. Zwar gibt es auch in der Schweiz allerlei Stechmücken, jedoch keine, die Malaria übertragen. Des Rätsels Lösung lieferte der Wohnort des Patienten: Die Einflugschneise des Flughafens Kloten. Die Mücke, die ihm die Malaria verpasste, überquerte wahrscheinlich als blinder Passagier die Schweizer Alpen.
Der internationale Flugverkehr umfasst jährlich etwa 500 Millionen Flüge. Völkerwanderungen wie diese lassen nicht nur die Anzahl der Urlaubsdias und Souvenirs exponentiell ansteigen, sondern auch die Ansteckungsgefahr. Und den Wortschatz: Das Lassa-, das Chikungunya- und das Krim-Kongo-Fieber sind für so manchen Deutschen keine exotischen Fremdwörter mehr. Und die Ärzte in den Tropenkliniken denken auch längst nicht mehr nur an Malaria oder Hepatitis, wenn sie einen kranken Fernreisenden vor sich haben. [602]
Sollen wir also eine Bürgerinitiative zur Einstellung des Massentourismus gründen? Waren das noch Zeiten, als unsere Vorfahren als Jäger und Sammler dem Wild hinterherzogen, oder als Nomaden bessere Weidegründe suchten! Damals war die Bevölkerungsdichte gering und Kontakte der verschiedenen Volksgruppen untereinander selten. Deshalb gab es auch keine nennenswerten Krankheitsepidemien. Das änderte sich drastisch, als es in Europa im 13. Jahrhundert zu einer Bevölkerungsexplosion kam und der Mensch lernte, schneller voranzukommen. So haben wir zum Beispiel die mittelalterliche Pest den flinken Steppenpferden der Mongolen und den windschnittigen Schiffen der Genueser zu verdanken. [359]
Latent gab es den Pesterreger bei afrikanischen und indischen Nagetieren seit undenklichen Zeiten, ebenso von Nordburma bis Yünnan. Die Menschen waren teilweise immun gegen ihn geworden. Da der Infektionsüberträger, der Pestfloh, nur unter bestimmten

Bedingungen überlebt, verblieb die Pest, wo sie war. Die mongolischen Expressreiter boten den Flöhen die Möglichkeit, weit entfernte Rattenvölker zu erreichen. 1330 brach die Pest in China aus, 1338 in Zentralasien entlang der Karawanenwege, 1346 kam sie nach Astrachan und traf 1347 erstmals auf eine europäische Bevölkerungsgruppe. Auf der Schwarzmeerhalbinsel Krim belagerte Khan Djam Bek die genuesische Handelsniederlassung Caffa. Sein Heer wurde von der Pest erfasst und soweit dezimiert, dass er die Belagerung abbrechen musste. [319] Doch bevor er das Feld räumte, ließ er noch einige Pestleichen über die Befestigungsmauern schleudern, um, wie er sagte, »die Christen zu verpesten«. [318] Nach dem Ende der Belagerung wurde der Hafen wieder geöffnet und die infizierten Schiffsmannschaften verbreiteten die Seuche in ganz Europa. Innerhalb von drei bis vier Jahren verlor der Kontinent zwischen einem Drittel und der Hälfte seiner Bevölkerung. Die beiden Seuchenspezialisten Jacques Ruffié und Jean-Charles Sournia vergleichen »ihr Wüten mit einem weltweiten Atomkrieg«. [318]

Natürlich sind auch europäische Volksstämme nicht gerade keimfrei. Als sie sich den sieben Weltmeeren anvertrauten, stießen sie auf die Neue Welt. Sie trafen auf Menschen, die bisher keinen Kontakt mit europäischen Krankheitserregern hatten. So fielen die amerikanischen Ureinwohner Pocken, Masern, Typhus, Cholera, Diphterie und Grippe zum Opfer, um nur einige der »Mitbringsel« zu nennen. 1492 war die Bevölkerungsdichte auf dem amerikanischen Kontinent etwa vergleichbar mit der Eurasiens. Ein Jahrhundert nach der Entdeckung Amerikas durch Kolumbus waren von den zahlreichen Bewohnern des Azteken- und Inkareiches gerade noch 10 Prozent übriggeblieben. [320]

Doch nicht nur die Bevölkerung, auch das Tierleben, ja sogar ganze Naturräume können durch unerwünschte »Gastgeschenke« erheblich in Mitleidenschaft gezogen werden. Ein besonders krasses Beispiel ist der Schwarze Kontinent. Weite Savannen, vereinzelte Akazien und Buschland, durch das mächtige Elefanten und riesige Antilopenherden ziehen, prägen das Bild des ursprünglichen Afrika. Heute werden diese Landschaften in Nationalparks erhalten. Und wer kennt nicht den Film »Serengeti darf nicht sterben«, mit dem der Zoologieprofessor Bernhard Grzimek die Nationen

aufrüttelte, sich endlich für den Erhalt dieser Naturlandschaft einzusetzen?
Was Grzimek und seine Naturschutzkollegen nicht wussten: Ob der Serengeti-, der Krüger-Nationalpark in Südafrika oder der Masai Mara in Kenia – vor Ankunft des weißen Mannes gab es diese Savannenlandschaften in dieser Ausdehnung gar nicht. Die Parks sind nicht weniger künstlich als der Englische Garten in München oder der Schlosspark von Versailles. Nur mit dem Unterschied, dass der Gärtner Afrikas eine Mikrobe war. [603, 604]
Alles begann um 1888 mit der Invasion der Italiener in Eritrea. Mit Ochsenkarren transportierten die Soldaten ihre Verpflegung, einige der Zugtiere aber ein Virus: Den Erreger der ursprünglich aus Asien stammenden Rinderpest. Die Folgen waren fatal. Innerhalb von nur 5 Jahren wanderte das Virus von Eritrea über den Sudan und Tschad nach Westafrika, und schließlich war es 10 Jahre später in Südafrika angekommen. Dies bedeutete das Ende für die afrikanischen Königreiche, deren Reichtum und Kultur auf der Rinderzucht beruhten. Man schätzt, dass etwa fünfeinhalb Millionen Rinder Opfer der Rinderpest wurden. Der Wohlstand der eingeborenen Bevölkerung war für immer dahin.
Das öffnete den Kolonialherren Tür und Tor, denn die verarmten Rinderhirten hatten ihre Nahrungsgrundlage, Fleisch und Milch, verloren und mussten sich nun, wollten sie nicht verhungern, wohl oder übel beim weißen Mann verdingen. Die britischen und deutschen Besatzungsmächte haben es letztlich auch der Rinderpest zu verdanken, dass ihnen Tansania, Kenia und Südwestafrika ohne wirklich ernst zu nehmenden Widerstand seitens der heimischen Bevölkerung in die Hände fielen. Viele der Hungernden starben an Infektionskrankheiten, wie Typhus, Cholera und Windpocken. Zu allem Übel kamen in einigen Landstrichen noch Dürrezeiten hinzu. Zwischen 1888 und 1892 verlor allein in Ethiopien etwa ein Drittel der Bevölkerung ihr Leben; mehrere Millionen Menschen.
Doch ein Lebewesen profitierte vom Vernichtungszug der Rinderpest: Die Tse-Tse-Fliege, die Überträgerin der berüchtigten, oft tödlich endenden Schlafkrankheit. Nachdem die Rinderherden verschwunden waren und weder das Gras noch die Gehölzschösslinge durch Verbiss kurz halten konnten, entstand die bekannte Savan-

nen- und Dornbuschlandschaft, die wir für ur-afrikanisch halten. Sie ist mit ihrer üppigen Vegetation das ideale Biotop für die Tse-Tse-Fliege. Zwar waren die Rinder als Wirt für die Insekten verschwunden, aber sehr bald wanderte als Ersatz reichlich Wild ein und die Fliege konnte sich prächtig vermehren. Ganze Landstriche wurden nun von der Schlafkrankheit entvölkert. Allein in Ostafrika, wo die Krankheit vorher unbekannt war, starben daran Anfang des 20. Jahrhunderts mehrere Millionen Menschen.

Wo die Tse-Tse-Fliege lebt, kann der Mensch nicht existieren. Heute ist die Schlafkrankheit gleich nach AIDS das größte Hindernis, das der Entwicklung ländlicher Gebiete Afrikas im Wege steht. Heute gibt es in Afrika zwei Ökosysteme: Das eine, geschaffen von den eingeborenen Farmern und Hirten, in denen Rinder den Busch kurz halten und in der Tse-Tse-Fliegen keine Chance haben. Und das andere, geschaffen von Naturschützern, in denen Wildtiere, Buschland und die Schlafkrankheit gedeihen. Menschen aber nicht. [604]

Wenn Serengeti sterben muss

1994 krepierte innerhalb von zehn Monaten ein Drittel aller Löwen in der Serengeti und dem Masai an einer unbekannten Seuche. Auch vor Hyänen, Füchsen, Wildhunden und Kaninchen machte das Virus nicht halt. Einige Jahre später krepierten zigtausende von Seehunden, Delphinen und Tümmlern von Russland bis hin zum Golf von Mexiko. In allen Fällen konnte später ein *Morbillivirus* identifiziert werden, das als Erreger der Hundestaupe bekannt ist. Ein anderes *Morbillivirus* hatte bereits Ende des 19. Jahrhunderts die Rinderpest verursacht, an dem in weiterer Folge die Huftiere ganz Afrikas erkrankten. Zehn Jahre tobte die Seuche unter den Wildtieren, bis schließlich nur noch ein paar immune Individuen die jeweiligen Arten vor dem Aussterben retten konnten. [585]

Deutschland wurde Mitte der achtziger Jahre ebenfalls vom Seehundsterben an der Nordseeküste aufgeschreckt. Dreiviertel der Robben krepierten. Hier verdächtigte man so lange Umweltgifte als Ursache für den Massenexitus, bis das Hundestaupe-Virus entdeckt wurde. Mutmaßlich war das Virus von Jagdhunden auf Sattelrobben übertragen worden. Die infizierten Sattelrobben wiederum hatte Nahrungsmangel aus ihren überfischten Jagdgründen im Atlantik in die Nordsee getrieben. So kamen auch unsere einheimischen Seehunde in den »Genuss« der Krankheit. Durch ein Anfang der Achtziger erlassenes Jagdverbot in der Nordsee hatte die Anzahl der Seehunde deutlich zugenommen. Damit rückten die Tiere enger zusammen und konnten sich leichter gegenseitig anstecken. [602, 603]

Lange Zeit haben Wissenschaftler der Bedrohung von Wildtieren durch Infektionskrankheiten, die ursprünglich von Haustieren übertragen werden, kaum Beachtung geschenkt. Tierpathogene kommen heute auf den modernen Handelsrouten schneller denn je um die ganze Welt. Für manche Tierarten ist es heute wohl schon zu spät. In Indien ist der Lämmergeier durch eine noch nicht genauer identifizierte Viruskrankheit nahezu ausgestorben. Das ist auch für die indische Bevölkerung ein Problem, denn die Aasfresser sind eine unentbehrliche Müllabfuhr und Gesundheitspolizei. Verwesende Rinderkadaver verpesten nun schon viele indische Städte. [596]

Die Religionsgemeinschaft der Parsen sieht sich seither mit einer schier unlösbaren Schwierigkeit konfrontiert. Die Gläubigen dürfen ihre Toten weder verbrennen noch vergraben, sondern müssen sie in »Türmen des Schweigens« den Geiern zum Fraß vorlegen, die in Scharen auf den Umfassungsmauern sitzen, um die Leichen in kürzester Zeit bis auf die Knochen abzunagen. Doch ihre gefiederten Bestattungsunternehmer sind praktisch verschwunden. [606]

Ob Entdeckungsreisen, Eroberungszüge, Völkerwanderungen, Auswilderungsprojekte oder Ferntourismus: Das »konventionelle« Einschleppen fremder Gene ist von Katastrophen gesäumt. Ob die Gentechnik mit diesen Risiken jemals konkurrieren kann, sei dahingestellt. Unter diesem Gesichtspunkt wird Weltoffenheit zur tödlichen Gefahr, das Kennenlernen anderer Kulturen zum ökologischen Roulette. Ob uns Videokonferenzen, Internet, World Wide Web und Pseudo-Reisen in die sterile »Virtual Reality« das gleiche Verständnis für andere Kulturen vermitteln können wie die eigene Anschauung? Der moderne Tourismus, inklusive des Konferenztourismus, hat auch sein Gutes: Noch nie haben so viele Menschen andere Länder in friedlicher Absicht besucht.

Es nützt herzlich wenig, einfach zu Hause zu bleiben, um auf diese Weise wenigstens vor exotischen Seuchen verschont zu bleiben. Mikroben kennen keinen Stillstand in Sachen »Gentechnik«, sie interessieren sich nicht für Staatsgrenzen. Andauernd entwickeln sich neue, bisher unbekannte Erreger, wie die Legionärskrankheit, die Lyme-Borreliose und nicht zuletzt das AIDS-Virus. Altbekannte Krankheitserreger wie die Tuberkulose-Bakterien legen mit ihren »gen-technischen« Tricks bewährte Waffen der Medizin, wie Antibiotika, lahm. Niemand wird in dieser Situation die Hände in den Schoß legen wollen. Es gibt sicher mehr und wahrscheinlich auch bessere Wege, diesen Keimen Paroli zu bieten als die Gentechnik. Aber sie ist einer von ihnen.

Vom »Sinn« der Erbkrankheiten

Es ist schon merkwürdig. Fragt man die Deutschen, was sie von der Gentechnik halten, so lehnen sie 70 Prozent ab. Fragt man dagegen nach dem Sinn oder Unsinn einer medizinischen Anwendung von Gentechnik, leben wir in einem anderen Land. Nun sind auf einmal 70 Prozent dafür. Plötzlich stehen nicht mehr die Gefahren im Vordergrund, sondern die Chancen. Hoffende Kinderaugen blicken uns aus dem Abendprogramm an, und sonore Stimmen erklären die Prinzipien des Heilverfahrens. Endlich sind sich alle einig: Die Gentechnik ermöglicht die Erlösung von Erbkrankheiten.

Eigentlich widersprechen Erbkrankheiten unserem darwinistischen Weltbild. Denn schwere Gen-Defekte hätte die Evolution beim »survival of the fittest« längst ausmerzen müssen. Zumindest solche, die häufig sind und zugleich tödlich für die Betroffenen. Sie haben sich aber bis heute hartnäckig halten können. Warum? Eine Antwort auf diese Frage wurde Ende der vierziger Jahre von dem britischen Arzt James Neel gefunden. Er nahm die Fährte in Zentralafrika auf. In Nigeria trägt zum Beispiel etwa ein Drittel der Bevölkerung die Erbanlage für eine Sichelzellanämie. Ihren eigenartigen Namen verdankt diese Krankheit den sichelartig verformten roten Blutkörperchen. [134]

Neel fiel auf, dass Gegenden, in denen besonders viele Fälle leichter Sichelzellanämie auftraten, also der Gendefekt besonders verbreitet ist, auch stark von der Malaria heimgesucht werden. Und offenbar überlebten dort die Kranken überproportional häufig. Gab es etwa irgendeinen Zusammenhang zwischen den verformten roten Blutkörperchen und der Seuche? Neel überlegte: Da sich der Malariaerreger in den roten Blutkörperchen entwickelt, könnte hier eine Abwehrstrategie der Natur einsetzen. Er sollte Recht behalten. Der Stoffwechsel von sichelzellförmigen Blutkörperchen ist so verändert, dass die Malariaerreger absterben, bevor sie größeren Schaden anrichten können. [325, 326]

Doch die Sache hat einen Haken: Was vielen Menschen das Leben rettet, ist für andere tödlich. Nicht alle Menschen mit Sichelzell-Gen erkranken tödlich. Kommt das Sichelzell-Gen nur von einem Elternteil, während der andere ein gesundes Gen beisteuert, dann erblickt ein mischerbiger Sichler das Licht der Welt. Er erkrankt nur leicht an der Anämie – und ist zugleich vor Malaria gefeit. Ganz anders, wenn beide Elternteile ein Sichelzell-Gen weitergeben. Diese Kinder sterben gewöhnlich schon vor Erreichen des Erwachsenenalters an Thrombosen, Infektionen, Herz- oder Nierenversagen. [325, 326, 358]

Die Biologie rechnet knallhart: Der Vorteil, den die mischerbigen Sichler gegenüber normalen Menschen ohne Sichelzell-Gen haben, hebt in Malariagebieten die Verluste auf, die durch den Tod der reinerbigen Sichler auftreten. Je größer die Gefährdung durch Malaria in einer Region ist, desto häufiger kommt das Gen dort vor. Das kann fatal für den Einzelnen sein, ist aber überlebenswichtig für die Spezies Mensch. [135, 139]

Nun ist die Natur bei der Wahl ihrer Mittel erfinderisch, wenn es darum geht, das Überleben der Art zu sichern. Auch im südlichen

Europa, wo die Malaria jahrtausendelang heimisch war, ist eine, allerdings weitaus harmlosere, Erbkrankheit noch heute vertreten: Der Mangel an einem Enzym, das die Blutkörperchen schützt. Es handelt sich um die »Glucose-6-Phosphat-Dehydrogenase«, kurz G6PD. Was so unaussprechlich klingt, beschreibt den häufigsten angeborenen Enzymdefekt überhaupt.[328] Daran vermag man auch die Bedeutung der Malaria in der Geschichte der Menschheit ermessen. Die volle Schutzwirkung entfaltet der Gendefekt jedoch nur mit dem richtigen Menü: Die rohe Ackerbohne, auch Saubohne oder Pferdebohne genannt, enthält zwei Wirkstoffe, die ins Blut gelangen und zusammen mit dem Enzymmangel den Parasiten den Garaus machen. In den betroffenen Ländern stellen rohe Bohnen ein wichtiges Nahrungsmittel dar. Der Nachteil: Wer zuviel rohe Bohnen verzehrt, erkrankt an einer Lebensmittelvergiftung, dem Favismus.[327]

Offenbar sind Gesellschaften, die von so gefährlichen Krankheiten wie Malaria bedroht sind, automatisch bestrebt – auch ohne Experten –, alle Möglichkeiten der Bekämpfung auszuschöpfen und seien es giftige Speisen. Dabei nehmen sie billigend Gesundheitsgefahren in Kauf, um das Überleben der Bevölkerung zu sichern. Für uns malariafreie Mitteleuropäer sind giftige Pflanzen ein vermeidbares Risiko. Wir kochen die Bohnen einfach so lange, bis sie ungiftig sind. Natürlich interessiert sich die Bohne nicht die Bohne für die Malariaprobleme der Gattung Mensch. Sie produziert die Stoffe zur Abwehr von Fraßfeinden und Pflanzenkrankheiten. Schließlich mag auch sie keine Parasiten.

Lebensmittelvergiftungen als Medizin

Neben dem Favismus dient auch der Lathyrismus dem Schutz vor Malaria. Diese Lebensmittelvergiftung wird gewöhnlich durch Saat-Platterbsen, aber auch durch Kichererbsen verursacht. Auch hier wirkt ein Inhaltsstoff zusammen mit einer »Erbkrankheit« als Schutz gegen die Malaria. Eine dritte

Lebensmittelvergiftung dieser Couleur ist die Maniok-Vergiftung. Maniok enthält als Wolfsmilchgewächs das Gift Linamarin. Damit hält sich die Pflanze recht wirkungsvoll naschhafte Mäuler vom Leib. Bislang war nur die akute Vergiftung bekannt. Neuerdings wird eine weitere Krankheit auf chronischen Maniok-Verzehr zurückgeführt: Kwashiorkor, bei uns bekannt von den »Biafra-Kindern« mit den aufgetriebenen Bäuchen. [330] Lange wurde die Krankheit irrtümlicherweise als Folge einer Mangelernährung an Eiweiß und Kalorien angesehen. [360]

Überall dort, wo Maniok verzehrt wird, tritt auch Kwashiorkor auf. [329, 330] Kwashiorkor-Kinder erkranken auffallend selten an Malaria. [331] Bemerkenswert ist, dass in trockenen Regionen Afrikas – also dort, wo Gewässer als Brutstätten für die Malariamücken fehlen –, der Maniok bei der Zubereitung gründlich ausgewaschen wird, um den Gehalt an Linamarin zu senken. Kwashiorkor ist entsprechend selten. In feuchten und sumpfigen Regionen hingegen, wo genug Wasser vorhanden wäre, aber die Infektionsgefahr besonders groß ist, betreibt man die Entgiftung der Cassava eher nachlässig. Und noch eine Beobachtung ergänzt das Bild: In Thailand verschwand die Malaria, als die Wälder gerodet und Maniok-Plantagen angelegt wurden. 1980, als der Maniok-Markt zusammenbrach, wurden die Felder durch Gummibaum- und Obstbaumplantagen ersetzt und die Malaria brach wieder aus. [334]

Während in den Tropen die Malaria ihre Opfer fordert, bedrohte Europa, auch noch im 19. Jahrhundert, eine ganz andere Seuche: Die Cholera. Ohne ärztliche Versorgung fallen ihr die Hälfte der Erkrankten zum Opfer. Viele Überlebende dürften ihre Gesundheit einer Erbkrankheit verdanken: Der Cystischen Fibrose. Sie macht sich bei reinerbigen Betroffenen durch extreme Verschleimung der Atemwege und des Verdauungstraktes bemerkbar. Nur wenige Patienten erreichen das 20. Lebensjahr. Dennoch trägt auch heute noch etwa ein Viertel der nordeuropäischen Bevölkerung ein

Fibrose-Gen in seinem Erbgut. Dieses Gen verschaffte also zu Zeiten der großen Epidemien seinen Trägern einen Vorteil: Sie überstanden damit die Cholera. [357]
Heute gewinnen Zivilisationskrankheiten, wie die Zuckerkrankheit, an Bedeutung. Die Gene, die ihre Entstehung (Typ II) begünstigen, sollen, wie wir heute wissen, vor Hungersnöten schützen. Diabetes Typ II hat, entgegen der landläufigen Meinung, nichts mit einem übermäßigen Verzehr von Zucker oder Weißmehl zu tun. [554, 555] Den Schlüssel für diesen Zusammenhang konnten die Forscher daher nur weitab von unserer übersättigten Wohlstandsgesellschaft finden: in Mikronesien, genauer gesagt auf der Nauru-Insel. Dort gab es ständig Hungersnöte. Seit ausreichend Nahrung verfügbar ist, leidet über die Hälfte der Erwachsenen an der Zuckerkrankheit. Die Diabetes-Gene helfen dem Körper, in mageren Zeiten Energie zu sparen. Deshalb sind Diabetiker auch häufig dick, da sie besonders gute »Futterverwerter« sind. Da Alterszucker besonders oft dort auftritt, wo die Bewohner häufig hungern mussten, ist Diabetes auf Nauru häufiger vertreten als in Mitteleuropa. [333]
So schwerwiegend die Folgen für den einzelnen Menschen sind, der daran erkrankt, so erkannten die Biowissenschaften nach und nach, dass selbst schlimme Erbkrankheiten wie die Cystische Fibrose tatsächlich einen Nettonutzen für die Menschheit bedeuten. »Kranke« Gene halfen unseren Vorfahren, auch ungünstige Lebensräume zu besiedeln. Die Erbkrankheiten sind der Preis für eine effektive Krankheitsabwehr. Übrigens sitzen die vermeintlich defekten Gene für diese Krankheiten auf demselben Chromosom, das die MHC-Gene enthält (s. Seite 46 ff.). Nun wird deutlich, wozu die Natur die Paarung über Pheromone steuern musste: Es ging ihr nicht nur um den optimalen Mix zur Abwehr von Parasiten, sondern wohl auch darum, »unpassende« Kombinationen von Genen zu vermeiden. Mischerbige »Defekte« schützen und sichern das Überleben. Reinerbige können den Tod der Betroffenen zur Folge haben.
So sehr wir uns das Ziel, die Erbkrankheiten mittels Gentechnik endlich »auszurotten«, herbeisehnen mögen, es ist vielleicht nicht gerade der Weisheit letzter Schluss. Vielleicht wäre es klüger, zu lernen, damit zu leben, indem wir uns entweder auf unser Näschen, auf unsere Pheromone verlassen oder versuchen, bewusst die

etwaige Gleichheit riskanter Erbanlagen zu erkennen. Da könnte die Gentechnik sogar hilfreich sein.

> **»Kein Patent auf Leben«** ...
>
> ... so lautet eine Initiative, die vor einem besonderen Problem der Gentechnik warnen möchte: Der Patentierung von Erbgut, insbesondere des Menschen. Damit werden unsere Gene Privateigentum von einzelnen Forschern oder Unternehmen. Dem einen eine Horrorvorstellung, ist dies anderen nur recht und billig: Schließlich muss jeder Mensch für Arbeit und Ware bezahlen, sei es Toilettenpapier oder eine Aktie. Auch die Gewinnung von Erkenntnis hat ihren Preis. Wer sein Geld oder seinen Intellekt zur Erforschung unserer Gene investiert, möchte diese Arbeit bezahlt haben. Genauso, wie zahllose Medikamente, Diagnosegeräte oder die Sojawürstchen im Krankenhausessen patentiert sind.
> Ein Patent bedeutet zweierlei. Erstens die Möglichkeit, Kapital aus seiner Nutzung zu schlagen. Und zweitens die Möglichkeit der Machtausübung. Der Patentinhaber entscheidet darüber, wer sein Patent zu welchen Bedingungen nutzen darf. Die Tücke: Er entscheidet auch darüber, ob es überhaupt genutzt wird. Es ist unter Erfindern ein offenes Geheimnis, dass mehr Geld investiert wird, um die Anwendung von Patenten zu verhindern, als zu deren Verwirklichung. Die entsprechenden Tricks dazu sind geeignet, ein eigenes Krimigenre zu begründen.
> Für ein Industrieunternehmen stellen geniale Erfinder oder auch nur unermüdliche Bastler, die mit ihren Ideen zum Patentamt laufen, ein unberechenbares Risiko dar. Denn wirklich neue Erfindungen können florierende Märkte ruinieren. Man stelle sich vor, es entwickelt jemand einen preiswerten und abgasarmen Motor, der kaum Benzin braucht. Nicht nur die Mineralölanbieter bekämen Probleme – zuallererst doch die

Automobilindustrie: Der Kunde möchte nun das bessere und billigere Fahrzeug. Wohin mit den ganzen nagelneuen Pkws bei den Händlern? Was wird aus den teuren computergesteuerten Fertigungsanlagen? Auch der Gebrauchtwagenmarkt geriete aus den Fugen. Also lässt man lieber alles beim Alten und forscht und forscht und forscht. Und kauft alle Patente zusammen, die bessere Ideen enthalten, als zur Zeit erwünscht sind.

Wie löst man das Problem? Indem man das Patentrecht ändert: Durch das Patent ist der Inhalt nicht nur öffentlich, sondern kann auch von jedem genutzt werden. Das Patentamt legt die Gebühr pro Nutzung fest. Kein Unternehmen kann ein Patent mehr im Panzerschrank verschwinden lassen. Die Erfindung wird damit Eigentum der Menschheit. Der Wissenschaftler bzw. der Patentinhaber bekommt für einen festgelegten Zeitraum von 20, 30 oder 50 Jahren seine Nutzungsgebühren. Und sonst nichts.

Dies würde einen enormen Innovationsschub in unserer Gesellschaft auslösen. Viele Probleme, die in der Öffentlichkeit heiß diskutiert werden, insbesondere ökologische, sind längst gelöst – im Patentamt. So könnte der Streit um die Gen-Patente doch noch helfen, ein wirkliches Problem der Menschheit zu lösen. Ein Patentrecht, das vor 100 Jahren sicherlich gut war, stranguliert heute die Erfinder und enthält der Gesellschaft den technischen Fortschritt vor.

Angst vor der eigenen Courage

Zugegeben: Es ist verwirrend. Da führt uns die biologische Schädlingsbekämpfung die Risiken der Gentechnik anschaulich vor Augen. Und diese Risiken werden durch die zahllosen unkontrollierten »Freisetzungsexperimente« in Botanischen Gärten, durch Welthandel und Tourismus noch überboten. Folgen, die, wie wir gesehen haben, von Fachleuten schon mit einem Atomkrieg verglichen wurden. Und doch verdanken wir einen Großteil unserer Nutzpflanzen und -tiere, im Grunde unseren Wohlstand, eben diesen Praktiken. Vielleicht hilft uns die Gentechnik ja, das Schwarz-Weiß-Denken in ökologischen Fragen zu überwinden und Risiken in einem größeren Kontext zu sehen. Denn alles, was wir tun, hat Risiken. Auch das Nichtstun.

Ohne die beiden »Triebe«, ohne Angst und Neugier säßen wir wahrscheinlich noch ums Lagerfeuer in der Höhle. Die Neugier treibt uns um, lässt uns nach neuen Lösungen suchen, bessere Maschinen austüfteln und komplizierte Zusammenhänge erforschen, neue Planeten entdecken, auf andere Menschen zugehen, Freundschaften mit Fremden schließen, aber auch heimtückischere Waffen schmieden. Mit jeder neuen Unternehmung, mit jedem neuen Forschungsgebiet setzen wir uns und andere unbekannten Risiken aus. Die Angst hilft uns, zu verhindern, dass wir uns in allzu waghalsige Abenteuer stürzen, oder an weit überlegenen Feinden vergreifen. Sie warnt uns, macht uns vorsichtig und lässt uns bisweilen das Heil in der Flucht suchen. Auch wenn man es den Helden im Kino nicht ansieht: Die Angst ist dem Menschen angeboren. Sie ist ein lebensnotwendiger Instinkt, der unser Verhalten steuert und uns schützt.

Wo verläuft die Grenze zwischen Neugier und Angst? An welchem Punkt sollte die Forschung aufhören? Der bewusste Umgang mit Neugier und Angst unterscheidet uns vom Tier. Angst vor neuen Ideen empfindet man meist dann, wenn altvertraute Weltbilder aufgegeben werden müssen. Unlustgefühle oder gar Scham entstehen beim Abschiednehmen von »eigenen« Ideen, deren Entwicklung einst so große Lustgefühle bereitet hatte. Die Scham hält uns davon ab, zuzugeben, dass wir uns geirrt haben. Und Schamgefühle sind ja nur eine Spielart der Angst.

Sie entscheiden, ob Sie dem hier willkürlich herausgegriffenen Beispiel Gentechnik in Zukunft mit mehr Skepsis oder Neugier begegnen. Und vielleicht dämmert ja den deutschen Unternehmensführern in einer hellsichtigen Stunde, dass eine Technik nur dann erfolgreich sein kann, wenn sie von der Bevölkerung akzeptiert wird. Es mag sein, dass gebratene Vogelspinnen am Amazonas eine beliebte Delikatesse sind, und dass diese Speise zudem aus ernährungswissenschaftlicher Sicht als hochwertig und empfehlenswert einzustufen wäre. Aber, Hand aufs Herz, welcher Gentechniker würde diesem Expertenrat gerne folgen wollen? Und vielleicht bedenken diejenigen, die den ungezügelten Wissensdrang ihrer Mitmenschen am liebsten verbieten möchten: Wissen können wir nicht zurücknehmen, und niemand kann andere Menschen daran hindern, vom Baum der Erkenntnis zu essen. Womöglich sind wir eines Tages froh, in einer Notlage auf dieses Wissen zurückgreifen zu können. Gute Forschung hat immer etwas Spielerisches, sie braucht Gedanken, die noch keiner vorher hatte, sie lebt vom »Undenkbaren«.

Hätten die Generationen vor uns nicht Risikobereitschaft und Neugier besessen, würden noch heute ängstliche Mütter ihren neugierigen Töchtern einschärfen: »Kind, geh nicht vor die Höhle, draußen frisst dich der Bär.« Aus der Sicht des Bären betrachtet, hätten wir besser in der Höhle bleiben sollen. So wurde er zwar um eine ausgewogene und vollwertige Mahlzeit gebracht, es wäre ihm aber erspart geblieben, dass heutzutage nur im Zoo Platz für ihn ist.

4 Licht und Schatten

Morgenstund' hat Blei im Schlund, so möchte man an kalten und düsteren Wintermorgen die goldene Volksweisheit von den Segnungen des frühen Aufstehens verspotten. Mal ehrlich: In dieser Finsternis kann uns doch alles Edelmetall der Erde gestohlen bleiben. Müde und mürrisch stehen wir mit der Zahnbürste in der Hand im Badezimmer und beneiden die Bären, die den Winter verschlafen dürfen. Die haben es gut, können sie sich doch vorher auch noch ungeniert eine ordentliche Speckschicht anfuttern. Und wer die triste Zeit in einer kuscheligen Höhle verträumen darf, hat sicher auch keine Probleme mit schlechter Winter-Laune. Oder haben Sie schon mal einen schwermütigen Bären gesehen?
Für uns hat Herr Edison die Glühbirne erfunden. Ein Druck auf den Lichtschalter – und wir müssen heftig blinzeln. An einen strahlenden Sommermorgen können die kleinen Lichter der Technik natürlich nicht heranreichen. Irgendwie müssen wir jetzt aber wach werden und unseren Blutdruck wenigstens etwas in Wallung bringen. Wir schaffen es erst mit einer ausgiebigen Dusche und einer Tasse starken Kaffees.
Erreichen uns auf dem Weg ins Büro doch noch ein paar Sonnenstrahlen zwischen U-Bahn und Pforte, spüren wir förmlich, wie wir aufblühen – um unter den Leuchtstoffröhren im Büro alsbald wieder vor uns hinzuwelken. Selbst die leicht lädierte Yuccapalme im Besucherzimmer weiß es besser, und streckt sich mit aller Gewalt zum Fenster hin. Warum setzen wir uns nicht ins rechte Licht?
Der Abend naht unbemerkt. Wenn wir unsere Diensträume verlassen, hat sich die Dunkelheit bereits über die Stadt gelegt. Statt eines Sonnenuntergangs bekommen wir in der U-Bahn nur die mürrischen Mienen unserer Mitmenschen zu Gesicht. Wenigstens können wir es uns jetzt zu Hause gemütlich machen. Eine Kerze wirft ihr lebendiges Licht und flackernde Schatten in den Raum, und wir schlürfen dazu genüsslich vom guten Bordeaux. Die Melancholie ist besiegt. Zumindest für heute.

Winter-Blues

Für den einen ist es nur miese Novemberlaune, für andere Menschen der Beginn massiver Depressionen, die sich erst im Frühjahr wieder verabschieden: In der dunklen Jahreszeit werden sie maßlos traurig und müde. Länger ausschlafen nützt überhaupt nichts, im Gegenteil, es verstärkt die Müdigkeit und die Unlustgefühle noch. Der Appetit auf Süßigkeiten gerät zur ständigen Herausforderung an die Selbstbeherrschung und lässt zu allem Überdruss den Zeiger der Badezimmerwaage nach oben klettern. [388, 390] Wer es sich leisten kann, flieht in den sonnigen Süden.

Der Winter macht viele von uns depressiv. Die kurzen Tage und der graue Himmel drücken auf die Stimmung. »In der Depression erscheint alles hoffnungslos, fremdartig, grau und farblos«, schrieb der Psychiater Eugen Bleuler um die Jahrhundertwende. [543] »Oft erleben Depressive ›grau und farblos‹ nicht nur im übertragenen Sinne, sondern selbst in der unmittelbaren Wahrnehmung: Der Himmel hat seine strahlende Bläue verloren, das rosige Gesichtchen ihres Kindes erscheint ihnen fahl.« Nirgends ist der unmittelbare Zusammenhang zwischen Dunkelheit und Trübsal so nahe liegend, wie bei der winterlichen Depression. Der Mensch braucht augenscheinlich ein gewisses Quantum Licht, um bei Laune zu bleiben.

Fehlt das Licht, sinkt die Stimmung – nicht nur im Winter, sondern auch mit zunehmender Entfernung vom Äquator [390, 661, 673]: Während in Florida nur 4 Prozent der Menschen unter Depressionen leiden, sind es in New York schon 17 und in Alaska 28 Prozent. [410] Im Norden Norwegens klagen im Winter jede dritte Frau und jeder fünfte Mann über Schlafstörungen, gedrückte Stimmung und Müdigkeit. [661] Auch Expeditionen von Arktisforschern werden vom fehlenden Licht überschattet: Während der oft monatelangen Aufenthalte in der nicht enden wollenden Polarnacht klagen die Teilnehmer über Stimmungsschwankungen, Niedergeschlagenheit, Müdigkeit, Gewichtszunahme und sexuelles Desinteresse. [449, 451, 498] Sogar die Selbstmordrate lässt sich mit dem Maß an Sonnenlicht in Beziehung setzen, selbst im sonnigen Sacramento: Scheint an mehr als zehn Tagen hintereinander die Sonne seltener als sonst, zählen die Behörden 70 Prozent mehr Freitode. [646]

Der Schweizer Physiologe Heusser erkannte bereits 1959, dass die beim »hochzivilisierten Menschen« immer häufiger auftretende »vegetative Dystonie weitgehend eine Lichtmangelkrankheit zu sein scheint, die sich durch Lichtbehandlung jedenfalls beheben lässt«. [725] Doch erst Anfang der 80er Jahre zog ein Psychiater endlich die praktischen Konsequenzen aus all diesen Beobachtungen. Alfred Lewy aus Oregon setzte einen seiner leidgeplagten Winter-Patienten einfach morgens und abends mehrere Stunden vor eine starke, dem Tageslicht angeglichene Lampe. Schon nach vier Tagen ging es dem Mann besser. Dank Lewys Pragmatismus lassen sich heute saisonal auftretende lichtabhängige Depressionen (SAD, Seasonal Affective Disorder) leicht erkennen und wirksam behandeln. [410]

Menschen mit SAD haben einen ausgeprägten »Lichthunger« und reagieren auf die winterlich-kurzen Tage deutlich empfindlicher als andere. [390, 518] Daher holt helles weißes Licht die meisten SAD-Kranken innerhalb von wenigen Tagen aus ihrer Depression. [410, 644] Die Stimmung steigt, der Hunger auf Süßes lässt nach, und das Schlafbedürfnis normalisiert sich wieder. Die Lichtbehandlung ist, so die Wiener Neurologin Professor Margot Dietzel, »die Methode der ersten Wahl bei der Behandlung saisonal depressiver Patienten«: Einfach durchzuführen, sehr erfolgreich und – sofern richtig angewandt – nebenwirkungsarm. [494, 521, 675]

Wer unter Depressionen leidet, büßt nicht nur den Spaß am Erdendasein ein: Auch die Lebenserwartung Depressiver ist – etwa im gleichen Maß wie bei Patienten mit zu hohem Blutdruck oder bei Rauchern – reduziert. [660] Schon allein deshalb müsste die Lichttherapie längst zum allgemeinmedizinischen Standardrepertoire gehören. Zumal die Diagnose Depression immer häufiger gestellt und in den Medien bereits als »neue Geißel der Menschheit« bezeichnet wird.

Lampe statt Therapeuten

Das Licht kann aber noch mehr, als nur Depressionen verscheuchen: Fortschrittliche Therapeuten schätzen es als effektives Mittel zur Behandlung diverser Schlafstörungen und Jetlag-Beschwerden.[648] Und: Mit dem richtigen Licht gelingt die Entwöhnung von Suchtpatienten leichter. Chronisch Alkoholkranke auf Entzug werden häufig depressiv und antriebsschwach. Die üblicherweise angewendeten euphorisierenden Psychopharmaka machen genauso abhängig wie der Alkohol, von dem die Patienten loskommen wollen. In Versuchen mit schwer Alkoholkranken konnten die Entzugssymptome mittels Licht deutlich vermindert werden: Die Teilnehmer kamen fast ohne Medikamente aus, und sie schliefen besser.[494, 650] Wundert es Sie jetzt noch, dass die erfolgreichsten Entzugskliniken der USA im sonnigen Florida liegen, und dass viele Drogenabhängige im hellen Spanien deutlich weniger »Stoff« benötigen als zu Hause?

Dennoch werden die Möglichkeiten der Lichttherapie bei Suchtpatienten noch immer nicht voll ausgeschöpft. Dabei liegen vielversprechende Erfolge vor, zum Beispiel bei Esssüchtigen: Helles Licht am Morgen senkte bei Bulimiekranken die Häufigkeit von Fressattacken und depressiven Episoden.[651, 652] Die Chronobiologin Anna Wirtz-Justice aus Basel hält die Lichttherapie außerdem für eine gute Unterstützung in der Therapie von Zwangshandlungen, Panikattacken und prämenstruellem Syndrom.[521]

Bei diesen Erkrankungen können Häufigkeit oder Schwere mit den Jahreszeiten schwanken, so dass ein Zusammenhang mit dem Licht nahe liegt. Doch wie sieht es bei nicht-saisonalen Depressionen aus? Kann das Licht auch hier die Stimmung aufhellen? Es kann: Licht verstärkt die Wirkung der verordneten Medikamente und wirkt sogar schneller als diese, meist binnen einer Woche.[495] Trotz dieses Potentials bleiben viele Psychologen skeptisch: Licht und Psyche – das ist ihnen ein bisschen zu »kalifornisch«; sie vermuten dahinter nicht mehr als einen Placebo-Effekt bei leicht neurotischen Frauen mittleren Alters, die ohnehin etwas gegen Medikamente haben.[740] So verordnen sie lieber Psychopharmaka mit all ihren unvermeidlichen Nebenwirkungen. Oder sie vertrauen auf fragwürdige psychologische Therapien, die keiner Erfolgskontrolle unterliegen.

Vielleicht übersteigt es einfach nur ihr Vorstellungsvermögen, dass einmal nicht die gestörte Mutter-Kind-Beziehung schuld ist. Die Sonne geht auf, doch viele Psychotherapeuten lassen die Rollläden herunter: Winterdepression und Lichtmangel sind ihnen zu einfache Tatbestände, sie müssen tiefenpsychologisch umgedeutet werden. Vielleicht fürchtet man aber auch nur, dass sich viele hochbezahlte Psycho-Voyeure durch ein paar Leuchtstoffröhren oder Wandertage ersetzen ließen.

»Man spricht viel von Aufklärung und wünscht mehr Licht. Mein Gott, was hilft alles Licht, wenn die Leute entweder keine Augen haben, oder die, die sie haben, vorsätzlich verschließen?« So sagte schon Lichtenberg. Eine erfolgreiche Behandlung von Alkoholikern, Drogenabhängigen und Menschen mit Essstörungen würde einen Großteil der Branche überflüssig machen. Doch die kann mit und von ihren Misserfolgen freilich gut leben: Nicht geheilte Patienten müssen schließlich immer wiederkommen.

Sonne statt Lampen

Doch eine Lampe macht freilich noch keinen Sommer. Die Professoren Thomas Elbert und Brigitte Rockstroh stellen bei der Auswertung von Studien über die Lichttherapie der Winterdepression etwas irritiert fest, dass »nur die Wirkung vermehrter künstlicher, nicht aber natürlicher Beleuchtung untersucht wurde«.[518] Offenbar hatte bis Mitte der 90er Jahre niemand darüber nachgedacht, ob nicht das Sonnenlicht als Maßstab dienen sollte. Und ob Depressionen und Antriebslosigkeit nicht auch damit zusammenhängen könnten, dass wir die meiste Zeit des Tages hinter verschlossenen Türen verbringen. Nach Ansicht von Elbert und Rockstroh sollte das »Anlass geben, über unser Therapieverständnis nachzudenken«. Sie empfehlen, »die Patienten einfach für eine Stunde ins Freie zu schicken, wo sie selbst in den Wintermonaten ... noch einem Vielfachen der künstlichen Beleuchtungsstärke ausgesetzt wären«. Schließlich »ist es nicht unwahrscheinlich, dass sich die meisten von uns wohler fühlen würden, wenn sie sich wie unsere Vorfahren mehr im Freien aufhalten würden. Und vielleicht könnten ja – zumindest in den vom Polarkreis entfernten Breitengraden – negative Auswirkungen jahreszeitlicher Stimmungsschwankungen durch diese einfache Maßnahme reduziert werden.«[518]

Die beiden Therapeuten sollten Recht behalten. 1996 machte ihre Kollegin Anna Wirtz-Justice von der Psychiatrischen Uniklinik in Basel als Erste die Probe aufs Exempel: Sie schickte einen Teil ihrer SAD-Patienten eine Woche lang jeden Morgen eine Stunde zum spazieren gehen hinaus. Die anderen Patienten erhielten als eine Art Placebo eine kurze, jedoch ungenügende Lichttherapie. Das Lampenlicht hatte wie erwartet keinen Einfluss auf das Befinden der Teilnehmer. Ganz anders erging es den Spaziergängern: Sie fühlten sich rundum besser, und bei jedem Zweiten verschwanden die Symptome sogar ganz. [671]

Statt an der frischen Luft fristet der moderne Mensch seine Tage in Bürotürmen, Fabrikhallen und Geschäften. Eine telefonische Umfrage ergab, dass sich die über 40-Jährigen selbst im sonnigen San Diego kaum eine Stunde täglich draußen aufhalten: Im Durchschnitt brachten sie es grade mal auf 58 Minuten. Und obwohl die Gebäude heutzutage mit reichlich Lampen ausgestattet sind, kamen depressive Verstimmungen umso häufiger vor, je seltener die Befragten hinausgingen. [645]

Wie kann das sein? Es ist doch längst kein Problem mehr, selbst riesige Fabrikhallen in hellem Glanz erstrahlen zu lassen. Aus der Sicht unseres Körpers sind es dennoch dunkle Höhlen. Selbst im hellsten Büro herrscht im Vergleich zu draußen Schummerlicht. Der helle Tag bringt es im Sommer auf mehr als 100.000 Lux, und selbst ein grauer, verhangener Dezembertag hat noch gut 3.000 Lux zu bieten. Die übliche Innenraumbeleuchtung nimmt sich dagegen mickrig aus: Selten erreicht sie 1.000 Lux, und wenn Sie morgen früh wieder vor dem Bildschirm Ihres Computers sitzen, erreichen Sie gerade mal 100 Lux. [523, 535] Dabei sind mindestens 600 Lux nötig, um die Arbeitslust zu fördern und die Fehlerquote zu senken. [755]

Wer nicht glaubt, dass es selbst im Winter draußen heller ist als drinnen, möge an einem düsteren Wintertag mit selbsttönenden Brillengläsern in ein gut beleuchtetes Zimmer gehen: Die Gläser werden sich sofort aufhellen, so dass es drinnen erheblich dunkler sein muss als draußen. Wir empfinden die Unterschiede nur deshalb nicht so krass, weil unsere Augen extrem anpassungsfähig sind und die geringe Lichtmenge zum Sehen völlig ausreicht. [657] Lampenlicht mit ein paar hundert Lux kann aber weder Depressionen verhindern, noch eine miese Stimmung aufhellen. Dafür sind mindestens 2500 Lux für zwei Stunden nötig. [410, 446] Damit genügt Tageslicht selbst an grauen Wintertagen – sofern man lange genug hinausgeht.

Mit Frühlingsduft gegen den Winter-Blues

Natürlich kann uns ein nebliger, verregneter Novembertag auch dann ganz schön die Laune vermiesen, wenn wir uns zu einem langen Spaziergang überwinden. Die Lebensfreude hängt eben nicht nur vom Licht ab. Vielen Menschen fehlen im Herbst und Winter auch Düfte und Farben. Da die Geruchsempfindung eng mit dem limbischen System, dem Sitz unserer Gefühle und Emotionen, verbunden ist, sollte es nicht wundern, wenn auch Gerüche die Stimmung aufhellen können. In den USA wurde bereits vor Jahren eine Art Anti-Stress-Duftmischung zum Patent angemeldet, die binnen Minuten beruhigt und unangenehme Gefühle vermindert. [729]
Der Washingtoner Psychiater T. Postolache ist den Düften auf der Spur, seit ihm auffiel, dass es einigen seiner SAD-Patienten mit einer Lichttherapie zwar deutlich besser ging, aber eben nicht so gut wie im Sommer. Außerdem schien ihr ansonsten sehr ausgeprägter Geruchssinn im Winter zu versiegen: Eine Patientin berichtete, dass sie den Geruch ihres Partners während der depressiven Phase nicht mehr wahrnimmt. Eine andere wusste, dass es »bergauf« geht, sobald sie die Blätter auf dem Waldboden wieder riechen konnte. Erste Tests verliefen viel versprechend: Postolache ließ einige SAD-Patienten an verschiedenen Düften schnuppern, und tatsächlich ging es einem Teil von ihnen deutlich besser. [647]

Egal, ob depressiv oder nicht, Fakt ist, dass die übliche Innenraumbeleuchtung unseren Körper an der Nase oder vielmehr an den Augen herumführt: Leuchtstoffröhren, Glühbirnen und Halogenlampen gaukeln ihm nur vor, es sei taghell. Ihre tatsächliche Leuchtkraft entspricht nur dem Zwielicht. Ist es da ein Wunder, dass so viele Menschen müde und antriebslos sind, und dass in den Büroetagen der Süßhunger grassiert?

Dieser Hunger nach Süßem erwies sich als Schlüssel zum Verständnis der Lichtwirkung. Er verschwindet meist als allererstes, wenn Winterdepressive Licht tanken. [410] Licht und Zucker wirken ähnlich auf unseren Gehirnstoffwechsel: Beide sorgen für mehr Serotonin, einen Botenstoff, der – vereinfacht gesprochen – für die Übermittlung der guten Nachrichten zuständig ist. [429] Bei vielen Depressiven ist der Serotoninstoffwechsel gestört. [390, 410, 518, 524] Vor allem am späten Nachmittag, wenn das Licht abnimmt, gieren sie nach Süßigkeiten. Das Naschen vermittelt ihnen Wohlgefühl und Entspannung [510] – wären da nur nicht das schlechte Gewissen und der kneifende Hosenbund. Während Licht den Abbau von Serotonin blockiert, sorgt Zucker für Nachschub: Essen wir Süßes, stellt die Bauchspeicheldrüse Insulin bereit. Mit dessen Hilfe gelangt der Eiweißbaustein Tryptophan aus dem Blut ins Gehirn und kann zu Serotonin umgewandelt werden. [385, 386] Ist genügend Serotonin vorhanden, fühlen wir uns wohl.

Diese Ersatzfunktion des Zuckers macht sich nicht nur bei Winterdepressionen bemerkbar, sie erklärt auch unser steigendes Interesse an süßen Plätzchen in der dunklen Jahreszeit und den Pralinenverbrauch bei Liebeskummer. Da kein Mensch gerne »schlecht drauf« ist, versuchen wir bei Lichtmangel und sinkender Stimmung instinktiv, das Serotonin zu puschen. Mit zucker- und stärkereichen Lebensmitteln wie Schokolade, Kartoffeln oder Nudeln geht das besonders gut. [428, 449] Auch Genussmittel wie Alkohol und Kaffee dienen dazu, den Lichtmangel auszugleichen. Während Koffein ähnlich wie Zucker wirkt und den Serotoninspiegel ansteigen lässt, blockiert Alkohol – ähnlich dem Licht – seinen Abbau. Daher mögen wir zum Frühstück Marmeladenbrötchen und dampfenden Kaffee und gießen uns erst am Abend einen Whisky ein. [429] Der Tag geht und »Johnny Walker« kommt – so lebensecht kann Werbung sein.

Die »Licht-Ersatz-Drogen« bescheren den nordischen Staaten üppige Steuereinkünfte. Denn wo das Licht fehlt, wird nicht nur mehr genascht, sondern auch mehr gepichelt. Weil das Licht einen viel längeren Weg durch die Atmosphäre zurücklegen muss, kommt in den nordischen Ländern weniger an, als etwa am Äquator: Seine Intensität und sein UV-Gehalt nehmen auf der langen Reise ab. [369, 371, 401] Dazu kommen noch die extrem kurzen Wintertage, bis hin zur monatelangen Polarnacht. Deshalb sind Kaffee, Süßigkeiten und Alkohol bei den Skandinaviern besonders beliebt – auch wenn der »Stoff« ziemlich teuer ist.

Frühstückslicht für Finnen

Das erste »Licht-Café« der Welt, das inzwischen zahlreiche Nachahmer gefunden hat, war das Café Engel in Helsinki. Hier können winterschlappe Finnen ihr Frühstück mit etwas Kunstsonne aufpeppen: Von Oktober bis März wird neben dänischem Gebäck und kontinentalem Frühstück auch Licht serviert. Die einmalige Benutzung der Lichtboxen ist sogar kostenlos. [732]

Die Schattenseiten des Kunstlichts

Wir brauchen also Licht, helles Licht, mindestens 2500 Lux. Die Hersteller von Glühbirnen und Leuchtstoffröhren werden sich die Hände reiben. Aber: »Helles, weißes Kunstlicht von 3500 Lux für rund 14 Tage (löst) eine Stressreaktion aus, während Tageslicht gleicher Intensität einen wohltuenden, vitalisierenden Effekt hat.« [420] Zu dieser Erkenntnis kam der Augenarzt Professor Fritz Hollwich 1979, nachdem er Studenten zwei Wochen lang tagsüber hellem Neonlicht ausgesetzt hatte. Er fand einen markanten Anstieg der Stresshormone im Blut, der sich erst nach zwei Wochen Sonnenlicht wieder normalisierte. [557, 558]

Dieser offensichtliche Qualitätsunterschied zwischen dem Sonnen- und Lampenlicht kam weder den Lichtingenieuren noch den Architekten gelegen, wurde doch in den siebziger Jahren – trotz gegenteiliger Vorschriften – mit Vorliebe fensterlos gebaut. [677] Unliebsame wissenschaftliche Erkenntnisse werden gewöhnlich mit Hilfe »seriöser Gutachten« unter den Teppich gekehrt. In diesem Fall bat man die Lichttechnische Gesellschaft in Karlsruhe um eine »Gutachterliche Denkschrift« über den Bau fensterloser Schulen: »Die ausführlichen Diskussionen in der von der Kultusministerkonferenz eingesetzten Schulbaukommission haben gezeigt, daß keine Anhaltspunkte für eine unterschiedliche Wirkung von Tageslicht und Kunstlicht gegeben sind, wenn die Beleuchtungsstärken der beiden Lichtarten annähernd gleich sind, und wenn der Aufenthalt in den Räumen nicht über jeweils 12 Stunden hinausgeht.« [522, 556] Licht aus, Spot an – so wurden Schülern wie Lehrern per Kultusministerkonferenzbeschluss Betonwände und Neonlicht verordnet. Und das alles nur, um zu verhindern, dass sie zwischendurch mal aus dem Fenster schauen. [522]

Derartige Blauäugigkeiten mussten unangenehme Konsequenzen haben. Es dauerte nicht lange, bis sich gesundheitliche Beschwerden häuften und die Leistungsfähigkeit der Bunkerinsassen zu wünschen übrig ließ. [522, 676, 677] Vielfach mussten später für viel Geld Fenster nachgerüstet werden. [522] Zum Sehen mag das Röhrenlicht genügen, die umfassenden Wirkungen des Tageslichts auf unser Innenleben können Lampen allerdings nicht imitieren. [392] Dieses Licht ist inzwischen auch Arbeitsmedizinern und Schulplanern aufgegangen, und so wurden in den Vorschriften für »Arbeitsstätten, in denen sich ständig Personen aufhalten, Sichtverbindung nach außen« vorgesehen. [535] Natürlich gibt es reichlich Ausnahmen von dieser Regel – aus betriebstechnischen Gründen.

Fortschrittliche Lichtingenieure wie Dr. Joachim Fisch von der Technischen Universität Ilmenau fordern deshalb, endlich das Sonnen- und Tageslicht »wegen seiner lebensfreundlichen« Wirkung stärker zu berücksichtigen. [657] Dass eine solche Aussage erst im Jahr 2000 veröffentlicht wurde, ist umso verwunderlicher, als Augenärzte wie Fritz Hollwich seit über dreißig Jahren davor warnen, Büro- und Schulräume mit gleißendem Kunstlicht zu durchfluten.

Zwar lässt sich mit hohen Lichtintensitäten die Leistungsfähigkeit steigern, jedoch nur kurzfristig. [420, 657] Das grelle, schattenlose, stets von oben einfallende Hell derartiger »Lichtkäfige« lässt nicht nur die Haut fahl und ungesund erscheinen: Es putscht auf, erzeugt Dauerstress und beeinträchtigt das räumliche Sehen. Zudem bieten flimmernde Leuchtstoffröhren dem Auge keine Möglichkeit, sich zu entspannen. [420] Und nach Feierabend geht es ununterbrochen weiter mit dem starren Blick in die Flimmerkiste. All das fördert Augenleiden und Schlafstörungen und vermindert die Konzentrations- und Leistungsfähigkeit. [390, 420, 558] Kein Wunder, wenn es unter solchem Licht zu Kopfschmerzen, Augenjucken, Aggressivität und vorzeitiger Ermüdung kommt.

Welle oder Teilchen – was ist Licht?

Über die Natur des Lichts gab es schon eine Menge Streit unter den Wissenschaftlern, ausgelöst von seiner verrückten Eigenschaft, sich mal wie ein fassbares Teilchen und dann wieder wie eine unfassbare Energiewelle zu benehmen. Die Idee von der Welle ist übrigens schon ziemlich alt, sie wurde erstmals 1690 im »Traité de la lumière« des Holländers Christian Huygens (1629–1695) veröffentlicht. [418] Fortan stritten sich gelehrte Leute von Isaac Newton und Johann Wolfgang von Goethe bis Max Planck und Albert Einstein über die wahre Natur des Lichts. Das Ergebnis hängt jedoch entscheidend von den Versuchsbedingungen ab: Je nach Experiment zeigt sich einmal nur die Teilchennatur und ein andermal nur die Wellennatur des Lichts. Nach unserer gängigen Weltanschauung schließen sich diese beiden Vorstellungen eigentlich aus. Und doch spiegeln beide einen Teil der Wahrheit wider – auch wenn wir mit diesem Gedanken an die Grenzen unseres Vorstellungsvermögens und der Beweisbarkeit stoßen (s. Kap. 6).

Die Farbe macht das Licht

Also doch kein helles Licht? Der Widerspruch löst sich schnell auf, wenn wir bedenken, dass die Therapie der Depression mit Speziallampen erfolgt, die in ihrer farblichen Zusammensetzung dem Tageslicht viel näher kommen als übliche Leuchtstoffröhren. [410] Licht und Licht ist eben nicht das Gleiche. Bei der Qualität der Beleuchtung kommt es nicht nur auf die Helligkeit an. Sie kennen das Problem, es zeigt sich zum Beispiel an der schlechten Farbwiedergabe mancher Kaufhausbeleuchtung: Soll die Farbe der neuen Bluse hundertprozentig zum Rock passen, gehen Sie damit sicherheitshalber vor die Tür ans Tageslicht. Und bestimmt haben Sie auch schon die Erfahrung gemacht, dass man sich in manchen beleuchteten Räumen einfach nicht wohl fühlt, obwohl die Lampen hell genug sind. Kein Mensch würde sich freiwillig unter kaltes, hartes Röhrenlicht setzen, um gemütlich ein Buch zu lesen. Andererseits genügt das flackernde, gelbe Licht einer Kerze, um im Restaurant die Stimmung der Gäste und den Umsatz des Wirtes zu heben.

Es reicht offenbar nicht, einfach mehr Lampen zu installieren oder eine stärkere Glühbirne in die Fassung zu schrauben: Das Licht hat neben seiner Helligkeit noch andere, biologisch wichtigere Qualitäten. Tageslicht flimmert nicht, es fällt meist schräg ein, Wolken und Schatten variieren es. Es verändert seine Intensität vom Morgenrot bis zum Sonnenuntergang. Während das Licht morgens und abends ca. 680 Kilometer durch die Atmosphäre zurücklegen muss, sind es mittags nur 460 Kilometer. Dadurch verändert sich die Lichtbrechung, und so ändert sich auch seine farbliche Zusammensetzung. [420, 520, 557]

Die schillernde Pracht des Regenbogens zeigt, dass »weißes« Sonnenlicht aus verschiedenfarbigen Anteilen besteht. Goethe hatte für diese Vorstellung noch wenig übrig. Seiner Ansicht nach sei das Licht keineswegs eine Zusammensetzung verschiedener Farben; auch könne das Licht allein keine Farben hervorbringen, vielmehr gehöre dazu immer eine gewisse Modifikation und Mischung von Licht und Schatten: »Mit eurer Idee des farbigen Lichts gehört ihr in das 14. Jahrhundert!« schleuderte der Geheimrat dem Gelehrten

Sichtbares Licht ist Teil des elektromagnetischen Spektrums
(modifiziert nach 657)

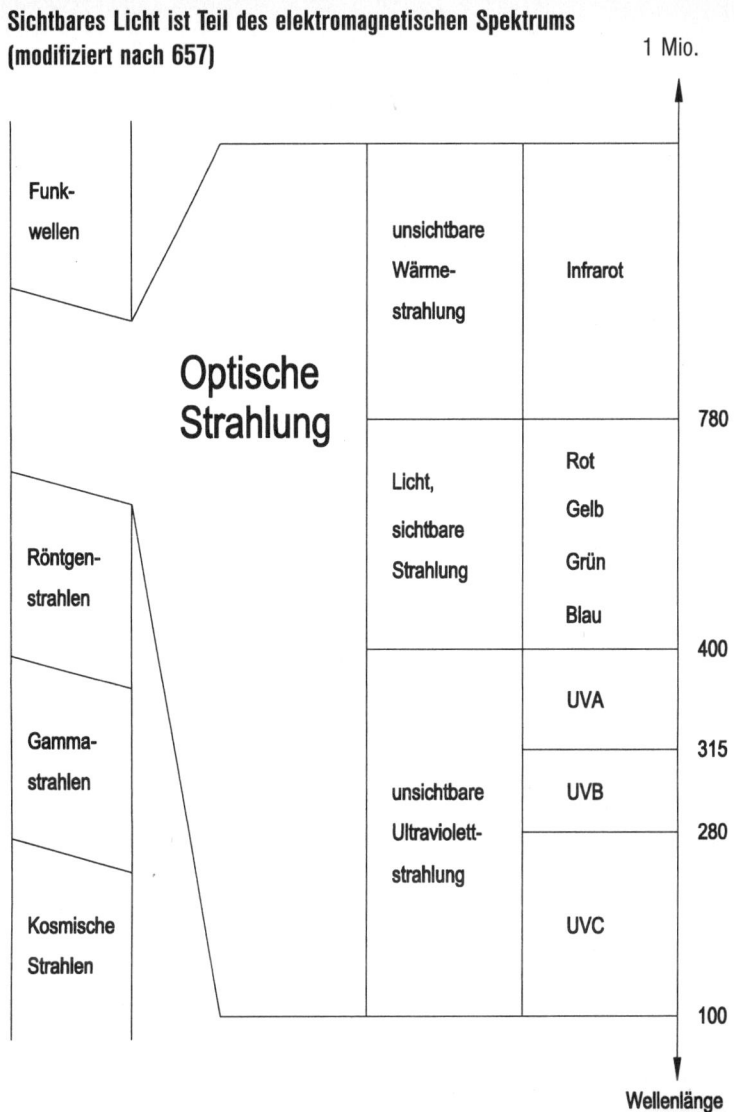

Isaac Newton entgegen, der mit Hilfe eines Prismas das Licht in seine Farben zerlegt hatte. [527] Zumindest was die Physik angeht, ist dieser alte Streit inzwischen geklärt.

Das, was wir als sichtbares Licht wahrnehmen, sind schwingende Energiewellen, die mit der unvorstellbar winzigen Wellenlänge von 400 bis 800 Milliardstel Meter (Nanometer) auf die Netzhaut treffen. Weil unsere Augen über darauf spezialisierte Sinneszellen verfügen, können wir einzelne Wellenlängenbereiche als Farben empfinden: Kommt Strahlung mit einer Wellenlänge von etwa 550 Nanometern an, sehen wir grün, bei etwa 700 Nanometern sehen wir rot. Dazwischen liegen Orange und Gelb. Unterhalb des grünen Lichts finden sich das kurzwellige Blau und Violett. [418, 419, 463]

»Weißes« Tageslicht enthält morgens und abends viel Rot, mittags überwiegt das Blau. [469] Morgens weckt es uns mit einem warmen Weiß, mittags ist es gleißend. Mit dieser Farbzusammensetzung und dem charakteristischen Wechsel im Tagesverlauf ist unser Körper seit jeher vertraut. Beides liefert ihm wichtige Informationen. Lampenlicht verändert sich dagegen nicht, und seine Farbkomposition stimmt nicht mit dem Tageslicht überein: Glühbirnen strahlen nur wenig blaues Licht ab, dafür mehr gelb-grünes und viel rotes. Vom roten Spektrum wissen wir heute, dass es im Gegensatz zu blauem, grünem und gelbem Licht kaum in der Lage ist, Depressionen zu mildern. [739] Auch erwies sich weißes Licht mit einem breiten Farbspektrum stets als wirkungsvoller gegenüber einzelnen Farben. [655] Demnach braucht unser Körper ein »ordentlich« zusammengesetztes Licht, um bei Stimmung zu bleiben.

Leuchtstoffröhren unterscheiden sich noch viel stärker vom Tageslicht als Glühbirnen, denn sie liefern nur kleine Ausschnitte aus dem gesamten Farbspektrum. [403] Etwa so, wie künstliche Aromastoffe der Nase einen Eindruck von »Erdbeere« vortäuschen, narren Leuchtstoffröhren unsere Augen: Durch die Mischung einiger weniger Farbspitzen lässt sich »Tageslicht« vortäuschen.

Und genau das schadet der Gesundheit, protestierte empört der amerikanische Ingenieur Luke Thorington anlässlich eines Kongresses der New Yorker Akademie der Wissenschaften. Für die

Lampenhersteller zähle beim Licht nicht Qualität, sondern Quantität. Es gehe immer nur darum, »die Arbeit zu beleuchten und nicht die Menschen«. [463, 469] Auch Joachim Fisch beklagt, dass aufgrund einer »(einseitigen) Entwicklung in der Lichttechnik ... die Erkennbarkeit von Sehobjekten bei fast allen wissenschaftlichen Studien im Vordergrund« stand. Gleichzeitig habe man den »Lichtbedarf des Menschen nicht richtig eingeschätzt«. [657]
Die Folge sind Lampen mit völlig verzerrten Spektren, denen wichtige Farbanteile, und damit auch deren biologische Wirkungen, fehlen. Ein besonderes Problem stellen Energiesparlampen dar: »Die einfachste Möglichkeit ist es, das Spektrum zu beschneiden, das heißt möglichst viel Energie aus dem gelbgrünen Anteil des Spektrums herauszuholen.« [469] In diesem Bereich sind unsere Augen am empfindlichsten, so dass mit diesen Farben am ökonomischsten Helligkeit erzeugt werden kann. Je »umweltfreundlicher« die Lampen werden, desto schlechter für unseren Körper. Dennoch bewirbt Philips seine Energiesparlampe SL Comfort mit der Aussage, sie sorge »für eine wohnliche Beleuchtung«. [658]
Die neueste Entwicklung auf dem Gebiet der Beleuchtung sind so genannte LEDs, das heißt Licht-emittierende Dioden. Sie kommen im Vergleich zur althergebrachten Glühbirne mit rund 90 Prozent weniger Strom aus, weil sie kaum Hitze erzeugen. Dazu sind sie viel stabiler und halten bis zu zehn Jahre. [731] Noch sind sie für die alltägliche Anwendung zu teuer. Doch bevor sie die Glühbirne in unseren Wohnungen und Büros ersetzen, sollte geklärt sein, wie sich ihr »weißes« Licht auf die Gesundheit auswirkt. Zweifel an ihrer »Bekömmlichkeit« bestehen schon deshalb, weil es nur aus Blau und Orange zusammengesetzt ist.
Das Energiesparen sorgt auch im trauten Heim für so manchen Frust. Denn während dem einen eine kleine Funzel genügt, brauchen andere »Festbeleuchtung«, um sich wohl zu fühlen. Dieser Wunsch nach Licht muss ebenso befriedigt werden wie Durst – auch wenn wir Wasser sparen sollen. Seinen Mitmenschen ständig das Licht auszuknipsen, ist nicht nur eine wundervolle Möglichkeit, sie zu piesacken, es verdirbt ihnen tatsächlich die Laune und setzt sie auf eine unbekömmliche »Licht-Diät«. Respektieren wir lieber, dass der Lichthunger verschieden groß ist.

Beispiele für verschiedene Farbspektren [463, 562]

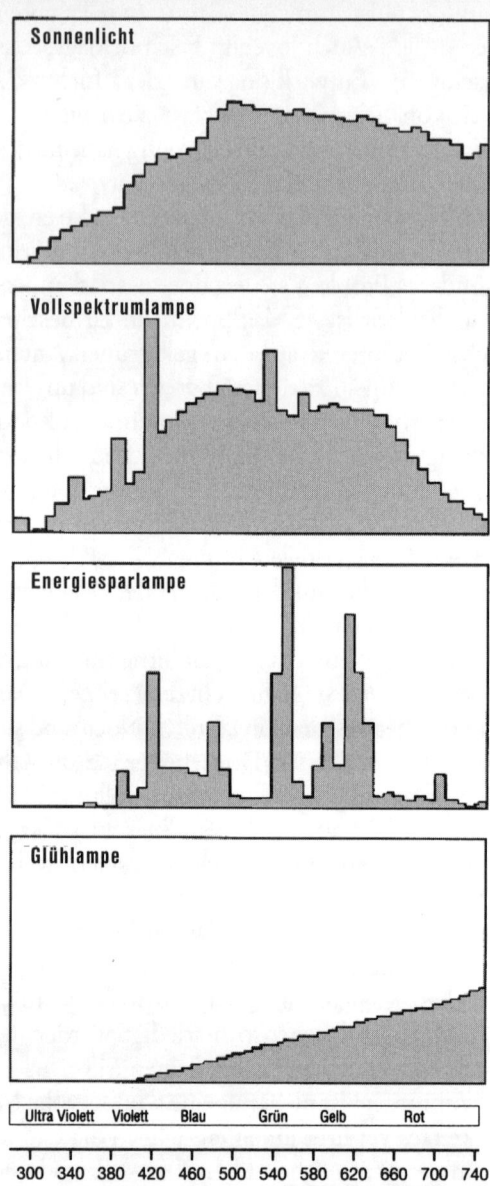

Je weniger Zeit ein Mensch im Freien verbringt, desto wichtiger ist die Innenraumbeleuchtung. Die Licht-Menge lässt sich leicht regeln, doch ist es gar nicht so einfach, die richtige Licht-Qualität zu finden. Eine erste Verbesserung bei Leuchtstoffröhren an der Decke bietet eine zusätzliche Glühbirne direkt am Arbeitsplatz. [420, 522] Damit können die gröbsten Mängel im Farbspektrum etwas ausgeglichen werden, der seitliche Lichteinfall ist angenehmer fürs Auge und die Farbwiedergabe besser.

Die nächste Möglichkeit sind so genannte »Tageslichtlampen«, wobei die Sache dadurch erschwert wird, dass jeder Hersteller etwas anderes unter Tageslicht versteht und man heftig darüber streitet, ob die Lampen auch unsichtbare UV-Strahlen aussenden sollen oder nicht. Die Berufsgenossenschaft für Gesundheitsdienst und Wohlfahrtspflege hält einen geringen UV-Anteil für sinnvoll, vor allem an Arbeitsplätzen ohne Fenster oder mit Doppelverglasung, die den UV-Anteil des Sonnenlichts »aussperrt«. [662]

Die ersten Tageslichtlampen verdanken wir übrigens den Atom-U-Booten. Der Atomantrieb hat den Vorteil, dass die Boote monatelang auf Tauchstation bleiben können – mit dem Nachteil, dass die Matrosen ebenso lange keine Sonne zu Gesicht bekommen. US-Marineärzte hatten in der Folge eine lange Liste von Beschwerden zu behandeln: Schlafstörungen, Depressionen und schwellende »Rettungsringe«, Zuckerkrankheit, Abwehrschwäche und Bluthochdruck. [412, 479] Erinnert Sie diese Aufzählung nicht auch an die so genannten Zivilisationsleiden, die gewöhnlich auf falsche Ernährung zurückgeführt werden?

Die amerikanische Raumfahrtbehörde NASA sorgte für Abhilfe: Nicht durch eine Diät, sondern durch die Entwicklung der ersten Leuchtstoffröhren mit tageslichtähnlichem Farbspektrum und UV-Anteilen. Die Lampen wurden 1983 sogar vom US-Gesundheitsministerium als Heilmittel zugelassen. [522] Inzwischen bieten auch deutsche Lampenhersteller diverse Tageslichtröhren an. Ein Firmenprospekt lobt sie als »eine vorteilhafte Investition« für bessere Arbeitsleistungen und niedrigere Fehlzeiten im Büro. Hausintern scheint sich das jedoch noch nicht herumgesprochen zu haben, denn in den eigenen Büros hat sich das »Wohlfühl-Licht für Mitarbeiter, Besucher und Kunden« noch nicht durchgesetzt. [531]

Auch Philips empfiehlt seine Tageslichtlampen der Textil- und Druckindustrie nicht den Beschäftigten zuliebe, sondern wegen der besseren Farbwiedergabe. [658]
Obwohl es offenkundig ist, dass wir tagsüber (!) und zumindest dort, wo wir uns viele Stunden täglich aufhalten, das richtige Licht brauchen, fehlen bis heute systematische Studien über die biologischen Wirkungen der üblichen Beleuchtungskörper. Erst Anfang des Jahres 2000 veröffentlichte die TU Ilmenau eine systematische Literaturrecherche über die Auswirkungen der Beleuchtung auf die Gesundheit. Hintergrund: Die Berufsgenossenschaften, die den gesetzlichen Auftrag haben, »arbeitsbedingte Gesundheitsgefahren« zu verhüten, sind endlich auf das Thema aufmerksam geworden. Nun soll ein Fachausschuss neue Vorschriften für die Beleuchtung von Arbeitsplätzen erarbeiten. [657] Doch bis sich die Experten zu neuen Empfehlungen entschließen, bleibt uns zu Hause und im Büro wohl nichts anderes übrig, als unserer Intuition zu folgen und Lampen, unter denen wir uns nicht wohlfühlen, schnellstmöglich zu entsorgen.

Und es ward Licht – im Stall

Wie aber sieht das ideale Licht aus? »Die richtige Anwendung von Kunstlichtregimen ist von größter Bedeutung. Licht kann dabei produktionssteigernd wirken, bei falschem Einsatz aber ebenso Leistungsdepression und krankhafte Zustände ... auslösen.« Gemeint sind hier nicht die Vorzimmerdamen in den Chefetagen, sondern die Hühner in Legebatterien. Das Zitat ist einem einschlägigen Lehrbuch von 1979 entnommen. [498] Es zeigt, dass die Effekte durch geeignete Steuerung von Intensität, Farbe und Dauer der Helligkeitsphasen (sogenannte Lichtregimes) für Nutzvieh und Nutzpflanzen aller Art seit Jahrzehnten bis ins Detail erforscht sind: »Zu wenig Licht verursacht während des Wachstums Kümmern und bei legenden Hennen Leistungsrückgang. Zu viel Licht löst nervöse Störungen sowie Kannibalismus aus und führt zum Zerfall der sozialen Ordnung einer Herde.« [498]
Mit kurzen, nur wenige Stunden dauernden Hell- und Dunkelphasen lässt sich die Legeleistung der Hühner verbessern, bei gleichzei-

tig eingeschränkter Futteraufnahme. [659] Das spart dem Halter nicht nur Strom- und Futterkosten, sondern wird auch noch als besonders tierfreundlich beworben, weil die Aggressivität im Hühnerghetto durch die häufigeren Dunkelphasen abnimmt.
Die Detailkenntnisse erstaunen: »Von besonderer Bedeutung ist, dass verschiedene Rassen, Hühnerlinien und Nutzungsrichtungen sehr differenzierte Anforderungen an das Lichtregime ... stellen, um optimale ... Leistungen zu zeigen.« [498] In Ställen, bei denen das Kunstlicht eine zusätzliche Beleuchtung darstellt – etwa vergleichbar unseren Büros – ist eine neutralweiße Lichtfarbe zu verwenden, während bei fensterlosen Ställen – etwa vergleichbar mit üblichen Rundfunkstudios – warmweiße Lichtfarben vorzuziehen sind. Werden neue Ställe eingerichtet, müssen Parameter wie Beleuchtungsstärke, Schattigkeit, örtliche und zeitliche Gleichmäßigkeit, Blendungsbegrenzung, Lichtfarbe und Farbwiedergabe beachtet werden. Erst diese Faktoren würden das optimale Zusammenwirken der »tierphysiologisch-optischen, der arbeitsphysiologischen und psychologischen Einflüsse« ermöglichen. [498]
Während man gerade erst beginnt, die Wirkungen des Lichts auf den Menschen zu untersuchen, gibt es für jede Tierart eigene Regeln. Bei Schweinen sorgt die richtige Lichtmenge für gesündere Ferkel, Lichtmangel wirkt sich negativ auf den Mineralstoffwechsel aus. Violettes und blaues Licht bringen den besten Masterfolg, Rotlicht macht die Speckschicht dicker, fördert aber gleichzeitig Aggressionen und Kannibalismus. [498] Um gezielt weibliche oder männliche Pelztiere zu produzieren, bestrahlt man die Käfige – bitte lachen Sie jetzt nicht – mit blauem oder rosa Licht. Allerdings genau entgegengesetzt zu unseren Kleiderkonventionen: Bei Chinchillas verhilft eine blaue Lampe zu mehr Weibchen, bei Nerzen sorgen rosa Lampen für mehr Männchen. [451]
Man kann leicht den Eindruck gewinnen, dass das Licht einen stärkeren Einfluss auf die Gesundheit ausübt als die Ernährung. Warum kam bisher niemand auf die Idee, diese Befunde einmal systematisch am Menschen zu überprüfen? Weniger im Hinblick auf potentielle »Wunschkinder«, sondern aus Gründen der Volksgesundheit. Immerhin gehen nach Aussage von Hans Erhorn vom Stuttgarter Fraunhofer-Institut für Bauphysik die Fehlzeiten bei Angestellten

zurück, »wenn die Lichtverhältnisse und das Raumklima am Arbeitsplatz stimmen«.[752] Höchste Zeit also, dem menschlichen Arbeitsplatz zumindest in Sachen Licht die gleiche Sorgfalt angedeihen zu lassen, wie sie für ein Batterie-Huhn längst selbstverständlich ist.

Gärtnern mit Licht: Turbo-Kopfsalat

Auch in der Pflanzenproduktion herrscht längst ein differenziertes Lampen-Weltbild: Weil das richtige Licht über den wirtschaftlichen Erfolg entscheidet, bieten Hochglanzprospekte für den kommerziellen Blumen- und Gemüseanbau das perfekt abgestimmte Beleuchtungsprogramm. Das Kunstlicht wird gezielt zur Ergänzung des Tageslichts, zur Verlängerung des Tages oder als Tageslichtersatz verwendet. Den unterschiedlichen Bedürfnissen von Langtag- und Kurztagpflanzen wird dabei ebenso Rechnung getragen, wie den Erntewünschen der Gärtner: UV-Strahlen fördern die Blütenbildung, Blaulicht macht die Pflanzen gedrungener, während Rotlicht sie hoch aufschießen lässt. Ob junge Bäume um ihre winterliche Ruhezeit gebracht werden sollen, ob die Blütezeit von Gladiolen vorverlegt oder der Anbau von Kopfsalat beschleunigt werden soll, die richtige Lampe, Bestrahlungsdauer und Jahreszeit lässt sich bequem einer Tabelle entnehmen.[384]

Neues aus dem Blau- und Rotlicht-Milieu

Dabei wirkt das Licht nicht nur über die Augen. Es dringt auch über die Haut in den Körper ein, je nach Wellenlänge unterschiedlich tief. Dass es auf diese Weise in den Stoffwechsel eingreifen kann, zeigt die einzige Anwendung farbigen Lichts beim Menschen, die Eingang in die klassische Medizin fand. Ihre Entdeckung verdanken wir dem Zufall: In den fünfziger Jahren war aufgefallen, dass Kinder, deren Bettchen nahe am Fenster standen, seltener an Gelbsucht litten als die anderen. Zwei von drei Neugeborenen entwickeln in den ersten 14 Tagen ihres Lebens eine Gelbsucht, die zu Hirnschäden führen und schlimmstenfalls sogar tödlich enden kann. Vor Einführung der Lichttherapie war ein Blutaustausch nötig, um die Kinder zu retten. [730] Doch dann bemerkten aufmerksame Beobachter, dass der gleiche Effekt auch mit Hilfe des durchs Fenster einfallenden Tageslichts erzielt werden kann: Es sorgte offenbar dafür, dass weniger gelbfärbendes Bilirubin im Blut der Kinder kreiste.

Bilirubin war lange Zeit nur als giftiges Zwischenprodukt aus dem Abbau des roten Blutfarbstoffes bekannt. Inzwischen gilt es als eines der Moleküle, die dem Körper Dunkelheit signalisieren und den Tiefschlaf fördern. [674] Babys, die eine Gelbsucht entwickeln, scheiden zu wenig Bilirubin aus, so dass zu viel davon in ihrem Blut zirkuliert. Dringt Licht in die Haut ein, wandelt es das giftige Bilirubin in ungiftige und leicht ausscheidbare Substanzen um. Blaues Licht entgiftet die Kinder am effektivsten, weiße Lampen mit einem hohen Blauanteil erfüllen den gleichen Zweck. Seither wird blaues Licht auf vielen Säuglingsstationen bei Neugeborenengelbsucht eingesetzt. Da zu viel blaues Licht die Augen schädigt, müssen die Babys während der Behandlung Augenklappen tragen [415,. 448] Gewöhnlich wird die mangelnde Ausscheidungsfähigkeit der Kinder mit einer unreifen Leber erklärt. Offenbar fehlt ihnen aber einfach nur das natürliche Sonnenlicht.

In Sachen Licht waren unsere Vorväter wesentlich fortschrittlicher, als wir es heute sind. Zu Beginn unseres Jahrhunderts gab es bereits viel versprechende Forschungsansätze und klinische Anwendungen von Sonnenlicht und speziellen Lampen. Die »Heliotherapie«, sprich Sonnenbäder an der Adria und im Gebirge, waren eine Zeitlang sehr *en vogue*, wenn es galt, Hauterkrankungen zu lindern, schlecht heilende Wunden zu schließen oder die Rekonvaleszenz nach Infektionskrankheiten zu unterstützen. Allerdings stellte Alexander Flemings Entdeckung des Penizillins im Jahr 1928 das profane Licht in den Schatten, und so geriet es zunehmend in Vergessenheit. [401]

Ihre ersten Erfolge verdankte die Lichttherapie dem dänischen Arzt Niels Ryberg Finsen (1860–1904), der im Jahr 1903 den Medizin-Nobelpreis für die Einführung der Lichtbehandlung bei *Lupus vulgaris* erhielt. [533] Die hartnäckige Hauttuberkulose führt unbehandelt zu schweren Entstellungen. Seit 1877 war bekannt, dass die UV-Strahlen der Sonne Bakterien töten. Finsen setzte konzentriertes Sonnenlicht oder das Licht von UV-Bogenlampen ein und konnte damit 50 Prozent der Lupusfälle heilen. Beim Rest der Patienten ließ sich die Krankheit zumindest lindern.
Manchmal ist es die Dunkelheit, die heilt. Finsen überprüfte Berichte, wonach die Narbenbildung bei Pockenkranken ausblieb, wenn sie in dunklen Zimmern lagen. [401, 533] Doch wer liegt schon gerne wochenlang in einer »Dunkelkammer«? Und für das Pflegepersonal wäre es auch angenehmer, im Krankenzimmer noch etwas sehen zu können. Finsen gelang es mit rotem Licht, die Vorteile der Dunkelheit mit den Wünschen der Betroffenen zu verbinden: Die Fenster mussten mit speziellem rotem Glas, Papier oder Tuch abgedeckt werden, es gab nur rote Lampen und es durfte absolut kein andersfarbiges Licht oder gar UV-Strahlung in die Räume fallen. Damit unterblieb das eitrige Aufbrechen der Pockenpusteln ebenso, wie das mit dem Eitern verbundene »Suppurationsfieber«. Es gab kaum Narben und weniger Todesfälle.
»Auf Grundlage dieser Erfahrungen«, so der Kopenhagener Arzt Würtzen in einem 1927 erschienen Handbuch der Lichttherapie, »wurde die Finsen-Behandlung von Anfang an hier im Norden die Standardbehandlung (der Pocken), und man betrachtet es sicherlich hier als undenkbar, sie nicht anzuwenden.« [401] Angenehmer Nebeneffekt: Es gab weniger Fliegen in den Krankenzimmern, denn die lästigen Brummer mieden das Rotlicht-Milieu.

Magie der Farben

Wenn es um die Wirkungen von Farben auf den Menschen geht, tappt die moderne Wissenschaft noch weitgehend im Dunkeln – von der Werbepsychologie einmal abgesehen. Zwar wird eine bunte Vielfalt an psychologischen Interpretationen gehandelt, und von kosmetischer Farbberatung bis Feng Shui erfreuen sich Licht und Farbe einer großen Beliebtheit. Doch was die Forschung angeht, verhält es sich hier ähnlich wie bei der Aromatherapie: Immer wieder einmal haben sich Ärzte, Patienten oder Wissenschaftler mit dem Phänomen Farbe und Gesundheit auseinander gesetzt und interessante Effekte gefunden. [735, 750] So sollen sich Neurodermitiker in Räumen, die türkis, gelb und hellgrau gestrichen waren, besonders wohl fühlen. [753] In der aktuellen medizinischen Literatur sucht man jedoch vergeblich nach handfesten, überprüfbaren Studienergebnissen. [399, 517, 749]

Unbestritten ist, dass farbiges Licht Wirkungen haben muss. Immerhin handelt es sich um verschiedene Formen von Energie, für die der Körper über spezielle Rezeptoren verfügt. Nicht von ungefähr ist unser Alltag und unsere Sprache voller Farbsymbole. Sind wir traurig, haben wir den »Blues«, und wenn einer »blau macht«, so tut er das oft, weil er am Vorabend »blau« war. Der Begriff Blaumachen stammt übrigens aus dem Mittelalter, als die Indigo-Färberei mit Waid, der Färberpflanze, Hochkonjunktur hatte. Um den Farbstoff aus den Blättern zu lösen, brauchte es dreierlei: zwei Wochen Sonnenschein, frischen Urin und Alkohol. War es warm genug, leiteten die Färbergesellen Bier und Schnaps zunächst durch ihre durstigen Kehlen, um auf den notwendigen Harndrang zu warten, bevor sie mit der Arbeit beginnen konnten. Und wenn sie betrunken in der Sonne lagen, wusste jeder: Heute wurde wieder »blau« gemacht. [525]

Farben sind Energie, sie besitzen Kraft. Doch außer der Tatsache, dass blaues Licht die Augen schädigen und Gelbsucht heilen kann, und dass Rotlicht nicht gegen Depressionen taugt [759], sind die Fakten dürftig, vor allem, wenn es um das Wohlbefinden der Menschen geht. Ein Handbuch der Arbeitsmedizin bemerkt dazu etwas hilflos: »Die psychische Wirkung von Farbeffekten ist ein in der

Kunst bekanntes Phänomen.«[535] Schlagen Sie nur mal einige der vielen Farbfibeln auf, und Sie werden beliebig viele Interpretationen der symbolischen und psychologischen Wirkungen einer Farbe finden, bis hin zu verstiegenen Formulierungen wie: »Darum repräsentiert Blau die Bindung um sich herum.« Solche Bindungen »äußern sich entweder als Anklammerung bei betonter Bevorzugung von Blau oder als Bindungsverlust und depressiver Isoliertheit bei Ablehnung von Blau.«[382]

Wieviel konkreter ist da die Zuordnung am Wasserhahn: Rot als warme, aggressive Farbe symbolisiert das heiße Wasser, Blau als kalte, beruhigende Farbe das kühle Nass. Das scheint plausibel, schließlich färben sich unsere Wangen rot, wenn uns heiß ist, und die Hände werden in der Kälte blau. Auch empfinden wir einen rot gestrichenen Raum wärmer, während wir in einem blau gestrichenen eher anfangen zu frieren.[382] Zur Eindämmung der Heizkosten taugt diese Erkenntnis freilich nicht; denn auf Dauer würden wir uns an den roten Salon wohl gewöhnen und doch wieder frieren.

Das sichtbare Licht lebt von den Farben. Allerdings bekommen wir reines, monochromes Farblicht normalerweise nicht zu Gesicht. Es sind immer Farbkompositionen, die auf unser Auge treffen. Ändern sich die Lichtverhältnisse, wandeln sich auch die Farben – in der Malerei genauso wie beim Tageslicht. Dazu kommt die individuelle Licht- und Farbempfindung jedes Einzelnen. Jede Komposition ruft andere Empfindungen hervor, jedes Individuum empfindet anders – und sprengt damit die schematische Interpretation der Farbwirkungen.

Welche ist Ihre Lieblingsfarbe? Und welchen Farbton können Sie überhaupt nicht ertragen? Allein die Tatsache, dass die meisten Menschen eine Antwort auf diese beiden Fragen haben, zeigt, dass Farben unser Wohlbefinden beeinflussen. Für diese Abneigungen und Vorlieben gibt es vermutlich ganz handfeste biologische Gründe. Sie könnten ein Zeichen dafür sein, dass unser Körper gerade jene Lichtinformationen, genau diese speziellen Wellenlängen braucht. Bei psychisch Kranken fand die Wiener Neurologin Margot Dietzel ein gehäuftes Auftreten von Störungen der Farbwahrnehmung.[494] Möglicherweise bahnt die fehlende Lichtinformation der Sucht oder der Neurose den Weg.

Lampenlicht und Sonnenlicht unterscheiden sich vor allem durch ihre Farbzusammensetzung. Auswirkungen auf Körper und Psyche liegen daher nahe. Ist es nicht bezeichnend für die Depressiven, dass sie die Welt als grau und farblos empfinden? Erst die länger und sonniger werdenden Frühjahrstage oder Lampenlicht mit einem breiten Farbspektrum erlösen sie von ihrer Tristesse. Wenn Licht und Farben Kranke heilen können, sollten wir auch ihren Beitrag zur Gesunderhaltung kennen.

Optische Täuschungen

Der Mensch ist ein »Augentier«. Rund 80 Prozent aller Informationen aus der Umwelt vermitteln uns die Augen. Auf deren Netzhaut befinden sich hochspezialisierte Sehzellen, die Photorezeptoren: Abends und nachts sorgen rund 120 Millionen »farbenblinde« Stäbchen für das Schwarz-Weiß-Sehen in der Dämmerung. Tagsüber sind etwa sechs Millionen Zapfen für das Farbsehen zuständig. Einige davon haben sich auf grünes, andere auf rotes oder blaues Licht spezialisiert. Daneben vermuten die Wissenschaftler weitere Photorezeptoren in unseren Augen, zum Beispiel für die unsichtbare UV- und Infrarot-Strahlung. [655, 730] Während das bewusste Sehen bei etwa 780 Nanometern (rot) aufhört, konnten auch bei 900 Nanometern noch Aktivitäten der Netzhaut gemessen werden. [730] Dies zeigt einmal mehr, dass das Licht unserem Körper nicht nur Bildmaterial liefert.
Die Fähigkeit, tagsüber Farben zu sehen, erwies sich als evolutionärer Vorteil, denn unsere Urahnen verfügten – wie andere Früchte vertilgende tagaktive Säugetiere – über einen relativ schlechten Geruchssinn. Das Farbensehen ermöglichte es ihnen, nahrhaftes reifes Obst leichter von grünen Blättern zu unterscheiden. [536] Der moderne Mensch ist in der Lage, sieben Millionen Farbnuancen zu unterscheiden. Und trotzdem sehen wir alles andere als objektive Bilder. [417]
Damit aus den vom Auge empfangenen Lichtsignalen überhaupt Bilder und Sinneseindrücke werden, müssen sie über Nervenbahnen ins Gehirn gelangen. Erst dort werden die eingehenden

Impulse interpretiert, wird ein Bild daraus zusammengesetzt. Unser Gehirn entscheidet also darüber, was wir sehen – und dabei mogelt es manchmal ganz schön. Das kennt jeder, der schon einmal auf eine optische Täuschung hereingefallen ist: Da erscheinen Linien unterschiedlich lang, obwohl sie gleich lang sind, aus einer antiken Blumenvase werden zwei Gesichter, und kleine Muster beginnen scheinbar, sich zu bewegen. [417]

Unser eigenwilliges Gehirn macht sich öfter selbständig, als wir denken. Meist sieht es nur das, was es sehen will, was es aufgrund seiner Erfahrungen erwartet und nicht unbedingt das, was vom Auge übermittelt wurde. Wenn Sie bei Ihrem nächsten Spaziergang eine Blumenwiese bewundern, unterliegen Sie bereits einer solchen Illusion. Denn eigentlich dürften Sie nur im Zentrum des Bildes eine bunte Wiese sehen. Da die Zapfen für das Farbsehen nicht gleichmäßig über die Netzhaut verteilt sind, liefern die Augen ein am Rand farbloses und zudem besonders unscharfes Bild. Doch Ihr Gehirn traut seinen Augen nicht: Schließlich hat eine Frühlingswiese gleichmäßig bunt und scharf konturiert zu sein. Folglich »denkt« es sich die fehlende Farbe und die Schärfe am Bildrand einfach dazu. Ohne unser Wissen zieht unser Gehirn logische Schlüsse und berechnet fehlende Bildflächen. [417] Ein Teil der Bildverarbeitung läuft an unserem Bewusstsein vorbei. Das, was wir für objektive Sinneseindrücke halten, wurde von unserem Unterbewusstsein vorgefiltert, bearbeitet und ergänzt. Aber glauben Sie ruhig weiter nur das, was Sie sehen. Denn womöglich »sehen« Sie viel mehr, als Sie glauben.

Wenn Blinde sehen

Wir schreiben das Jahr 1886. Fasziniert von den Funktionen des Gehirns, versucht der schottische Neurologe David Ferrier herauszufinden, wie Lichtreize zu einem Bild geformt werden. [432] Er vermutet, dass nur eine intakte Sehrinde »richtiges« Sehen erlaubt. Deshalb entfernte Ferrier – ganz im Experimentierstil seiner Zeit – Affen diesen Teil des Gehirns. Trotz intakter Augen würden die Tiere dadurch völlig blind sein. Zu Ferriers größter Verblüffung lief

jedoch eines der operierten Tiere »frei herum, vermied Hindernisse und war fähig, so kleine Objekte wie Rosinen ohne das geringste Zögern aufzuheben«. [432] Erst gut ein halbes Jahrhundert später wandte sich erneut ein Forscher diesem unerklärlichen Phänomen zu. Diesmal operierte der Psychologe Heinrich Klüver von der Universität Chicago Affen das Sehzentrum weg. Richtete er dann Lichtstrahlen auf ihre Augen, so wandte sich der Blick der Tiere stets exakt der Lichtquelle zu – obwohl sie ja eigentlich nichts sehen konnten. [432] Gab es etwas Vergleichbares auch beim Menschen?
Diese Frage klärte 1973 der Psychologe Ernst Pöppel, zusammen mit seinen Kollegen vom Massachusetts Institute of Technology. Er testete Kriegsveteranen, die ihr Sehvermögen durch Schussverletzungen verloren hatten, deren Augäpfel jedoch intakt geblieben waren. Er bat sie, zu Lichtimpulsen zu blicken – ein delikates Experiment, denn wie kann man einen Blinden davon überzeugen, irgendwo hinzusehen? Pöppel besaß offenbar genug diplomatisches Geschick und erhielt ein bemerkenswertes Ergebnis: »Obwohl der Patient nicht weiß, wohin er schauen soll, schaut er dorthin, wo der Lichtpunkt ist.« [416] Das bedeutet erstens, dass die Augenbewegung unbewusst gesteuert wird und zweitens, dass diese Steuerung in ganz anderen Hirnteilen abläuft als das bewusste Sehen. [435] Aber wo? Und vor allem: Wie kommt das Licht dorthin?

Licht auf Schleichwegen

Das Prinzip der unbewussten Lichtverarbeitung war kurioserweise schon lange bekannt. Entschlüsselt hatte es ein deutscher Augenarzt in den vierziger Jahren, der aus ganz anderen Motiven den Weg des Lichts ins Gehirn nachzeichnete. Wie schon zahlreichen Ärzten vor ihm war Professor Fritz Hollwich aufgefallen, dass Kinder, die aufgrund eines Augenleidens blind sind, in ihrer geistigen Entwicklung hinterherhinken, schlecht wachsen und unter deformierten Knochen leiden. Je früher die Blindheit eintritt, desto schwerwiegender sind die Folgen. Konnte solchen Kindern durch eine Operation das Augenlicht wiedergegeben werden, folgte ein enormer

Wachstums- und Entwicklungsschub. [420] Beides – Wachstum und Entwicklung – steuert der Körper gewöhnlich mit Hilfe von Hormonen.

Wenn also für das optimale Funktionieren des Hormonhaushaltes Licht nötig ist, dann muss es über die Augen auch in jene Hirnregionen gelangen, in denen Hormone fabriziert werden. Hollwich überprüfte seine Idee bei Erwachsenen. Er entnahm Patienten mit Linsentrübung vor und nach ihrer Operation Blutproben. Die Unterschiede waren verblüffend. Während vor der Operation viele Hormonwerte von der Norm abwichen, normalisierten sie sich schnell, sobald wieder Licht in die Augen fiel: Das Wachstumshormon, das Antidiuretische Hormon, das die Nierentätigkeit steuert, das Insulin und das Stresshormon Cortisol. Auch die Blutzuckerwerte stiegen wieder auf normale Level an. [420] Das Licht gelangt also tatsächlich vom Auge auf bis dahin unbekannten Bahnen zu den hormonproduzierenden Drüsen. Auch hier hatte Goethe Unrecht, als er behauptete: »Licht dringt in der Menschen Auge, nicht in das Gehirn hinein.« [526]

Inzwischen ist dieser Schleichpfad des Lichts enttarnt: Spezielle Nervenleitungen verbinden die Augen direkt mit der Steuerzentrale unseres Körpers, dem Hypothalamus. [407, 466, 492] Da von hier aus die Hormon produzierenden Drüsen gesteuert werden, kann das Licht auf deren Funktion einwirken: Auf die Sexualdrüsen, die Zirbeldrüse, die Nebennieren, die Schilddrüse und die Bauchspeicheldrüse. Hollwich nannte die Leitungen vom Auge ins Unbewusste »energetische Sehbahnen« im Unterschied zu den »optischen Sehbahnen«, die in die Sehrinde führen. [420]

Mit den Augen verhält es sich ähnlich wie mit unserer Nase: Einen Teil der Informationen erhalten wir bewusst, etwa wenn wir an einem Münsterkäse riechen. Einen anderen Teil nimmt nur unser Unterbewusstsein auf, genau wie beim VNO in unserer Nase (s. Seite 33 f.), das auf geruchsneutrale Pheromone anspricht, ohne dass wir es merken. [404, 431-438] Im Falle der Augen laufen die unbewussten Informationen über die energetischen Sehbahnen. Die durch sie übermittelten Lichtinformationen sehen wir genauso wenig, wie wir Pheromone riechen – und trotzdem beeinflussen sie uns, vom Seelenleben bis hin zu den hormonellen Kreisläufen.

Sehen mit drei Augen

Eigentlich hätten die Forscher schon viel früher darauf kommen können, dass Licht nicht nur zum Sehen da ist. Denn entwicklungsgeschichtlich alte Tiere, wie Molche und Echsen, besitzen ein »drittes Auge«, mit dem sie ihren Tag-Nacht-Rhythmus steuern. [394, 420, 464] Dieses so genannte Stirn- oder Scheitelauge wird direkt vom Licht stimuliert. Dass wir kein drittes Auge mehr auf der Stirn haben, verdanken wir der eigenartigen Wandlung dieses Organs im Laufe der Evolution: Es zog sich ins Innere des Schädels zurück, gab seine Fähigkeit, Licht zu empfangen, an die Augen ab und beschränkte sich darauf, Hormone zu produzieren. Aus dem »dritten Auge« wurde die Zirbeldrüse. Beim Menschen erhält sie ihre Lichtinformationen nicht mehr durch die Schädeldecke, sondern über die Augen: Sobald von dort ein Lichtreiz im Hypothalamus eintrifft, wird er sofort zur Zirbeldrüse weitergeleitet. Ihre Aufgabe ist es, eingehende Lichtsignale, zum Beispiel den Wechsel von Tag und Nacht, in Hormon-Botschaften für den Körper zu übersetzen. [469]

Das wollte man lange Zeit nicht wahrhaben: Noch zu Anfang des Jahrhunderts belästerten die Experten dieses etwa erbsengroße Organ als »Wurmfortsatz« des Hirns. Gerade so wie das Vomeronasalorgan sollte auch die Zirbeldrüse nur ein unnützes Relikt aus grauer Vorzeit sein. Da sie noch dazu kleine Bläschen mit Kalk, den so genannten »Hirnsand«, enthält, war der Beweis ihrer Nutzlosigkeit augenscheinlich. Die Funktion des Hirnsandes ist übrigens bis heute ungeklärt. Aber es gab zu allen Zeiten helle Köpfe: René Descartes, der große französische Mathematiker und Philosoph des 17. Jahrhunderts, hielt die Zirbeldrüse für den Sitz der Seele und spekulierte, dass sie über die Augen mit der Außenwelt in Verbindung stehen müsse – was sich über 300 Jahre später dann auch bestätigen sollte. [424, 470]

Die Zirbeldrüse ist keineswegs »evolutionärer Abfall«, sondern ein äußerst aktives Organ. Die Zirbeldrüse produziert bei allen Wirbeltieren eine ganze Reihe biologisch aktiver Substanzen, die den Forschern nach wie vor Rätsel aufgeben. [470] Von allen Hirnregionen enthält die Zirbeldrüse das meiste Serotonin. Abends beginnt sie, das Serotonin zu Melatonin umzubauen. Nachts läuft die Melatoninproduktion auf Hochtouren, gegen Morgen fällt sie wieder ab und kommt mit dem Tagesanbruch zum Erliegen. Helles Licht, mitten in der Nacht eingeschaltet, stoppt die Melatoninbildung. Dagegen genügt in der Dämmerung, die als »Umschaltphase« vom Tages- auf das Nachtprogramm fungiert, schon wenig Licht, um die Melatoninbildung empfindlich zu stören. [440, 499, 653, 655, 672, 733]

Melatonin ist ein Hormon, das als wichtigster Vermittler der Dunkelheit dient und den Tag-Nacht-Rhythmus bei allen bisher untersuchten Wirbeltieren steuert. Mit dem Blut gelangt es in den ganzen Körper: Kommt *viel* Melatonin an, wissen die Organe, dass es »draußen« finster ist, und schalten auf ihr jeweiliges Nachtprogramm um. Dauert das Signal *lange* an, dann wissen sie, dass »draußen« Winter ist – es sei denn, die Melatoninbildung wird durch künstliche Beleuchtung gestört. [447, 679, 734]

Schlaf Kindchen, schlaf

Melatonin ist plazentagängig, das heißt, es gelangt vom mütterlichen in den kindlichen Blutkreislauf. So wird der Nachwuchs bereits im Mutterleib auf sein späteres rhythmisches Leben mit regelmäßigen Hell- und Dunkelphasen eingestimmt. Nach der Geburt wird das Rhythmus-Training fortgesetzt, denn auch die Muttermilch enthält Melatonin in wechselnder Menge. Etwa neun Monate nach der Geburt haben Babys ihren eigenen Melatoninrhythmus gefunden. [440, 679] Ob das Fehlen von Melatonin in industrieller Säuglingsnahrung Auswirkungen auf das Schlafverhalten der Kinder oder gar auf die circadianen Rhythmen im späteren Leben hat, ist bislang nicht untersucht.

Immer schön im Rhythmus bleiben

Fast alle Kreaturen auf dieser Erde haben von Mutter Natur einen Tag-Nacht-Rhythmus mitbekommen. Auch wir richten unser Handeln danach aus, ob es hell oder dunkel ist. Was bleibt uns auch anderes übrig: Tag und Nacht lassen sich nun mal nicht abschaffen. Mehr noch, wir leben in einer von Rhythmen bestimmten Welt. Wer darin einigermaßen sinnvoll überleben will, muss seine Aktivitäten wohl oder übel an den Lauf der Dinge anpassen. Es gibt eine Unzahl von Rhythmen: Manche »schwingen« in einer Sekunde tausendmal, wie zum Beispiel Nervensignale. Andere, wie der Herzschlag oder das Atmen, verlaufen im Sekundentakt. Wieder andere kehren nur einmal im Jahr wieder, wie die Brutzeit vieler Tiere, der Winterschlaf oder der Vogelzug. Die meisten Stoffwechselprozesse folgen solchen biologischen Rhythmen, jede einzelne Körperzelle unterliegt diesen Schwingungen. [381, 470, 528]

Und wozu das alles? Unser Körper braucht diese automatisch ablaufenden rhythmischen Aktivitäten, um die Selbstverständlichkeiten des Lebens zu regeln, ohne dass wir groß darüber nachdenken müssen. Morgens, wenn wir aufstehen, ist unser Organismus längst »auf Betriebstemperatur« angewärmt. Herzschlag und Atmung sind so weit erhöht, dass wir mit den Tagesaktivitäten beginnen können. Bei Nachteulen kommt alles ein bisschen später und langsamer in Gang als bei Frühaufstehern, die morgens tatsächlich leistungsfähiger und wacher sind als Morgenmuffel. [444, 528]

Wachsen und Regenerieren verlegt der Körper auf die ruhigeren Abend- und Nachtstunden. Und bis wir dem Windelalter entwachsen sind, hat er gelernt, die Wasserausscheidung während der Nacht zu senken, was er fortan tut, um den Schläfer nicht unnötig zu wecken. Unser gesamter Hormonhaushalt verläuft wellenförmig – für Frauen eine leicht nachvollziehbare Tatsache. Ja, selbst wenn wir schlafen, tun wir das rhythmisch, mit den besonders erholsamen Phasen des Tiefschlafs und den leichteren Traumschlafphasen, in denen wir am Tage Erlebtes verarbeiten. [416, 420, 528]

Geburt, Krankheit und Tod – alles hat »seine Zeit«. [529] So treten die meisten Herzinfarkte vormittags und die meisten Asthmaanfälle nachts auf. Die meisten Menschen sterben in der Nacht. Dagegen setzen die Wehen häufig um Mitternacht ein, so dass viele Kinder in den frühen Morgenstunden das Licht der Welt erblicken. Bei am Tage eingeleiteten Wehen wird darauf keine Rücksicht genommen. Physiologen erwägen diese mutwillige »Rhythmusstörung« als Mitursache dafür, dass es tagsüber zu mehr Todgeburten kommt. [528]

Was die Stunde schlägt [416, 440, 663]

1:00 Uhr   häufigster Wehenbeginn
           Maximum der T-Helferzellen
2:00 Uhr   höchster Spiegel des Wachstumshormons
3:00 Uhr   Sehvermögen am schlechtesten
           Melatoninspiegel am höchsten
           Körpertemperatur am niedrigsten
4:00 Uhr   größtes Risiko für Asthmaanfälle
6:00 Uhr   niedrigster Insulinspiegel
           Blutdruck und Puls steigen an
           Cortisonspiegel steigt
           Melatoninspiegel fällt
7:00 Uhr   Heuschnupfen am heftigsten
8:00 Uhr   größtes Risiko für Herzinfarkt und Schlaganfall
           heftigste Symptome bei rheumatoider Arthritis
           Minimum der T-Helferzellen
12:00 Uhr höchste Hämoglobinkonzentration im Blut
15:00 Uhr Griffkraft, Atemfrequenz und Reflexe maximal
16:00 Uhr Körpertemperatur, Puls, Blutdruck am höchsten
18:00 Uhr stärkster Harnfluss

21:00 Uhr niedrigste Schmerzschwelle
23:00 Uhr größtes Risiko für allergische Reaktionen

Wie alle Körpervorgänge verlaufen auch die Entgiftungsprozesse rhythmisch, so dass Arzneimittel je nach Tageszeit unterschiedlich schnell wirken: Das bewährte Herzmittel Digitalis ist nachts 40-mal so wirksam wie tagsüber. [528] Nur langsam setzt sich dieses Wissen durch, sodass die Chrono-Pharmakologen ihre liebe Not haben, Klinikärzte davon zu überzeugen, ihre nicht selten lebenswichtigen Erkenntnisse in der Praxis zu berücksichtigen. [538]

Taktgefühl: Im Rhythmus des Lichts

Doch zurück zu den zahlreichen Körperrhythmen. Wo bitte kommen sie alle her? Und vor allem: Wer gibt den Takt vor? Zwar »tickt« in jeder unserer Körperzellen, in jedem Organ eine kleine »Uhr« [754], es muss aber darüber hinaus eine übergeordnete Uhr geben, eine Art Schrittmacher. Im bayerischen Andechs machten sich Rütger Wever und Jürgen Aschoff vom Max-Planck-Institut für Verhaltensphysiologie Anfang der 60er Jahre daran, diesem Schrittmacher auf die Schliche zu kommen. Nun ist die Andechser Gegend ausgesprochen idyllisch und bietet allerlei Abwechslung und Ablenkung. Um alle äußeren Einflüsse auf die inneren Rhythmen abzustellen, wurden die freiwilligen Versuchspersonen wochenlang in Wohnbunkern einquartiert: Keine Sonne, kein Sonnenuntergang, keine Uhr, keine Morgengymnastik und kein Besuch. In diesen Isolationskammern zeichneten die Forscher die Rhythmen ihrer »Häftlinge« auf: Körpertemperatur, Hormonspiegel, Schlafen und Wachen, Aktivitäts- und Ruhephasen. Sie konnten zeigen, dass wir über einen vollautomatisch laufenden inneren Schrittmacher verfügen, der sich nicht abschalten lässt: Er produziert immer Rhythmen, egal, ob es dunkel oder hell, kalt oder warm ist. [446]
Brauchen wir dann überhaupt noch das Licht? Wir brauchen es unbedingt, denn erst das Licht synchronisiert die vom Körper in Eigenregie erzeugten Rhythmen miteinander und bringt sie mit Tag und Nacht in Einklang. [387, 393, 394, 405, 414] Ohne Licht laufen die Rhythmen frei und unabhängig voneinander – und dauern zwischen 22 und 30, meistens knapp 25 Stunden. [394, 446] Gäbe es

keinen Abgleich mit dem 24-stündigen Erdentag, wären wir ständig mehr oder weniger »daneben«. Ein Fehler von einer Stunde täglich genügt, um 12 Tage später mitten in der Nacht voller Tatendrang aufzuwachen und tagsüber auch in einer wichtigen Sitzung einzunicken. So staunten auch die Bunkerbewohner in Andechs nicht schlecht, als ihnen nach gut drei Wochen ein ganzer Tag »fehlte«. Sie hatten nicht bemerkt, dass sich jeder ihrer Tage klammheimlich ein wenig verlängert hatte. Erst als man ihnen die Zeitung von »morgen« gab, glaubten sie, dass ihre inneren Uhren nachgegegangen waren. [529] Dieses einfache aber eindruckvolle Experiment zeigt: Unsere inneren Uhren laufen zwar selbsttätig, sie müssen aber jeden Morgen neu gestellt werden. Genau das geschieht mit Hilfe des Lichts: Es synchronisiert uns täglich aufs Neue mit dem Erdentag. Deshalb ist es auch kein Wunder, dass der lange gesuchte Schrittmacher unserer inneren Uhren mitten im Hypothalamus sitzt, also genau dort, wo die Lichtimpulse der energetischen Sehbahnen vom Auge her eintreffen. [464]

Die Andechser Forscher – und nach ihnen viele Forscherteams – haben natürlich auch ein bisschen an der Uhr »gedreht«. Mit Hilfe so genannter Zeitgeber testeten sie, inwieweit sich die inneren Rhythmen verschieben lassen. Es klappte: Man kann sie voneinander lösen, gegeneinander verschieben und auch wieder in Einklang mit der äußeren Welt bringen. Zum Beispiel ließ sich der Verlauf der Körpertemperatur vom Wach-Schlaf-Rhythmus trennen, sodass die niedrigste Temperatur nicht mehr in die Schlafphase fiel. Am besten gelang das »Verdrehen« der inneren Uhren mit sehr hellem Licht. Normale Innenraumbeleuchtung, soziale Kontakte, die Umgebungstemperatur, körperliche Anstrengung und Gewohnheiten wie Dienstpläne oder Essenszeiten helfen zwar auch, unsere Körperrhythmen zu koordinieren, ihr Einfluss ist im Vergleich zum Licht jedoch geringer. [446, 499, 500]

Auch schwache elektromagnetische Felder beeinflussen die Körperzyklen: Sie lassen einige Rhythmen abflachen und bremsen die Hormonausschüttung der Zirbeldrüse. [446, 448, 502, 514, 681] Welchen Einfluss Radiowecker, Fernseher und Computer auf unsere biologischen Rhythmen haben, lässt sich dennoch bis heute nicht sagen, denn es fehlt auch hier an systematischen Untersuchungen.

Zudem sind die Zusammenhänge komplex: Nicht jeder ist gleichermaßen empfindlich, nicht alle Felder wirken zu allen Zeiten, und wer genug Tageslicht abbekommt, scheint den elektrischen Einflüssen gegenüber besser gewappnet zu sein. [502] Fest steht jedoch: Wir brauchen zur Synchronisation unserer Rhythmik das Licht, am besten Tageslicht. Es ist der stärkste Zeitgeber des Menschen und »dreht« am stärksten am Rädchen unserer inneren Uhren. [393, 394]

Es muss auch dafür nicht zwangsläufig über die Augen einfallen. Chronobiologen an der amerikanischen Cornell-Universität fanden heraus, dass auch eine Beleuchtung der Kniekehlen die inneren Uhren um bis zu drei Stunden verstellen kann. [648] So vermag ein Minirock nicht nur den Betrachter zu erfreuen, sondern darf seither auch als Beitrag zur öffentlichen Gesundheitspflege angesehen werden.

Damit gerät die alte Vorstellung, dass Säugetiere Lichtimpulse nur über die Augen weiterleiten können, endgültig ins Wanken. Fraglich ist eigentlich nur noch, wie das Licht vom Knie ins Gehirn gelangt. Eine der populärsten Hypothesen stammt von dem amerikanischen Psychobiologen Dan Oren. Er geht davon aus, dass die Lichtinformationen über das Blut transportiert werden: Als Rezeptor könnte der rote Blutfarbstoff Hämoglobin fungieren. Er ist in seiner Struktur dem pflanzlichen Sonnenlichtrezeptor Chlorophyll ähnlich und ebenso lichtempfindlich. Oren stellt sich die Signalübertragung so vor: Das Licht spaltet vom roten Blutfarbstoff Stickoxid und Kohlenmonoxid ab. Beide Gase dienen als wichtige Botenstoffe, die mit dem Blut in den ganzen Körper gelangen. Vom Stickoxid ist bekannt, dass es die innere Uhr verstellen kann. Und vom Licht wissen wir, dass es die Stickoxid-Spiegel im Blut erhöht.
[648, 673, 674]

Andere Forscher haben zwei lichtempfindliche Eiweiße in Verdacht, die sie Cryptochrome nannten. [736] Sie kommen nicht nur reichlich im Hypothalamus vor, sondern auch an jenen Stellen der Netzhaut, die nicht-visuelle Informationen zum Gehirn weiterleiten. Wenn diese Areale bei Blinden intakt sind, zeigen sie einen völlig normalen Tag-Nacht-Rhythmus. Da die Cryptochrome auch in Hautzellen nachgewiesen werden konnten, sind sie ebenfalls gute Kandidaten für die Weiterleitung von Lichtinformationen über die Haut. [760-762]

Gene im Uhrwerk

Inzwischen wurde sogar eine Art »innere Stoppuhr« entdeckt, die dafür zuständig ist, Zeitintervalle zu messen. [757] Längst haben die Molekularbiologen im Erbgut von Fliegen, Mäusen und Menschen die Schlüsselgene »period«, »timeless«, »clock«, »cry« und »cycle« gefunden. [760] Sie bilden das Kernstück der inneren Uhren. Mit Hilfe dieser Gene und ihrer Produkte sollen künftig Medikamente gegen Jetlag, Schlafstörungen, winterliche Depressionen und die negativen Auswirkungen der Schichtarbeit entwickelt werden. [663] Bleibt zu hoffen, dass darüber das Licht nicht wieder in Vergessenheit gerät.

Jetlag und andere Rhythmusstörungen

In unserer technisierten Welt, die Arbeitsplätze und Freizeitvergnügen vom Tageslicht unabhängig macht, mag einem die Existenz und Bedeutung von inneren Uhren etwas antiquiert vorkommen. Wer steht schon mit den ersten Sonnenstrahlen auf und geht, wenn's dunkel wird, mit den sprichwörtlichen Hühnern ins Bett? Doch schon wenn die Uhren im März auf Sommerzeit umgestellt werden, klagen nicht wenige Zeitgenossen über Abgeschlagenheit und bleierne Müdigkeit. Mexikanische Wissenschaftler fanden in den folgenden drei Tagen sogar verminderte Testosteronspiegel bei Männern. [668]

Den Zweiflern an der Funktion innerer Uhren schlägt spätestens bei einem Langstreckenflug nach Südostasien oder Nordamerika ihr Stündlein: Sie leiden unter dem berüchtigten Jetlag. Hundemüde oder völlig überdreht finden sie nicht mehr in ihren gewohnten Tagesrhythmus. Nachts liegen sie hellwach im Bett, tagsüber könnten sie dafür im Stehen schlafen, sie sind unkonzentriert und gereizt. Sie wollen am anderen Ende der Welt normal funktionieren, obwohl ihre inneren Uhren dem Körper die Tageszeit des Abreiseortes anzeigen und sich auch noch unterschiedlich schnell auf die neue Ortszeit einstellen. Glücklicherweise ist das ganze Durcheinander nach wenigen Tagen überstanden. Am besten gelingt die Umstellung, wenn man sich an den Lichtverhältnissen des Ankunftsortes orientiert: Also tagsüber lieber spazieren gehen, anstatt sich erst mal auszuschlafen. [503]

Man muss aber nicht erst ins Flugzeug steigen, um seine Körperrhythmen durcheinander zu wirbeln: Schichtarbeitern – wozu etwa jeder fünfte Arbeitnehmer gehört – ergeht es ganz ähnlich. [741] Viele Schichtler leiden unter Schlafstörungen, Neurosen und Depressionen, Verdauungs-, Darm- und Fruchtbarkeitsstörungen, Rücken- und Muskelschmerzen sowie häufigen Virusinfektionen. [670, 738] Magengeschwüre sind bei ihnen acht mal häufiger [419, 420, 443, 528], und die Rate der Herz-Kreislauf-Erkrankungen liegt 40 Prozent höher. [737]

Unsere Körperchemie ist in der Nacht auf Ausruhen und Regenerieren eingestellt, die Körpertemperatur erreicht ihren Tiefpunkt. Deswegen sinkt die Leistungsfähigkeit dramatisch, sodass die Unfallhäufigkeit steigt. [738] Obwohl viele Schichtarbeiter die Frühschicht als die härteste empfinden, werden in der Nacht die meisten Fehler gemacht. [537] Dann sind die Reaktionszeiten verlängert, das Zeitempfinden ist verzögert: Mitten in der Nacht erscheinen uns 10 Sekunden länger als am Tage, sodass auch Geschwindigkeiten falsch eingeschätzt werden. Dazu kommt, dass unser Sehvermögen nachts zwischen 2 und 4 Uhr am schlechtesten ist. [416, 440] Das erklärt zwanglos die nächtliche Häufung von Unfällen aller Art.

Sonne, Mond und Sterne

Wir brauchen Licht – wir brauchen aber auch die Dunkelheit. Erst der Wechsel, der Rhythmus schafft den nötigen Abgleich zwischen Aktivität und Passivität, zwischen Anspannung und Entspannung. Licht und Dunkel greifen mit Hilfe des Schrittmachers im Hypothalamus und der Zirbeldrüse in alle unsere Körpervorgänge ein. Es ist wie in einem großen Orchester: Tag und Nacht geben den Takt vor, der Hypothalamus dirigiert, und die Zirbeldrüse spielt die erste Geige. Die Töne sind die zahlreichen Hormone, Botenstoffe und Nervensignale, mit denen der Körper bei Laune, leistungsfähig und gesund gehalten wird. Tonangebend in diesem Tag-Nacht-Konzert sind die beiden Botenstoffe Serotonin und Melatonin. [405,440] Egal ob Schilddrüse, Sexualdrüsen, Bauchspeicheldrüse oder Hirnanhangdrüse, sie alle hören auf die »Musik«, die vom Hypothalamus und der Zirbeldrüse zu ihnen dringt. Das heißt: Vom Blutzuckerspiegel bis zur Fortpflanzung und zum Wachstum sind alle wesentlichen körperlichen Vorgänge eng mit dem Hell-Dunkel-Rhythmus verbunden.

Sobald es Dissonanzen gibt, der Körper aus dem Takt gerät, muss bei hormonellen und psychischen Störungen daher auch an das Licht gedacht werden. Zum Beispiel beim so genannten prämenstruellen Syndrom (PMS). Frauen, die darunter leiden, bekommen einige Tage vor der Regelblutung Depressionen und Heißhungerattacken, sie werden launisch, weinerlich und ängstlich. Schon eine zweistündige Lichttherapie während der kritischen Tage sorgt dafür, dass es ihnen deutlich besser geht. [465] Doch diese Erkenntnis setzt sich nur schleppend durch. Viel populärer sind zum Beispiel hochdosierte Vitamin-B_6-Pillen, die von vielen Frauen mit PMS geschluckt werden. Im Gegensatz zur Lichtbehandlung ist ihre Wirkung fraglich. Zusätzlich besteht die Gefahr von bleibenden Nervenschäden. [664]

Auch werden bei Krankheit und Leistungsminderung gerne Umweltchemikalien bis in den Ultraspurenbereich hinein verfolgt oder Urgroßmutters Lebenswandel in jahrelangen psychotherapeutischen Sitzungen minutiös analysiert. Dabei liegen von den wenigen Ärzten und Therapeuten, die sich für die massiven Einflüsse des Lichts interessieren, viel versprechende Einzelfallberichte vor. Mit Lampen, die das Tageslicht mehr oder weniger gut nachempfinden, konnten außer PMS noch zahlreiche andere Beschwerden gebessert werden: So half das Licht bei Neurodermitis und Haarausfall, es normalisierte sprunghafte Blutzuckerwerte von Diabetikern, verminderte Wassereinlagerungen, senkte hohe Blutdruckwerte, verhinderte Karies und besserte Sehschwächen. [389, 467, 519, 520] Mit Sicherheit ließen sich durch gezielte Anwendung von Tageslicht ähnliche Resultate erzielen.

Dabei kann auch wenig Licht bemerkenswerte Effekte haben – je nachdem, *wann* es eingesetzt wird. Bereits 1967 hatte der amerikanische Gynäkologe Edmund Dewan die Idee, Frauen, deren Monatszyklus zu lange dauerte, nachts mit Licht zu behandeln: Vom 14. bis 17. Tag des Zyklus brannte auf den Nachttischen eine gewöhnliche 100-Watt-Glühbirne. Eine halbe Stunde nach dem Zubettgehen sollten die Frauen noch lesen, dann durften sie schlafen. [423] Die Ergebnisse waren frappierend: Die Zyklen der Frauen verkürzten sich beträchtlich. Dewan spekulierte, dass die Nachttischlampe den Einfluss des Mondlichts simulierte.

Dieser Gedanke ist gar nicht so abwegig, schließlich stimmen die Mondphasen in etwa mit der durchschnittlichen Zykluslänge von Frauen überein, und seit alters her gilt der rhythmisch ab- und zunehmende Mond als Symbol des weiblichen Zyklus. Immerhin hat der Sonnenlicht reflektierende Erdumkreiser in Vollmondnächten genügend Kraft, uns den Schlaf zu rauben und bei Schizophrenen eine Verschlimmerung der Symptome auszulösen. [669] Der wissenschaftlichen Gemeinde war Dewans Erklärung allerdings zu suspekt, und so wurden seine Versuchsergebnisse nicht weiter beachtet. [423] Schließlich hatte man eindeutig bewiesen, dass es sehr heller Lampen bedarf, um in die Körperrhythmen des Menschen einzugreifen. Und nun sollte eine schummrige Nachttischlampe den Hormonhaushalt regulieren? Für einen vernünftigen Wissenschaftler ein klarer Fall von Hokuspokus.

Vor wenigen Jahren machten sich Forscher aus San Diego in Kalifornien aber doch daran, die Versuche von Dewan zu wiederholen. Und simsalabim: Die Monatszyklen der Patientinnen verkürzten sich wieder, von durchschnittlich 45 auf 33 Tage. Der Effekt hielt sogar einen weiteren Monat an. Bei den Frauen der Vergleichsgruppe, die man mit gedimmtem Rotlicht im Schlafraum versorgt hatte, änderte sich dagegen nichts, ebenso bei Frauen mit normaler Zykluslänge. [423] Das kuriose Versuchsergebnis muss nicht zwangsläufig auf dem Inhalt der Bettlektüre beruhen. Vermutlich lag es tatsächlich am Licht, denn unsere Lichtempfindlichkeit ändert sich im Laufe des Tages. Tagsüber, wenn die Forscher in ihren Labors stehen und forschen, hat eine 100-Watt-Lampe keinen Einfluss. [407, 413] In dieser Zeit sind wir auf sehr helles Licht geeicht. Am Abend kann das schon ganz anders aussehen, dann reagieren wir wesentlich empfindlicher auf Lichtreize [733], schließlich beginnt mit der Dämmerung die Ruhephase des Tages, und es folgt die dunkle Nacht.

Wer weiß, vielleicht findet sich ja doch noch eine biologische Erklärung für die stimmungsvolle Wirkung eines Spaziergangs mit dem Herzallerliebsten im hellen Mondschein? In der Nacht genügt das Leuchten eines Glühwürmchens oder das entfernte Funkeln der Sterne, um uns romantisch zu stimmen. Auch für Tierphysiologen dürften die Ergebnisse der Nachttischlampen-Versuche wenig Geheimnisvolles haben: Aus der Tierproduktion ist bekannt, dass »dazwischen geschaltete Dämmerungszeiten eine stärkere Zeitgeberfunktion ausüben« als ein schlagartiges Umschalten von hell auf dunkel. [498]

Dauernde Taktlosigkeiten wie zu wenig Schlaf, grelles Licht zu nachtschlafener Zeit, zu viel Kunstlicht und zu wenig Sonne müssen gesundheitliche Folgen haben. [405, 419, 450, 498, 734] Seit etwa zwei Generationen leben wir unter solchen Bedingungen und wissen so gut wie nichts über die Auswirkungen. Gleichzeitig arbeiten Internet-Freaks und schlaflose Karrieristen an der »24-Stunden-Revolution« für alle: Einkaufen um Mitternacht, die Ferienreise um drei Uhr nachts buchen und im Morgengrauen an der Tokioter Börse handeln. [670] Doch wie sollen dann unsere Körperrhythmen richtig synchronisiert werden und unser Hormonhaushalt reibungslos funktionieren? Wie sollen unsere inneren Uhren richtig gestellt werden, wenn wir ständig und zur Unzeit unter Kunstlicht sitzen? Es imitiert nur die Helligkeit des Sonnenlichts, und auch die nur scheinbar. Gleichzeitig fördert grelles Kunstlicht die Ausschüttung von Stresshormonen. [420, 522] Am Abend verlängern wir dann mit dem Lampenlicht den Tag und stören die Melatoninbildung. [392, 407, 450, 499, 733]

Licht-Smog

Die Astronomen schimpfen, weil sie die Gestirne nicht mehr richtig erkennen können. Biologen suchen vergebens nach nachtaktiven Tieren im Stadtpark. Um die Leitstrahler, die in den Vorstädten die Kids in die Disco locken sollen, kreisen verirrte Zugvögel. Im Schein der Straßenlaternen verenden Hunderttausende von Insekten. Die Rede ist von der »Licht-Verschmutzung« in unseren Städten, in denen der Nachthimmel schon lange nicht mehr dunkel ist: Straßenbeleuchtungen, Sky-Beamer, Leuchtreklamen, Flutlichtanlagen und die Bestrahlung historischer Gebäude sorgen für einen regelrechten Licht-Smog, der die Tag-Nacht-Rhythmik der Bewohner stört. [756, 758]

Die Menschheit hat sich unter der Sonne im 24-Stunden-Takt entwickelt, und dieses Erbe tragen wir noch immer in uns. [185] Der rhythmische Wechsel von Tag und Nacht, Sommer und Winter bestimmt unsere Leistungsfähigkeit und beeinflusst unsere Gesundheit. Und damit sind wir beim vielleicht wichtigsten Effekt des natürlichen Licht- und Dunkelrhythmus: Entscheidend sind die Unterschiede, das regelmäßige Auf und Ab der Körperfunktionen! Es ist wie bei einer Schaukel: Damit sie in schönen großen Schwüngen pendelt, muss sie regelmäßig angestoßen werden. Anderenfalls flachen die Bewegungen langsam ab und kommen schließlich völlig zum Erliegen. Ausgeprägte, stabile Rhythmen stehen für Gesundheit und Fitness. [406] Und genau dafür sorgt das Sonnenlicht, es schubst unsere »Lebens-Schaukeln« tüchtig an.
Fehlt das Schaukeln, können die Körperrhythmen durcheinander geraten, und wir sind nicht mehr synchronisiert. Die Tatsache, dass

bei Blinden die Rhythmen verschiedener Hormone abflachen, zeigt schon, wie bedeutsam das Licht ist. [751] Aber auch im hohen Alter [406, 743] und bei einer Reihe von Krankheiten flachen die Rhythmen ab und desynchronisieren: So verlieren beispielsweise Patienten mit diabetischen Nervenschäden ihren Melatoninrhythmus völlig. Auch bei Depressiven und Schizophrenen sind die Körperrhythmen gestört: Ihre Melatoninkurve flacht ab, dafür schlägt das Kortison stärker aus. [406, 440, 442, 459, 678, 679] Bei Osteoporose-Kranken verschwand das rhythmische Auf und Ab im Phosphatgehalt des Blutes sowie beim Parathormon, das für den Knochenumbau verantwortlich ist. [742, 744] Bei Patienten mit Prostatakrebs kam es zur Abschwächung und zu Verschiebungen im Sekretionsrhythmus von Melatonin, Prolactin, Wachstumshormon und des Schilddrüsen-stimulierenden Hormons. [680]

Wie viele Fälle von Herzinfarkt, Übergewicht, Zuckerkrankheit, Brust- und Darmkrebs lassen sich wohl auf einen Mangel an natürlichem Sonnenlicht und/oder auf zu viel Kunstlicht zurückführen? Doch statt für mehr Tageslicht zu sorgen und bessere Lampen zu entwickeln, wird uns geraten, unsere Ernährung umzustellen und weniger Fett zu essen. Dabei empfahl schon Hippokrates (460 v. Chr.) in seiner Schrift »Über die Lebensweise« den Fettleibigen nicht etwa eine Diät, sondern möglichst häufig nackt in der Sonne umherzulaufen. [401]

Nun ist es nicht etwa so, dass sich heutzutage kaum ein Wissenschaftler für die Körperrhythmik interessiert – nur eben nicht für das Tageslicht. Kein Wunder: Mit dem Tipp, unangenehme Lampen rauszuwerfen, für ungestörten Schlaf zu sorgen und häufiger hinaus zu gehen, lässt sich nun mal nicht viel Geld verdienen. Da wendet man sich doch lieber greifbareren und lohnenderen Dingen zu, am besten solchen, die sich zu Pillen verarbeiten lassen. Zum Beispiel dem Melatonin, dem Vermittler der Dunkelheit.

Melatonin: Böses Erwachen statt erotischer Träume

In den USA, so spotteten die Kritiker, grassiere eine regelrechte »Melatonin-Madness«. Die Nachfrage nach den Pillen sei so groß, dass angeblich gar eine Melatoninknappheit drohe. In Kalifornien wurden nach einem Bericht des britischen Wissenschaftsmagazins *New Scientist* im Jahr 1995 mehr Dollar für Melatonin ausgegeben als für Aspirin – eine wahrhaft steile Karriere für einen Stoff, dessen Wirkungen und vor allem Nebenwirkungen noch immer ziemlich im Dunkeln liegen. [424, 427, 461] Der Rummel um das Melatonin ist ein krasses Beispiel dafür, wie durch geschicktes Marketing das schnelle Geld gemacht wird. Es ist ein Geschäft mit der Hoffnung der Menschen und mit ihrer Urangst vor Alter, Krankheit und Tod.

Während die Amerikaner Melatonin ganz legal und zudem spottbillig als »Nahrungsergänzungsmittel« kaufen können, gilt es nach deutschem Recht als Arzneimittel. [421, 476] Sein Verkauf wurde verboten, weil weder seine Wirksamkeit noch seine Unbedenklichkeit nachgewiesen sind. [475, 476] Doch was nützt dieses Verbot, wenn es kinderleicht ist, an den »Stoff« heranzukommen: Melatonin ist nicht nur ein beliebtes Mitbringsel von USA-Reisen, per Computer und Internet kann es jedermann direkt beim Hersteller ordern.

Melatonin: Das Froschhormon aus dem Rinderhirn

Zu Beginn der Melatoninforschung, im Jahr 1955, hatten der amerikanische Hautarzt und Biochemiker Aaron Lerner von der Yale Universität und sein japanischer Kollege Yoshiyata Takahashi nur einen einzigen Hinweis: Eine Studie aus dem Jahr 1917 erwähnte die Wirksamkeit eines Rinder-Zirbeldrüsenextraktes bei der Farbveränderung von Froschhaut (*Rana pipiens*). Dieser Eigenschaft – dem Aufhellen von Froschhaut – verdankt das Melatonin übrigens seinen Namen: Die Farbzellen in der Haut heißen *Melan*ozyten, und *-tonin* bedeutet soviel

wie zusammenziehen, da der Farbumschlag durch das Zusammenziehen der Pigmentzellen erfolgt.
Der Weg bis zur Melatoninpille war noch unendlich mühsam und lang. Nach drei Jahren schien der große Augenblick gekommen: Endlich hatte das Forscherteam mit viel Mühe eine Substanz aus Abertausenden von Rinder-Zirbeldrüsen isoliert. Sie erwies sich jedoch als völlig unwirksam – das Zeug war einfach nicht zu fassen. Kein Wunder, denn der gesuchte Stoff ist so wirksam, dass er nur in Ultraspuren vorkommt. Als klar wurde, »daß über eine Million Zirbeldrüsen gesammelt und aufbereitet werden müßten, um gerade mal 1 Milligramm Melatonin zu isolieren, wurde«, so Professor Lerner, »die Arbeit sehr entmutigend«. [439]
Doch kurz bevor Lerner die Flinte ins Korn warf, um auf empfindlichere Labormethoden zu warten, half der Zufall dem Fortschritt auf die Sprünge: Als er mit einem Kollegen den Stoffwechsel des Serotonins diskutierte, ging ihm urplötzlich ein Licht auf, und er »wusste«, wie die Formel des Melatonins aussieht. Es musste sich um eine dem Serotonin nahe verwandte Substanz handeln. Lerner kehrte in sein Labor zurück, und innerhalb einer Woche konnten er und seine Mitarbeiter den so lange gesuchten Stoff herstellen. [439]

Der neuen Zauberpille für gestresste Zivilisationsmenschen werden geradezu märchenhafte Wirkungen nachgesagt. Die Liste der Leiden, gegen die Melatonin helfen soll, erinnert an die Elixiere mittelalterlicher Bader: Als ewiger Jungbrunnen soll es das Älterwerden stoppen, die Kundschaft bleibe gar bis zum »hundertsten Geburtstag oder länger gesund und aktiv«. [425] Es soll Krebs bekämpfen, Schnupfen und AIDS ebenso wie Schizophrenie und die Alzheimer-Demenz. Es soll vor Schlaganfall, Verkalkung, Herzinfarkt, plötzlichem Kindstod und Gedächtnis- wie Libidoverlust schützen. Angeblich lindert es prämenstruelle Beschwerden, macht schlank und versetzt den Pillen-Schlucker in einen tiefen Schlaf. Wobei er dann auch noch erotisch träumen darf. [425, 426, 460, 478] Gäbe es nicht

Fußpilz und böse Schwiegermütter, Ärzte und Psychologen wären in kurzer Zeit arbeitslos, und unsere Krankenversicherung könnte aus der Portokasse der Bundesärztekammer finanziert werden. Umso mehr, als ein Wundermittel dieses Kalibers natürlich frei von Nebenwirkungen ist.
Wissenschaftlich solide Belege für diese Behauptungen fehlen noch immer.[745] Gewöhnlich handelt es sich um Spekulationen aufgrund von Experimenten mit Ratten und Mäusen. Die sind in diesem Fall jedoch als Versuchstiere denkbar ungeeignet: Als Vermittler des Tag-Nacht-Rhythmus hat das Melatonin bei nachtaktiven Nagetieren natürlich andere Auswirkungen als bei tagaktiven Exemplaren der Spezies *Homo sapiens*.[497] Auch die Menge des gebildeten Melatonins unterscheidet sich. Sie variiert bei den verschiedenen Tierarten genauso wie von Mensch zu Mensch, im Laufe des Jahres und des Lebens. Jeder von uns hat einen eigenen, für ihn typischen Tagesrhythmus in puncto Melatonin, einen »hormonellen Fingerabdruck«.[407, 419, 420, 440, 445, 458] Das alles hinderte eine Reihe von Wissenschaftlern jedoch nicht daran, sich an der verantwortungslosen Melatonin-Propaganda zu beteiligen.[426, 427]
Melatoninpillen sind – in Deutschland nicht zugelassene – Hormonpräparate, die, genau wie die Sexualhormone der Pille, in winzigsten Spuren nachhaltige Wirkungen entfalten: Schon Pillen mit einem zehntel Milligramm erhöhen den Melatoninspiegel im Blut so stark, als sei es mitten in der Nacht.[476] Manche Präparate enthalten das Fünfzigfache und mehr. Ähnliche Hormonrückstände im Kalbsschnitzel würden sicher – und zu Recht – zu erheblichen Verbraucher-Protesten führen. Was würden Sie sagen, wenn Experten Ihnen empfehlen würden, täglich eine Hand voll Antibabypillen zu schlucken, nur weil die darin enthaltenen Hormone unserem Körper unentbehrlich seien und unser Wohlbefinden beeinflussen? Und was sagen Sie dazu, dass Melatonin nicht nur synthetisch und aus Pflanzen, sondern auch aus Hirngewebe gewonnen wird? Die Möglichkeit einer Übertragung des Rinderwahnsinns bzw. der Creutzfeld-Jakob-Krankheit ist »nicht untersucht, muß aber«, so das Bundesinstitut für Arzneimittel und Medizinprodukte in Berlin, »in Betracht gezogen werden«.[475]

Lebensgefährlicher Jungbrunnen

Als Vermittler der Dunkelheit macht Melatonin vor allem müde. Die einschläfernde Wirkung ist wissenschaftlich am besten untersucht, zum Beispiel bei Senioren, Jetlag-Geplagten und Schichtarbeitern: Melatoninpillen verkürzen die Einschlafzeit, schränken aber auch die Fahrtüchtigkeit ein. [476] Im Gegensatz zu anderen Schlafmitteln wacht man am Morgen jedoch ohne »hangover« auf. [477] Von erotischen Träumen oder gar sexueller Erregtheit kann dagegen keine Rede sein. Im Gegenteil: Viele Tiere, so der Neurobiologe Fred Turek von der Nordwest Universität im US-Bundesstaat Illinois, »zeigen bei einer Behandlung mit Melatonin eine Rückbildung der Geschlechtsdrüsen«. [426] Bei finnischen Frauen mit Fruchtbarkeitsstörungen waren die Melatoninspiegel während des Tages erhöht. [679] Dass das Hormon die Triebe dämpft, wusste man übrigens schon vor siebzig Jahren. 1933 schrieb der Arzt Gerhard Venzmer: »Die gegen das Geschlecht gerichtete Wirkung des Zirbelsaftes hat übrigens auch bereits ihre praktische Ausnutzung gefunden; Hormonpräparate aus dieser Drüse hat man in solchen Fällen angewandt, in denen das Auftreten geschlechtlicher Vorstellungen unerwünscht war, so bei katholischen Geistlichen, Ordensschwestern usw.« [649]

Unerwünscht ist vielen Zeitgenossen auch das Altwerden. Da der Melatoninspiegel im Blut angeblich in der Kindheit am höchsten ist, wird Melatonin als Jungbrunnen angepriesen. Nach Ansicht des Chrono-Biologen Steven Reppert von der Harvard Medical School basiert diese Behauptung jedoch »ausschließlich auf Spekulationen«, ausgehend von den Ergebnissen »einer äußerst fehlerhaften Studie«. [427] Angesprochen ist der Altersforscher Walter Pierpaoli. Er hatte senilen Mäusen während der Nacht Melatonin ins Trinkwasser geträufelt – mit dem Resultat, dass sie länger lebten. [409]

Die Versuche hatten allerdings einen kleinen Schönheitsfehler: Die Mäuse waren – wie die meisten Labormäusestämme – aufgrund eines genetischen Defekts überhaupt nicht in der Lage, in ihrer Zirbeldrüse eigenes Melatonin zu bilden. [408, 409, 426, 427] Kein Wunder, dass die Hormongaben positive Auswirkungen hatten: Die durch den Hormonmangel verkürzte Lebensspanne wurde durch das

Melatonin bestenfalls wieder normalisiert. Der Kritiker Reppert ergänzt, dass Melatonin normalerweise genau das Gegenteil bewirkt: Bei Mäusen mit intakter Zirbeldrüse verkürzt das Hormon die Lebenserwartung. Die Tiere sterben vermehrt an Krebs. [409, 427] Selbst Russel Reiter, ein Pionier der Erforschung der Zirbeldrüse und ein bekannter Melatonin-Befürworter, übt sich in Zurückhaltung: Wer Melatonin einnehme, setze sich »vielen Ungewissheiten aus«. [426]

Vor allem die Augen könnten durch Melatonin Schaden nehmen. Biologen von der Universität Virginia fanden eine innere Uhr in der Netzhaut, die die Sehfähigkeit der Augen mit Hilfe eines eigenständigen, von der Zirbeldrüse unabhängigen Melatoninrhythmus steuert. Das Augen-Melatonin sorgt für die tägliche Erneuerung der Lichtrezeptoren. Die großen Hormonmengen der Pillen könnten diesen Vorgang stören. [466, 490, 491] Der Melatonin-Spezialist Al Lewy von der Universität Portland befürchtet »unvorhergesehene Konsequenzen für die Funktion der Netzhaut«. [490]

Melatoninpillen sind weder wirkungslos noch harmlos. Sie senken die Körpertemperatur drastisch ab und greifen in die circadianen Rhythmen ein, von den Immunfunktionen bis zum Hormonhaushalt. [440, 501, 515, 539] Überall dort können die Pillen auch Schaden anrichten. Zumal es nicht nur auf die Dosis ankommt: Für die Melatoninwirkung ist es ebenso entscheidend, zu welcher Tageszeit sie eingenommen werden und wie viel Licht man vorher abbekommen hat. Schließlich entfaltet Melatonin seine Wirkungen in Abhängigkeit vom Tag-Nacht-Zyklus. Um ein Jetlag nach einem Flug in Richtung Westen zu verringern, müssten die Pillen mitten in der Nacht geschluckt werden. Mit 2 Milligramm Melatonin, am späten Nachmittag regelmäßig eingenommen, lässt sich die innere Uhr um bis zu drei Stunden vorstellen. [679]

Selbst um die Nachtruhe kann uns das »Schlafhormon« bringen: An unserer Schlafregulation sind zwei »innere Uhren« beteiligt, deren fragiles Zusammenspiel von Melatoninpillen gestört werden kann. Bei manchen Menschen »zerreißt« Melatonin den Schlaf, das heißt, sie schlafen zwar gut ein, wachen jedoch immer wieder auf. [530] Da hohe Dosen die Stimmung und die Leistungsfähigkeit beeinträchtigen können und niedrige Dosen schläfrig machen, rät das *Arznei-Telegramm* von einer Einnahme während des Tages ab. [477]

Der Begeisterung tut dies jedoch offensichtlich keinen Abbruch. Viele »Melatonin-User« schwören auf ihr Präparat. Sie schlafen nachts besser und fühlen sich tagsüber fit. Kann das sein? Es kann sein. Erfunden sind diese Berichte kaum, und das »Gut-draufsein« muss nicht nur am besseren Schlaf liegen. Die Erklärung dafür ist jedoch alles andere als beruhigend. Denn Melatonin gehört zur Stoffklasse der Indole, der auch Drogen wie LSD angehören. Speziell die Gruppe der ß-Carboline spielt als Halluzinogene in vielen Kulturen eine wichtige Rolle. Und ein solches ß-Carbolin bildet sich im Gehirn aus Melatonin von ganz allein, vor allem bei massiver Überdosierung. [474] So gesehen dürften Melatoninpräparate nicht anders als Marihuana oder Ecstasy behandelt werden. Die »Verwandschaft« zeigt sich auch darin, dass Ecstasy und Melatonin den Gehirnzellen Serotonin vorenthalten. Von Ecstasy ist inzwischen bekannt, dass es nicht nur zu Stimmungsveränderungen und Depressionen führt, sondern auch zu einer Art »Dauer-Jetlag«. Als Langzeitfolge befürchtet Stephany Biello von der Universität Glasgow, dass die inneren Uhren der Konsumenten irreversibel ruiniert werden. [656]

Für die Unverzagten, die mit allen Mitteln bis zum »hundertsten Geburtstag oder länger gesund und aktiv« bleiben wollen, vielleicht ein Tipp, der eine solidere wissenschaftliche Basis hat als das Schlucken von Melatoninpillen – selbstverständlich ohne Gewähr: Tierversuche haben gezeigt, dass neben Hunger vor allem Unterkühlung das Leben verlängert. Diäten gibt es ja wie Sand am Meer, aber mit der Kälte müsste sich doch etwas machen lassen. Wie wär's mit einem kleinen Ferien-Iglu am Nordpol? Vielleicht kann man darin sogar doppelt so alt werden wie die Werbe-Opas auf den Knoblauchpillenpackungen – gesund und aktiv versteht sich. Aber lassen wir die Späße, denn im hohen Norden ist das Leben doch eher rau. Ob unsere Vorfahren auch dann den Weg von den Tropen in die kühleren Zonen dieser Erde eingeschlagen hätten, wenn sie geahnt hätten, wie sehr uns die Sonne fehlen würde? Ihr Pioniergeist fordert bis heute seinen Tribut: Er machte uns zu Milchbubis und Bleichgesichtern.

Wozu Bleichgesichter ihre Rotbäckchen brauchen

Je weiter wir vom Äquator nach Norden reisen, desto hellhäutiger sind die »Eingeborenen«. Helle Haut bekommt jedoch leichter einen Sonnenbrand und ist anfälliger für Hautkrebs. Wäre Mutter Natur nicht gut beraten gewesen, den Nordlichtern die kaffeebraune Haut ihrer Vorfahren zu belassen, um jegliche Hautkrebsgefahr auszuschließen? Schließlich wollen auch Schweden und Finnen im Urlaub in den Süden fahren und ein bisschen Sonne tanken. Natürlich interessiert sich die Natur nicht für unsere Urlaubspläne. Sie hat dafür zu sorgen, dass wir in unserem Lebensraum zurechtkommen, dort wo wir uns täglich aufhalten. Und genau deshalb konnte sich im hohen Norden ein »Erbdefekt« durchsetzen: Die unnatürlich helle Haut, die sich unsere Ahnen vermutlich vor 10.000 Jahren zugelegt haben. [322]

Nordeuropäer brauchen ihre helle Haut, um einen lebenswichtigen Stoff zu bilden: Scheint die Sonne, dann entsteht in der Haut das Hormon »Vitamin D«. Der Name ist irreführend, denn dieses Vitamin ist gar keins. »Echte« Vitamine kann der Körper nicht selber bilden. Vitamin D stellt er dagegen in ausreichender Menge selbst her, es ist ein Hormon, so wie die Sexualhormone, mit denen es nahe verwandt ist. [411] Damit erspart uns das Sonnenlicht, täglich Lebertran essen zu müssen: Das einzige Nahrungsmittel, das von Natur aus viel Vitamin D enthält, ist Fischleber. Wie bedeutungslos die Ernährung im Vergleich zur Sonne ist, zeigten Versuche mit U-Boot-Matrosen und Freiwilligen in sonnenlosen Wohnbunkern: Trotz normaler Kost sanken die Vitamin-D-Vorräte im Blut der Probanden innerhalb von fünf Wochen auf die Hälfte. Vom Vitamin D aus der Nahrung war nichts zu entdecken. [412, 456, 479]

Bekannt ist die Funktion des Vitamin D als Spediteur: Es transportiert das Kalzium aus der Nahrung durch die Darmwand und stellt es für den Aufbau der Knochen zur Verfügung. Fehlt uns das Licht, dann verschlechtert sich die Vitamin-D-Versorgung, und in der Folge fehlt es auch an Kalzium für die Knochen. Bei Kindern kommt es zur Rachitis, das heißt zu einem weichen, missgebildeten Skelett. Bei Erwachsenen heißt die Krankheit Osteomalazie. Vor allem zu Beginn der Industrialisierung, als das Proletariat in düsteren Mietskasernen hausen musste, in die kaum je ein Sonnenstrahl gelangte, war die Rachitis gefürchtet und verbreitet. [411, 455]

Sein Vitamin D stellt der Körper aus dem vielgescholtenen Cholesterin her. In der Haut setzt er das Cholesterin den UV-Strahlen der Sonne aus, die es zu Vitamin D umwandeln. Je heller die Haut, desto mehr UV-Strahlung kommt durch, und desto leichter entsteht Vitamin D. Damit wäre klar, warum die Menschen im hohen Norden so hellhäutig sind: Je weniger die Sonne scheint, desto wichtiger ist die helle Haut, um das bisschen Licht optimal zu nutzen. Da es in Richtung Norden zudem immer kälter wird, müssen sich die Menschen auch dicker anziehen. Die wenigen Fleckchen Haut, die noch herausgucken, sollten daher besonders gute Vitamin D-Bildner sein. Das erklärt, warum rote Bäckchen bei Kindern als Zeichen blühender Gesundheit gelten: Durch diese stark durchbluteten »Fenster« zur Sonne fangen sie viel UV-Strahlung ein und können mehr Vitamin D bilden. [322]

Die Hautfarbe des Menschen entstand als Kompromiss zwischen Hautkrebs- und Rachitisgefahr: größtmöglicher UV-Schutz einerseits, optimale Vitamin-D- und Kalziumversorgung andererseits. Da in unseren gemäßigten Breiten die Risiken übers Jahr wechseln, ändern die Menschen wie ein Chamäleon die Farbe: Im strahlenarmen Winter sind wir käseweiß, im Sommer dunkeln wir nach. Bei extrem hellhäutigen, rothaarigen Menschen, die sogar unter südlicher Sonne blass bleiben, funktioniert dieser Kompromiss nicht mehr: Ihre sonnenhungrige Haut hat die Gene zur Bildung von Pigmenten als Schutz gegen UV-Strahlen aufgegeben. [322, 358]

Und trotzdem kann die Vitamin-D-Versorgung im hohen Norden knapp werden. Damit die Menschheit dort überleben konnte, musste sie nicht nur erbleichen, sondern sich auch nach einem zusätzlichen Kalziumtransporteur umsehen. Den verschaffte ihr ein zweiter »Erbdefekt« [322, 473]: Der Körper lernte, auch im Erwachsenenalter Milch zu vertragen, denn der darin enthaltene Milchzucker (Lactose) transportiert Kalzium ebenso gut wie Vitamin D. Dunkelhäutige Menschen vertragen als Erwachsene gewöhnlich keine Milch mehr: Bei ihnen geht die Fähigkeit, Lactose zu verdauen, nach dem Abstillen verloren, denn dort, wo sie leben, gibt es Sonnenschein – und damit Vitamin D – im Überfluss.

Dass Vitamin D und Milchzucker sich ersetzen können, machen uns die Flossenfüßler vor: Walrösser und Seelöwen, die Vitamin-D-reiche Fischnahrung zu sich nehmen, verzichten völlig auf Lactose in ihrer Milch.[380] Bei anderen Säugetieren gilt: Je weniger Vitamin D die Milch enthält, desto höher sind die Gehalte an Milchzucker. Das heißt auch: Je weiter wir nach Norden kommen, desto wichtiger ist die Milch zum Überleben. Sie hilft den Bleichgesichtern, die Folgen des Lichtmangels auszugleichen. Deswegen floriert in Nordeuropa die Milchwirtschaft, deswegen mögen und vertragen die meisten Hellhäutigen das umstrittene Kuhprodukt.

Der Schein trügt

Es gibt scheinbare Ausnahmen von der Regel, dass alle Nordlichter hellhäutig sind und alle dunkelhäutigen Menschen keine Milch vertragen. So sind die Eskimos in Grönland weder bleich, noch züchten sie Rinder oder trinken Eisbärenmilch. Ihre Haut ist braun, und sie kannten dennoch bis vor kurzem keine Rachitis. Es liegt daran, dass sie trotz des Lichtmangels und der dicken Kleidung keinen Milchzucker brauchen: Ihre Fischnahrung liefert reichlich Vitamin D. Für ein gesundes Skelett waren sie nie auf weiße Haut angewiesen, und so behielten sie die Hautfarbe ihrer Vorfahren. Für diese Menschen – und nur für sie – ist Vitamin D tatsächlich ein Vitamin: Es muss über die Nahrung zugeführt werden.[358]
Der Zusammenhang zwischen Hautfarbe und Breitengrad ist also nicht ganz perfekt, er folgt aber exakt den genannten Regeln. Die Bantu in Südafrika beispielsweise sind für den Breitengrad zu dunkel. Allerdings siedelten sie erst vor nicht allzu langer Zeit aus ihrer Heimat in der Nähe des Äquators ans Kap der Stürme um, wie das Kap der guten Hoffnung ursprünglich und treffender hieß.[358]
Eine andere Wanderungsbewegung bescherte den Umsiedlern ein hohes Hautkrebsrisiko. Die Rede ist von einer Strafkolonie, von den weißhäutigen Europäern, die vor zweihundert Jahren

aus dem regnerischen britischen Königreich ins sonnige Australien verfrachtet wurden. Ihre Blässe ist die Ursache für das häufige Auftreten von Hautkrebs auf dem fünften Kontinent. Die dunkelhäutigen Eingeborenen ereilt die Krankheit selten, und wenn, dann an den wenig pigmentierten Händen und Lippen. [322, 473]

Auch umgekehrt gibt es Probleme: Dunkelhäutige Menschen können im sonnenarmen Norden oft nicht ausreichend Vitamin D bilden. Ihre starke Pigmentierung verhindert, dass genügend UV-Strahlung in die Haut dringt. Deshalb kommt es im Nordwesten der USA vor allem bei Schwarzen zu Rachitis und Osteomalazie. [455] Der in den USA übliche Zusatz von Vitamin D zur Milch nützt allerdings wenig, da dunkelhäutige Erwachsene nun mal selten Milch vertragen.

In anderen Regionen dieser Erde zwangen ökologische Gegebenheiten zu Weidewirtschaft und Nomadentum. Die Massai in Ostafrika beispielsweise leben hauptsächlich von Milch, Blut und gelegentlich etwas Fleisch. Weil sie es seit vielen Generationen gewöhnt sind, vertragen auch die erwachsenen Nomaden Milchzucker. Das gleiche Bild in Indien. Die Landwirtschaft ist vom Rind als Zugtier abhängig (s. Seite 152), und die Menschen sind an Milch gewöhnt. So vertragen erheblich mehr Inder Milch, als aufgrund der relativ hohen Sonneneinstrahlung zu erwarten wäre. [322]

Chinesen waren dagegen nie auf Milch angewiesen: Sie essen viel kalziumhaltiges Blattgemüse und Sojaprodukte, sie haben – zumindest im Süden des Landes – ausreichend Sonnenschein, und ihre Landwirtschaft nutzt statt der Rinder Schweine. Und die lassen sich nun mal schlecht melken. Kein Wunder, dass Chinesen unter diesen Umständen keinerlei Milchzucker vertragen und sich vor Milch ekeln. Für sie ist es ein widerwärtiges Drüsensekret, das zu trinken ihnen ebensolche Gänsehaut bereitet wie uns die Vorstellung von einem großen Glas frischen Kuhspeichels. [322]

Dunkelhäutige Menschen vertragen also deswegen keine Milch, weil sie auf den Milchzucker als Kalziumtransporteur nicht angewiesen sind. Trinken sie trotzdem davon, bekommen sie Blähungen und Durchfälle. Vielleicht ahnen Sie jetzt die Folgen europäischer Nahrungsmittelspenden an die Dritte Welt. »Gesundes« Milchpulver gehörte einfach dazu, obwohl zum Beispiel in Zambia nur 4 Prozent der Erwachsenen Milchzucker tolerieren. In Italien sind es dagegen schon 50 Prozent, in Österreich 82 Prozent, in Deutschland 88 Prozent und in Skandinavien 99 Prozent. [358, 375]

Bliebe die Frage, wie es den 12 Prozent, also fast 10 Millionen Menschen ergeht, die im »Milchland« Deutschland keinen Milchzucker vertragen? Viele Betroffene wissen es nicht einmal und quälen sich ihr Leben lang mit Bauchschmerzen, Stuhlproblemen und Blähungen herum. Kinder, die aufgrund einer Milchzucker-Unverträglichkeit an Gedeihstörungen leiden, werden nicht selten mit Milch traktiert. Das Problem scheint manchen Ärzten noch immer unbekannt. Sie diagnostizieren stattdessen Candida-Verpilzungen, Nabelkoliken oder Schulprobleme.

Dabei gibt es ganz einfache Testverfahren: Bei Verdacht auf »Lactoseintoleranz«, wie der Fachausdruck heißt, trinkt der Patient ein Glas Wasser, in dem Milchzucker gelöst ist – und wartet, ob er Bauchgrimmen bekommt. An seinem Atem lässt sich dann messen, wie empfindlich er tatsächlich ist. [380] Manche vertragen Kaffeesahne, Joghurt, Käse oder Kakao, andere müssen alle Produkte, die Milchzucker enthalten, meiden. Bei ihnen löst Milchzucker nicht nur Blähungen und Durchfälle aus, er blockiert sogar die Kalziumaufnahme aus dem Speisebrei! [379] Kein Wunder, wenn diese Menschen später an Osteoporose, der gefürchteten Knochenentkalkung leiden. Nötigt man sie, den »wertvollen Kalziumspender« Milch zu trinken, wird die Sache nur noch schlimmer. So erklärt sich auch die paradoxe Beobachtung praktizierender Ärzte, wonach es bei Osteoporose-Patienten nicht selten zu einer Besserung kommt, wenn die Milch weggelassen wird.

Fazit: Für die meisten Menschen auf dieser Erde ist Milch ziemlich ungesund. In unserem Kulturkreis sicherte sie allerdings das Überleben: 90 Prozent der Menschen brauchen sie. Doch weil das Milchtrinken alleine für die Vitamin-D-Versorgung nicht reicht, lieben wir den Sommer und die Sonne.

Vitamin D – nicht immer eitel Sonnenschein

Natürlich gibt es Vitamin D längst auch in Pillenform und als Nahrungszusatz. Doch beides kann gefährlich werden – und natürlich die Sonne nicht ersetzen. Den Unterschied macht ein ganz besonderes Einsatzgebiet deutlich: Vitamin D ist ein bewährtes Rattengift. [376-378] Mit dem in der Sonne selbst gemachten Vitamin D ist es dagegen nicht möglich, sich zu vergiften. Dank einer Reihe von Schutzmaßnahmen stimmt der Körper die Vitamin-D-Bildung genau auf seine Bedürfnisse ab: Sobald ein gewisses Quantum erreicht ist, stellt er aus dem Cholesterin einfach kein Vitamin D mehr her, sondern zwei harmlose Vorratsformen. Sollte doch einmal zu viel Vitamin D in der Haut entstanden sein, wird es gleich an Ort und Stelle durch das Sonnenlicht wieder zerstört. [448] Ganz

---

Todesfälle durch Vitamin D

Auch gut gemeinte Vorsorgemaßnahmen können tödlich enden. Als eines schönen Tages in einer kleinen amerikanischen Molkerei der Vitamin-D-Zusatz nicht richtig verrührt worden war, mussten einige Milchtrinker diese Panne mit ihrem Leben bezahlen. [532] In einem anderen Fall enthielten Milchtüten das 500-fache der behördlich vorgeschriebenen Vitamin-D-Menge. Das führte zu erhöhten Vitamin-D-Gehalten im Blut und in der Folge zu Vergiftungen mit Gewichtsverlust, Knochenschmerzen, Wachstumsstörungen, psychischen Veränderungen und Nierenschäden. [444, 462] Auch in England und Australien gab es schon Probleme mit der Vorsorge: Durch Vitamin-D-angereicherte Säuglingsnahrung nahmen zahlreiche Kinder bis zum 25fachen der empfohlenen Vitamin-D-Menge auf und zogen sich Vergiftungen zu. [472, 480]

Bei einer Vitamin-D-Vergiftung ist die Kalzium-Aufnahme stark erhöht, der Gehalt im Blut steigt gefährlich an. In seiner Not lagert der Körper das überschüssige Kalzium in die weichen Gewebe ein, besonders in Nieren und Blutgefäße, die förmlich verkalken. Es kommt unter anderem zu Krämpfen, Muskelschwäche, Bluthochdruck und Störungen der Nierenfunktion. Das Fatale daran ist, dass sich die Symptome von Vergiftung und Vitamin-D-Mangel so sehr ähneln, dass es leicht zu Fehldiagnosen kommen kann. [472] Kinder bleiben außerdem in ihrer geistigen Entwicklung zurück, da die weichen Stellen ihrer Schädel zu schnell verknöchern und ihr Gehirn nicht mehr wachsen kann. Professor Ernst Lindner von der Universität Gießen befürchtet auch schon bei leichten Überdosierungen durch Nahrungsmittel irreversible Intelligenzdefekte. [480]

Unter diesen Gesichtspunkten muss die gängige Praxis, allen Säuglingen unterschiedslos Vitamin D zu verabreichen, und es zusätzlich auch noch der Säuglingsnahrung zuzusetzen, durchaus kritisch gesehen werden. Weil die Kalziumüberschwemmung des Körpers so gefährlich ist, warnte der Münchner Kinderarzt Herbert Mai schon in den sechziger Jahren vor einer leichtsinnigen Vitamin-D-Gabe an Babys: »Ich selbst werde beim Säugling lieber eine leichte Unter- als eine Überdosierung riskieren, lieber eine leichte Rachitis als eine leichte Kalzinose. Die Rachitis kann ich nämlich – soweit sie nicht ohnehin höchst harmlos ist – sicher beseitigen. Von der Verkalkung weiß ich es nicht. Wir Kinderärzte können nicht vorsichtig genug mit Vitamin D umgehen.« [472]

Für die Praxis heißt das: Säuglinge gehören täglich an die frische Luft. Aber nicht in die pralle Sonne, denn ihre Haut ist sehr empfindlich! Selbst bei bedecktem Himmel oder unter dem Sonnenschirm reicht eine halbe Stunde Tageslicht aus, um genügend Vitamin D zu bilden – Überdosierungen ausgeschlossen. [504, 505] anders ergeht es uns, wenn zu viel Vitamin D über Tabletten oder die Nahrung ins Blut gelangt. Dagegen gibt es keinen Schutz. Offenbar hatten wir es nie nötig, uns dagegen zu wehren: Während unserer Evolution stand stets ausreichend Sonne zur Verfügung, und die Nahrung spielt als Vitamin-D-Lieferant gewöhnlich keine Rolle.

Da Vitamin D den Kalziumstoffwechsel beeinflusst, wurde schon vor Jahren auf die Gefahr einer Arterienverkalkung durch Vitamin-D-Gaben hingewiesen. [472, 506] Inzwischen ist klar, dass erhöhte Vitamin-D-Gehalte die Blutgefäße schädigen können. Wie ist das möglich? Schauen wir das nahe verwandte Cholesterin an: Mit »normalem« Cholesterin lassen sich im Tierversuch keinerlei Veränderungen an den Arterien auslösen. [429] Dies gelingt jedoch leicht mit oxidiertem Cholesterin. Es entsteht zum Beispiel bei der Sprühtrocknung von Eipulver, das von der Lebensmittelindustrie für Kekse, Kuchen und Fertigprodukte verwendet wird. [374] Vitamin D ist im Grunde nichts anderes als ein oxidierter Verwandter des Cholesterins: Oxycholesterin und Vitamin D sind sich chemisch sehr ähnlich. Daher liegt es nahe, dass sie beide gleichermaßen zur »Verkalkung« der Arterien führen können. [486]

Für die USA wäre dieses Szenario durchaus realistisch. Als man 1992 die Vitamin-D-Gehalte von Säuglingsnahrung und Milch untersuchte, schockierten die Ergebnisse die Fachwelt: Die meisten Säuglingsnahrungen enthielten mehr als das Doppelte der deklarierten Menge. [462] Darüber hinaus ist es in den Vereinigten Staaten seit den dreißiger Jahren gängige Praxis, Milch mit Vitamin D anzureichern. Doch auch hier war der Untersuchungsbefund kein Ruhmesblatt für die Lebensmittelwirtschaft: Vor allem die fettarme Milch enthielt meist viel weniger Vitamin D als ausgewiesen. [462, 472] Die mögliche Ursache ist kaum zu glauben: Die Vitamin-Zugabe erfolgte vor dem Entrahmen. Da Vitamin D fettlöslich ist, wurde es mit dem Rahm wieder aus der Milch entfernt. [462] Dadurch müssen beachtliche Vitamin-D-Mengen in die US-Butter gelangt sein. Das würde zwanglos erklären, warum in den USA die Butter als Auslöser der Arteriosklerose gilt. Somit hätten die Molkereien der Margarineindustrie die Kundschaft besorgt. Jedenfalls wäre es lohnend, in entsprechenden Arteriosklerose- und Herzinfarkt-Studien auch die Vitamin-D-Gehalte der Nahrung zu erfassen. Bei Versuchen mit Schweinen führten bereits solche Vitamin-D-Mengen zu Arterienschäden, die denen des »average Joe«, des Durchschnitts-Amerikaners entsprachen. [486] Mit Sonnenlicht wäre das nicht passiert.

Vitamin D und Melatonin: Wie Tag und Nacht

Betrachtet man die vielfältigen Funktionen des Vitamin-D-Hormons, dann wird schnell klar, dass eine exakte Kontrolle des »richtigen« Vitamin-D-Gehaltes im Körper dringend erforderlich ist. Denn Vitamin D kann viel mehr als nur die Knochen stärken. Rezeptoren für das Hormon finden sich in vielen Körpergeweben: Zum Beispiel in Gehirn und Rückenmark, in Muskeln, Haut und Geschlechtsorganen, in der Bauchspeicheldrüse und der Schilddrüse, ja sogar in Krebszellen. [411, 441, 472] Es ist für ein funktionierendes Immunsystem und ein geregeltes Zellwachstum unentbehrlich. [747] Deshalb wird es zurzeit als Medikament gegen Brust- und Prostatakrebs getestet. [726] Vitamin D ist einer der Boten, mit dessen Hilfe uns das Sonnenlicht gesund hält: Es moduliert unsere Krankheitsabwehr, die Zellteilung, die Insulinausschüttung und den Zuckerstoffwechsel. Studien in Schweden und Nordamerika ergaben, dass die Sonnenscheindauer einer Region die Häufigkeit von Brust-, Eierstock- und Dickdarmkrebs sowie Diabetes bei Jugendlichen beeinflusst [422, 468, 507-512]: Je weniger Sonne, desto mehr Kranke zählten die Statistiker.

Indem Vitamin D die Insulinempfindlichkeit erhöht, hilft es, den Insulin- und Blutzuckerspiegel in normalen Grenzen zu halten. Zu viel Insulin fördert nicht nur die Zuckerkrankheit, sondern steht im Mittelpunkt des so genannten Syndrom X: Bei diesem, auch Metabolisches Syndrom genannten Krankheitsbild, bündeln sich viele Kennzeichen der so genannten Zivilisationsleiden: Übergewicht, hoher Blutdruck, Gicht, gestörter Zucker- und Fettstoffwechsel. [727] Die Mediziner sind hilflos und experimentieren mit allerlei Diäten, um den völlig entgleisten Stoffwechsel wieder auf die Reihe zu bringen – meist mit wenig Aussicht auf Erfolg. Vor diesem Hintergrund

ist es absolut unverständlich, dass der Einfluss des Sonnenlichts nicht intensiv erforscht wird, und dass Aufenthalte an der frischen Luft nicht stärker in die Prävention eingebunden werden.
Fehlt es uns an Sonnenlicht, sinkt die Vitamin-D-Bildung. Bekommen wir zu viel (künstliches) Licht zur falschen Zeit, gerät die Melatoninbildung aus dem Rhythmus. Beide Hormone wirken an vielen Zielorganen gemeinsam, beide werden licht- bzw. dunkelheitsabhängig gebildet, beide als Krebsschutzstoff diskutiert. Was liegt da näher, als fehlendes Tageslicht und nächtliche Helligkeit – zwei typische Kennzeichen urbaner und industrialisierter Lebensräume – als Wegbereiter mancher »Zivilisationsleiden« anzunehmen? Vitamin D und Melatonin bilden ein sich ergänzendes System, mit dessen Hilfe sich der Organismus an die täglichen und saisonalen Gegebenheiten seiner Umwelt anpasst. [441] So steuert die Sonne unseren Stoffwechsel und unser Lebensgefühl über die Augen und über die Haut. Dennoch wird die Angst vor der Sonne kräftig geschürt.

Angst vor der Sonne: Eingecremt und angeschmiert

Während die moderne Wissenschaft nur sehr allmählich die positiven Seiten der Sonne erkennt, werden wir durch drastische Schlagzeilen vor der Bedrohung durch ihre Strahlen gewarnt. Sie kennen die Argumentation: Treibgase wie FCKW verflüchtigen sich in die Atmosphäre und durchlöchern den Ozonschild. Fehlt das Ozon, kann die UV-Strahlung ungehindert auf die Erde niederbrennen. Und genau das soll die Ursache der steigenden Hautkrebszahlen sein. Die Werbung empfiehlt, kräftig zu schmieren und Kinder nur noch mit UV-undurchlässigen Textilien in die Sonne zu lassen. Ein entsprechendes Forschungsprojekt zur Entwicklung und Normierung von Sonnenschutzbekleidung wird vom Bundesforschungsministerium mit einer Dreiviertel Million DM gefördert. [682] Sonnenschutzmittel mit UV-Filtersubstanzen sorgen für ein reines Gewissen; ja sogar gewöhnliche Tagescremes werden teilweise mit hohen Lichtschutzfaktoren ausgestattet. [454] So, als wäre schon der Weg vom Parkplatz ins Büro riskant. Die Sonnencreme-Werbung erweckt den Eindruck, man sei mit dem entsprechenden Präparat des Hauses nicht nur vor Sonnenbrand, sondern auch vor Krebs geschützt. Ob die Sonnenschutzmittel dazu überhaupt in der Lage sind, ist mehr als fraglich. [489, 541, 542] Der Einfachheit halber gehen die Experten davon aus, dass schon nichts passieren wird, ist die Sonnenbrandgefahr erst mal gebannt. [541] Professor Hellmut Ippen aus Göttingen zweifelt dagegen am Nutzen von Lichtschutzfiltern in Sonnencremes. Zunächst einmal: UV ist nicht gleich UV. Die Sonne sendet uns UV-A- und UV-B-Strahlen. Um Vitamin D zu bilden, brauchen wir das UV-B. Allerdings verursacht es auch Sonnenbrand und kann die Erbsubstanz schädigen. Deshalb galt es lange Zeit als Hauptschuldiger bei der Hautkrebsentstehung. Vom UV-A nahm man hingegen an, dass es lediglich für die Sonnenbräune sorgt.

Deswegen enthielten die ersten Sonnenschutzmittel nur Filter gegen UV-B-Strahlen. So konnte man länger in der Sonne bleiben und vom UV-A schön braun werden. Inzwischen weiß man es besser: UV-A verbrennt die Haut ebenfalls, wenn auch sehr viel langsamer. Da es zudem viel tiefer als UV-B in die Haut eindringen kann, schädigt es die pigmentbildenden Zellen und das Bindegewebe. Damit sind die einst als »harmlos« eingestuften UV-A-Strahlen nicht nur für die Hautalterung verantwortlich, sondern auch für den Hautkrebs! [372, 398, 488] »Es besteht heute kein Zweifel mehr«, so Rüdiger Matthes vom Bundesinstitut für Strahlenhygiene in Oberschleißheim, »daß durch UV-Strahlung in allen Wellenlängenbändern, auch durch UV-A, Krebs ausgelöst werden kann«. [372]

Immerhin zog die Kosmetikindustrie daraus ihre Konsequenzen: Sie begann ohne viel Aufhebens, allmählich auch UV-A-Filter in die Sonnenschutzmittel zu mischen. Die Sache hat allerdings einen Haken: Sein Anteil im Sonnenlicht ist 100- bis 1000-mal größer als der des UV-B, so dass Professor Ippen die zunächst üblichen Schutzfaktoren als »kümmerlich« bezeichnet. [452] Erst seit 1995 gibt es in handelsüblichen Sonnenschutzmitteln Filtersubstanzen, die 90 Prozent der UV-A-Strahlen an der Hautoberfläche abfangen und in Wärme umwandeln. [513] Stimmt diese Angabe der Hersteller, dann dürfte man damit aber kaum noch braun werden. Zudem ist die Deklaration oft irreführend: wenn der UV-A-Schutz nicht mit einem absoluten Wert gekennzeichnet wird, sondern mit einem Sternchen-System, lässt das keine Rückschlüsse auf die tatsächliche Stärke des Filters zu.

Zanderfilet in Sonnenmilch

Falls Sie auf Lichtschutzfilter allergisch reagieren, sollten sie erwägen, Fisch von der Speisekarte zu streichen. Denn von den knapp 1.000 Tonnen Filtersubstanzen, die im Jahr 1993 allein in Deutschland hergestellt wurden, landet ein Teil irgendwann auf unseren Tellern: Eingecremte Badende verunreinigen Schwimmbäder, Seen und Flüsse damit. Von dort gelangt der »Schutzfaktor« in alles, was im Wasser kreucht und fleucht. Zwei Substanzen wurden in Fischen aus rheinland-pfälzischen Seen nachgewiesen, und nicht zu knapp: Die Mengen lagen in der gleichen Größenordnung wie bei anderen bedeutenden Umweltschadstoffen (Chlorkohlenwasserstoffen). [453]
Ein interessanter Chemie-Cocktail entsteht, wenn sich die sonnenmilchgesättigten Badegäste ins gechlorte Schwimmbadwasser begeben, denn das Chlor reagiert mit den Bestandteilen der Cremes zu allerlei fragwürdigen Umweltgiften. [452]
Damit aber nicht genug, denn die Filtersubstanzen reichern sich in der Nahrungskette und im Körperfett des Menschen an. Schließlich landen sie dort, wo sie keiner haben will: in der Muttermilch. Als man in Rheinland-Pfalz sechs Muttermilchproben auf das Vorhandensein von UV-Filtern untersuchte, waren fünf der sechs Proben belastet. [453]

Im Klartext heißt das: Sonnenschutzmittel haben entgegen der öffentlichen Meinung Krebs gefördert und nicht verhindert. [542] Denn eingecremt halten wir es länger in der Sonne aus und muten unserer Haut zu viel Strahlung zu. Die meisten UV-Filter zögern nur den Sonnenbrand hinaus. Und genau hier liegt die Crux, denn ein Sonnenbrand würde uns warnen. Er ist ein natürlicher Schutz vor Hautkrebs. Je länger der Sonnenbrand mit Sonnencremes hinausgezögert wird, desto mehr schädliches UV kann auf die Haut einwirken. Ippen bleibt da nur noch Zynismus: »Noch ist nur vage bekannt, was das UV-A alles bei der Hautalterung und dem Lichtkrebs anrichtet oder vorbereitet. Doch gibt es in den Solarien ein Massenexperiment mit unnatürlich großen UV-A-Dosen. Allerdings wird dessen Ergebnis erst in zwanzig bis dreißig Jahren vorliegen.« [452]

Schönheit aus dem Sonnenstudio: Die Seemannshaut

»Unabhängigkeit vom Wetter«, »keine weiten Reisen nötig« und »natürliche Bräune«, mit diesen Argumenten locken die Sonnenstudios ihre Kundschaft. Die Sonnenbank bietet die ersehnte Erlösung von winterlicher Blässe, die nun wirklich nicht unserem Schönheitsideal entspricht. Da loben wir uns doch die früh gealterte, faltige, aber braune Seemannshaut der Solarienfetischisten.
Weil UV-B-Strahlen nur langsam bräunen, die Haut verbrennen und zum Krebsrisiko beitragen, hatte man ihren Anteil in der UV-Strahlung der Sonnenbänke weitgehend eliminiert, sodass die Lampen fast ausschließlich UV-A aussendeten. [516] Trotz des mittlerweile unstrittigen Krebsrisikos durch UV-A wird noch immer der Eindruck erweckt, »moderne« Solarien seien sicher. Wenn schon der UV-A-Anteil des Sonnenlichts ausreicht, um die Haut anzugreifen, was richten dann erst die Kunstsonnen an? Sie strahlen ein Vielfaches der UV-A-Menge ab, die uns von der Sonne erreicht. [748] Zusätzlich fehlt ein wichtiges Warnsignal, weil der UV-B-Anteil auf ein Minimum reduziert ist, und so der »rettende« Sonnenbrand hinausgezögert wird. [373, 516]
Manchen reicht aber selbst die »normale« Bräunung auf der Sonnenbank noch nicht. Für diesen Fall halten Kosmetikfirmen spezielle Bräunungsbeschleuniger bereit, die als Wirkstoff den Eiweißbaustein Tyrosin enthalten. [484] Der Körper stellt daraus die bräunenden Melaninpigmente her. Offensichtlich funktioniert

auch das Tyrosin aus der Tube. Allerdings hat dieser Chemiebaukasten auf der Haut so seine Tücken: Nicht nur, dass die Farbstoffproduktion an ganz anderen Stellen stattfindet als bei der gewöhnlichen Sonnenbräune, es weiß auch kein Mensch, welche schädlichen Nebenprodukte dabei entstehen. [485] Da die einzelnen Hautpartien unterschiedlich schnell abschilfern, hinterlassen die »Beschleuniger«, sobald sie abgesetzt werden, einen scheckigen Teint.

Neben eingefleischten Kunstsonnenfans gehen auch viele Urlauber vor der Reise in den Süden schnell noch ein paar Mal auf die Sonnenbank. Das erspart ihnen die hämischen Blicke, die bereits gebräunte Zeitgenossen käseweißen Neuankömmlingen gerne zuwerfen. Zudem soll die künstlich vorgebräunte Haut bei der Ankunft am Ferienort vor dem lästigen Sonnenbrand schützen. Pech für die Gutgläubigen, denn unter der Röhre entsteht nicht die gleiche Bräune wie draußen in der Sonne: Ohne UV-B-Strahlen fehlt die so genannte verzögerte Bräune, die viel länger hält, als das schnell einsetzende UV-A-Braun. Das UV-B sorgt außerdem dafür, dass sich die Haut zum Schutz vor zu viel Strahlung verdickt und eine so genannte Lichtschwiele bildet. [371, 372, 540] Wer also glaubt, dass er sich im Urlaub gefahrlos der Sonne aussetzen kann, nur weil er sonnenbankbraun ist, unterliegt einer riskanten Täuschung.

Ins rechte Licht gerückt

Während sich die »harmlosen« UV-A-Strahlen als eigentliche Hautkrebsgefahr entpuppen, entdeckt man allmählich die positiven Seiten der bisher als gefährlich gebrandmarkten UV-B-Strahlung. [371, 488, 540] Mittlerweile steht fest, dass sie das sympathische Nervensystem unterstützt, die Aktivität von Enzymen erhöht, die allgemeine Krankheitsabwehr fördert, vor Infektionen schützt, die Sekretion von Hormonen anregt, den Blutdruck und den Cholesterinspiegel senkt und den Zuckerstoffwechsel verbessert. Das mit Hilfe der UV-B-Strahlung gebildete Vitamin D wiederum gilt als Schutzstoff gegen Prostata-, Darm- und Brustkrebs, Zuckerkrankheit, Osteoporose sowie das Metabolische Syndrom. [688, 747]

Für einen Schutzeffekt spricht zum Beispiel die Beobachtung, dass Herzinfarkte im Sommer und in südlichen Breiten seltener sind als im hohen Norden oder im Winter. [665, 666] Auch der gefürchtete

---

UV-Strahlung als Mastmittel

Für die Tierproduktion wurden die gesundheitlich nutzbaren Wirkungen von UV-Strahlen im ehemaligen Ostblock systematisch erforscht. [724] So konnten gezielt eingesetzte künstliche UV-Lampen die Widerstandskraft der Tiere stärken. Die Wirkung ist so ausgeprägt, dass sich damit der Antibiotika-Einsatz in der Mast deutlich eindämmen ließe. Mit etwas UV gedeihen Ferkel, Kälber und Lämmer besser und nehmen bis zu 20 Prozent mehr an Körpergewicht zu. Das entspricht dem, was Mastantibiotika und Hormone zu »leisten« vermögen. Bei Hennen steigern UV-Strahlen die Legeleistung, und in bestrahlten Bruteiern sterben weniger Embryonen ab, sodass mehr Küken schlüpfen. [396]
Bei Rindern steigt neben der Milchleistung vor allem der Milchfettgehalt, bei Altsauen erhöht UV die Fruchtbarkeit. UV-Strahlung wurde »als umweltstabilisierender Faktor« betrachtet, der den Gesundheitsstatus der Tiere verbessert und ihre Anpassungsfähigkeit an andere Umwelteinflüsse erhöht. Das alles zeigt, dass der UV-Anteil des Lichts stimulierend wirkt und eine beachtliche biologische Wirksamkeit besitzt – im Guten wie im Bösen: Genau dieselbe Strahlung bewirkt bei kranken Tieren zusätzlichen Stress. [498]
Gelohnt haben sich die Bemühungen alle Mal. Ein sowjetischer Agrarwissenschaftler schloss seine Ausführungen über den »Einfluss ultravioletter Bestrahlung auf den physiologischen Zustand und die Leistung der »Nutztiere« mit dem Hinweis, dass sich »alle Kosten, die bei der Bestrahlung von Tieren entstehen, bereits im ersten Herbst und Winter« auszahlen. [724]

Knochenabbau, der zur schmerzhaften Osteoporose führt, war bei Männern in sechs europäischen Ländern umso stärker, je weniger Sonne sie abbekamen. [667] Und während körperliche Aktivität unumstritten als gesund und lebensverlängernd gilt, hat noch niemand richtig untersucht, ob nicht ein beträchtlicher Teil der Lorbeeren, die dem Sport zugeschrieben werden, dem Licht gebühren, weil die Aktivitäten im Freien stattfanden, dort, wo uns auch die unsichtbaren UV-Strahlen der Sonne erreichen. [728]

Der schlechte Ruf des UV-B ist also übertrieben. Solange die Dosis »erythemunterschwellig«, die Haut also nicht gerötet ist, überwiegen die positiven Wirkungen. Schädlich wird es erst, wenn die Pelle rot ist: Dann unterdrückt das UV-B die Immunantwort, aktiviert Viren und beschert dem, der es mit der Sonne übertrieben hat, blühende Herpesbläschen auf der Lippe. Die Schwächung des Immunsystems geht sogar so weit, dass Tumorzellen nicht mehr angegriffen werden. [686]

Dass das UV-B für eine Reihe von positiven Reaktionen des Körpers auf ein Sonnenbad verantwortlich ist, müssen auch die Betreiber von Sonnenstudios bemerkt haben: Nach der anfänglichen Abstinenz werden seit einigen Jahren wieder Röhren mit einer etwas höheren UV-B-Strahlung hergestellt; sie liegt heute bei 0,6 bis 0,8 Prozent des UV-Anteils. [485, 658] Vielleicht blieb ja die Kundschaft aus, weil die Stimmung nicht mehr so gut wie früher war: So mancher Kunstsonnenanbeter fühlt sich nach dem Besuch im Solarium einfach wohl in seiner Haut. Auch für diese wonnigen Gefühle scheint das UV-B zuständig zu sein, denn es regt die Bildung körpereigener Opiate an und erhöht den Serotoninspiegel im Gehirn. [441]

Egal, wie wohl formuliert die Sonnenstudios für ihre hochwertigen Strahler und das angeblich so gut geschulte Personal werben – harmlos ist mutmaßlich auch die modernste Sonnenbank nicht. Sie stellt immer eine zusätzliche Strahlenbelastung dar, die noch dazu völlig anders als das natürliche Sonnenspektrum zusammengesetzt ist. In einer schwedischen Studie war das Risiko für bösartigen Hautkrebs bei jungen Frauen erhöht, die regelmäßig und vor allem im Winter die Sonnenbank benutzten. [683] Das Bundesamt für Strahlenschutz rät jedenfalls vom Solarium ab: »Grundsätzlich ist der

Gebrauch von UV-Bestrahlungsgeräten zu kosmetischen Zwecken nicht zu empfehlen.« [372]

UV-Therapie: Teufel und Beelzebub

Seit mindestens 100 Jahren ist bekannt, dass UV-Strahlung Bakterien tötet. Damals begann man, das therapeutische Potential der UV-Strahlung beim Menschen zu erforschen: Bei chirurgischen Erkrankungen und der Wundheilung, in der Kinderheilkunde und der Gynäkologie, gegen Tuberkulose, Haut- und Geschlechtskrankheiten. [401] Etabliert hat sich die Sonnen- und UV-Therapie allerdings nur bei bestimmten Hauterkrankungen wie Schuppenflechte (Psoriasis) und Akne, sowie – kombiniert mit sensibilisierenden Chemikalien – bei einigen Krebsformen. [371, 403, 654, 675]

Schon vor 2000 Jahren behandelten die Ägypter Hautkrankheiten, indem sie die befallenen Stellen mit bestimmten Pflanzenextrakten bestrichen und sie dann der Sonne aussetzten. [675] Heute nutzt man das gleiche Prinzip, verwendet jedoch UV-Strahler in Kombination mit photosensibilisierenden Substanzen. Es handelt sich um Abkömmlinge derselben pflanzlichen Inhaltsstoffe, die schon die alten Ägypter zu nutzen wussten: Psoralene machen die Haut lichtempfindlicher, sodass weniger UV-Strahlung eingesetzt werden muss. Sie können auf die Haut gestrichen oder aber eingenommen werden. Nach UV-Bestrahlung binden sich die Psoralene an die Erbsubstanz und normalisieren das übersteigerte Zellwachstum der Schuppenflechte-Patienten. [403] Da die UV-aktivierten Psoralene zugleich das Immunsystem unterdrücken, zahlen die Betroffenen den guten Erfolg jedoch mit einem erhöhten Hautkrebsrisiko. [684]

Mit Licht im sichtbaren roten und infraroten Bereich lassen sich dagegen Krebsgeschwulste sichtbar machen und behandeln. Hierzu sind ebenfalls Substanzen nötig, die die Lichtempfindlichkeit erhöhen. In diesem Fall handelt es sich um Abkömmlinge des roten Blutfarbstoffes, um so genannte Porphyrine. Sie reichern sich vor allem im Tumorgewebe an. Die Bestrahlung mit Licht führt dazu, dass die Porphyrine toxisch werden und die Krebszellen zerstören. Allerdings sind die Behandelten noch für einige Stunden danach extrem lichtempfindlich. Eine Belichtung der Haut führt zu schmerzhaften Schwellungen und unerträglichem Juckreiz. [403, 675, 746]

Risiko Sonne

Zurück in die freie Natur? Mit dem Schwinden des schützenden Ozons und dem daraus errechneten Anstieg der UV-Strahlung auf der Erde sollen zumindest auf die Bewohner Nordeuropas und Australiens wahre Epidemien des tödlichen Hautkrebses zukommen. Wenn's doch so einfach wäre! [369, 391] Einigkeit herrscht unter den Experten nur darüber, dass die Sonne »ein wesentlicher Faktor bei der Entstehung von Hautkrebs« ist. [400, 402] Das ist erstens nichts Neues und zweitens auch schon alles. Der Zusammenhang zwischen Hautkrebs und UV-Belastung ist keineswegs eindeutig. Sonst müssten die meisten Krebsfälle in Äquatornähe auftreten. Aber selbst bei der weißhäutigen Bevölkerung Australiens, die immer als Paradebeispiel für die Ozon-UV-Krebs-Theorie herhalten muss, trifft das nicht zu. In den Landesteilen, die dem Äquator am nächsten liegen, sind die Krebszahlen am niedrigsten. [487, 489]
Und außerdem: Nicht alle Hautkrebse sind gleich gefährlich. Je nachdem, welche Hautschicht betroffen ist, unterscheiden die Ärzte zwei weniger gefährliche Krebsformen (Spinaliome und Basaliome) vom bösartigen Melanom, das die pigmentbildenden Zellen befällt. [692] Die beiden erstgenannten Formen machen über 80 Prozent aller Hautkrebse aus, sind aber zum Glück in mindestens 9 von 10 Fällen heilbar. [692] Spinaliome treten meist im höheren Lebensalter auf, überwiegend im Gesicht und bei Menschen, die im Freien arbeiten und daher ihr Leben lang viel Sonne abbekamen.

Diese Hautkrebse waren früher typisch für Matrosen und Landarbeiter. [372] Doch auch bei ihrer Entstehung müssen außer der Sonne noch andere Faktoren eine Rolle spielen, zum Beispiel die erbliche Veranlagung und hautreizende Chemikalien. In den zwanziger Jahren, als die Lichttherapie eine vorübergehende Blütezeit erlebte, wandte der Chirurg Oskar Bernhard aus St. Moritz ein, er habe bei den »zahlreichen Wegmachern, Postillionen und Postkondukteuren auf den Alpenpässen, die allen Unbilden der Witterung und nebenbei der intensivsten Sonnenbestrahlung ausgesetzt sind, nie ein Hautkarzinom des Gesichtes oder der Hände gesehen«. [401] Den Hautkrebs der Seeleute führt er hauptsächlich auf die ständigen Reizungen durch die salzige Gischt und Teer zurück. Dass Teer das Hautkrebsrisiko erhöht und der Einfluss der Sonne überbewertet wird, ergab auch eine kürzlich erschienene Studie mit Arbeitern einer deutschen Teer-Raffinerie. [689]

Der so genannte Basalzellkrebs ist unter weißen Europäern der häufigste Hauttumor. Er zeigt keinen klaren Bezug zur lebenslangen UV-Belastung, sondern scheint mit der Anzahl der Sonnenbrände während der Kindheit zuzunehmen. [692] Die dritte Hautkrebsform ist der so genannte schwarze Hautkrebs: Das maligne Melanom macht zwar nur einen kleinen Teil der Hauttumoren aus, es ist aber für drei Viertel der Todesfälle durch Hautkrebs verantwortlich. Es befällt meist Menschen im mittleren Lebensalter und zwar unabhängig von der lebenslang aufgenommenen Strahlenmenge! Im Gegenteil: Wer kontinuierlich der Sonne ausgesetzt ist, bekommt seltener ein Melanom. Das Risiko steigt jedoch bei unregelmäßiger UV-Exposition und bei schweren Sonnenbränden. [397, 687] Allerdings, so Professor Robin Marks, Dermatologe an der Universität von Melbourne, ist die durch Sonnenbrand verursachte »Erhöhung des Risikos moderat«. [457] Das heißt auf gut Deutsch, dass die an die Sonne gewöhnte Haut offenbar gut damit klarkommt, während gelegentliche Exzesse im Urlaub und auf der Sonnenbank gefährlich sind.

Das bösartige Melanom korreliert auch nicht eindeutig mit dem Breitengrad. Dafür kommt es in manchen Familien gehäuft vor, ein Hinweis auf eine erbliche Veranlagung. [371, 372] Dass die Gene eine ganz entscheidende Rolle spielen, zeigt eine kurios anmutende

Beobachtung an afrikanischen Albinos, also »weißen Schwarzen«: Obwohl ihre Haut extrem empfindlich gegenüber UV-Strahlung ist und Basaliome und Spinaliome häufig sind, leiden sie genau wie ihre dunkel pigmentierten Landsleute selten an Melanomen. [398, 482] Und das, obwohl sie dauernd Sonnenbrände haben – ein totaler Widerspruch. Man kann ihn damit erklären, dass die pigmentbildenden Hautzellen von Weißen und Schwarzen unterschiedlich anfällig für den bösartigen Hautkrebs sind – sogar unabhängig davon, ob Pigmente gebildet werden oder nicht. [482]

Den UV-Strahlenschäden am Erbgut sind unsere Hautzellen nicht hilflos ausgeliefert, schließlich leben wir schon immer mit dieser Gefahr. Neben dem Bräunen und dem Dickerwerden der oberen Hautschicht werden bei chronischer UV-Bestrahlung Enzyme in der Haut aktiviert, die zellschädigende Radikale abfangen. [723] Daneben schützen mindestens zwei Reparaturmechanismen vor Dauerschäden: Da gibt es einmal die so genannte Dunkelreparatur, bei der spezielle »Putzkolonnen« (s. Seite 127) während der Nacht beschädigte DNS-Stücke ausschneiden und durch intakte ersetzen. Wie entscheidend die Dunkelreparatur als Waffe gegen den Hautkrebs ist, zeigen Menschen, die an der seltenen, tödlichen Erbkrankheit *Xeroderma pigmentosum* leiden: Ihre Haut ist extrem lichtempfindlich, da ihr die Fähigkeit zur nächtlichen Reparatur fehlt. Ihr Hautkrebsrisiko ist dramatisch erhöht, und sie erkranken bereits vor Erreichen des Erwachsenenalters. [692]

Für den zweiten Reparaturmechanismus ist Licht notwendig. Das langwellige UV-A, sowie blaues und violettes sichtbares Licht, aktivieren Enzyme, die »zusammengeklebte« DNS-Stücke wieder voneinander lösen. [371, 372, 400] Gerade die ausgewogene Farb- und Strahlenkomposition des Sonnenlichts hilft also, eingetretene Schäden wieder in Ordnung zu bringen; es enthält im Gegensatz zu Lampenlicht alle notwendigen Bestandteile.

Die UV-Strahlen der Sonne können jedenfalls nicht die wichtigste Ursache des bösartigen Melanoms sein. [398] Wenn dem so wäre, müssten die bösartigen Geschwulste an den Körperstellen auftreten, die am meisten der Sonne ausgesetzt waren. Das Gegenteil ist der Fall: Sie befallen gerade solche Hautstellen, die normalerweise von Kleidung bedeckt werden. Zum Beispiel die Oberkörper von

Piloten der US-Luftwaffe. Da beim Fliegen die Belastung mit Röntgen- und radioaktiver Strahlung steigt, könnten auch diese Strahlen für das häufige Auftreten von Melanomen bei den Piloten verantwortlich sein. [487] Überhaupt findet man die meisten Melanomfälle nicht etwa bei Bauarbeitern, sondern bei Büroangestellten. [483] Mag sein, dass die ihrer Haut im Urlaub zu viel zumuten oder zu oft unter der Sonnenbank liegen. Damit lassen sich aber nicht alle Widersprüche erklären. Vielleicht sollten wir unseren angststarren Blick noch einmal von der Sonne weg auf die Bürobeleuchtung werfen.

Hautkrebs durch Kunstlicht?

Kunstlicht kann nicht nur unangenehm, ermüdend und stressig, sondern auch gefährlich sein: So lösten Halogenlampen bei Mäusen Hautkrebs aus, und zwar »unter Bedingungen, die beim Menschen häufig sind«. [493] Die Tiere hatten 12 Stunden täglich unter Halogenlampen ohne Glasabschirmung gelebt, und ohne Ausnahme Tumoren entwickelt. Sowohl Mäuse unter Halogenlampen mit Glasabdeckung, die keine UV-Strahlen abbekamen, als auch Tiere, die unter Tageslicht lebten, entwickelten dagegen keinen Krebs. Wie ist das möglich? Halogenlampen ohne Abschirmung geben extrem aggressive Strahlen ab, die im Tageslicht nicht enthalten sind: Die kurzwelligen UV-C-Strahlen. Auch die Sonne sendet UV-C aus, doch die gefährlichen Strahlen werden von der Stratosphäre herausgefiltert und erreichen die Erde nicht. [369, 371]
Bis 1995 war der Verkauf von Halogenlampen ohne Glasabschirmung erlaubt. Wie viele ahnungslose Menschen bestrahlten damit tagtäglich ihre Hände, Köpfe, Nacken, Hälse und Ohren? Erst dann wurden UV-undurchlässige Gläser vorgeschrieben. [368, 531] Und was ist mit den in Büros und Fabriken weit verbreiteten Leuchtstoffröhren ohne Plastikabdeckung, die bis heute ungehindert UV-Strahlen aussenden? [496] Haben wir die Zunahme der Hautkrebshäufigkeit solchen Lampen zu verdanken? Dr. Valerie Beral von der Londoner Universität für Hygiene und Tropenmedizin wagte es als Erste, auf diese Gefahr hinzuweisen.

Leuchtstoffröhren am Arbeitsplatz verdoppeln das Hautkrebsrisiko, so lautet das Credo ihrer Studie. [483] Je länger Büroangestellte unter den Röhren arbeiteten, desto größer war das Risiko für ihre Haut. Beral hatte zusammen mit australischen Kollegen eigentlich nach einem Zusammenhang zwischen der Pille und Hautkrebs gesucht, als sie Anfang der 80er Jahre mehrere hundert Fälle von bösartigem Melanom genauer unter die Lupe nahmen. Ihre überraschenden Beobachtungen, so Beral, »konnten weder durch Unterschiede in der Sonnenlichtexposition, der Haut oder der Haarfarbe, noch durch irgend einen anderen Faktor erklärt werden«. [483] Als Auslöser blieben die Leuchtstoffröhren, deren weltweite Verbreitung parallel mit dem Anstieg der Hautkrebsrate zugenommen hatte. Beral vermutet als Ursache der Hautschäden die unnatürlich zusammengesetzten UV-Spektren der Röhren und ihren relativ hohen Anteil langwelliger UV-A-Strahlen, die tief in die Haut eindringen.

Konkrete Berechnungen stellten Forscher von der Universität in Philadelphia an. Sie maßen die UV-Strahlung verschiedener Lampen unter Arbeitsbedingungen und berechneten das Krebsrisiko für die Haut von »Innenraumarbeitern«: Danach gehen bei Menschen, die in ihrer Freizeit wenig in die Sonne kommen, bis zu zwei Drittel der gesamten krebsrelevanten Strahlenbelastung der Haut auf das Konto von Leuchtstoffröhren. Bei Sonnenanbetern sind es immerhin noch bis zu 15 Prozent. [496] Selbst wenn die in den USA gültigen Sicherheitsvorschriften eingehalten würden, so die Autoren, sei durch die Beleuchtung üblicher Arbeitsplätze mit einem Anstieg der Hautkrebsrate um 7 Prozent zu rechnen! Der lapidare Kommentar dazu: »Ob dieses zusätzliche Risiko akzeptiert werden sollte, ist eine politische Entscheidung.« [496]

Offenbar wird es akzeptiert. Während alte Halogenlampen und Leuchtstoffröhren millionenfach und unbehelligt schädliche UV-Strahlen aussenden dürfen, und womöglich für einen Teil der Melanome verantwortlich sind, lernen wir derweil, uns vor der Sonne zu fürchten. Das ist offensichtlich ökonomischer, da werden keine Mühen gescheut: Versuchstiere sitzen festgeschnallt und rasiert oder mit weit geöffneten, gelähmten Pupillen vor massiven UV-Strahlern. [372, 489] Sie können sich nicht wegdrehen, nicht blin-

zeln und ihre Pupillen verengen. Kein Wunder, wenn Augen und Haut darunter leiden. Kein Mensch würde ständig in die Sonne oder in eine grelle Lampe starren. Und außerdem ist längst bekannt, dass »Überbelichtung« den Augen schadet, zum Beispiel bei Schweißarbeiten ohne Schutzbrille oder Schneeblindheit. [371, 372] Dennoch wird aus den abstrusen Tierversuchen mit UV-Lampen auf die Schädlichkeit des Sonnenlichts geschlossen. Gleichzeitig wird tunlichst vermieden, den gesundheitlichen Wirkungen der vielfältigen Lampen in unseren Büros, Fabriken, Geschäften und Wohnungen auf den Grund zu gehen.
Niemand wird ernsthaft empfehlen, weiße Haut ungeschützt der prallen Sonne auszusetzen. Oder sich seelenruhig Sonnenbrände zuzulegen. Oder bei Veränderungen an der Haut keinen Arzt aufzusuchen. Unregelmäßig geformte und sich verändernde Hautmale, so genannte Naevi, sind gute Risikomarker für die Entstehung des bösartigen Melanoms und sollten ernst genommen werden. [691] Aber Panikmache, die noch dazu vom Risiko schädlicher und untauglicher Lampen ablenkt und den Nutzen der Sonne verschweigt, nützt niemandem. Sie treibt die Menschen zu Tausenden in die Hautkliniken, wo ihnen häufig harmlose Hautmale weggeschnitten werden. [402] Und sie schürt die Angst vor der Sonne, die wir so dringend brauchen.
Und so sitzen wir die meiste Zeit unseres Lebens im kunstlichtbeleuchteten Glashaus, um uns im Urlaub, vom »Sonnenhunger« getrieben, einer viel zu hohen Bestrahlung auszusetzen. Sicher, es gibt mittlerweile Architekten, die wissen, wie sie möglichst viel Tageslicht in die Räume bekommen und die schon etwas von Tageslichtlampen gehört haben. In modernen Hochhausbauten sind längst eifrige Lichtplaner am Werk und sorgen für Wintergärten, Sonnenschein und »Bioklima«. An den meisten Arbeitsstätten und in vielen Wohnungen herrschen dagegen noch immer trübe Aussichten: Hier brennt eine Glühbirne, deren Licht wichtige Blauanteile fehlen, dort strahlt eine unbedeckte Leuchtstoffröhre flimmernde »Farbspitzen« und UV-A-Strahlen ab. Dafür bleibt die natürliche UV-B-Strahlung ausgesperrt: Gewöhnliches Fensterglas filtert es zu fast 100 Prozent aus dem Sonnenlicht heraus. [534] Damit kriegen wir in unseren guten Stuben zu wenig UV-B ab,

womit uns auch dessen biologische Wirkungen verloren gehen. Wer sich viel im Freien aufhält, mag darüber nur lächeln – für ihn ist die richtige Innenraumbeleuchtung auch nicht so wichtig.

Alle anderen sind aber viele Stunden am Tag den unbekömmlichen Lampen ausgesetzt und kommen dafür auch noch in Sachen Tageslicht zu kurz. Das Mindeste, was wir dagegen tun können ist, die Fenster zu öffnen. Denn es ist gar nicht nötig, direkt von der Sonne beschienen zu werden, um in den Genuss der natürlichen UV-Strahlen zu kommen: Auch diffuse, vom Boden und den Wänden reflektierte Sonnenstrahlen sind wirksam – schließlich wird man auch im Schatten braun, nur eben langsamer. Außerdem sind längst »gläserne« Materialien entwickelt, die erheblich mehr vom Sonnenlicht durchlassen als herkömmliches Glas. Gleichzeitig sind sie bruchfester und besitzen bessere Dämmeigenschaften. [534] Mit ihnen kämen auch Menschen, die alt oder krank sind und das Haus nicht mehr verlassen können, zu ausreichenden Mengen der richtigen UV-Strahlen und könnten genügend Vitamin D in ihrer Haut bilden. [395]

Ozonloch und Hautkrebs: Löchrige Theorien

Bliebe aber immer noch die Frage offen, ob uns das wachsende Ozonloch in Kürze die prophezeite Hautkrebsepidemie bescheren wird. Ohne Frage werden Veränderungen in der Erdatmosphäre und in der Zusammensetzung der Sonnenstrahlen, die uns erreichen, Folgen für das Leben auf der Erde haben. [370, 526] Nur: Welche Veränderungen kommen auf uns zu und welche Folgen sind zu erwarten?

Unzählige Reportagen über die Fluorchlorkohlenwasserstoffe und ihre zerstörerische Wirkung auf die Ozonschicht haben uns über die Vorgänge in der Erdatmosphäre aufgeklärt. Wir alle wissen: Wenn die Strahlen der Sonne auf die Erdatmosphäre treffen, entsteht aus dem darin enthaltenen Sauerstoff Ozon. Die so gebildete Ozonschicht schützt die Erde vor den besonders kurzwelligen Strahlen der Sonne bis hin zum Krebs erregenden UV-C. Nun soll die Ozonschicht immer dünner werden, so dass gefährlich viele kurzwellige Sonnenstrahlen das Leben auf unserem Planeten gefährden. Diese Annahme ist zwar allgemein akzeptiert – aber deswegen noch lange nicht richtig.

Denn wenn die Ozonschicht tatsächlich dünner wird, dann treffen die Strahlen der Sonne auf den Sauerstoff darunter – und es bildet sich wiederum Ozon. Somit müsste eine dünnere Ozonschicht nicht etwa zu einer vermehrten UV-Strahlung auf der Erde, sondern stets zur Neubildung von Ozon führen. Zumindest so lange, wie unser Planet von Sauerstoff umgeben ist. Kary Mullis, Nobelpreisträger für Chemie, hat mehrfach versucht, von namhaften Ozonforschern eine Antwort auf dieses Gegenargument zu erhalten – bisher vergebens. [690]

Doch gehen wir der Einfachheit halber einmal davon aus, die Computersimulationen der Ozon-Experten würden stimmen. Nach einem ihrer Modelle erwartet uns im Laufe einer Dekade eine Ozon-Abnahme um etwa 5 Prozent, wodurch 10 Prozent mehr UV-Strahlen zur Erde gelangen sollen. [489]

Der Geologe Roger Maduro und der Physiker Ralf Schauerhammer haben die verbreiteten Horrorszenarien über das Ozonloch einmal zu »natürlichen« Veränderungen der UV-Strahlung in Beziehung gesetzt. Sie kommen zu dem Ergebnis, dass ein zehnprozentiger Anstieg der UV-Strahlung genau so gefährlich wäre wie ein Umzug von der Küste ins Mittelgebirge. Bei jeder Wandertour, die uns 500 Meter in die Höhe führt, nimmt die UV-Strahlung um 10 Prozent zu, ebenso, wenn wir dem Äquator 200 Kilometer näher kommen. Wer von Oslo nach San Francisco auswandert, verdoppelt seine UV-Belastung, steigert sie also um 100 Prozent. Und hätte eine Nordpolexpedition ihr nächstes Projekt am Äquator, würde ihre UV-Belastung auf das 50fache steigen, also 5.000 Prozent höher sein als am Pol. [489]

Die Ozonloch-Hautkrebs-Geschichte kann so, wie sie uns immer gepredigt wird, schwerlich stimmen. Zu wackelig ist die Ozon-Story und zu vielfältig sind die Einflussfaktoren beim Hautkrebs: Von der erblichen Veranlagung eines jeden Menschen, über sein individuelles Verhalten beim Sonnenbaden oder angemessene Kleidung bis zur Einnahme von Medikamenten, die die Haut sensibilisieren können. [488, 691] Dazu kommt, dass sich die individuelle

Sonnenexposition der Vergangenheit nicht vernünftig messen lässt. Man ist hier auf die persönlichen Einschätzungen der Befragten angewiesen, die schon alleine dadurch verzerrt und fehlerhaft sind, dass es heute zum »Allgemeinwissen« gehört, dass Sonnenbrände Hautkrebs fördern.

Neue Untersuchungen belegen, dass sich die Hautkrebsraten seit einigen Jahren nivellieren. In den Altersgruppen, die nach 1950 geboren sind, sinken sie bereits, ein Anstieg lässt sich nur noch bei älteren Männern der Geburtsjahre vor 1930 feststellen. [691] Bestes Beispiel ist Australien, das Horror-Szenario-Land in Sachen Hautkrebs: Im Land der Kaninchen und Kängurus stiegen die Hautkrebsraten nicht etwa in den achtziger, sondern bereits in den dreißiger Jahren. Seit etwa 15 Jahren, also seit das Ozonloch »entdeckt« wurde, nimmt der bösartige Hautkrebs nicht mehr zu. Bei den Frauen geht er bereits deutlich zurück. [481, 691]

Dazu passend legte Geheimrat Goethe seinem Götz von Berlichingen einen schönen Ausspruch in den Mund. Nein, nicht jenen, an den Sie jetzt denken, sondern diesen: »Wo viel Licht ist, ist starker Schatten.« [526] Und genau dorthin sollten empfindliche Bleichgesichter sich zurückziehen, wenn die Sonne hoch steht. Und nun: Das Wetter!

5 Alle Wetter!

Katastrophen nennen wir beim Vornamen: Wenn Tornados oder Taifune eine Bahn der Verwüstung hinterlassen, spricht der freundliche Wetteronkel im TV mit Blick auf seine Satellitenbilder von »Mireille«, »Billy« oder »Barbara«. So erreichen die Naturgewalten unser Wohnzimmer als vertraute Duzfreunde. Vorzugsweise auf anderen Kontinenten, wie im Indischen Ozean oder am Golf von Mexiko, zeigen sie ihr Gesicht als böse Wetterhexen, wenn tropische Hurrikans oder Flutwellen mit apokalyptischer Macht ganze Landstriche in Angst und Schrecken versetzen. Wir Europäer haben in den letzten Jahrzehnten Glück gehabt, dass wir vor verheerenden Frösten und sengenden Hitzewellen weitgehend verschont geblieben sind.

Bis zu unserem heutigen technisch-wissenschaftlichen Zeitalter fürchteten sich die Menschen vor dem Wetter. Überall auf der Welt hielten sie es für das Werk düsterer Mächte. Die Vorstellung von Hexen, Geistern und Göttern, die die Blüten erfrieren lassen oder die Ernten verhageln, ist wohl so alt wie die Menschheit selbst. [698] Egal ob Griechen, Römer oder Kelten, der oberste der Götter ging stets einer wichtigen Beschäftigung nach: Er machte das Wetter, schleuderte Blitze gegen Ungläubige und ließ den Donner rollen. [264]

Vom Wetter hing die Ernte ab und damit die bange Frage, ob es im kommenden Winter noch genug zu essen gäbe, oder ob eine Teuerung oder gar Hungersnot drohte. So waren Wetterpropheten und solche, die »gut Wetter machen konnten«, einst gefragter als heute die Meteorologen. Die Menschen orientierten sich für die langfristigen Prognosen an so genannten Lostagen. Das sind ganz bestimmte Tage im Jahr, vor allem zum Jahreswechsel und gegen Ende September. Aus dem Wetter dieser Tage versuchte man die Witterung der nächsten Monate vorherzusagen, um daraus den günstigsten Zeitpunkt der Aussaat, des Rebschnitts oder des Holzeinschlags abzuleiten. [264, 704]

Uns fernsehgebildeten Zeitgenossen ist von den Lostagen und dem Aberglauben nur noch der Siebenschläfer geläufig, der ungünstigstenfalls sieben Wochen Regen prophezeit. Schließlich steht für uns der Sommerurlaub und nicht mehr das reife Korn im Vordergrund. Und natürlich der sprichwörtliche »Wetterfrosch«, der seit vielen Jahrhunderten als Wetterbote galt. Oft wurden die Tiere qualvoll misshandelt, um aus ihren verzweifelten Schreien das Wetter vorherzusagen. [698, 704]

Wir verlassen uns lieber auf den Wetterbericht. Schließlich geben sich die modernen »Wetterfrösche« alle Mühe, uns das kommende Wetter exakt zu künden. Ein engmaschiges Messnetz rund um den Globus meldet pausenlos Daten zu Luftdruck, relativer Luftfeuchte und Temperatur, Satelliten erkunden mit elektronischen Augen die Wolkenbildung, Computer destillieren aus den ungeheuren Datenmengen Trends, die dann von Meteorologen in verständliche Worte gefasst werden. Und so verkündet der Nachrichtensprecher betont sachlich: »Die Regenwahrscheinlichkeit beträgt im Nordschwarzwald 50 Prozent.« Das ist so präzise wie die alte Bauernweisheit: »Wenn der Hahn kräht auf dem Mist, ändert sich's Wetter oder es bleibt, wie's ist.« Es klingt aber viel exakter.

Trotz des Einsatzes der teuersten und leistungsfähigsten Rechner durch die Wetterdienste stieg die Trefferquote ihrer Vorhersagen nicht im erhofften Umfang. Etwas enttäuscht gestehen die Meteorologen ein, »gerade die kurzfristigen, d.h. ein- bis zweitägigen Wettervorhersagen (sind) nicht selten schlechter als die langfristigen«. Und weil der teure »Blechtrottel« immer noch an gewissen Geheimnissen unserer Atmosphäre vorbeirechnet, hängt die Prognose letztlich vom Fingerspitzengefühl und der Erfahrung des Meteorologen ab, der aus den Zahlenkolonnen und Satellitenbildern »seinen« Wetterbericht herausliest. [272]

Vom Wettersinn der Frösche

Meteorologen als »Wetterfrösche« zu bezeichnen, ist wenig schmeichelhaft. Frösche haben im allgemeinen keinen »Blick« fürs Wetter. Der Laubfrosch erkennt mit seinen Glupschaugen nicht einmal, ob der Himmel klar, bewölkt oder ganz bedeckt ist. Er sieht nur seine allernächste Umgebung, und die ziemlich ungenau. [271] Den Namen

»Wetterfrosch« verdankt der Quakerich neben zahlreichen abergläubischen Vorstellungen auch seinem Verhalten in Gefangenschaft: Eingesperrt in einem Einmachglas, sitzt er bei hellem Wetter oben auf der Leiter und bei schlechtem unten. Das entspricht seiner Angewohnheit, in Freiheit bei Sonnenschein auf Bäume zu klettern und im Blattwerk verborgen (daher der Name Laubfrosch) auf Insekten zu lauern. Bei schlechtem Wetter gibt's oben nichts zu fangen. Da verkriecht er sich lieber unten im Gebüsch, um nicht seinerseits von einer hungrigen Krähe entdeckt zu werden.

In einem meteorologischen Detail stiehlt der Laubfrosch allerdings dem Mann vom Wetterdienst die Show: Da sein Körper stets die Temperatur der Umwelt annimmt, bedeutet Frost für ihn den Tod. Naht ein Kälteeinbruch, muss er sich auch bei schönem Frühlingswetter rechtzeitig und tief genug in die Erde einbuddeln, egal wie sehr ihn laue Lüfte zum konzertanten Liebeswerben einladen. Woher die Frösche die Frostwarnung bekommen, ist unbekannt. Müssten sie sich auf unsere Wettervorhersage (»die Frostwahrscheinlichkeit beträgt in sieben Zentimeter Tiefe 35 Prozent«) verlassen, wären sie in Mitteleuropa längst ausgestorben. [701]

Dieser Wettersinn ist ebenso faszinierend wie unerklärlich, und zugleich viel weiter verbreitet als gemeinhin angenommen. Für die Wissenschaft gibt es bekanntlich nur Phänomene, die sie glaubt, erklären zu können. Alles andere wird tunlichst ausgeblendet. Da gibt es zum Beispiel die Fähigkeit von Krokodilen, die Temperatur der nächsten Tage vorauszuahnen. Als wechselwarme Tiere bekommen sie bei kalter Witterung mit vollem Magen mächtig Bauchweh. Denn das Verdauen eines Pelikans oder einer Antilopenkeule dauert bei Sonnenschein vier bis sechs Tage. Wird es kalt, fängt der halbverdaute Pelikan im Magen an, zu verrotten. Droht schlechtes Wetter, lassen die Krokodile selbst dann eine Antilope laufen, wenn sie ausgehungert sind. [700]

Manchmal nutzen die Meteorologen diese Fähigkeiten von Tieren sogar zur Wettervorhersage. Seit 1970 beobachtet die sowjetische Polarflotte die Walrösser, um herauszufinden, wann das Eis bricht. Denn die Fettkolosse versammeln sich exakt 10 Tage vorher in großen Herden mitten auf dem Eis. Sobald die geschlossene Decke zerbricht, können sie von den Schollen aus fischen.« Seither

ist die planmäßige Beobachtung der Walrossherden zum wichtigsten Bestandteil der Eisvorhersage im Norden der Sowjetunion geworden«, berichtet der Zoologe Vitus B. Dröscher, »obwohl bis heute noch niemand weiß, woher die Tiere ihr Wissen haben«. [700]
Ebenso unbegreiflich ist der Wettersinn der Termiten. Die meisten von ihnen verlassen ihre Bauten nie. Eine Ausnahme machen lediglich die Geschlechtstiere. Für den Hochzeitsflug müssen sie aus den verschiedenen Termitenhügeln gleichzeitig starten. Der Flug muss am späten Abend mit dem letzten Tageslicht und schönem Wetter beginnen. So können sich die Hochzeiter in der Luft noch schnell finden, bevor die Nacht hereinbricht. Die Dunkelheit schützt sie dann vor vielen Fraßfeinden. Unmittelbar nach dem Hochzeitsflug muss es unbedingt regnen, damit die Erde aufweicht. Nur so können sich die Termitenpärchen schnell ein Loch graben und einen neuen Staat gründen. [700]
Noch rätselhafter sind die Fähigkeiten von Mauerseglern. Denn sie sind stets bestens über das Wetter im Umkreis von einigen hundert Kilometern informiert. Um satt zu werden, müssen sie in Hochdruckgebieten fliegen, weil sie ihre Beute nur im Flug fangen können. Im Gegensatz zu den wendigen Schwalben haben die Mauersegler in Bodennähe kaum Chancen, ausreichend Beute zu erwischen. [700, 701] Dauern Kälte und Regen längere Zeit an, ziehen sich einige in ihr Nest zurück, wo sie vier Hungertage überleben können. Die anderen, vor allem die noch nicht brütenden Jungvögel vom letzten Jahr, unternehmen in großen Schwärmen weite Wetterwanderungen. Sie fliegen gegen den Wind, bis sie den warmen Luftgürtel eines Hochdruckgebietes am Rande der Tiefdruckzone erreicht haben. Durch die Aufwinde finden sie dort reichlich Insekten vor. Sobald sie wissen, dass daheim die »Luft wieder rein ist«, kehren sie in ihre Nistkolonien zurück.
Ebenso kurios ist ihre Fähigkeit, jedes Jahr stets auf den Tag genau in ihr Sommerquartier in Europa zurückzukehren. Der Zeitpunkt ist aber an jedem Ort in Europa, je nach Breitengrad verschieden. Da es in ihrer Heimat am Äquator keine Jahreszeiten gibt, können die Vögel eigentlich gar nicht »wissen«, wann der Winter in Nancy, Hildesheim oder Uppsala vorbei ist. [699] Wenn die Mauersegler im

Herbst in ihre Winterquartiere nach Afrika starten, wählen sie ihre Flugroute um die Alpen danach aus, welches Wetter sie auf dem Weg zur anderen Seite des Gebirges erwartet. Um Schlechtwetterzonen zu meiden, nehmen sie enorme Umwege in Kauf, von denen sie offenbar schon vorher alle notwendigen meteorologischen Details wissen.

Tiere sind in freier Wildbahn viel stärker von den Launen des Wetters abhängig als wir Menschen. Deshalb ist für sie ein Wettersinn ebenso wichtig wie Augen und Ohren. Da jede Tierart andere Details der Wettervorhersage benötigt, wie Frostnächte, Hochdruckgebiete, Tauwetter oder Regengüsse, muss das Wetter offenbar eine differenzierte Fernwirkung ausstrahlen. Auch wenn dies den meisten Wissenschaftlern höchst spekulativ erscheint und bestenfalls ein nachsichtiges Schmunzeln hervorruft, finden es Rheuma-Patienten alles andere als komisch. Schließlich spüren auch sie jeden Wetterwechsel im Voraus schmerzlich in ihren Knochen.

Gewitterstimmung im Kühlschrank?

Aber worauf reagiert der Rheumatiker? Was registrieren Termiten? Etwa die Schwankungen von Luftdruck, Temperatur oder Luftfeuchtigkeit? Wohl kaum. Denn dann wäre es vielfach schon zu spät. Dass ganz andere Kräfte hinter dieser geheimnisvollen Wetterwirkung stecken, verrät uns ein Blick in die Küche. Milch bekommt bei herannahendem Gewitter bekanntlich einen Stich. Nach Ansicht von Milchwirtschafts-Experten liegt das an der drückenden Schwüle und damit an der Temperatur. Dummerweise tritt der Effekt sogar im hermetisch abgeriegelten Kühlschrank auf – bei garantiert konstanter Temperatur. Aber nicht nur Milch und Sahne werden sauer, auch gelatinehaltige Speisen wie Puddings oder Sülzen wollen einfach nicht gelingen und bleiben flüssig – völlig egal, ob die Küche überheizt oder kühl ist, gleichgültig, ob die Luft vom Kochen mit Wasserdampf geschwängert oder durch die Zentralheizung trocken ist.

Unter den Launen des Wettergottes leidet nicht nur die Hausfrau, sondern auch die Ernährungswirtschaft, egal ob Bäckereien, Molkereien, Brauereien oder Winzer. Bei Gewitterneigung und stürmi-

schem Wetter macht der Sauerteig Sperenzchen, es kommt zu Fehlgärungen; nähert sich ein Hochdruckgebiet, so gären Hefe und Sauer in Rekordzeit, schlägt das Wetter um und es wird kälter, so braucht der Bäcker viel Geduld. [703] Mit der Temperatur hat dieses Phänomen rein gar nichts zu tun, da die Effekte auch im Gärschrank mit seinem regulierten Mikroklima auftreten.
Praktisch alle Branchen, die Naturstoffe verarbeiten, sind davon betroffen. Zigarrenhersteller beklagen brüchige Deckblätter, die nicht mehr zum Einrollen des Tabaks taugen. In Spinnereien reißen die Fäden, in Papierfabriken misslingen Hochglanz-Papiere, und Lederhersteller wissen, dass das Wetter während der Gerbung die spätere Haltbarkeit des Leders beeinflusst. Eine besonders bittere Erfahrung mussten die Druckereien machen. Beim alten Kupfertiefdruck kam es regelmäßig zu Störungen, weil die dazu erforderliche Gelatine ebenso empfindlich aufs Wetter reagierte wie in der Küche. Aufwendige Vollklimatisierung zeigte überhaupt keine Wirkung, die Gelatine war so aufsässig wie zuvor. [250]
Die Kosten für wetterbedingte Fehlchargen sind beachtlich. Anfang des letzten Jahrhunderts vermuteten Ernährungsexperten als Ursache die elektrischen Phänomene von Gewittern und »kosmische Strahlung«, aber einen Beweis blieben sie mangels Messgeräten schuldig. [702] Und heute? Bisher können die zuständigen Experten der betroffenen Branchen die Frage nach dem Wirkungsmechanismus der Wettereinflüsse nicht schlüssig beantworten. Das ist nicht weiter ungewöhnlich, da wissenschaftliche Durchbrüche oft von so genannten Außenseitern kommen. In Sachen Wetter stammen die bedeutendsten Erkenntnisse von Hans Baumer, einem Mitarbeiter einer Münchner Druckerei. Das traf die Eitelkeit der Zunft der Meteorologen so sehr, dass bei der zuständigen Bundesbehörde einem Mitarbeiter disziplinarische Konsequenzen angedroht wurden, würde er es noch einmal wagen, darüber zu sprechen. Seither herrscht eisiges Schweigen.

Aus heiterem Himmel: Sferics

Doch bevor wir darüber reden, ist es unvermeidlich, uns mit der Frage zu befassen: Wie entsteht Wetter? Die Antwort klingt simpel, die Details sind aber verteufelt kompliziert: Da sich die Erde dreht, wird ihre Oberfläche im 24-Stunden-Rhythmus auf- und abschwellend vom Energiestrom der Sonne getroffen. Und das ruft die Vielfalt der Wolkenformen, sengende Hitze, Pulverschnee, Blitzschlag und Tornados hervor. Die Sonne schickt uns erheblich mehr, als nur das sichtbare Licht: Infrarot-, Ultraviolett- und Röntgenstrahlung, aber auch Radiowellen und die schnellen Partikelströme wie Sonnenwind und Coronale Plasmaausstöße. Eigentlich braucht uns Erdlinge das herzlich wenig zu interessieren, denn die meisten »Strahlungen« aus dem All dringen nicht bis zu uns herunter. Sie werden entweder vorher vom Erdmagnetfeld abgelenkt und erscheinen uns als Nordlicht, oder sie werden von der Atmosphäre komplett »geschluckt«. Allerdings mit erheblichen Auswirkungen auf Klima und Wetter. [265, 268, 276, 279]

Die Aktivität der Sonne verändert das Erdmagnetfeld. In diesem Feld werden ständig elektrische Ladungen aufgebaut: In den äußeren Schichten der Atmosphäre sorgt die »harte« Höhenstrahlung aus dem Weltraum für die Bildung geladener Teilchen. [186, 266] Am Boden entstehen durch die natürliche Radioaktivität der Erdkruste ebenfalls elektrisch geladene Luft-Ionen. Bei schönem Wetter beträgt die Spannung etwa 300 Volt pro Meter. Dabei wirkt die Atmosphäre als Kondensator zwischen der positiv geladenen Ionosphäre und der Erde als negativem Teil dieses Kondensators. Jede Luftschicht und jede Wolke ändert diesen Schönwetterwert, wobei die Erde sogar zu plus umgepolt werden kann.

Damit sich Spannung aufbauen kann, müssen sich zunächst die positiven und negativen Ladungen trennen. Dies geschieht nach dem einfachsten Modell der Meteorologen und Physiker durch Regen, Eiskristalle und Wind. An feinste Staubkerne lagern sich Luftionen und Luftfeuchtigkeit, d. h. Wasser an und werden entsprechend ihrer Ladung, ihrem Gewicht und natürlich den jeweils vorherrschenden Luftströmungen transportiert. Dadurch kommt es zu einer Ladungstrennung innerhalb der Wolken: Oben sind sie positiv und unten negativ geladen. Innerhalb einer Wolke können die Spannungsunterschiede schließlich mehrere Millionen Volt betragen. Dem negativ geladenen Teil einer Wolke steht wiederum ein positiv geladener Erdboden gegenüber. Die Luft wirkt dabei als Isolator. Ist die Spannung groß genug, so entlädt sie sich als Blitz. [184, 267, 705]

So ein Blitz hat ein diffiziles Innenleben. Denn wir sehen nur einen kleinen Teil der Entladung, der wesentliche Vorgang ist für uns unsichtbar. Als erstes entwickelt sich der so genannte Vorblitz, auch Step-Leader genannt. Der »springt« von der Wolke aus in Etappen von etwa 50 Metern zum Erdboden. Je nach elektrischer Feldstärke ändert er mit jedem Sprung seine Richtung oder verzweigt sich. So wird der unregelmäßige Verlauf von Blitzen vorbereitet, den man auf Fotos von richtigen Blitzen sieht. Der Step-Leader ist jedoch für unser Auge wie den Fotoapparat unsichtbar [697, 705,. 706]

Der Vorblitz transportiert innerhalb weniger tausendstel Sekunden einen Teil der Ladung aus der Wolke zur Erde. Noch bevor er den Boden erreicht, schlägt ihm von dort, meist von einem erhöhten Objekt wie einem Baum oder Hochhaus, eine Fangladung entgegen. Dieser Stromimpuls rast nun mit einer Geschwindigkeit von etwa 100.000 km pro Sekunde als leuchtender Hauptblitz nach oben. Sofort wird der Blitzkanal erneut von einer unsichtbaren Zwischenentladung aus der Wolke wieder aufgefrischt. Sobald sie den Erdboden erreicht, zündet ein neuer Hauptblitz. Das Ganze wiederholt sich, bis die Ladungsunterschiede zwischen Wolke und Erde ausgeglichen sind – und geht so schnell, dass wir nur einen einzigen Blitz wahrnehmen. [697, 705, 706]

Im kilometerlangen Blitzkanal wird es bis zu dreißigtausend Grad heiß. Dabei werden die Elektronen aus den Atomhüllen gerissen, und die Luft verwandelt sich in ein elektrisch leitendes Plasma. Das wiederum wirkt als riesige Antenne, die eine langwellige Strahlung sendet. Man spricht von Impulsstrahlung, Atmospherics oder kurz Sferics. Die Sferics werden in 80 Kilometer Höhe von der Ionosphäre reflektiert und überbrücken so Tausende von Kilometern. Dadurch ist es sogar möglich, in Europa die Gewittertätigkeit in den Tropen zu messen. Die Reflexion an der Ionosphäre ist auch der Grund, warum man diese Frequenzen für den Funkverkehr nutzt. Umgekehrt hat das zur Folge, dass das Radio bei Gewitter knattert und rauscht. Sie sind die berüchtigten »atmosphärischen Störungen«. [281, 299, 705]

Potz Blitz

Blitz und Donner haben die Menschheit seit Urzeiten fasziniert. Aus Angst wurde das Naturereignis meist als göttliche Willensbekundung gedeutet. Jedoch haben zu allen Zeiten aufgeklärte Geister als Ursache natürliche Kräfte angenommen. Beim Studium der antiken Schriften kann man sich des Eindrucks nicht erwehren, dass die Menschen seit jeher ahnten, dass es Formen von »Luftelektrizität« und »Strahlungen« gibt, die wir heute als Baumer-Sferics bezeichnen. Leider hängen unsere Übersetzungen stark vom jeweiligen Zeitgeist ab und davon, was die Übersetzer den Altvorderen bereit sind, an Wissen zuzugestehen.
Wenn der Grieche Leukippos – ein Vertreter der Idee vom Atom als kleinster Einheit der Materie – um 440 v. Chr. angibt, Donner entstünde durch »das Entweichen von Feuer, das in dichten Wolken eingeschlossen gewesen ist«, so ist diese Ansicht in dem Augenblick modern, in dem wir »Feuer« mit dem heutigen Begriff »Energie« übersetzen. Andere antike Forscher vermuteten das Pressen der Luft gegen die Wolken als Ursache von Gewittern. Versteht man unter »Pressen der Luft« die Reibung von Luftmassen, die elektrische Ladung erzeugt, dann vermag auch unser wissenschaftlich-technisches Zeitalter beizupflichten. [264]
Der griechische Dichter Aristophanes (450–385 v. Chr.) versuchte in seiner Komödie »Die Wolken«, den Aberglauben an den blitzeschleudernden Göttervater Zeus durch das moderne Weltbild seiner Kollegen aus der Forschung zu ersetzen: Nicht etwa der Herrgott persönlich lasse es regnen, sondern Wind und »feuererzeugende Stoffe« [264]: »Wenn eine mit Feuchtigkeit gesättigte Wolke an die andere prallt, dann donnert es wegen ihrer Spannung«. [707]

Nun gibt es zwei unterschiedliche Arten von Sferics. Die eine entsteht wie beschrieben bei Gewitter und wird vom sichtbaren Blitzkanal gesendet und von der Ionosphäre über weite Distanzen reflektiert. Die zweite Sorte Sferics bildet sich schon im Vorfeld aus den »Dunkelblitzen« bzw. in der Atmosphäre bei Entladungen, die nicht von einem sichtbaren Blitz begleitet sind. Man bezeichnet sie in der Fachsprache als Baumer-Sferics. Sie werden nicht von der Ionosphäre reflektiert, sodass sie sich nur einige hundert Kilometer weit ausbreiten.

Späte Anerkennung: Sferics a.t.B.

Der Mann, der mit seinen privaten Mitteln die Sfericsforschung vorangebracht hat wie kein anderer, der Druckereiexperte Hans Baumer, musste sich von der deutschen Fachwelt viele Demütigungen gefallen lassen. Einige der hoch bezahlten Akademiker haben ihm wohl nie verziehen, dass ihm, der niemals studiert hatte, nicht nur bahnbrechende Entdeckungen geglückt waren, sondern dass er auch noch das physikalische Gedankengebäude mitgeliefert hatte. Auch wenn seine Verdienste in Deutschland immer noch verschwiegen werden, so erfuhr seine Arbeit inzwischen auf internationaler Ebene eine angemessene Würdigung. Die von ihm erforschten Sferics wurden von der Vereinigung der Europäischen Fachgesellschaften für Biochemie (Federation of European Biochemical Societies) als »Sferics according to Baumer« benannt. Seither heißen sie kurz Sferics a.t.B. oder Baumer-Sferics. [285]

Entscheidend ist, dass Dunkelblitze nicht auf Gewitter beschränkt sind. Auch bei heiterem Himmel entstehen ständig Ladungsunterschiede. Zum Beispiel, wenn sich ein Tiefdruckgebiet unter ein Hochdruckgebiet schiebt. Die »Reibungsfläche« zwischen den beiden Zonen lädt sich elektrisch auf. Der notwendige Spannungsausgleich erfolgt wiederum durch Dunkelblitze. Erst physikalische Filtervorgänge in der untersten Atmosphärenschicht, der Troposphäre, verleihen ihnen ihre Impulsform als Baumer-Sferics. [255, 713]

Baumer-Sferics breiten sich als Wellen aus – wie wenn wir einen Stein ins Wasser werfen – im Gegensatz zur Wasseroberfläche jedoch nicht nur ringförmig, sondern kugelförmig nach allen Seiten, und das mit Lichtgeschwindigkeit. Ihre Strahlung ist durchdringend, weder eine Klimaanlage noch ein »Faradayscher Käfig«, wie etwa Auto oder Kühlschrank, schirmen sie wirksam ab. Nach 500 Kilometern ist ihre biologisch wirksame Energie weitgehend erschöpft. Jeder Wettervorgang ist durch typische Sferics mit komplexen Signalformen gekennzeichnet. Daran lässt sich erkennen, ob beispielsweise kalte Luftmassen eintreffen, sich ein Sturm aufbaut, oder ob Wetterberuhigung eintritt. [250, 286, 288, 697, 709, 719]

Auch Baumer-Sferics haben ihren Rhythmus – vorgegeben von der Erdumdrehung und der Sonne. Bei ruhiger Wetterlage hören sie zwischen 23 und 24 Uhr Ortszeit auf, um gegen 6 Uhr in der Früh wieder aktiv zu werden. Ein erstes Maximum stellt sich gegen 11 Uhr vormittags ein. Ab 14 Uhr kommt es erneut zu einem Anstieg. Es sollte daher nicht überraschen, wenn so manch ein Biorhythmus nicht nur vom Licht, sondern auch von bestimmten Sferics gesteuert wird. [296] So entspricht die Aktivität der Honigbiene dem Aktivitätsmuster der Baumer-Sferics und nicht unbedingt dem Licht. [250] Inzwischen liegen die ersten Befunde an Säugetieren und Vögeln vor. Demnach entfalten Baumer-Sferics eindeutig biologische Wirkungen: Sie verändern die Aktivität von Rennmäusen und senken die Reisegeschwindigkeit von Brieftauben. [256, 257, 708]

Baumer hatte ursprünglich das Verhalten von Gartenameisen zur Entwicklung seiner Messsysteme genutzt. [273] Er wunderte sich, warum Ameisen manchmal trotz strahlendem Himmel lieber im Bau bleiben, statt ringsum Futter zu organisieren. Meist musste er nicht lange warten, um zu erfahren warum: Sie verkrochen sich nur dann, wenn es alsbald in Strömen goss. Irgendwoher »wussten« die Ameisen im Voraus die Wettersituation der nächsten Stunden und

Tage. Detaillierte Messungen ergaben schließlich, dass sich das Verhalten der Insekten weitgehend aus den Impulsen der Baumer-Sferics mit 28 kHz vorhersagen ließ. [250]
Manchmal besaßen die Ameisen aber die eigentümliche Angewohnheit, zu einer anderen Vorhersage zu gelangen als Baumer. Überflüssig zu sagen, dass die Ameisen immer Recht behielten. Dadurch konnte er eine weitere Gruppe von Sferics identifizieren, die das 28-kHz-Band überlagert hatten. Für die Ameisen ist die Wetterwarnung wichtig, schließlich muss der Bau rechtzeitig vor einem Regenguss wasserdicht gemacht werden. Erwarten sie einen Kälteeinbruch, verlegen sie das Innenleben ihres Nestes weiter nach unten in die gleichmäßige Wärme. [250]
Damit sind die Baumer-Sferics als elektromagnetischer Code des Wetters ideale Kandidaten für den Wettersinn der Tiere. Seine Entzifferung erlaubt einen detaillierten Einblick in die dynamischen Prozesse der Atmosphäre. [281] Wer ihn lesen kann, erfährt vielleicht noch mehr als das Wetter von morgen: »Wer den Ursprung der Winde, des Donners und des Wetters kennt«, behauptete kein Geringerer als der Arzt Paracelsus (1493–1541), »weiß auch, woher die Krankheiten kommen.« [264]

Wetterfühligkeit – alles Einbildung?

Die Feststellung, dass das Wetter unsere Befindlichkeit beeinflusst, ist weder originell noch besonders neu. Dennoch stürzte unser wissenschaftliches Jahrhundert die Branche der Wettermedizin in eine Sinnkrise: Zahlreiche Versuche, die Beschwerden mit den aktuellen Messwerten vor Ort, d. h. mit Druck, Temperatur und relativer Luftfeuchte zu verknüpfen, erbrachten wenig Greifbares. [280, 289-291, 722] Andererseits kann die Wettermedizin auf eine jahrtausendealte Tradition zurückblicken. Die ältesten Quellen datieren auf das dritte Jahrtausend vor Chr. in Mesopotamien. Aus China liegen 4.500 Jahre alte Berichte über Erkrankungen der inneren Organe in Abhängigkeit von der Wetterlage vor. Und so geht es weiter in der Geschichte der Wettermedizin über die Inkas bis zu Alexander von Humboldt. [264, 280]

Glaubt man den aktuellen Meinungsumfragen, so klagt jeder Zweite über Wetterfühligkeit: Zum Beispiel Kopfschmerzen, Schlaflosigkeit und üble Laune. Allerdings sind solche Daten mit Vorsicht zu genießen. Denn etwa die Hälfte der Betroffenen reagiert auf das Wetter, das sie beim Blick aus dem Fenster sieht. [278, 280] Und die andere Hälfte? Selbst die Zweifler an einer geheimnisvollen »Wetterstrahlung« ärgern sich darüber, dass sich die Autofahrer an manchen Tagen kollektiv durch eine besonders aggressive und unberechenbare Fahrweise auszeichnen. In Süddeutschland hat der Föhn einen sprichwörtlichen Einfluss auf die Verkehrssicherheit. Nicht einmal der Faradaysche Metallkäfig eines Pkws schirmt die Passagiere wirksam ab.

Wenn es der etablierten Wissenschaft einfach nicht gelingen will, Zusammenhänge zwischen der Befindlichkeit des Menschen und den Resultaten von Thermometer, Hygrometer und Barometer zu finden, könnte es ja auch sein, dass sie bisher schlicht das Falsche gemessen hat. Schließlich ist Wetter mehr als nur Wind, Sonne und Regen. Womöglich ahnte Alexander von Humboldt (1769–1859) derartige Trugschlüsse, als er betonte, »das Klima umfaßt alle Veränderungen der Atmosphäre, welche unsere Organe merklich affizieren«. [187, 263, 280, 298]

Wenn sich Ärzte seit jeher an der Wetterlage orientierten, dann wäre es klug, genau diese Aussagen zu überprüfen. Die gründlichsten Untersuchungen stammen von den beiden Meteorologen Hans Ungeheuer und Helmuth Brezowsky, sowie dem Arzt Hermann Kügler. Sie teilten das Wetter in sechs Phasen auf, in definierte Übergangsstufen von schönem zu schlechtem und wieder zu schönem Wetter. Die Wetterphasen sind übers Jahr immer die gleichen, sie sind unabhängig von der aktuellen Temperatur oder der relativen Luftfeuchte eines Sommers oder Winters. Prompt fanden sie und andere Forscher ausgeprägte Wettereinflüsse bei rheumatischen Beschwerden, Depressionen, Krämpfen, Migräne, Magenschmerzen, Narbenschmerzen, Herzinfarkt, Epilepsie, Asthma und Koliken, aber auch bei Wundheilungsstörungen, Verkehrsunfällen und Narkosezwischenfällen. Entsprechend den Wetterphasen änderten sich Puls und Blutdruck, Blutwerte und Augeninnendruck. [257, 260, 263, 710-715]

Aber Vorsicht: Auch beeindruckende Korrelationen sind keine Beweise für einen ursächlichen Zusammenhang. Andererseits sind einige Beziehungen schon erstaunlich lange bekannt: Hippokrates (460–375 v. Chr.), der Vater unserer Medizin, warnte ebenfalls vor chirurgischen Eingriffen bei Wetterwechseln. Auch wenn der Himmel des klassischen Hellas nicht der gleiche gewesen sein dürfte wie der heutige über Wanne-Eickel, so sind die Parallelen mit der Wetterphaseneinteilung von Ungeheuer, Brezowsky und Kügler frappierend. Auch Hippokrates beobachtete bei bestimmten Wetterlagen vermehrt Allergien und Entzündungen, bei anderen Krämpfe und Koliken.[264] Berühmt wurde seine Schrift über die Einflüsse des Wetters auf die Epilepsie. Ebenso führen die Statistiken der Inkas im alten Peru Rheuma, Gicht und Epilepsie als wetterabhängige Krankheiten auf.

Vielleicht ist ja weniger das aktuelle Wetter wirksam als das kommende. So wie das Gliederreißen des Rheumatikers dem Wetterumschwung vorauseilt und nicht erst eintritt, wenn am Horizont Regenwolken aufziehen. Das Wetter wirft seine »Baumer-Sferics« voraus, wenn sich ein Tiefdruckausläufer in 300 Kilometern Entfernung unter ein Hochdruckgebiet schiebt. Damit wäre auch erklärt, warum trotz eindeutiger Symptome der erwartete Wetterumschwung nicht immer eintritt. Nämlich dann, wenn kritische Wetterzonen in einer Entfernung von einigen hundert Kilometern vorbeiziehen, ohne das aktuelle Wetter vor Ort zu beeinflussen.

Auffällig ist der Einfluss des Wetters auf neurologische Erkrankungen. Epileptische Anfälle folgen beispielsweise auf Baumer-Sferics mit 28 kHz.[259,269] Der Tatbestand, dass die Form dieser Sferics identisch ist mit dem Aktionsimpuls von Nerven, wurde als ein Hinweis auf einen Zusammenhang gewertet.[277] Untersuchungen mit künstlichen Baumer-Sferics zeigten, dass wetterfühlige Menschen auf 10 kHz-Impulse mit Veränderungen im EEG reagieren.[550–552,716–718] Hörstürze folgen hingegen gehäuft auf Baumer-Sferics mit 12 kHz.[287,293]

Baumer-Sferics erfüllen die wichtigste Forderung der Wettermediziner an ein Wirkprinzip: Sie dringen ohne Schwächung in Wohnräume ein, auch dann, wenn es sich um Bauten aus Stahlbeton handelt.[713] Und sie wirken in Abhängigkeit von ihrer Frequenz: Manche beeinflussen die Zellteilung, sowohl von gesunden Zellen wie auch von Krebszellen, andere verändern die Gewebeatmung und Entzündungsreaktionen. Arzneimittel helfen gegen die Auswirkungen der Wetterstrahlung: Acetylsalicylsäure, bekannt als Aspirin, und bewährt zur Prophylaxe gegen Thrombosen und Herzinfarkt, bremst die sfericsbedingte Blutverdickung (Thrombozyten-Aggregation). [257, 258, 280, 283–285, 552]

Wie man Seuchen auf dumme Gedanken bringt

Neben den neurologischen Effekten, sei es Epilepsie, Migräne oder Depressionen beeinflussen Baumer-Sferics vor allem Mikroorganismen. Was für die Flora von Sauerteig oder Milch gilt, gilt auch für Krankheitserreger – egal ob von Mensch, Tier oder Pflanze. Dass Infektionskrankheiten wetterabhängig sind, weiß jeder, der sich beim ersten feuchtkalten Wetter im Herbst eine Grippe aufschnappt. Temperatur und Feuchtigkeit sind jedoch nicht die einzigen Einflussfaktoren. Seit langem ist bekannt, dass bestimmte Infektionskrankheiten wie Hirnhautentzündungen, Polyarthritis oder Scharlach vorzugsweise in bestimmten Wetterphasen zum Ausbruch kommen. [260, 263, 711, 713, 721] Unklar ist, ob das Wetter die Anfälligkeit des Menschen beeinflusst oder ob es die Pathogenität der Bakterien und Viren verändert.

Bereits in den fünfziger Jahren war man diesem Phänomen auf der Spur, ohne dass die Forscher etwas von den Baumer-Sferics ahnten. Sie arbeiteten mit Bakterienkulturen, die in Reagenzgläser eingeschmolzen waren. Einflüsse wie Luftionen, Druck oder Feuchtigkeit schieden damit von vornherein aus. Da die Reaktion der Mikroben davon abhing, ob sich ein Hoch- oder Tiefdruckgebiet näherte, vermuteten die Forscher eine »Wetterstrahlung«. [261] Mit ihr änderte sich die Vermehrungsrate, der Stoffwechsel und die Gefährlichkeit der Mikroorganismen.

Egal ob Diphtheriebakterien, Erreger von Pflanzenkrankheiten wie der Pilz *Phytophtora infestans*, der zum Beispiel 1845 den Iren die Kartoffelernte vernichtete (s. Seite 155), oder die gemeine Bäckerhefe: Alle reagierten sie in typischer Weise auf den Einfluss von

Hochdruck- und Tiefdruckgebieten, selbst dann, wenn sie durch Metall abgeschirmt und in Gläschen eingeschmolzen waren. Die Kulturen wurden sogar in einem überschweren Weltkriegspanzer hinter 25 cm Blei plus 45 cm Eisen gezüchtet. Für die durchdringenden Baumer-Sferics stellen solche »Schutzmaßnahmen« kein unüberwindliches Hindernis dar. [261]

Das Institut für Bakteriologie und Serologie der Biologischen Bundesanstalt für Land- und Forstwirtschaft in Braunschweig folgerte, dass »der Infektionserfolg in erster Linie von der Beschaffenheit der Bakterienkultur abhängt, deren Virulenz durch diejenige ›Wetterstrahlung‹ bestimmt wurde, die während der 24-stündigen Vorzüchtung der Bakterien ... herrschte ...«. [261] Bis heute steht die Forschung der Entstehung von Seuchen etwas ratlos gegenüber. Man kennt zwar vielfach die Übertragungswege, aber über die Gründe, warum manche Erreger aus heiterem Himmel hochgradig virulent werden, weiß man herzlich wenig. Dies gilt für die Seuchenzüge im Mittelalter ebenso, wie für die neuen Seuchen unserer Zeit wie Nipah, Ebola oder Hanta.

An Seuchen erkranken nicht nur Menschen, sie können das Vieh dahinraffen und Pflanzen befallen und damit die Ernte vernichten. Die Wetterabhängigkeit von Seuchen ist altbekannt. Dabei geht man stets von den bekannten Faktoren wie Temperatur oder relative Luftfeuchte aus. Krankheitserreger werden dann gefährlich, wenn sie sich mit neuen Virulenzfaktoren, d.h. einem neuen biochemischen Outfit versehen haben, eines, das das Immunsystem ihrer Opfer bisher noch nicht kennt. Es spricht aufgrund der Laborversuche wie der Beobachtung von Seuchen einiges dafür, dass elektromagnetische Wetterstrahlen das ihre zum Erfolg der Mikroorganismen beitragen. Wenn Baumer-Sferics die Mikroflora der Milch oder den Sauerteig verrückt spielen lassen, warum sollen sie dann nicht auch andere Mikroben auf »dumme Gedanken« bringen?

Zwischen den Wolken

Es gibt gute Gründe, warum diese Wetterstrahlen eine systematische Erforschung verdient haben. Einer ist, dass sich damit die Wettervorhersage sowohl erheblich verbessern als auch verbilligen ließe. Den Beweis ihrer praktischen Tauglichkeit hat ihre Messung längst erbracht. Als im Zweiten Weltkrieg keine internationalen Messnetze mehr zur Verfügung standen, Wetterprognosen aber von außerordentlicher militärischer Bedeutung waren, wurde das Verfahren von den kriegführenden Parteien systematisch genutzt. [250, 270]

Natürlich sind diese Tatbestände auch dem Deutschen Wetterdienst nicht unbekannt, schließlich ist er die gesetzlich zuständige Behörde zur Erforschung derartiger atmosphärischer Erscheinungen. [188, 297] Er veranlasste deshalb einen hausinternen Forschungsbericht, der die Bedeutung der Baumer-Sferics für die Wettervorhersage einschätzen sollte. Der Bericht kommt nach der Analyse von 56.000 Messintervallen bereits 1986 zu dem Ergebnis, dass »die ermittelten Zusammenhänge hochsignifikant (sind), d. h. die Irrtumswahrscheinlichkeit sehr viel kleiner als 0,1%«. Davon können Meteorologen angesichts ihrer bisherigen Methoden nur träumen. Der Bericht stellt weiter fest, dass die Ergebnisse besonders bedeutsam seien für »ein kausales Verständnis der Biotropie des Wetters«, will sagen, ein Weg zum Verständnis seiner gesundheitlichen Effekte. [251] Die Konsequenz? Der Bericht versackte in den Schubladen der Behörde. [694]

Die Messung der Baumer-Sferics kann die üblichen Verfahren sinnvoll ergänzen. Sie erlaubt die direkte Fernerkundung von Wettervorgängen im Umkreis von 500 Kilometern, ohne dabei in die Umwelt einzugreifen; sie sendet keine wie auch immer gearteten Strahlen aus wie das Radar, sondern misst nur die einfallenden Impulse. Das bisherige Konzept eines möglichst dichten Netzes von Messstationen würde einem weitmaschigen Netz weichen. Die Folgen für die Hersteller teurer Messgeräte und aufwendiger Computerprogramme wären beträchtlich. An der Messung dieser Sferics ist nicht mehr viel zu verdienen.

Halten Deutschlands Wetterfrösche Winterschlaf?

Der Deutsche Wetterdienst hat offenbar einen Zugewinn an Knowhow nötig. Nachdem der schwere Orkan »Lothar« fast unbemerkt vom Deutschen Wetterdienst mit Spitzenböen von bis zu 259 Stundenkilometern aus Frankreich kommend durch Deutschland gezogen war, erheben Fachleute schwere Vorwürfe gegen die Offenbacher Behörde. Während die Rundfunkstationen in den Nachbarländern frühzeitig gewarnt hatten, Jörg Kachelmann von der Schweizer Meteomedia AG hatte sogar 25 Stunden vor »Lothars« Ankunft Alarm geschlagen, hat »der Deutsche Wetterdienst die Lage schlicht verpennt«. So die Kritik der Meteorologen.
Dadurch wurden Feuerwehr, Technisches Hilfswerk, Polizei und andere Katastrophenhelfer ohne Vorwarnung vom schwersten Sturm des Jahrhunderts kalt erwischt. Die Deutschen erfuhren von ihren obersten Wetterprognostikern, die mit weit über einer halben Milliarde DM Steuergeldern pro Jahr subventioniert werden, erst eine Stunde vor dem Eintreffen des Orkans, nachdem er bereits eine Spur der Verwüstung in Frankreich mit zahlreichen Todesopfern hinterlassen hatte. [696]

Fachleute befürchten, dass der Boom beim Mobilfunk diese Forschung weiter behindern wird, da es gewisse Überlappungen zwischen den Funkfrequenzen und den Baumer-Sferics gibt. Nicht zuletzt werden sie auch von elektronischen Geräten abgestrahlt. [697] Sollten damit biologische Effekte verbunden sein, hätte das weitreichende Konsequenzen fürs Geschäft. Wer beim Finanzminister für viele Milliarden UMTS-Lizenzen kauft, darf aber zu Recht darauf hoffen, dass die vom Staat bezahlten Experten nicht dazwischenfunken.
Es geht hier nicht darum, Stimmung gegen den Mobilfunk zu machen, sondern darum, herauszufinden, welche Impulse biologische Wirkungen zeitigen. Vermutlich sind das nur ganz bestimmte Berei-

che, so wie auch nicht alle Chemikalien Umwelt und Mensch schädigen. Wenn eine Wirkung nachgewiesen werden kann, ist es immer noch notwendig, zwischen wünschenswerten und nachteiligen Effekten zu unterscheiden. Aber je mehr die Unternehmen aus Angst vor der öffentlichen Reaktion mauern, desto mehr geben die technischen Strahlungen Anlass zu Spekulationen. Schließlich ist der »Elektrosmog« als Ursache zahlreicher Beschwerden so populär, dass die Unternehmen Gefahr laufen, mit einer Blockadehaltung die Angst vor dem Fortschritt noch weiter zu schüren.

Vielleicht können die Baumer-Sferics den Meteorologen helfen, manch eine heikle Frage ihres Faches zu lösen, insbesondere solche, die sie bisher ausgeblendet haben. Ihre einschlägigen Lehrbücher verzichten beispielsweise darauf, den Ursachen von Wolkenbildern nachzugehen. Andererseits unterscheidet die Weltorganisation für Meteorologie zehn Wolkengattungen mit bis zu fünf Arten und bis zu sechs Unterarten.[272, 274] Es gibt also eine sehr diffizile Systematik. Wetterkundigen verraten diese typischen Wolkenformen auch ohne weitere Messgeräte das kommende Wetter. Nach ihnen haben sich die Menschen jahrtausendelang gerichtet. Ihr physikalisches Geheimnis haben sie noch nicht preisgegeben.

Fragen wir etwas einfacher: Was bitte sind Wolken? Feinverteilte Wassertröpfchen oder in großer Höhe gefrorene Eiskristalle, heißt es. Also einfach nur Nebel am falschen Ort? Ja. »Nebel unterscheidet sich von Wolken«, so eine Definition, »durch seine Untergrenze in Bodennähe«.[275] Wir wollen die Experten nicht in Verlegenheit bringen und nach dem Wesen des Hochnebels fragen. Wenn es sich bei Wolken lediglich um konturlosen »Nebel« handeln würde, müssten dann nicht zerfranste Schwaden am Himmel wabern? Aber wir sehen Schäfchenwolken, Haufenwolken und Regenwolken. Sie zeigen sich jahraus, jahrein in stets typischen Formen.

Schneeflöckchen Weißröckchen

Wie entsteht Schnee? Indem Wasser gefriert? Wär' der Flockenwirbel nur gefrorenes Wasser, würde es im Winter hageln. Schneeflocken sind filigrane Wunderwerke himmlischer Kristallkunst, die sogar während des Falls noch ihre Form verändern. Die ersten überlieferten bildlichen Darstellungen verfertigte René Descartes im Februar 1635 in Amsterdam. Kein geringerer als Johannes Kepler (1571–1630) hatte vor ihm die Form von Schneekristallen studiert und die berühmte Frage gestellt: »Cur autem sexangula?« Warum bloß sind die meisten sechseckig? [262]

Bis heute blieb Keplers Frage unbeantwortet. Die Physiker, die sich der Erforschung der Bildung von Schneeflocken widmeten, sind am Ende ihres Lateins. [282] Natürlich weiß man, dass das Kristallwachstum von Staubpartikeln oder Mikroorganismen ausgeht, an die sich unterkühltes Wasser anlagert. Man weiß auch, dass in verschiedenen Höhen unserer Atmosphäre unterschiedliche Kristallformen wachsen – aber welchen Kräften die Flocken ihre Form verdanken, blieb bis heute ihr Geheimnis. Diese Frage ist bedeutsamer, als es bei einem Winterspaziergang durch den Neuschnee scheinen mag. Denn die in großer Höhe befindlichen Cirruswolken bestehen aus Eiskristallen. Vom Sonnenlicht, das auf sie trifft, reflektieren sie 80 Prozent, also doppelt so viel wie im Schnitt die Erdoberfläche. Gleichzeitig bremsen sie die Abstrahlung der Wärme von der Erde in den Weltraum. Damit haben sie einen enormen Einfluss auf das Klima unserer Erde. [639]

Einen Hinweis, welche Faktoren die Bildung von Kristallen auslösen, bieten die so genannten »Sturmgläser«, derer sich einst die Besatzungen von Segelschiffen bedienten, um Stürme und Kälteeinbrüche rechtzeitig vorhersagen zu können. Sturmgläser sind Glasrohre, gefüllt mit einer Mixtur aus Kampfer, Alkohol, Kaliumnitrat und Ammoniumchlorid. Sie sind oben zugeschmolzen, so dass die typischen atmosphärischen Einflüsse wie Druck, Feuchte und Luft-Ionen keine Rolle spielen

> können. Diese Mixtur kristallisiert je nach Wetterlage anders
> aus. Eine Überprüfung an einem historischen Instrument
> ergab, dass Temperatureinflüsse 16 Prozent des Kristallwachs-
> tums erklären können, die Baumer-Sferics hingegen 50 Pro-
> zent. Über den Rest dürfen die Meteorologen weiter spekulie-
> ren. [250]

Erst jetzt beginnt man zaghaft, sich dem Studium dieses himm-
lischen »Nebels« zu widmen. Als Forscher der Universität Inns-
bruck in der sauberen Luft über den Alpen nach den Wolken hascht-
en, staunten sie nicht schlecht, als sie pro Milliliter Wasser etwa
1.500 Mikroorganismen entdeckten. Umgerechnet auf einen Liter
sind das anderthalb Millionen Keime. Offenbar wimmelt es in
den Wolken nur so von Leben, mutmaßlich vermehren sich die
Mikroben sogar in luftiger Höhe. Bisher gelang es jedoch nicht, die
blinden Passagiere zu identifizieren. Die Forscher glauben, damit
endlich eine Ursache zahlreicher atmosphärischer Phänomene
gefunden zu haben, die sich bisher nicht erklären ließen – wie zum
Beispiel die Bildung von Wolken oder Entstehung jener Verbindungen, die die Ursache der Zerstörung des Ozonschildes sein sollen.
Bisher galten sie als ein Ergebnis menschlicher Aktivitäten – und
nun erkennt man, dass es nicht nur auf der Erdoberfläche ein von
Leben erfülltes Ökosystem gibt, sondern ebenso in luftiger Höhe
wie auch in den Tiefen der Erde. [641, 693]
Auch Gewitter beeinflussen die Wolkenbildung. Denn sie strahlen
neben den nun schon altbekannten Baumer-Sferics auch die neu
entdeckten Schwerewellen ab. Sie treten in der Atmosphäre ebenso
auf wie im Wasser und können durch eine beliebige Störung erzeugt
werden, sei es ein Kieselstein, der ins Wasser geworfen wird, eine
Bergspitze, die die Luftströmung stört oder eine sich auftürmende
Gewitterwolke. Schwerewellen lösen die Bildung von Wolken in
großer Höhe aus, wie die kuriosen Perlmutterwolken in Skandinavien. [638, 720] Da sie noch nach Einbruch der Dunkelheit vom
Sonnenlicht getroffen werden, leuchten sie nachts wie Perlmutt. Inwieweit Schwerewellen ähnliche biologische Effekte wie Baumer-

Sferics hervorrufen oder von Lebewesen wahrgenommen werden können, ist bislang unbekannt. Sie zeigen uns aber, dass die Erforschung der Atmosphäre und ihrer elektromagnetischen Strahlungen noch in den Kinderschuhen steckt.

Es gibt am Himmel viel mehr seltsame Erscheinungen als wir denken, zum Beispiel Strahlungsphänomene mit phantasievollen Namen wie »Elfen«, »Kobolde« oder »Blaue Jets«. [252-254, 640, 695]
Nicht nur zwischen Wolken und Erdboden blitzt es, auch zwischen den Gewitterwolken und dem Weltraum kommt es zu rätselhaften Energieentladungen, die über der Wolkendecke in den Himmel tanzen. »Kobolde« sind dort sogar mit bloßem Auge sichtbar: Lachsrote Leucht-Erscheinungen, die bis zu 90 Kilometern emporreichen. Manche haben die Form eines Blumenkohls, andere die einer Qualle oder gar einer Atombombe.

Für »Elfen« und »blaue Jets« benötigt man empfindliche Videokameras, da die Luft in großer Höhe ziemlich dünn ist, um das schwache Leuchten der ionisierten Moleküle noch zu erkennen. »Elfen« erscheinen dann als rote Ringe mit einem Durchmesser von 400 Kilometern. Sie können bis zu einer Höhe von etwa 80 Kilometern reichen. »Blaue Jets« sind indigoblaue Strahlen, die oberhalb riesiger Sturmsysteme bis zu 50 Kilometer emporschießen. »Da gibt es einen ganzen Tiergarten von Dingen, die um uns herum passieren«, gestand der Meteorologe Walter Lyons von der Mission Research Corporation in Fort Collins (Colorado) etwas irritiert dem Wissenschaftsblatt *Science*. [253]

Offensichtlich ist unsere Umwelt voll von zahlreichen, bis heute unbekannten, Kräften und Energien, die nicht nur das Wetter und Klima beeinflussen sondern auch die Gesundheit von Mensch, Tier und Pflanze. Sie lösen wahrscheinlich nicht nur Naturkatastrophen wie verheerende Stürme und Flutwellen aus oder Seuchen und Missernten. Sie werden ebenso wie Regen oder Sonne auch für das Leben auf unserer Erde wichtige Funktionen erfüllen. Die Tierwelt ist darüber offenbar erheblich besser im Bilde als wir Menschen mit unserem fest gefügten wissenschaftlichen Weltbild, das alles leugnet, was die Repräsentanten dieser Wissenschaft nicht wahrhaben wollen oder dürfen.

6 Zwischen Himmel und Erde

Es gibt viele Dinge zwischen Himmel und Erde, von denen wir nichts wissen. Unsere Sinne zeigen uns nur einen kleinen Ausschnitt der Wirklichkeit. Für die meisten physikalischen und chemischen Ereignisse in unserer Umwelt haben wir keine Sensoren. Denken Sie nur an den »Wellensalat«: Umgeben von Ultraviolett, Sferics, Mikrowellen, Gammastrahlen, Infrarot, Höhenstrahlung, Kurzwellen und Thetawellen sind unsere Augen nur für einen winzigen Ausschnitt, für das »sichtbare Licht«, empfänglich. Der Rest liegt nicht nur im Dunkel, wir vermissen dieses Nichtwissen nicht einmal. Dennoch genügen uns diese begrenzten Sinne, um uns in unserer Umwelt zurechtzufinden und uns eine Vorstellung von der Welt zu erschaffen. Unser Denken ist an die Empfindungen unserer Sinne gebunden. Wir »begreifen« nur, was wir sehen, berühren, hören, und wir können nur über das kommunizieren, wofür wir »Begriffe« haben. Darauf ist unsere Vorstellungswelt beschränkt.
Auch unsere Phantasien bestehen daraus – und diese wiederum beeinflussen unsere Wahrnehmung. Ist die Liebe nicht manchmal am ungetrübtesten, wenn der Angebetete nichts davon weiß? Wir können ihn auf einen Podest heben und alles nach unseren Wünschen gestalten, seine positiven und angenehmen Seiten ins Unermessliche wachsen lassen. Genau so pflegen wir manchmal auch unsere Angst. Sie verselbständigt sich, wird übermächtig und lähmt uns, wo sie doch nur warnen sollte. Wie das Kaninchen starren wir auf die Schlange, jede Regung als Zeichen des nahen Untergangs deutend. Die Fähigkeit, mit Risiken umgehen zu können, ist lebenswichtig. Wer nur noch Gefahren sieht, für den wird das Leben – einem bissigen Bonmot zufolge – zu einer sexuell übertragbaren Krankheit, die stets tödlich endet.
Wir müssen unser Leben notgedrungen immer wieder an der Realität ausrichten. Dazu brauchen wir unsere Sinne. Doch verraten sie uns wenigstens die Wirklichkeit? Spätestens seit der Erfindung von künstlichen Aromen und Deutschem Kaviar wissen wir, dass Sinnestäuschungen alltäglich sind. Viel enttäuschender aber ist, dass ein erklecklicher Teil der Sinneseindrücke nur ins Unterbewusstsein

gelangt. Und das wählt unbemerkt die Informationen für unser Bewusstsein heraus. So wird uns der ständige Nachrichtenfluss aus dem VNO vorenthalten. Unser Körper erfährt davon, nicht aber unser Verstand. Und es gibt Hinweise auf weitere Sinnesorgane neben dem VNO und der Zirbeldrüse, die unseren Körper mit Nachrichten aus der Umwelt versorgen, unserer »Wahrnehmung« aber verborgen bleiben.

Beispiele wie Sferics oder VNO zeigen, dass uns wesentliche Aspekte der sinnlichen Naturerfahrung und damit das Wissen darüber, verwehrt sind; und das in viel höherem Maße, als anderen Lebewesen. Hunde nehmen Pheromone bewusst wahr, aber wir Menschen »müssen draußen bleiben«. Während sich ein Psychologe gehörig anstrengen muss, um ein gewisses Verständnis für zwischenmenschliche Beziehungen zu gewinnen, braucht ein Dackel nur mal kurz zu schnuppern. Er »liest« aus den Pheromonen all die Informationen heraus, die der Leser eines Psychologiebuches gerne erführe. Aber: Die Überlegenheit des Menschen resultiert gerade aus seiner kanalisierten Wahrnehmungsfähigkeit. Vor allem, weil uns die Botschaften nicht zu Bewusstsein kommen, die der steten Trieberfüllung dienen. So bleibt unser Kopf frei zum Nachdenken, Lernen, Urteilen, frei für schöpferische Tätigkeiten, frei für die Wissenschaft.

Dabei haben wir uns doch mit modernen, hochempfindlichen Messgeräten von der Beschränktheit unserer Sinne befreit. Sind dadurch nicht Fenster zu neuen Erkenntnissen geöffnet worden? Denkbar. Andererseits: Die Vorstellung vom Wesen dieser Welt erschaffen unsere Sinne, aus unseren alltäglichen Sinneseindrücken entstehen die Sinn-Bilder. Das Weltbild, das wir daraus schaffen, die Erfahrung, die wir »machen«, hat Grenzen, gesetzt von den Methoden unseres Verstandes. Insofern sind die Weltsicht, die die Werbung in unseren Köpfen schafft, und das »wissenschaftliche« Weltbild nur zwei Seiten einer Medaille.

Auch die besten und allgemein anerkannten Theorien können nur einen Teilbereich der Wirklichkeit beschreiben, sie sind immer unvollständig. Andere Theorien sind genauso leistungsfähig. Die Sinn-Bilder prägen unsere Vorstellungswelt. Sie prägen notwendigerweise auch Forscher, nicht nur bei der Interpretation ihrer Daten, sondern schon bei der Fragestellung und dem Versuchsdesign. [191] Das mag eine simple Fragestellung verdeutlichen, eine Frage, auf die wir glauben, aus der täglichen Erfahrung heraus eine Antwort zu haben: Wie intelligent sind unsere Mitmenschen? Auch die Hirnforschung wandte sich dieser Frage zu. Nur, wie misst man Intelligenz?

Die ersten Versuche, mit präzisen Messungen den Verstand zu quantifizieren, liegen über 150 Jahre zurück. Der bedeutendste damalige Intelligenzforscher war der französische Arzt Paul Broca. Er vermaß mit Vorliebe Gehirne und schlussfolgerte nach einer einfachen Gleichung: je schwerer, desto klüger. Zu jener Zeit waren die Wissenschaftler von der Richtigkeit ihres Vorgehens so überzeugt, dass man bei allen Gegnern kleine Gehirne vermutete, und kaum jemand wagte es, dieses abstruse Gedankengebäude in Frage zu stellen. Die wenigen, die es getan haben, mussten entweder widerrufen, oder fanden sich im Abseits wieder. [292]

Brocas Hirn-Messungen dienten auch dem Ziel, zu beweisen, dass weißhäutige Menschen intelligenter sind als dunkelhäutige. Solche Erkenntnisse wurden schon allein deshalb anerkannt, weil sie der Sklaverei eine »wissenschaftliche« Grundlage lieferten. Brocas Ergebnisse sorgten schließlich dafür, dass Schwarze von den Anthropologen auf einer Entwicklungsstufe zwischen Affe und Mensch angesiedelt wurden. Die Wissenschaft hatte es ja bewiesen. Kein ernsthafter und glaubwürdiger Gelehrter wagte, daran zu zweifeln. [292]

Noch mehr als für Neger interessierte sich Broca für Frauen, vor allem tote. Bekanntlich haben Frauen der Spezies *Homo sapiens* ein kleineres Gehirn, weil sie etwas zierlicher als Männer sind. Ersparen Sie es uns bitte, die einschlägigen »wissenschaftlichen« Schlussfolgerungen und Bemerkungen hier wiedergeben zu müssen. Eine lange intellektuelle Tradition stand dahinter: Der gute alte Aristoteles hatte sich zu der Behauptung verstiegen, dass die Frau ein unfertiger Mensch, ein unvollkommener Organismus sei. Da das aristotelische Weltbild bis in die Neuzeit galt, war es für Europa und Thomas von Aquin wissenschaftlich bewiesen, dass Frauen missglückte Männer seien und nur widrige Umstände wie ein kranker Samen in Verbindung mit feuchten Südwinden zu der Fehlentwicklung Mädchen führen. [189]

Broca war da schon liberaler und tröstete die Damenwelt damit, dass ihre Gehirne infolge einer gesellschaftlich erzwungenen mangelnden Nutzung degeneriert seien. Das war »gesichertes Wissen« der Anthropologie vor gut 150 Jahren. Hat Broca vielleicht vorsätzlich gemogelt oder gefälscht? Der amerikanische Biologe Stephen Jay Gould, der diese Vorgänge nachzeichnete, bezweifelt es. Er attestiert Broca einen bewunderswerten Fleiß, alles zu messen, was er messen konnte. Nur: Er benutzte Messmethoden und Interpretationen, die seine Überzeugung stützten. »Unpassende« Zahlen fanden ungewöhnliche Erklärungen, um seine beliebten Theorien zu stützen. Das ist nur menschlich. [292]

Und so verfingen sich die unumschränkten Herren von Wissenschaft und Wahrheit in ihrem eigenen Schulgarn. Damals war es *en vogue*, sein Gehirn der Wissenschaft zu vermachen: Speziell fünf Göttinger Professoren erhofften sich wohl, posthum in das Pantheon der größten Hirne aller Zeiten zu gelangen. Die Enttäuschung war groß, als sich der Schädelinhalt der Gelehrten als eher klein erwies. Vor allem der Philosoph Hermann fiel durch. Broca kommentierte das magere Ergebnis mit den Worten: »Nicht viel für einen Linguistik-Professor – aber immerhin.« Und fährt fort: »Es ist nicht sehr wahrscheinlich, daß fünf Genies im Zeitraum von 5 Jahren an der Universität Göttingen gestorben sind ... Ein Professorentalar ist nicht unbedingt Beweis für Genie; und sogar in Göttingen sind vielleicht manche Lehrstühle mit nicht gerade bemerkenswerten Männern besetzt.« [190] Lassen wir es mit einem Bonmot bewenden, das dem Dichter Heinrich Heine zugeschrieben wird, einem unverdächtigen Zeitgenossen Brocas: »Göttingen ist berühmt für seine Würste. Es hat auch eine Universität.«

Brocas Logik hat etwas Bestechendes: Größe und Gewicht eines Gehirns als Maßstab für die Leistungsfähigkeit einer der komplexesten Formen von Materie, die im buchstäblichen Sinne denkbar ist. Auch wenn wir heute darüber lachen, müssen wir nicht lange suchen, um in unserer modernen Wissenschaft finstere, mittelalterliche Vorstellungen zu entdecken. Da versucht die Ernährungsmedizin glatt, den Menschen ihre gesundheitliche Zukunft aus Gewicht und Größe zu prophezeien! Bedenken Sie bitte: Die

Gesundheit unseres Körpers, sein kompliziertes Stoffwechselsystem mit all seinen fein abgestimmten Regelmechanismen, soll von so wenigen Parametern abhängen. Diese Idee ist genauso absurd wie die, Frauen seien aufgrund ihres etwas kleineren Kopfes dümmer. Die wenigsten wissen, dass beide Ideen auf die Arbeiten Brocas zurückgehen. Seine Daten sind die Grundlage für den seit langen Jahren in Fachjournalen wie Frauenzeitschriften verwendeten »wissenschaftlichen« Broca-Index zur Feststellung von »Übergewicht« und »Lebenserwartung«. [294, 295]

Warum fällt das niemandem auf? Weil es normal ist, weil alle so denken. Und deshalb darf man Verständnis haben für Broca und seine Zeitgenossen. Sie brachten das Messbare und die Vorstellungen ihrer Zeit in Einklang. Sie sorgten dafür, dass die Menschen in einem stabilen Gedankengebäude leben konnten, damit ihnen die »Realität« nicht zwischen den Fingern zerrann. Antworten sind wandelbar, sie hängen von der Ära, von der Zeit ab. Gehörten in der Rennaissance noch Hexen auf Besenstielen zum Weltbild eines gebildeten und aufgeklärten Menschen, so gilt auch heute nur das, was die Mehrheit einer Fachdisziplin glaubt, glauben zu müssen. Das Ergebnis ist dasselbe.

Doch wie wirklich ist die Realität? Können wir das Wesen der Dinge mit unseren Sinnen erkennen? Unsere Wahrnehmungen sind nur das Ergebnis von Wechselwirkungen zwischen einem Sinnesorgan und der Umwelt und deren Interpretation durch unser Gehirn. Wenn wir sehen, so »werfen« wir nicht aktiv einen Blick auf das Objekt, sondern wir erwarten passiv Lichtreflexionen auf unserer Netzhaut. Gegenstände nennen wir dunkel, wenn sie Licht absorbieren, hell, wenn sie es reflektieren. Unterschiedliche Absorptionseigenschaften empfinden wir als »Farben«. Wir sehen immer nur den reflektierten Anteil des Lichtes, der nicht absorbiert wurde. Das heißt: Wir sehen nur die Farbe, die ein Gegenstand gerade nicht hat! Das heißt auch: Unsere Realität, unser Weltbild ist keinesfalls objektiv, sondern schlicht das Ergebnis von Konventionen.

Unsere fünf bewussten Sinne geben uns also nur ein beschränktes Abbild der Wirklichkeit. Das Bewusstsein, unser Verstand, ordnet die Informationen weiter, die unsere Sinnesorgane aus dem Reizchaos der Außenwelt »ausgesucht« und aufgefangen haben. Alles, was wir jemals lernen können, muss durch diesen Bezugsrahmen. Nur die fünf Sinne versorgen unser waches Bewusstsein und seinen rationalen Verstand mit Daten. Deshalb leugnet er alles, was nicht mit seinen Regeln übereinstimmt.

Unsere Wahrnehmung ist von Spiegeln gesäumt. Darum reflektiert die Wissenschaft oft ihre eigenen Vorurteile, darum ist ohne Überwindung des wissenschaftlichen Vorurteils kein Fortschritt möglich. Der Wissenschaftler gehorcht dem Gesetz seiner Trägheit. Das Auffinden wirklich neuer Erkenntnisse ist dagegen ein Kinderspiel – im wahrsten Sinne des Wortes. Aber mit etwas geistiger Freiheit und wissenschaftlicher Unvoreingenommenheit gelingt jedem der Blick zwischen den Spiegeln hindurch.

7 Literaturverzeichnis

1. Hamilton WD, Oikos 1980/35/S. 282
2. Damasio AR: Descartes' Error. Emotion, Reason and the Human Brain. New York 1994
3. Euripides: Hippolytos. Werke in drei Bänden, Bd. 1, Berlin 1966/S. 115
4. Lively CM, Nature 1987/328/S. 519
5. Murray DW, The Sciences 1995/Jul.–Aug./S. 44
6. Hurst LD, Pec JR, Trends Ecol Evol 1996/11/S. 46
7. Thornhill R, Gangestad SW, Trends Ecol Evol 1996/11/S. 98
8. Ebert D, Hamilton WD, Trends Ecol Evol 1996/11/S. 79
9. Ladle RJ, Trends Ecol Evol 1992/7/S. 405
10. Sacks O: Der Mann, der seine Frau mit einem Hut verwechselte. Hamburg 1996
11. Süskind P: Das Parfum – die Geschichte eines Mörders. Zürich 1994
12. Remane A et al: Kurzes Lehrbuch der Zoologie. Stuttgart 1981
13. Baumann P, Kaiser D: Die Sprache der Tiere. Stuttgart 1992
14. Ziswiler V: Spezielle Zoologie. Wirbeltiere. Band I: Anamnia. Stuttgart 1976
15. Schuster M, Beisl H: Kunst-Psychologie. Köln 1978
16. van Toller S, in: 471/S. 121
17. Gower DB et al, in: 471/S. 47
18. Chapman T, Partrigde L, Nature 1996/381/S. 189
19. Eberhard WG, Cordero C, Trends Ecol Evol 1995/10/S. 493
20. Morell V, Science 1996/272/S. 953
21. Rice WR, Nature 1996/381/S. 232
22. Holden C, Science 1996/273/S. 313
23. Dunbrack R et al, Proc Royal Soc B 1995/262/S. 45
24. van Toller S et al, in: 548/S. 195
25. Sterba G: Süßwasserfische aus aller Welt. Melsungen 1970
26. Janeway CA, Travers P: Immunologie. Heidelberg 1995
27. Andersson M: Sexual Selection. Princeton 1994
28. Warren C, Warrenburg S, Perfumer & Flavorist 1993/18/Jan–Feb/S. 9
29. Kölliker A, in: v Ebner V (Hrsg.): A. Koelliker's Handbuch der Gewebelehre des Menschen. Dritter Band. Leipzig 1902/S. 1

30 Trotier D et al, Tidsskr Nor Laegeforen 1996/116/S. 47
31 Ruysch F, Thesaurus Anatomicus, Vol III, Amsterdam 1703/S. 49
32 Monti-Bloch L et al, Psychoneuroendrocinology 1994/19/S. 673
33 Monti-Bloch L, Grosser BI, J Steroid Biochem Molec Biol 1991/39/S. 573
34 Wright K, Discover 1994/April/S. 61
35 Moran DT et al, in: Dory RL (Hrsg.): Handbook of Olfaction and Gustation. New York 1995
36 Wedekind C et al, Proc Royal Soc Lond B 1995/269/S. 245
37 Powis SH, Geraghty DE, Immunology Today 1995/16/S. 466
38 Potts WK, Wakeland EK, Trends Gen 1993/9/S. 408
39 Vollrath F, Millinski M, Trends Ecol Evol 1995/10/S. 307
40 Porter RH, Infant Behav Develop 1992/15/S. 85
41 Porter RH, in: Getchell TV (Hrsg.): Smell and Taste in Health and Disease. New York 1991/S. 429
42 Clark GS, Perfumer & Flavorist 1995/20/Mar.-Apr./S. 21
43 Teuscher E, Zeitschr Phytotherap 1990/11/S. 87
44 Hänsel R, Zeitschr Phytotherap 1990/11/S. 14
45 Buchbauer G, Jirovetz L, Flavour Frangrance J 1994/9/S. 217
46 Warm JS, Dember WN, Perfumer & Flavorist 1990/15/Jan-Feb/S. 15
47 Buchbauer G, Perfumer & Flavorist 1990/15/May-Jun/S. 47
48 Jellinek JS, dragoco report, 1995/42/S. 5
49 Jellinek JS, dragoco report, 1995/42/S. 83
50 Deininger R, Zeitschr Phytotherap 1993/14/S. 193
51 Buchbauer G, Perfumer & Flavorist 1993/18/Jan.-Feb./S. 19
52 Buchbauer G, Hafner M, Pharmazie in unserer Zeit 1985/14/S. 8
53 Hänsel R, in: Carle R (Hrsg.): Ätherische Öle: Anspruch und Wirklichkeit. Stuttgart 1993/S. 203
54 Hastings L, Neurotoxicol Teratol 1990/12/S. 455
55 Jennings-White C, Perfumer & Flavorist 1995/20/Jul-Aug/S. 1
56 Stoddart DM: The scented ape. New York 1991
57 Jellinek P, Jellinek JS (Hrsg.): Die psychologischen Grundlagen der Parfümerie. Heidelberg 1994
58 Johnstone RA, Nature 1994/372/S. 172
59 Springer M, Spektrum Wissensch 1995/März/S. 24
60 Zakharov VM, Yablokov AV, Ambio 1990/5/S. 266
61 Kirkpatrick M, Rosenthal GG, Nature 1994/372/S. 134

62 Etcoff NL, Nature 1994/368/S. 186
63 Perrett DI et al, Nature 1994/368/S. 239
64 Sitte P, Biologie in unserer Zeit 1984/14/S. 161
65 Forsyth A: Die Sexualität in der Natur. München 1991
66 Fisher H: Anatomie der Liebe. München 1993
67 Müller A: Die physiologischen und pharmakologischen Wirkungen der ätherischen Öle, Riechstoffe und verwandten Produkte. Heidelberg 1963
68 Hauschild F, in: Gildemeister-Hoffmann: Pharmakologie der ätherischen Öle. o. J.
69 Hamilton WD, Zuk M, Science 1982/218/S. 384
70 Butenandt A et al, Zeitschr. Natforsch. 1959/14b/S. 283
71 Ohloff G: Riechstoffe und Geruchssinn. Berlin 1990
72 Agosta WC: Dialog der Düfte. Heidelberg 1994
73 Birbaumer N, Schmidt RF: Biologische Psychologie. Heidelberg 1996
74 Witkowski R et al: Wörterbuch für die genetische Familienberatung. Berlin 1991
75 Hold B, Schleidt M, Zeitschr. Tierpsych. 1977/43/S. 225
76 Short RV, Balaban E (Hrsg.): The Differences Between the Sexes. Cambridge 1994
77 Tudge C: Wir Herren der Schöpfung. Heidelberg 1994
78 Neukom H-P et al, Mitt Gebiete Lebensm. Hyg. 1993/84/S. 537
79 Comfort A, Nature 1971/230/S. 432
80 Brody B, Psychiatry 1975/38/S. 278
81 Baker RR, Bellis, MA, Animal Behav 1989/37/S. 867
82 Becker S, Ökotest 1995/H. 10/S. 40
83 Springer SP, Deutsch, G: Linkes Rechtes Gehirn. Heidelberg 1995
84 Cuellar O, Science 1977/197/S. 837
85 Kayser FH et al: Medizinische Mikrobiologie. Stuttgart 1993
86 Kallmann FJ, Am J Ment Def 1944/48/S. 203
87 Pearlman SJ, Ann Otol Rhinol Laryngol 1934/43/S. 739
88 Karlsson P, Lüscher M, Nature 1959/183/S. 55
89 Jacobson L, Ann Mus Hist Natn Paris 1811/18/S. 412
90 McClintock M, Nature 1971/229/S. 244
91 Stensaas L et al, J Steroid Biochem Mol Biol 1991/39/S. 553
92 Wysocki CJ, Neurosci Biobehav Rev 1979/3/S. 301

93 Wysocki CJ, in: Liss AR (Hrsg): Neural Control of Reproductive Function. New York 1989/S. 545
94 Joyce, C New Scientist Nr. 5, 1991/S. 17
95 Zimbardo PG: Psychologie. Berlin 1992
96 Adelman G (Hrsg): Encyclopedia of Neuroscience. Boston 1987
97 Preti G et al, J Chem Ecol 1987/13/S. 717
98 Preti G et al, Hormones Behav 1986/20/S. 474
99 Preti G, Huggins GR, J Chem Ecol 1975/1/S. 362
100 Burger J, Gochfeld M, Medical Hypotheses 1985/17/S. 39
101 Claus R et al, Experientia 1981/37/S. 1178
102 Claus R, Hoppen HO, Experientia 1979/35/S. 1674
103 Filsinger EE et al, J Comp Psych 1984/98/S. 219
104 Gilbert AN et al, J Comp Psych 1986/100/S. 262
105 Goldstein NI, Cagan RH, in: Cagan RH, Kare MR (Hrsg): Biochemistry of taste and olfaction. New York 1981/S. 93
106 Graham CA, McGrew WC, Psychoneuroendocrinology 1980/2/S. 245
107 Kiltie RA, Am Naturalist 1983/119/S. 414
108 Kirk-Smith MD et al, Biol Psychol 1983/17/S. 221
109 Michael RP, Keverne EB, Nature 1968/218/S. 746
110 Michael RP et al, Science 1971/172/S. 964
111 Veith JL et al, Physiol Behav 1983/31/S. 313
112 Horn E: Vergleichende Sinnesphysiologie. Stuttgart 1982
113 Treibs W (Hrsg): Gildemeister-Hoffmann: Die ätherischen Öle. Bd. IV–VII, Berlin 1956–1961
114 Remy W et al, Sexualmedizin 1984/13/S. 331
115 Steinegger E, Hänsel R: Lehrbuch der Pharmakognosie und Phytopharmazie. Berlin 1988
116 Braun H, Frohne D: Heilpflanzenlexikon für Ärzte und Apotheker. Stuttgart 1987
117 Dobkin de Rios MD, Hayden B, J Hum Evol 1985/14/S. 219
118 Drolshagen ED, Psychologie heute 1990/H.17/S. 32
119 King JR, in: 471/S. 148
120 Tisserand R, in: 471/S. 168
121 Andersson M, Iwasa Y, Trends Ecol Evol 1996/11/S. 53
122 Bodem SH, Pharmazeut. Ztg. 1994/139/S. 4439
123 Luckner M: Secondary metabolism in microorganisms, plants, and animals. Jena 1990

124 Hänsel R et al (Hrsg): Hagers' Handbuch der Pharmazeutischen Praxis. Berlin 1994
125 Bruce HM, Nature 1959/184/S. 105
126 Crews D, Garstka WR, Spektrum Wissensch. 1983/1/S. 56
127 Dodd GH, in: 471/S. 19
128 Dodd GH, Skinner M, in: 548/S. 113
129 Ehrlichmann H, Bastone L, in: 548/S. 144
130 Albone ES, Natynczuk SE, in: 548/S. 63
131 Labows JN, Preti G, in: 548/S. 69
132 Waser NM, Price MV, Nature 1983/285/S. 225
133 Crummenerl R, Persch F: Rund um die Kartoffel. Leipzig 1985
134 Stryer L: Biochemie. Braunschweig 1987
135 Nesse RM, Williams GC: Why we get sick. New York 1996
136 v. Sengbusch P: Botanik. Hamburg 1988
137 Zeyl C, Bell G, Trends Ecol Evol 1996/11/S. 10
138 Möller H, in: Siedler Deutsche Geschichte. Berlin 1994/S. 235
139 Hill VS et al, Nature 1991/352/S. 595
140 Grzimek B (Hrsg): Grzimeks Tierleben, Bd. 1: Niedere Tiere. München 1993
141 Freud S: Über Träume und Traumdeutungen. Frankfurt/M. 1971
142 Stringer C, Gamble C: In Search of the Neanderthals. London 1994
143 Oeser E, Seitelberger F: Gehirn, Bewusstsein und Erkenntnis. Darmstadt 1995
144 Martinetz D et al: Weihrauch und Myrrhe. Stuttgart 1988
145 Adler A, Mackwitz H: Ökotricks und Bioschwindel. Wien 1990
146 Cerutti H, Neue Züricher Ztg., Folio 1995/H.5/S. 72
147 Andrade MCB, Science 1996/271/S. 70
148 Des-Cartes R, in: Descartes Philosophische Schriften. Hamburg 1996
149 Erox Corporation, EP-Patentanmeldung 562.843 v. 24.3.1993
150 Coon CS: Die Geschichte des Menschen. Köln 1970
151 Frazer JG: Myths of the origin of fire. o.O. 1930
152 Simons SS, Science 1996/272/S. 1451
153 Safe SH, Environ Sci & Pollut Res 1994/1/S. 29
154 Tezak Z et al, Food Chem Toxicol 1992/30/S. 879
155 Copestake P et al, Food Chem Toxicol 1996/34/S. 229
156 Lutz D, The Sciences 1996/H. 1/S. 12

157 Sharpe RM, Nature 1995/375/S. 538
158 Kelce WR et al, Nature 1995/375/S. 581
159 Würgler FE, Naturwiss. Rundsch. 1994/47/S. 18
160 Komarova LJ, Pediat Akus Ginek 1970/H. 1/S. 19
161 Bauman N, New Scientist 11.5.1996/S. 10
162 Abell A et al, Lancet 1995/343/S. 1499
163 Ginsburg J et al, Lancet 1994/343/S. 230
164 Stoloff L, Chemical & Engineering News 6.3.1995/S. 5
165 Luckenbaugh RW, Chemical & Engineering News 20.12.1993/S. 2
166 Würgler FE, Naturwiss. Rundsch. 1988/41/S. 407
167 Randall W, Int J Biometeorol 1990/34/S. 42
168 Copestake P et al, Food Chem Toxicol 1996/34/S. 229
169 Brotons JA et al, Environ Health Perspect 1995/103/S. 608
170 Anderson C, Science 1993/259/S. 1119
171 Hatch EE, Bracken MB, Am J Epidemiol 1993/138/S. 1082
172 Rivard C et al, J Am Med Assoc 1993/270/S. 2940
173 Wilcox AJ, Weinberg CR, Lancet 1991/337/S. 1159
174 Umpierre SA et al, New Engl J Med 1985/313/S. 1351
175 Carlsen E et al, Brit Med J 1992/305/S. 609
176 Keiding N, Skakkebaek NE, Brit Med J 1995/311/S. 570
177 Irvine S et al, Brit Med J 1996/312/S. 467
178 de Kretser DM, Brit Med J 1996/312/S. 457
179 Willfort R: Gesundheit durch Heilkräuter. Linz 1959
180 Rosenblum ER et al, Alcoholism: Clin Exp Res 1992/16/S. 843
181 Geyer HJ et al, Z Umweltchem. Ökotox 1994/6/S. 9
182 Hahn J, Lebensmittelchemie 1996/50/S. 77
183 Hahn J, Dt. Lebensm. Rundschau 1993/89/S. 175
184 Saunders CRP, in: Volland H (Hrsg): Handbook of Atmospheric Electrodynamics. Boca Raton 1995/S. 61
185 Foley RA, in: Ulijaszek SJ (Hrsg): Seasonality and Human Ecology. Cambridge 1993/S. 17
186 Viggiano AA, Arnold F, in: Volland H (Hrsg): Handbook of Atmospheric Electrodynamics. Boca Raton 1995/S. 186
187 Sönning W, Z Phys Med Baln Med Klim 1983/12/S. 2
188 Sönning W et al, Arch Met Geoph Biokl 1981/B29/S. 299
189 Krämer-Badoni R: Leben, lieben, sterben ohne Gott. Frankfurt/M 1993

190 Broca P, Bulletin Société d'Anthropologie Paris 2, S. 139–207, 301–321, 441–446, zit. nach 292
191 Fleck L: Entstehung und Entwicklung einer wissenschaftlichen Tatsache. Frankfurt/M 1993
192 Opaschowski HW: Konsum in der Freizeit. Schriftenreihe zur Freizeitforschung 1987/H. 7
193 GfK-Marktforschung & Nestlé-Gruppe Deutschland: 42 Thesen: Mensch und Ernährung 2000. o.O. & J.
194 Deutsche Lesegesellschaft eV (Hrsg): Lesebuch zum Supermarkt. Mainz 1987/S. 60
195 Lakaschus C, Marketing ZFP 1985/H. 3/S. 183
196 Anon, Absatzwirtschaft 1987/H. 7/S. 62
197 Anon, Absatzwirtschaft 1987/H. 3/S. 38
198 Sack R, Archiv für Presserecht 1991/22/S. 704
199 Jakubowski G, persönliche Mitteilung 11.10.1995
200 Carlberg P, in: Tremel H (Hrsg): Das Paradies im Angebot. Frankfurt/M. 1986/S. 21
201 Nickel V: Thema Werbung. Edition ZAW 1988
202 Kroeber-Riel W, Meyer-Hentschel G: Werbung: Steuerung des Konsumentenverhaltens. Würzburg 1982
203 Kroeber-Riel W: Bild Kommunikation. München 1993
204 Auer M, Frank AD: Werbung below the line. Landsberg/Lech 1993
205 dpa-Meldung 0260: Für jedes dritte Kind sind Kühe lila. 20.4.1995
206 Opaschowski HW: Schöne, neue Freizeitwelt? Hamburg 1994
207 Sichau I, Lebensmittel-Ztg. 1988/Nr. 44/S. F24
208 AID Verbraucher-Aufklärung 1988/Nr. 87/S. 4
209 Anon, Lebensmittel-Ztg. 1984/Nr. 38/S. F39
210 Kropp F, Lebensmittel-Ztg. 1987/Nr. 46/S. F12
211 Sieber G, Lebensmittel-Ztg. v. 27.11.1987/Nr. 48
212 AID Verbraucher-Aufklärung 1987/Nr. 53/S. 4
213 Bücken R, dfz Wirtschaftsmagazin 1988/Nr. 3/S. 22
214 Bücken R, dfz Wirtschaftsmagazin 1990/Nr. 2/S. 30
215 Anon, Lebensmittel-Praxis 1985/Nr. 7/S. 16
216 Schöller-Anzeige, Lebensmittel-Ztg. v. 3.2.1989/Nr. 5
217 Heiner V, Ernährungsindustrie 1987/Nr. 12/S. 54
218 Anon, Absatzwirtschaft 1995/Nr. 2/S. 58

219 Heller E: Wie Werbung wirkt: Theorien und Tatsachen. Frankfurt/M. 1984
220 Packard V: Die große Versuchung: Der Eingriff in Leib und Seele. Frankfurt/M. 1980
221 Nickel V, Markenartikel 1987/Nr. 7/S. 342
222 Underwood G, Nature 1994/370/S. 103
223 Kroeber-Riel W: Strategie und Technik der Werbung. Stuttgart 1988
224 Franke D, Absatzwirtschaft 1987/Nr. 10/S. 8
225 Pendergrast M: For God, Country and Coca-Cola. London 1993
226 Anon, Lebensmittel-Ztg. 1983/Nr. 47/S. F20
227 Beyering L, Marketing J 1987/H. 3/S. 218
228 Körke H, Absatzwirtschaft 1989/Nr. 10/S. 140
229 Höfner K, Bauer E, Marktforschung 1987/H. 2/S. 52
230 Opaschowski HW, Managermagazin 1995/Okt/S. 273
231 Lakaschus C, Lebensmittel Ztg. 1987/Nr. 47/S. F8
232 Szallies R, Marketing J 1987/Nr. 4/S. 318
233 Körke H, Absatzwirtschaft 1989/Nr. 4/S. 140
234 Kroeber-Riel W: Konsumentenverhalten. München 1984
235 Dichter E: Das große Buch der Kaufmotive. München 1983
236 Kaufmann P: Der Schlüssel zum Verbraucher. Wien 1969
237 Hedinger B, in: Tremel H (Hrsg.): Das Paradies im Angebot. Frankfurt/M. 1986/S. 35
238 Fritz H, in: Tremel H (Hrsg.): Das Paradies im Angebot. Frankfurt/M. 1986/S. 80
239 Anon, Wirtschaftsbild 1996/46/Nr. 22/S. 5
240 Schröter H: Praxisgerechte Platzierungsplanung 1 & 2. Hamburg o.J.
241 Anon, Lebensmittel Praxis 1990/H. 10/S. 32
242 Max B, Trends Pharmacol Sci 1988/9/S. 199
243 Rehorn J, Markenartikel 1987/H. 4/S. 138
244 Höller W, Lebensmittel Ztg. 1988/Nr. 35/S. F20
245 Burda GmbH, Anzeigenkontakte: Drei Jahre Blickaufzeichnungsforschung. Mai 1989, o.O.
246 Auer M et al: Product Placement. Düsseldorf 1988
247 Randerath K et al, Biochem Biophys Res Comunic 1993/192/S. 61
248 Mayer A, Mayer RU: Imagetransfer. Spiegel Verlagsreihe 7, Hamburg 1987
249 Tödtmann C, Wirtschaftswoche 1995/Nr. 51/S. 87

250 Baumer H: Sferics. Reinbek 1987
251 Deutscher Wetterdienst, Forschungsprojekt ZMMF/6, Bericht v. 10.1.1986
252 Kerr RA, Science 1994/264/S. 1250
253 Kerr RA, Science 1994/265/S. 740
254 Kerr RA, Science 1994/270/S. 235
255 World Meteorological Organization, Technical Note No.12 Atmospheric Techniques. Genf 1955, zit. nach 256
256 Lintzen T et al, Int J Biometeorol 1995/39/S. 13
257 Hoffmann G et al, Int J Biometeorol 1991/34/S. 247
258 Ruhenstroth-Bauer G et al, Int J Biometeorol 1988/32/S. 201
259 Ruhenstroth-Bauer G et al, Int J Biometeorol 1984/28/S. 333
260 Ungeheuer H, Kügler H, Arzneimittelforsch 1957/7/S. 370
261 Bortels H, Naturwiss. 1951/38/S. 165
262 Schneider-Carius K: Wetterkunde, Wetterforschung. Freiburg 1955
263 Kügler H: Medizin-Meteorologie nach den Wetterphasen. München 1972
264 Körber H-G: Vom Wetteraberglauben zur Wetterforschung. Leipzig 1987
265 König HL, in: Popp FA et al (Hrsg.): Electromagnetic Bio-Information. München 1989/S. 42
266 Roedel W, Naturwiss. 1972/59/S. 456
267 Hess VF, Sensel GV: Beiträge zur Kenntnis der atmosphärischen Elektrizität XLV. Wien 1911
268 Eugster J, Hess VF: Die Weltraumstrahlung. Zürich 1940
269 Ruhenstroth-Bauer G et al, Seizure 1995/4/S. 303
270 Schindelhauer F, Israel H, Forsch. Erfahrungsber. Reichswetterdienst, Reihe B 1944/35/S. 3
271 Dröscher VB: Mich laust der Affe. Faszinierendes und Unglaubliches aus der Tierwelt. Augsburg 1994
272 Sönning W, Keidel CG: Wolkenbilder, Wettervorhersage. München 1993
273 Baumer H, US-Patente 4.631.957 u. 4.684.951
274 de Bont G: Wolkenatlas. Stuttgart 1987
275 dtv-Lexikon, Band 12, München 1995
276 Glaßmeier KH, Scholer M: Plasmaphysik im Sonnensystem. Mannheim 1991

277 Meyer-Waarden K: Bioelektrische Signale und ihre Ableitverfahren. Stuttgart 1985
278 König HL: Unsichtbare Umwelt. München 1981
279 Friedman H: Die Sonne. Heidelberg 1987
280 Faust V: Biometeorologie. Stuttgart 1978
281 Eichmeier J, Baumer H, Naturwiss. 1990/77/S. 164
282 Maddox J, Nature 1985/313/S. 93
283 Hoffmann G et al, Naturwiss. 1988/75/S. 459
284 Lotmar R et al, Naturwiss. 1969/56/S. 91
285 Vogl S et al, FEBS letters 1991/288/S. 244
286 Sönning W, in: Münchner Universitäts-Schriften, Fakultät für Physik, Mitt. Nr. 58. München 1987/S. 97
287 Ruhenstroth-Bauer G et al, Z Naturforsch. 1987/42c/S. 999
288 Eichmeier J, Baumer H, Naturwiss. 1993/80/S. 165
289 Choisnel E et al, Experientia 1987/43/S. 27
290 Latman NS, Experientia 1987/43/S. 32
291 Persinger MA, Experientia 1987/43/S. 39
292 Gould SJ: Der falsch vermessene Mensch. Basel 1983
293 Sandhagen R: Zur Meteotropie des Hörsturzes. Dissertation München 1990
294 Deutsche Gesellschaft für Ernährung (Hrsg.): Ernährungsberichte 1976–1992, Frankfurt/M.
295 Pudel V, Westenhöfer J: Ernährungspsychologie. Göttingen 1991
296 Sönning W, Arch Met Geoph Biocl 1984/A33/S. 69
297 Sönning W, Arch Met Geoph Biocl 1984/A33/S. 77
298 Sönning W, Wetter Boden Mensch 1981/H. 9/S. 603
299 Fraser-Smith AC, in: Volland H (Hrsg.): Handbook of Atmospheric Electrodynamics. Boca Raton 1995/S. 297
300 Schleidt M, Dragoco Report 1987/34/S. 135
301 Halder G, Science 1995/267/S. 1788
302 Winnacker EL, FAZ 11.6.1995
303 Becktepe C, Jacob S: Genüsse aus dem Genlabor. Bonn 1991
304 Wong-Staal F, in: Fields BN, Knipe DM (Hrsg.): Fundamental Virology. New York 1991/S. 709
305 Lewin B: Genes V. Oxford 1994
306 Cohen P, New Scientist 9.3.1996/S. 16
307 Lehninger AL et al: Prinzipien der Biochemie. Heidelberg 1994

308 Fischer EP, Weltwoche Nr. 14 v. 16.4.1995
309 Hüsing JO, Nitschmann J (Hrsg.): Lexikon der Bienenkunde. Augsburg 1995
310 Pimentel D et al, Oikos 1984/42/S. 283
311 Hedgepeth JW, Science 1993/261/S. 34
312 Anon Naturwiss. Rundsch. 1994/47/S. 368
313 Morell V, Science 1993/261/S. 683
314 Anderson I, New Scientist 9.12.1995/S. 4
315 Vogt HH, Naturwiss. Rundsch. 1991/44/S. 71
316 Villwock W, Naturwiss. 1993/80/S. 1
317 Culotta E, Science 1991/254/S. 1444
318 Ruffié J, Sournia J-C: Die Seuchen in der Geschichte der Menschheit. München 1993
319 Ziegler P: The Black Death. Phoenix Mill 1991
320 Crosby AW: Germs, Seeds & Animals: Studies in Ecological History. New York 1993
321 Iden B, Tierärztl. Umschau 1995/50/S. 683
322 Harris M: Wohlgeschmack und Widerwillen. Stuttgart 1988
323 Simoons FJ: Eat not this flesh. Madison 1994
324 Reinhardt L: Kulturgeschichte der Nutztiere. München 1912
325 Friedman MJ, Trager W, Spektrum Wissensch. 1981/H. 5/S. 87
326 Lubin B, Vichinsky E, in: Hoffman R et al (Hrsg.): Hematology: basic principles and practice. New York 1991/S. 450
327 Krauth-Siegel RL, Schirmer RH, Nachr. Chem. Tech. Lab. 1989/37/S. 1026
328 Ruwende C et al, Nature 1995/376/S. 246
329 Kamalu BP, Int J Food Sci Nutr 1995/46/S. 65
330 Kamalu BP, Nutr Res Rev 1993/6/S. 121
331 Hendrickse R, Ztg. Umweltmedizin 1994/H. 4/S. 9
332 Ziegler H, Naturwiss. Rundschau 1992/45/S. 463
333 Robinson S, Johnston DG, Nature 1995/375/S. 640
334 Brinkmann U, Ann NY Acad Sci 1994/740/S. 303
335 Kommission der Europäischen Gemeinschaften, Klage gegen die Bundesrepublik Deutschland wegen Anwendung des Reinheitsgebotes für Bier auf Einfuhren aus den anderen Mitgliedsstaaten. EuGH, Luxemburg 9.7.1984
336 Kammergericht Berlin, Urteil v. 23.4.1985, LRE 1986/18/Nr. 40

337 Teuscher E, Lindequist U: Biogene Gifte. Stuttgart 1994
338 Carlton JT, Geller JB, Science 1993/261/S. 78
339 Chen LC, Ann NY Acad Sci 1994/740/S. 319
340 Garrett L, Ann NY Acad Sci 1994/740/S. 312
341 Eisenbrand G: N-Nitrosaminverbindungen in Nahrung und Umwelt. Stuttgart 1981
342 Schenker D, Matter L, Lebensmittelchem. Gerichtl. Chem. 1984/38/S. 100
343 Patel T, New Scientist 10.2.1996/S. 6
344 Alleweldt G, Geilweilerhof aktuell 1995/23/H. 3
345 Vogt HH, Naturwiss. Rundschau 1994/47/S. 407
346 Biersteuergesetz, BGBl I/S. 527, geändert durch BierVO v. 7.2.1990, BGBl I/S. 1332
347 Vorläufiges Biergesetz v. 29.8.1993, BGBl I/S. 1399
348 Forster A, Doemensianer 1989/H. 1/S. 16
349 Hopfen-Extraktion HVG Bart, Raiser & Co, Wolnzach, US-Patent 4.8542.878 v. 27.6.1989
350 Manz U, Isler O, in: Aebi H et al (Hrsg.): Kosmetika, Riechstoffe und Lebensmittelzusatzstoffe. Stuttgart 1978
351 Bayer. Verwaltungsgericht München, Urteil v. 20.12.1989, ZLR 1990/17/S. 442
352 Zusatzstoff-Zulassungsverordnung v. 22.12.1981, BGBl I/S. 1633, zuletzt geändert am 8.3.1996 BGBl I/S. 460
353 Schreuder BEC, Vet Quaterly 1994/16/S. 174
354 Brugere-Picoux J et al, Tierärztl. Umschau 1992/47/S. 330
355 Sarradet M, Rev Vet 1883/7/S. 310
356 Pearce F, New Scientist 4.2.1995/S. 26
357 Vines G, New Scientist 3.6.1995/S. 15
358 Durham WH: Coevolution: Genes, culture, and human diversity. Stanford 1991
359 Haefs H: Handbuch des nutzlosen Wissens. Bd. 1, München 1989
360 Hegsted DM, Am Scientist 1978/66/S. 61
361 v. Denffer et al: Lehrbuch der Botanik. Stuttgart 1978
362 Ehrendorfer F, in: 361/S. 941 u. 964
363 Blücher K: Naturwunder Deutschland, Mönchengladbach 1979
364 Ehrendorfer F, in: 361/S. 478
365 Grzimek B (Hrsg.): Grzimeks Tierleben, Bd. 2: Insekten. München 1983

366 Frohne D, Pfänder HJ: Giftpflanzen. Stuttgart 1987
367 Weymar H: Das Buch der Doldengewächse. Melsungen 1966
368 Europäische Norm EN 60598 v. März 1995 (nach IEC-Norm 598)
369 Feister U, Dehne U, Bundesgesundhbl., Sonderheft 1994/Okt./S. 4
370 Tevini M, Bundesgesundhbl., Sonderheft 1994/Okt./S. 41
371 Piazena H, Meffert H, Bundesgesundhbl., Sonderheft 1994/Okt./S. 11
372 Matthes R, Bundesgesundhbl, Sonderheft 1994/Okt./S. 27
373 Philips Licht, Firmenprospekt: Bräunungslampen Gesamtprogramm. 1995
374 Zunin P et al, J Food Sci 1995/60/S. 913
375 Scrimshaw NS, Murray EB, Am J Clin Nutr (Suppl) 1988/48/S. 1086
376 Hayes WJ, Laws ER: Handbook of Pesticide Toxicology. San Diego 1991
377 Worthing CR: The Pesticide Manual – A World Compendium. Farnham 1991
378 Hatch RC et al, Vet Hum Toxicol 1989/31/S. 105
379 Cochet B, Gastroenterol 1983/84/S. 935
380 Anon, EU.L.E.n-Spiegel 1996/Nr. 4/S. 2
381 Hildebrandt G, in: Gutenbrunner C et al (Hrsg.): Chronobiology & Chronomedicine. Frankfurt/M. 1993/S. 194
382 Braem H: Die Macht der Farben. München 1991
383 Siegel RM: Die Farbe der Liebe. Concert Hall Schlagerserie o. J.
384 Philips Licht, Firmenprospekt: Künstliche Beleuchtung im Gartenbau. o.J.
385 Wurtman RJ, Ann NY Acad Sci 1987/499/S. 179
386 Wurtman RJ, J Appl Nutr 1987/39/S. 7
387 Arendt J, in: 419/S. 203
388 Rosenthal NE, in: 445/S. 260
389 Eckhardt N, Odenwald M, Chancen 1988/H. 2/S. 7
390 Anon, Spiegel 1996/Nr. 31/S. 84
391 Nelemans PJ, J Clin Epidemiol 1995/48/S. 1331
392 Rosenthal NE et al, in: 96/S. 586
393 Aschoff J, in: 96/S. 249
394 Page TL, in: 96/S. 246
395 Holick MF, J Nutr 1996/126/S. 1159S

396 Mehlhorn G, in: Mehlhorn G (Hrsg.): Lehrbuch der Tierhygiene. Jena 1979/S. 199
397 Rivers JK, Lancet 1996/347/S. 803
398 Frain-Bell W: Cutaneous Photobiology. New York 1985
399 Kinadeter H et al: Bausteine für ein positives Mikroklima. München 1988
400 Zölzer F, Kiefer J, Naturwiss. 1989/76/S. 489
401 Bernhard O, in: Hausmann W, Volk R (Hrsg.): Handbuch der Lichttherapie. Wien 1927/S. 3
402 Shuster S, Whiteman DC, Lancet 1995/346/S. 1224
403 Tevini M, Häder D-P: Allgemeine Photobiologie. Stuttgart 1985
404 Czeisler CA et al, N Engl J Med 1995/332/S. 6
405 Nir I, Biomed Environ Sci 1995/8/S. 90
406 Myers BL, Badia P, Neurosci Biobehav Rev 1995/19/S. 553
407 Ingram DL, Dauncey MJ, in: Ulijaszek SJ (Hrsg.): Seasonality and human ecology. Cambridge 1993/S. 54
408 Goto M et al, Mol Brain Res 1994/21/S. 349
409 Pierpaoli W, Regelson W, Proc Natl Acad Sci 1994/91/S. 787
410 Zulley J, Wirtz-Justice A (Hrsg.): Lichttherapie. Regensburg 1995
411 Collins ED, Norman AW, in: Machlin LJ (Hrsg.): Handbook of Vitamins. New York 1991/S. 59
412 Davies DM, Morris JEW, Undersea Biomed Res Sub Suppl 1979/S. S71
413 Hastings M, Nature 1995/376/S. 296
414 Crosthwaite SK et al, Cell 1995/81/S. 1003
415 McDonagh AF, in: 445/S. 65
416 Pöppel E: Lust und Schmerz. Berlin 1993
417 Maelicke A (Hrsg.): Vom Reiz der Sinne. Weinheim 1990
418 Fuchs WR: Knaurs Buch der modernen Physik. München 1969
419 Wetterberg L (Hrsg.): Light and biological rhythms in man. Oxford 1993
420 Hollwich F: The influence of ocular light perception on metabolism in man and animal. New York 1979
421 BgVV-Pressedienst Nr. 22/95 v. 30.10.1995
422 Schneider Lefkowitz E, Garland CF, Int J Epidem 1994/23/S. 1133
423 Kripke DF, in: 419/S. 305
424 Loudon A, New Scientist 3.2.1996/S. 42

425 Bock SJ, Boyette M: Wunderhormon Melatonin. München 1995
426 Turek FW, Nature 1996/379/S. 295
427 Reppert S, Weaver D, Cell 1996/83/S. 1059
428 Rosenthal NE et al, Ann NY Acad Sci 1987/499/S. 216
429 Pollmer U et al: Prost Mahlzeit! Krank durch gesunde Ernährung. Köln 1994
430 Kasper S, Nervenarzt 1994/65/S. 69
431 Fendrich R et al, Science 1992/258/S. 1489
432 Weiskrantz L, The Sciences 1992/Sept-Oct/S. 23
433 Barinaga M, Science 1992/258/S. 1438
434 Kaas JH, Nature 1995/373/S. 195
435 Cowey A, Stoerig P, Nature 1995/373/S. 247
436 Kolb FC, Braun J, Nature 1995/377/S. 336
437 Humphreys GW, Nature 1995/374/S. 763
438 Castiello U et al, Nature 1995/374/S. 805
439 Lerner A, in: 419/S. 437
440 Arendt J: Melatonin and the Mammalian Pineal Gland. London 1995
441 Stumpf WE, Naturwiss. 1988/75/S. 247
442 Touitou Y, Haus E, in: 419/S. 313
443 Komarov FI et al, in: 419/S. 329
444 Jakobus CH et al, N Engl J Med 1992/326/S. 1173
445 Wurtman RJ et al (Hrsg.): Ann NY Acad Sci 1985/453
446 Wever RA, in: 445/S. 282
447 Hastings MH et al, in: 445/S. 182
448 Kohen E et al: Photobiology. San Diego 1995
449 Wurtman RJ, Wurtman JJ, Scientific American 1989/Jan./S. 50
450 Kripke DF, in: 445/S. 270
451 Forum ökologisch Bauen (Hrsg.): Arbeiten, Wohnen, Bauen. Einflüsse des Lichtes auf Leistungsfähigkeit und Wohlbefinden. Tagung in Walsrode am 25./26. 11. 1982
452 Ippen H, Bundesgesundhbl. 1994/37/S. 419
453 Hany J, Nagel R, Dt Lebensm. Rundsch. 1995/91/S. 341
454 Brand G, Prüf. mit 1995/H. 5/S. 8
455 Holick MF, in: 445/S. 1
456 Neer RM, in: 445/S. 14
457 Marks R, Whiteman D, Brit Med J 1994/308/S. 75
458 Waldhauser F, Dietzel M, in: 445/S. 205

459 Humbert W, Pevet P, in: Pierpaoli W et al (Hrsg.): Ann NY Acad Sci 1994/719/S. 43
460 Reiter R, in: Pierpaoli W et al (Hrsg.): Ann NY Acad Sci 1994/719/S. 1
461 Reiter R, in: Shafii M, Shafii SL (Hrsg.): Biological rhythms, mood disorders, light therapy, and the pineal gland. Washington 1990/S. 39
462 Holick MF et al, N Engl J Med 1992/326/S. 1178
463 Wibom R, in: 419/S. 23
464 Foster RG, Menaker M, in: 419/S. 73
465 Parry BL, in: 419/S. 401
466 Moore RY, in: Chadwick DJ, Ackrill K (Hrsg.): Ciba Foundation Symposium 183, Chichester 1995/S. 88
467 Kime ZR: Sonnenlicht und Gesundheit. Ritterhude 1992
468 Dahlquist G, Mustonen L, Int J Epidem 1994/23/S. 1234
469 Becker JB et al (Hrsg.): Behavioral Endocrinology. Cambridge 1992
470 Bhatnagar KP, in: Shafii M, Shafii SL (Hrsg.): Biological rhythms, mood disorders, light therapy, and the pineal gland. Washington 1990/S. 5
471 van Toller S, Dodd G (Hrsg.): Perfumery. London 1994
472 Fischlein S: Ist die in Deutschland übliche Rachitisprophylaxe mit Vitamin D noch zeitgemäß? Diplomarbeit, Fachhochschule Fulda, März 1996
473 Harris M: Menschen. Wie wir wurden, was wir sind. Stuttgart 1994
474 Vogl G, Pharmazie in unserer Zeit 1989/18/S. 169
475 Kudicke S et al, Bundesgesundhbl 1996/39/S. 170
476 BgVV-Pressedienst Nr. 13/96 v. 14.6.1996
477 Arznei-Telegramm 1995/H. 12/S. 114
478 Reiter R, Trends Endocrin Metab 1996/7/S. 22
479 Davies DM, in: 445/S. 21
480 Lindner E: Toxikologie der Nahrungsmittel. Stuttgart 1990
481 Giles GG et al, Brit Med J 1996/312/S. 1121
482 Diffey BL et al, Lancet 1995/346/S. 1713
483 Beral V et al, Lancet 1982/II/S. 290
484 Fa. Body Drench Systems, Alexandria, TN 37012, USA, Produktinformation zu Bräunungsbeschleunigern
485 Meffert H, persönliche Mitteilung 2.7.1996
486 Toda T et al, Food Chem Toxicol 1985/23/S. 585

487 Krain LS, Health Phys 1991/60/S. 457
488 Armstrong BK, Int J Epidem 1994/23/S. 873
489 Maduro RA, Schauerhammer R: Ozonloch, das mißbrauchte Naturwunder. Wiesbaden 1992
490 Morell V, Science 1996/272/S. 349
491 Tosini G, Menaker M, Science 1996/272/S. 419
492 Klein DC, in: 419/S. 55
493 D'Agostini F, De Flora S, Canc Res 1994/54/S. 5081
494 Dietzel M: Die Lichttherapie der endogenen Depression. Berlin 1990
495 Kripke DF, J Affective Disorders 1998/49/S. 109
496 Cole C et al, in: 445/S. 305
497 Dubocovich ML, Trends Pharmacol Sci 1995/16/S. 50
498 Stark H, Methling D, Z ges Hyg 1979/25/S. 7
499 Boivin DB et al, Nature 1996/379/S. 540
500 Amir S, Stewart J, Nature 1996/379/S. 542
501 Arendt J, Brit Med J 1996/312/S. 1242
502 Hilemann B, Chemical & Engineering News 18.7.1994/S. 27
503 Jones M, New Scientist 16.3.1996 Inside Science Nr. 89/S. 1
504 Specker BL et al, J Pediat 1985/107/S. 372
505 Deutsche Gesellschaft für Kinderheilkunde, Kinderarzt 1993/24/S. 1190
506 Hesse V, Jahreis G, Pädiatr Grenzgebiete 1990/29/S. 213
507 Garland CF, Garland FC, Int J Epidem 1980/9/S. 227
508 Garland C et al, Lancet 1985/I/S. 307
509 Garland C et al, Lancet 1989/II/S. 1176
510 Wurtman J, in: 96/S. 1083
511 Garland F et al, Prev Med 1990/19/S. 614
512 Gorham E et al, Int J Epidem 1990/19/S. 820
513 Fa. Beiersdorf, Hamburg, persönliche Mitteilung 16.8.1996
514 Cremer-Bartels G et al, Naturwiss. 1984/71/S. 567
515 Attenburrow MEJ et al, Brit Med J 1996/312/S. 1263
516 Philips, Firmenprospekt: Sun and Solarium. 1995
517 Watermann G: Farbberatung für die Wohnung: Farben, Formen, Licht, Strukturen. Niedernhausen 1993
518 Elbert T, Rockstroh B: Psychopharmakologie. Göttingen 1993
519 Hargreaves J, Thompson GW, Caries Res 1989/23/S. 389

520 Arkanum, Firmenprospekt: Informationen zu Sonnenlicht und Gesundheit, Frankfurt/M. 1995
521 Wirtz-Justice A, Therapeutische Umschau 2000/57/S. 71
522 Eckardt N, Chancen 1987/H. 4/S. 6
523 Avery D, Dahl K, in: Schulkin J (Hrsg.): Hormonally induced changes in mind and brain. San Diego 1993/S. 357
524 Aghajanian GK, in: 96/S. 1082
525 Heller E: Wie Farben wirken. Reinbek 1989
526 Longstreth JD et al, Ambio 1995/24/S. 153
527 Dobel R (Hrsg.): Lexikon der Goethe-Zitate. München 1995
528 Clancy J, McVicar AJ: Physiology & Anatomy, a homeostatic approach. London 1995
529 Scheppach J: Sex um 8 – und was Sie sonst noch über innere Uhren wissen sollten. München 1996
530 Middleton BA et al, Lancet 1996/348/S. 551
531 Osram Firmen-Prospekt zu Halogenlampen, 1996
532 Food Chem News 1991/33/S. 19, zit. n. BIBRA Bulletin 1991/30/S. 200
533 Anon: Nobelpreis für Medizin, I, 1901–1910. o.O. & J./S. 173
534 Greubel G, Industrievertretungen GmbH, Firmenprospekt zu Geo-Sonnenglas, Altshausen o. J.
535 Reichel G et al (Hrsg.): Grundlagen der Arbeitsmedizin. Stuttgart 1985
536 Osorio D, Vorobyev M, Proc Royal Soc B 1996/263/S. 593
537 Foret J, in: Hildebrandt G et al (Hrsg.): Chronobiology & Chronomedicine. Frankfurt 1987/S. 423
538 Lemmer B, in: Chadwick DJ, Ackrill K (Hrsg.): Ciba Foundation Symposium 183, Chichester 1995/S. 235
539 Riexinger S, Naturwiss. Rundsch. 1996/49/S. 230
540 Gies HP et al, Health Phys 1986/50/S. 691
541 Bestak R, Halliday GM, Photochem Photobiol 1996/64/S. 188
542 McGregor JM, Young AR, Brit Med J 1996/312/S. 1621
543 Bleuler E: Lehrbuch der Psychiatrie. Berlin 1983
544 Buff W, v der Dunk K: Giftpflanzen in Natur und Garten. Berlin 1988
545 Wichmann W, persönliche Mitteilung
546 Martinetz D, Lohs K: Gift. München 1986

547 Anderson I, New Scientist 15.6.1996/S. 12
548 van Toller S, Dodd GH (Hrsg.): Fragrance. London 1992
549 Jellinek JS, Dragoco Report 1996/43/S. 205
550 Zenner G et al, Z EEG-EMG 1994/25/S. 214
551 Ruhenstroth-Bauer G, Offenlegungsschrift DE 4329 884 v. 16.3.1995
552 Ruhenstroth-Bauer G et al, Electro Magnetobiol 1994/13/S. 85
553 Sharpe RM, Shakkebaek NE, Lancet 1993/341/S. 1392
554 Dahlquist G, in: Leslie RDG (Hrsg.): Causes of Diabetes. Chichester 1993/S. 125
555 Spelsberg AAA, Manson JE, in: Leslie RDG (Hrsg.): Causes of Diabetes. Chichester 1993/S. 319
556 Höfling G, in: Forum ökologisches Bauen (Hrsg.): Arbeiten, Wohnen, Bauen. Einflüsse des Lichtes auf Leistungsfähigkeit und Wohlbefinden. Tagung in Walsrode am 25./26.11.1982/S. 44
557 Hollwich F et al, Klin Mbl Augenheilk 1977/171/S. 98
558 Hollwich F, Dickhues B, Fortschr Med 1972/90/S. 25
559 Hollwich F, v Graefes Archiv Ophthalmologie 1950/150/S. 529
560 Hollwich F, v Graefes Archiv Ophthalmologie 1949/149/S. 592
561 Hollwich F, Dickhues, B, Dtsch. Med. Wschr. 1967/92/S. 2335
562 Balzer M, Natur 1996/H. 11/S. 97
563 Jahnke V, Merker H-J, HNO 1998/46/S. 502
564 Grammer K, Jütte A: Gynäkol. Geburtshilfl. Rundsch. 1997/37/S. 150
565 Motluk A, New Scientist 2.9.2000/ S. 7
566 Dulac C, Axel R, Chem Senses 1998/23/S. 467
567 Johnston, RE in: Murphy C (Hrsg.): Olfaction and Taste XII. New York 1998/S. 333
568 Jellinek JS, dragoco report 1999/H. 1/S. 5
569 Monti-Bloch L et al, in: Murphy C (Hrsg.): Olfaction and Taste XII. New York 1998/S. 373
570 Meredith M in: Murphy C (Hrsg.): Olfaction and Taste XII. New York 1998/S. 349
571 McClintock MK, in: Murphy C (Hrsg.): Olfaction and Taste XII. New York 1998/S. 390
572 Meredith M, Chem Senses 1998/23/S. 463
573 Keverne EB, Chem Senses 1998/23/S. 491
574 Pelosi P in: Murphy C (Hrsg.): Olfaction and Taste XII. New York 1998/S. 281

575 Tirindelli R et al, Trends Neurosci 1998/21/S. 482
576 Keverne EB, Science 1999/286/S. 716
577 Del Cerro MCR, Psychoneuroendocrinology 1998/23/S. 905
578 Thornhill R, Gangestad SW, Evol Human Behav 1999/20/S. 175
579 Rikowski A, Grammer K, Proc Royal Soc Lond B 1999/266/S. 869
580 Sobel N et al, Brain 1999/122/S. 209
581 Motluk A, New Scientist 1.5.1999/S. 25
582 Virtanen T et al, Immunology Today 1999/20/S. 398
583 Exley C, Molecular Medicine Today 1998/4/S. 107
584 Balin BJ et al, Med Microbiol Immunol 1998/187/S. 23
585 Mills C, The Sciences 1999/H. 2/S. 10
586 Graves et al, J Clin Epidemiol 1990/43/S. 35
587 Röllin HB et al, Br J Ind Med 1991/48/S. 389
588 McLachlan DR et al, in: 630/S. 87
589 Van der Voet GB, in: 630/S. 109
590 Eastwood JB et al, Lancet 1990/25/S. 462
591 Bilkei-Gorzó A, Food Chem Toxicol 1993/31/S. 357
592 Jacqmin H et al, Am J Epidemiol 1994/139/S. 48
593 Motluk A, New Scientist 24.6.2000/S. 32
594 Martin SM, Manning IT, Evol Human Behav 1999/20/S. 203
595 Batten M: Natürlich Damenwahl. München 1994
596 MacKenzie D, New Scientist 2000/5.8/S. 32
597 Hamilton G, New Scientist 2000/15.1/S. 30
598 Straub OC, Tierärztl. Umschau 2000/55/S. 227
599 Oidtmann B, Hoffman R, Rundsch. Fleischhyg. Lebensmittelüberw. 1999/51/S. 249
600 Troschel HJ, Fischer & Teichwirt 1997/H. 9/S. 370
601 Keller M, Fischer & Teichwirt 1997/H. 2/S. 58
602 Daszak P et al, Science 2000/287/S. 443
603 Mills C, The Sciences 1999/März-April/S. 10
604 Pearce F, New Scientist 12.8.2000/S. 30
605 Ricciardi A, MacIsaac HJ, Trends Ecol Evol 2000/15/S. 62
606 MacKenzie D, New Scientist 5.8.2000/S. 20
607 Saxena D et al, Nature 1999/402/S. 480
608 Novartis AG, Patentschrift WO 99/35910, 23. 7. 1999
609 Novartis AG, Patentschrift WO 99/35913, 23. 7. 1999
610 Coghlan A, New Scientist 27.11.1999/S. 13

611 Jan-Orn J et al, in: 629, Vol 1/S. 203
612 Özbek N et al, in: 629, Vol 2/S. 215
613 Datta SK, in: 629. Vol 1/S. 273
614 Hsieh SC et al, in: 629, Vol 1/S. 357
615 Daha CS, Shaikh MAQ, in: 629 Vol 1/S. 365
616 Tepora NM, Dela Cruz QD, in: 629, Vol 1/S. 379
617 Sumanggono AMR, in: 629, Vol 1/S. 385
618 Bretaudeau A, Traoré BM, in: 629, Vol 1/S. 463
619 Datta SK, in: 629, Vol 1/S. 479
620 Rosario TL, Miranda MB, in: 629, Vol 1/S. 485
621 Brunner H, Keppl H, in: 629, Vol 1/S. 547
622 Spina P et al, in: 629, Vol 1/S. 257
623 Spiegel-Roy P in: 629, Vol 1/S. 215
624 Coghlan A, New Scientist 17.11.2000/S. 13
625 Novak FJ, Brunner H, IAEA Bulletin 1992/4/S. 25
626 Sigurbjörnsson B, Vose P, IAEA Bulletin 1994/3/S. 41
627 Kaye BK: Science and the Detective. Weinheim 1995
628 Falbe J, Regitz M (Hrsg.): Römpp Chemie Lexikon. Stuttgart 1990
629 International Atomic Energy Agency: Plant Mutation Breeding for Crop Improvement. Proceedings of a Symposium, Vienna, 18–22 June 1990. Jointly organized by IAEA and FAO. Wien 1991
630 Ciba Foundation Symposium 169: Aluminium in Biology and Medicine. Chichester 1992
631 Smyth DR, Current Biology 1995/5/S. 361
632 Rotino GL et al, Nature Biotechnol 1997/15/S. 1398
633 Bogenrieder A et al (Hrsg.): Lexikon der Biologie. Freiburg 1983
634 Oldfield ML: The Value of Conserving Genetic Resources. Sunderland 1989
635 Jahrmärker, Archiv Psychiatrie Nervenkrankh 1941–42/114/S. 290
636 Reiß J, Biologie in unserer Zeit 1976/6/S. 169
637 Boppré M, Fischer OW, Gesunde Pflanzen 1999/51/S. 141
638 Dewan EM et al, Geophys Research Letters 1998/25/S. 939
639 Hallett J, The Sciences 1996/H. 6/S. 22
640 Mende SB, Spektrum Wissensch 1997, Okt., S. 64
641 Marchant J, New Scientist 26.8.2000/S. 4
642 WHO, Environmental Health Criteria Vol 217, Genf 1999
643 Munkvold GP et al, Plant Disease 1999/83/S. 130

644 Gross F, Gysin F, Encephale 1996/22/S. 143
645 Espiritu RC et al, Biological Psychiatry 1994/35/S. 403
646 Titjen GH, Kripke DF, Psychiatry Res. 1994/53/S. 161
647 Pendick D, New Scientist v. 8.1.2000/S. 25
648 Campbell SS, Murphy PJ, Science 1998/279/S. 396
649 Venzmer G: Regler des Stoffwechsels. Stuttgart 1933
650 Schmitz M et al, Progress in Neuropsychopharmacological and Biological Psychiatry 1997/21/S. 965
651 Braun DL et al, Comprehensive Psychiatry 1999/40/S. 442
652 Lam RW et al, Am J Psychiatry 1994/151/S. 744
653 Graw P et al, Journal of Affective Disorders 1999/56/S. 163
654 Fritsch C et al, Hautarzt 1996/47/S. 438
655 Brainard GC et al, in 419/S. 29
656 Anon, New Scientist v. 1.7.2000/S. 19
657 Fisch J: Licht und Gesundheit – Das Leben mit optischer Strahlung. TU Ilmenau, Fachgebiet Lichttechnik (Hrsg.), März 2000
658 Philips Hamburg (Hrsg.), Katalog Lampen, Vorschaltgeräte 2000
659 Petersen J, Lohmann Information 2000/H. 1/S. 3
660 Schulz R et al, Arch Intern Med 2000/160/S. 1761
661 Hansen V et al, Psychological Medicine 1998/28/S. 447
662 Berufsgenossenschaft für Gesundheitsdienst und Wohlfahrtspflege, Hamburg (Hrsg.), BGW-Presse-Info Januar 2000/S. 4
663 Young MW, Spektrum Wissensch. 2000/H. 6/S. 74
664 Schaumburg H, N Engl J Med 1983/309/S. 445
665 Grimes DS et al, Quartely Journal of Medicine 1996/89/S. 579
666 Scragg R et al, Int J Epidemiol 1990/19/S. 559
667 Kanis J et al, Osteoporosis International 1999/9/S. 45
668 Cortes-Gallegos V et al, Archives Andrology 1998/40/S. 129
669 Barr W, Journal of Psychosocial Nursery and Mental Health 2000/38/S. 28
670 Melton L, New Scientist v. 3.6.2000/S. 29
671 Wirz-Justice A et al, Journal of Affective Disorders 1996/37/S. 109
672 Boivin DB et al, Nature 1996/379/S. 540
673 Oren DA, Neuroscientist 1996/2/S. 207
674 Oren DA, Chronobiology International 1997/14/S. 319
675 Kick G et al, Hautarzt 1996/47/S. 644
676 Mayron LW et al, Academic Therapy 1974/10/S. 33

677 Jacob W, Fortschritte der Medizin 1971/89/S. 771
678 Kennedy SH, International Journal of Eating Disorders 1994/16/S. 257
679 Arendt J, Reviews of Reproduction 1998/3/S. 13
680 Bartsch C et al, Ann NY Acad Sci 1994/719/S. 502
681 Ronco AL, Halberg F, Anticancer Research 1996/16/S. 2033
682 Pressemeldung der Ruhr-Universität Bochum v. 5.8.2000, idw info @tu-clausthal.de
683 Westerdahl J et al, Br J Cancer 2000/82/S. 1593
684 Stern RS, Lunder EJ, Archives of Dermatology 1998/134/S. 1582
685 English DR et al, Cancer, Causes and Control 1997/8/S. 271
686 Kripke ML, Cancer Research 1994/54/S. 6102
687 Elwood JM, Jopson J, International Journal of Cancer 1997/73/S. 198
688 John EM et al, Cancer Epidemiology, Biomarkers and Prevention 1999/8/S. 399
689 Letzel S, Drexler H, J Am Academy Dermatol 1998/39/S. 712
690 Behr A, Reichardt L, Süddeutsche Zeitung Magazin v. 23.6.2000/S. 22
691 Berwick M, Halpern A, Current Opinion in Oncology 1997/9/S. 178
692 De Gruijl FR, European Journal of Cancer 1999/35/S. 2003
693 Danielopol DL et al, Trends Ecol Evol 2000/15/S. 223
694 Jendritzky, Deutscher Wetterdienst Zentrale Medizinmeteorologische Forschungsstelle. Az.: ZMMF 1/75.40.37 – 286/85 – Sch. Freiburg 10.1.1986
695 Wright K, Spektrum Wissenschaft Spezial 2000/H. 3/S. 36
696 Schmidt CM, Spektrum Wissensch Spezial: Wetter und Klima 2000/H. 3/S. 20
697 Oliver JE, Fairbridge RW: The Encyclopedia of Climatology. New York 1987
698 Hirschberg W: Frosch und Kröte in Mythos und Brauch. Wien 1988
699 Grzimek B (Hrsg.): Grzimeks Tierleben, Bd. 8: Vögel. Augsburg 2000
700 Dröscher VB: Überlebensformel. Wie Tiere Umweltgefahren meistern. Düsseldorf 1979
701 Rietschel P et al: Das Tierreich nach Brehm. Hamburg, ohne Jahr
702 Winckel M, Volksernährung 1930/5/S. 175
703 Joachim F, Volksernährung 1925–26/1/S. 416

704 Bächthold-Stäubli H, Hofmann-Krayer E: Handwörterbuch des deutschen Aberglaubens. Berlin 2000
705 Schlegel K: Vom Regenbogen zum Polarlicht. Leuchterscheinungen in der Atmosphäre. Heidelberg 1994
706 Speiser AP, Physik in unserer Zeit 1999/30/S. 211
707 Aristophanes, Comoediae, Vol 1. Ed: Hall FW, Geldart WM, Oxford Classical Texts 1906
708 Dornfeldt K, Ethology 1996/102/S. 413
709 Oettinger WO et al, Ann Meteorol 1999/39/S. 98
710 Klinker L, Siegel U, Zeitschr ges Hyg 1986/32/S. 529
711 Woltereck H: Klima, Wetter, Mensch. Leipzig 1938
712 Hellpach W: Geopsyche. Die Menschenseele unter dem Einfluß von Wetter und Klima, Boden und Landschaft, Stuttgart 1950
713 Assmann D: Die Wetterfühligkeit des Menschen. Ursachen und Pathogenese der biologischen Wetterwirkung. Jena 1963
714 Curry M: Bioklimatik. Die Steuerung des gesunden und kranken Organismus durch die Atmosphäre. Riederau 1946
715 Faust V: Wetter – Klima – menschliche Gesundheit. Stuttgart 1986
716 Schienle A et al, Intern J Neuroscience 1997/90/S. 21
717 Schienle A et al, Intern J Neuroscience 1999/97/S. 211
718 Schienle A et al, Fortschr. Medizin 1999/117/S. 41
719 Rajam CV, Nature 1936/138/S. 1064
720 Bissolli P, Naturw. Rundsch. 1999/52/S. 105
721 Tong S et al, Lancet 1998/351/S. 1100
722 Vaas R, Naturw. Rundsch. 1997/50/S. 60
723 Punnonen K et al, J Photochem Photobiol 1995/B30/S. 43
724 Meljukow A, Internationale Zeitschrift der Landwirtschaft 1968/2/S. 224
725 Heusser H, Schweizer Archiv für Tierheilkunde 1959/101/S. 573
726 Gonder U: Krebsprophylaxe durch Ernährung. EU.L.E. e.V. (Hrsg.), Hochheim 1999
727 Boucher BJ, British Journal of Nutrition 1998/79/S. 315
728 Worm N, Diätlos glücklich. Ostfildern 1998
729 Warren CB et al, US-Patent Nr. 4,670,463 vom 2. 6. 1987
730 Fisch I, pers. Mitteilung v. 22.10.2000
731 Perkowitz S, New Scientist v. 8.1.2000/S. 30
732 Lamberg L, J Am Med Assoc 1998/280/S. 1556

733 Trinder J et al, Journal of Sleep Research 1996/5/S. 77
734 Wehr TA et al, American Journal of Physiology 1995/38/S. R173
735 Goldstein K, Occupational Therapy and Rehabilitation 1942/21/S. 147
736 Sancar A, Miyamoto Y, Proceedings of the National Academy of Sciences 1998/95/S. 6097
737 Boggild H, Knutsson A, Scand J, Work Environ Health 1999/25/S. 85
738 Costa G, Med Lav 1999/90/S. 739
739 Lee TMC et al, Acta Psychiatrica Scandinavia 1997/96/S. 117
740 Wirtz-Justice A, Archives of General Psychiatry 1998/55/S. 861
741 Waterhouse J et al, British Journal of Nutrition 1997/77/S. S29
742 Fraser WD et al, Osteoporosis International 1998/8/S. 121
743 van Cauter E et al, J Am Med Assoc 2000/284/S. 861
744 Fuleihan GE et al, J Clin Endocrinol Metabol 1997/82/S. 281
745 Society for Light Treatment and Biological Rhythms www.sltbr.org
746 Hirth A et al, Chemie in unserer Zeit 1999/33/S. 84
747 Studzinski GP, Moore DC, Cancer Research 1995/55/S. 4014
748 Miller SA et al, Photochemistry and Photobiology 1998/68/S. 63
749 Palm K, Deutsches Farbenzentrum e.V., pers. Mitteilung v. 2.11.2000
750 Deutsches Farbenzentrum (Hrsg.): Kurzfassungen der Internationalen Farbtagung 1999. Berlin 1999
751 Dieckhues B, Klinische Monatsblätter für Augenheilkunde 1974/165/S. 291
752 Pressemeldung des Fraunhofer-Instituts für Bauphysik v. 22. 3. 2000
753 Anon, Hautfreund 1995/Nr. 5/S. 30
754 Knight J, New Scientist v. 6.12.1997/S. 18
755 Bolz A, Frankfurter Rundschau v. 27.5.2000/S. 6
756 Haas R et al, Zeitschrift für Umweltchemie und Umwelttoxikologie 1997/9/S. 24
757 Morell V, Science 1996/271/S. 905
758 www.iguzzini.dc
759 Morita T, Tokura H, Applied Human Sciences 1998/17/S. 91
760 Cashmore AR et al, Science 1999/284/S. 760
761 van Gelder RN, Current Biology 1998/8/S. R798
762 Lucas RJ, Foster RG, Current Biology 1999/9/S. R825

Sachregister

A
Achselhaare 63f.
Achselschweiß, männlicher 37
Ackerbohne 170
Afrika 164ff.
Aga-Kröte 138
Aggressionen 195
Albinos, afrikanische 244
Alkoholkranke 180
Allah 151
Allergiewelle 138f.
Aluminiumsalze 73f.
Alzheimer 74
Amazonen-Kärpflinge 23
Ameisen 261f.
Amerika 157, 164
Amerikanische Flusskrebse 157
Amöbenruhr 27
Androstenol 36f., 62f.
Androstenon 36f., 61
Anfälle, epileptische 264
Angst 19, 33, 35, 44, 78, 120ff.,175
– Geschäft mit der A. 55
– vor der Sonne 234
Antibabypille 49ff.
Antidiuretisches Hormon 204
Antriebslosigkeit 181
Aphrodisiaka 61f.
Äquator 178, 185, 227
Arbeitsplatz 194, 196
Arbeitsteilung 29
Aristophanes 259
Aristoteles 275
Aromatherapie 70ff.
Arterienverkalkung 232
Ästhetik 77, 118
Asymmetrie 79f., 82
ätherische Öle 69ff.
Atmosphäre 56, 185, 234, 257, 260, 262, 270f.
Atom-U-Boote 193
Auge, drittes 205
Augen 223
Augenkamera 97
Augenleiden 187
Augenlicht 203
Austern 158
Australien 138, 140f., 228, 242, 250

B
ß-Carbolin 224
Bacillus thuringiensis 134f.
Bäckchen, rote 107, 226
Bäckerhefe 265
Ballastwasser 159
Bantu 227
Bärenklau, kaukasischer 160 (Herkulesstaude)
Bärenmarke 106ff.
Basaliome 242
Basalzellkrebs 243
Batterie-Huhn (s.a. Licht, Kunstlicht) 196
Baumer-Sferics 260ff.
Befruchtung, innere 57
Beleuchtung, natürliche 181
Beleuchtungsprogramm 196
Beleuchtungsstärke (s.a. Lichtintensität, Tageslicht, Therapieverständnis) 195
Besitzreiz 92
Bewusstsein 19, 44f., 70f., 101, 202
Biafra-Kinder 171
Bibel 113
Bier (s. a. Sexualhormon) 55
Biergarten 142ff.
Bildkommunikation 103f.
Bildsymbole, religiöse 113
Bildungsniveau 109
Bilirubin 197
Biobauern (s. a. Unfruchtbarkeit) 53f.
biologische Schädlingsbekämpfung 136ff.
Bisphenol A 54

Blattkäfer (Zygogramma bicolorata) 139
Blattläuse 136
Blau 190, 199
Blaue Jets 272
Blaulicht 196f.
Blaumachen 199
Blinde 203, 211, 218
Blindsehen 101
Blitz 258ff.
Blütenbildung 196
Bolaspinnen 32
Bombykol 32
Botanischer Garten 160
Bräunungsbeschleuniger 237
Breitengrad (s.a. Licht, SAD) 181, 227, 243
Brillengläser, selbsttönende 182
Broca, Paul 275ff.
Broca-Index 277
Brust, weibliche 103
BT-Mais 135f.
Büro (s.a. Beleuchtungsstärke) 182
Butter (und Arteriosklerose in den USA) 232

C
Calicivirus 141
Cantharidin 62
Caulerpa-Algen (Caulerpa taxifolia) 161
Caulerpicin 161
Chaos 76, 79
Charcot-Marie-Tooth-Syndrom 127
Chinchillas 195
Chinesen 228
Chlor 236
Chloroplasten 125
Cholera 171f.
Cholesterin 230, 232
Christentum 113, 150f
Coca-Cola (s.a. Unfruchtbarkeit) 55, 115f.
Cochenille 147
Computer-Advertising 111

Cortisol 204
Creative Placements 112
Creutzfeld-Jakob-Krankheit 221
Cryptochrome 211
Cystische Fibrose 171f.

D
Dauererektion 62
Dauerstress 187
Defekte, mischerbige 172
Deo 73ff.
Depressionen 178f., 181, 183, 188, 190, 193, 199, 212, 214
Descartes, René 14, 45, 205, 270
Desinteresse, sexuelles 178
deutsches Reinheitsgebot 144f.
Deutscher Wetterdienst 268
Diabetiker 172
DNS 125ff.
Donner 259
Dreikantmuschel 160
Duftöle 69
Duftopfer 69
Duftsprache 39
Dunkelblitze (Sferics) 260f.
dunkelhäutige Menschen 227ff.
Dunkelheit
 – und Depressionen 178
 – und Pockennarben 198
 – und Rhythmus 214
Dunkelreparatur 244
Durchschnittsgesicht 86
Durchschnittshypothese 85

E
Edelkrebse 157
Ehen, arrangierte 49
Eidechsen 22
Eifersucht 54
Einkaufswagen 91
 – kleine 95
Einschleppung (von Krankheitskeimen) 162
Eisprung, verborgener 61
Ekelgefühle 67f.
Elektronen-Tachistoskop 97

Elfen 272
Energiesparlampen 191
Entropie 76
Entscheidungen, rationale 13, 45
Entspannung (durch Naschen) 184
Entwöhnung 180
Erbkrankheiten 168, 170, 172
Erbmaterial 125f.
Erdentag, 24-stündiger 210
Erdmagnetfeld 257
Erinnerung 67
Erlebnisgeneration 118
Ernährungstabus 149
Ersatzfunktion 184
Eskimos 227
Europäische Karpfen 157
Europa 146, 148, 156, 162, 164, 171
Event Marketing 111
Evolution 21, 28f., 45, 65
Evolutionsbiologen 21

F
Familiengeruch 41
Farbe (Licht-) 71, 98, 188, 190, 195, 199ff.
Farbebier 147
Farbspektrum 190, 193
Farbsymbole 199
Farbwahrnehmung, gestörte 200
Farbwiedergabe 193ff.
Farbzusammensetzung 190, 201
Favismus 170
Fehldiagnosen 231
Fehlgeburten 50
Fehlzeiten 193, 195
Fensterglas 247
fensterlose Gebäude 186
Fernsehen 109
Feta 148
Feuer (und menschliche Evolution) 45
Finsen, Niels Ryberg 198
Fisch(nahrung) 227, 236

Fließtext-Technik 110
Flossenfüßler 227
Flugverkehr, internationaler 163
Forellenarten, europäische 158
Fortpflanzung (und Tageslänge) 56
Frauen (s. a. Familiengeruch, Parfüm, Männer) 22, 37, 80, 86
 – schöne 84
 – tote 275
Frischluft(zufuhr) 163
Froschschenkel 62
Frühaufsteher 207
Futterverwerter, gute 172

G
Gammastrahlen 131, 273
Gast-Insekten 139
G6PD s. Glucose-6-Phosphat-Dehydrogenase
Gedächtnis
 – für elektromagnetische Phänomene 65f.
Gefühle 13ff., 21, 78
 – primäre 18ff.
 – sekundäre 19f.
Gehirn 15f., 18, 45, 63, 65, 67, 74, 77f., 81, 87, 100, 184, 201ff., 275ff.
Gehirnhälfte, linke 77f.
 – rechte 78
Gehirnstoffwechsel (s. a. Zucker) 184
Gelatine 256
Gelbsucht (bei Babies) 197
Gemüsekonserven (und Unfruchtbarkeit) 54
Gen-Reparaturmannschaften 127
Gene 46, 122ff., 142, 155
 – künstliche 131
 – parasitäre 125
Genkomplex 46
Genmanipulation, gelungene 127
Gen-Reparaturmannschaften 127

Gentechnik 122f., 128f., 130f., 134, 136, 167f., 172f., 175
Gerste 143
Geruchssinn 65, 82
Geschlechtshormone 68
Gesellschaft, lichttechnische 186
Gesichter, symmetrische 77
Gesichtshälfte (linke und rechte) 78
Getreide 130f.
Gewichtszunahme 178
Gewitter 271
Gewitterneigung (und saure Milch) 255
Gleichgewicht, ökologisches 142
Glucose-6-Phosphat-Dehydrogenase 170
Glühbirne 177, 190ff.
Goethe, Johann Wolfgang von 187f., 204, 250
Gorillas 58f.
Greifbühne 98

H
Haare 63
Halogenlampen (s.a. Hautkrebs) 184, 245
Hämoglobin 211
Harlekin-Schrecken 140
Haschisch 55, 69
Haupt-Histokompatibilitäts-Komplex 46
Haut 97, 196, 231, 237, 240ff., 246
– helle 225f.
Hautextrakte 30f.
Hautfarbe 227
Hautkrebs 225ff., 240ff.
Hauttuberkulose 198
heilige Kühe 151
Heine, Heinrich 276
Heliotherapie 197
Helligkeit 188, 191
Heraklit 84
Hindus 151f.
Hintergrundmusik 93
Hippokrates 218, 264

Hirnforschung 275
Hirnsand (der Zirbeldrüse) 205
Hirnschäden 197
Hirnverletzungen 16
Hochdruckgebiete 265
Hodengröße 58
Höhlen (s.a. Beleuchtungsstärke) 182
Hopfen 55, 145
Hormonhaushalt 56, 204
Hörstürze 264
Humboldt, Alexander von 263
Hund (Kommunizieren mit Düften) 43
Hundenase 43f.
Hundestaupe-Virus 167
Hunger auf Süßes 179, 184
Hutteriten (hutterische Brüderschaft) 51
Huygens, Christian 187
Hypothalamus 37, 65, 204f., 211, 214

I
Immunsystem 25ff., 46f., 50, 81, 124, 240f., 266
– »fitte« Mischung 26
impotent 51
Impulskäufe 95
Indien 151f., 167, 228
Indol 66f., 224
Infektionskrankheiten (Wetterabhängigkeit) 265
Infrarot-Strahlung 201
Innenraumbeleuchtung 182, 184, 193
Innovationsschub 174
Insulin 184, 204
Internationale Atomenergiekommission (IAEA) 131f.
Inzucht 47, 49
Irland 155
Islam 151

J
Jacobson'sches Organ (s. a. VNO) 33
Jahwe 151

Jamaika 137
Jetlag 179, 212, 222ff.
Juden 150
Jungbrunnen 222
Jungfernzeugung 22, 24

K

Kallmann-Syndrom 38
Kalzinose 231
Kalzium 226, 231
Kamberkrebs 157
Kampf der Geschlechter 28, 56
Kaninchenplage 140
Kannibalismus 194f.
Karottenkraut (Parthenium hysterophorus) 138
Karpfen, europäische 157
Kartoffel 153ff.
Kartoffelkäfer 155
Kassenzone 95
Kastanienbäume 143
Kaufhausbeleuchtung 188
Kaukasischer Bärenklau 160
Kepler, Johannes 270
Kerze 188
Kichererbsen 170
Killerbiene 122, 128
Kindchenschema 103
Kinderteller 119
Klatschmohn 144
Kleidung 249
Knochenbau 29
Kobolde 272
Koffein 116
Kohlsorten 129
Kommunikationsmaßnahmen 111
Kommunizieren mit Düften 31
Kompetenztechnik 110
Konditionierung, emotionale 105
Konkurrenz (männlicher Wesen) 57
Konzentrationsfähigkeit 187
Kopuline 42, 61
Koran 150
Kornblumen 144
Körperduft 46f., 64
Körpergefühl 16, 19
Körpergeruch 33, 69, 73
Körperrhythmik 218
Krankheitsepidemien 163f.
Krankheitserreger 164
Kraut- und Knollenfäule 155
Krebsrisiko 237
Kuhfladen, getrocknete 152
Kühe, heilige 151f.
 – lila 105
Kultusministerkonferenz 186
Kunstlicht 56, 185f., 196, 216, 218, 245
Kunstlichtregime 194
Kupfertiefdruck 256
Küssen 37
Kwashiorkor 171

L

Lactose 226
Lactoseintoleranz 229
Lämmergeier 167
Lampenlicht 201
Lathyrismus 170
Laune, verbesserte 30
Lebensmittelvergiftungen (als Medizin) 170f.
Leber (unreife) 197
Lebertran 225
Leistungen, kulturelle 44
Leistungsdepressionen 194
Leistungsfähigkeit 187
Lernen 45f., 65f.
Leuchtstoffröhren 177, 181, 184f., 187f., 190, 193
Licht 56, 178, 184f., 187f., 204f., 209f.
 – helles 180, 185
 – richtiges 194
Lichtbehandlung der SAD 179
Lichteinfall 193
Licht-emittierende Dioden (LEDs) 191
Lichtempfindlichkeit 216, 241f.
Lichtfarbe 188, 190ff.
Lichthunger 179, 191
Lichtinformation 200, 204f., 211f.

Lichtverhältnisse 200
Lichtkäfige 187
Lichtmangel (s.a. Winterdepression) 179, 181, 184, 195
Licht-Qualität 193
Lichtregimes 194
Lichtschutzfilter 236
Lichttherapie 180f., 183, 197f., 214
Licht-Verschmutzung 217
Liebeskummer 184
Lieblingsfarben 200
lila Kühe 105
limbisches System 65, 70, 153, 183
Linamarin 171
Linsentrübung 204
Lipocaline 39ff., 47f.
Livio-Dose 101
Löwen 166
Logik (s.a. Gefühle) 15
Lügendetektoren 97
Lüneburger Heide 144
Lupus vulgaris 198
Lux 183

M
Mädchenpensionate 37
Major Histocompatibility Complex/MHC 46ff., 121f.
Malaria 27, 163, 169f.
Maniok 171
– Vergiftung 171
Männer 20, 22, 24, 82
Marienkäfer 139
Mariner 127
Marker, somatischer 16, 18f., 45
Massai 228
Masterfolg 195
Mäuse (MHC) 46ff.
medizinische Anwendung (der Gentechnik) 168
Melanom 242f., 246f.
Melatonin 206, 214, 219ff., 233
Mensch, moderner 182
Merkmal, nützliches 130
Metabolisches Syndrom 233

Metereologen 267ff.
MHC, s. Major Histocompatibility-Complex
Milch 227ff., 232
Milchpulver 229
Milchzucker 226ff.
Mineralstoffwechsel 195
Missionare 113
Mitochondrien 125
Modeerscheinungen 83
Monatszyklus 215f.
Monsterspermium 57
Moralvorstellungen 119
Morbillivirus 166
Morgenrot 188
Moschus 52f., 67f.
Moschusxylol 52f.
Müdigkeit 178
Mungo 137
Musikberieselung 92
Muslime 150
Muss-Artikel 94
Mutationszüchtung 128ff.
Mutter-Kind-Beziehung, gestörte 38, 180
Mutterkorn 133
Muttermilch 206, 236
Myxomatose-Virus 141

N
Nachteulen 207
Nachtschattengewächs 153
Nachttischlampe 215
NASA 193
Naschen 184
Nationalparks 164f.
Nauru-Insel 172
Nebel 269, 271
Neonlicht 185f.
Nerze 195
Neue Welt 164
Neugeborenengelbsucht 197
Neugier 175f.
Neutralweiß 195
Newton, Isaac 187, 190
Nitritpökelsalz 147
Novemberlaune 178
Nützlinge 136f., 142

Nutzpflanze 154, 159, 174
Nutztiere 156, 239
Nutzvieh 194

O
Öko-Gau 136
Ökologisches Roulette 159, 168
Ökowaschmittel 115
Onanieren 55
Ordnung 76ff.
Orgasmus 12
Orientierung (durch Symmetrie) 79
Osteomalazie 225
Osteoporose 218, 229, 238, 240
Ostsee-Robben 80
Oxycholesterin 232
Ozon 234, 242, 248f.
Ozonloch 248
Ozonschild 271

P
Paartherapie 48
Paracelsus 262
Parfüm (s.a. Pheromene) 36, 39, 64, 68, 73
Partikelströme, schnelle (Sonne) 257
Pasteten, belgische 147
Patentierung (von Erbgut) 173
Penisknochen 57
Pest 163f.
Pferdebohne 170
Pferdefleisch 149f., 154
Pflanzen, transgene 131
Pflanzenproduktion 196
Pheromone (s.a. Hautextrakte) 31ff., 47ff., 63, 65, 67f., 74, 82, 172, 274
Photorezeptoren 201
Pille 49f.
Placebo-Effekt 71
PMS s. Prämenstruelles Syndrom
Pockenkranke 198
Polarlicht 56
Polyvinylpolypyrrolidon 145
Porphyrine 242

Prägung, kulturelle 85
Pralinen (aus Brüssel) 146
Prämenstruelles Syndrom (PMS) 180, 214f.
Preisbewilligungsbereitschaft 96, 98, 102
Prisma 190
Product Placement 111f.
Produkterlebnisse 105
Professoren, Göttinger (Intelligenzmessung) 276
Pseudokopulation 22
Psoralene 241
Psychopharmaka 180
Pubertät 38
Pupillometer 97

Q
Qualitätsunterschied (Licht) 186, 188, 191

R
Rachitis 225ff., 231
Ratio 44
Ratten 137
Reaktanz 109f.
Realität 277
Reben 156
Rebläuse 156
Regenbogen 188
Reihernester 158
Reinheitsgebot, deutsches 144f.
Reisen (als Umwelt- und Gesundheitsrisiko) 162
Religion 149
Resistenzfaktoren 132
Rettich 143
Riechkolben 38
Rhythmus (des Lichts) 209ff.
Riechnerv 74
Rinderpest 165f.
Rinderwahnsinn 148, 221
Risiken 128, 174
Rittersporn 121f.
Rot 101, 190
Roter Sumpfkrebs 157
Rotlicht 198

Rotrückenspinnen 23

S
Saat-Platterbsen 170
Saccharin 145
SAD (saisonal auftretende Depression) 179, 182f.
Saubohne 170
Säugetiere 211
Säuglinge 231
Säuglingsnahrung 206, 232
Schädlingsbekämpfung, biologische 136f., 142, 174
Schatten 188
Scheinwelt 105
Schichtarbeiter 213, 222
Schifffahrt, internationale 159
Schimpansen 58
Schlafbedürfnis 179
Schlafstörungen 187, 193
Schmusen 39, 41
Schnee 270
Schönheit 75ff., 84, 86f., 118
Schönheitsideal, vererbtes 87
Schrittmacher (im Hypothalamus) 209f.
Schwäbische Alb 144
Schwarz-Weiß-Denken 175
Schwefelverbindungen 66
Schweine (s. a. Pheromone) 36, 62, 150f.
Schweiß 73
– menschlicher 36
Schwellenangst 91
Schwerewellen 271
Seasonal Affective Disorder (s. SAD)
Seehunde 166f.
Sehbahn, energetische 204
– optische 204
Sehen, räumliches 187
Sehrinde 202
Seidenspinnerweibchen (Bombyx mori) 31f.
Selbstbedienungswaagen 92
Selbstbild 120
Selbstmord-Gen 24
Selektion, mütterliche 50

Serengeti 166
Serotonin 184, 205f., 214, 220, 224
Sex 11f., 20ff., 24, 38, 64
– als Antibiotikum 25
– als Medizin 26
– gegen Nahrung und Schutz 60f.
Sexualhormone, weibliche 52f., 81
Sexuallockstoffe (Pheromone s. a. VNO) 52
Sferics 257ff., 264ff., 271f., 274
– 28-kHz-S. 262, 264
Sichelzellanämie 169
Signalstoffe 40
Sinnestäuschungen, alltägliche 273
Skatol 66f.
Sklaverei 275
Sojazusätze 146
Sonne 56, 181, 224ff., 230, 233f., 238, 240ff., 246ff., 257
Sonnenbäder 240
Sonnenbank 238, 240, 243
Sonnenbrand 225, 235ff., 243, 250
Sonnenlicht 181, 188, 193, 197, 201, 216ff., 233f., 248
Sonnen- und UV-Therapie 241
Sonnenscheindauer (und Krankheiten) 233
Sonnenschutzmittel 235f.
Sonnenwind 56
Spanische Fliege 62
Speichelfluss 92
Spektren, verzerrte 191
Speziallampen 188
Spinaliome 242
Sponsoring 111f.
Sprache 45
Sprühtrocknung 232
Stechmücken 28
Strahlungsphänomene, unverstandene 272
Stress 91, 93
Stresshormone 185, 204, 217
Strom 191

Sturmgläser 270
Südamerika 158
Sumo-Ringer 83
Supermarkt 90
– virtueller 98
Süßes, Hunger auf 179
Süßigkeiten 178
Symbole 118
Symmetrie 75ff., 79f., 83ff.
Synchronisation (s.a. Hypothalamus) 211

T
Tachistoskop s. Elektronen-Tachistoskop 99
Tag-Nacht-Rhythmus 206f., 214, 217, 221
Tageslicht (s.a. Innenraumbeleuchtung, Lux) 183, 186, 188, 190, 193, 196f., 211, 218, 231, 248
Tageslichtlampen 193f., 247
Tagesverlauf 190
Tanzen 64
Tarnmuster 79
Terpentinöl 72
Tetrahydrocannabinol 69
Thymol 72
Tiefdruckgebiete 265
Tiefseeanglerfisch 24
Trichomonaden 29
Trieberfüllung 274
Trüffel 62
Tryptophan 184
Tse-Tse-Fliege 165f.
TV-Sponsoring 11
Tyrosin 237f.

U
Überlegenheit des Menschen 274
Überschüsse, landwirtschaftliche 148
Uhr, innere 210ff., 213, 216
UMTS-Lizenzen 268
Umweltbewusstsein 115
Umweltreize 90
Umweltschadstoffe 236

umweltschonend 114
Unfallhäufigkeit 213
Unfruchtbarkeit 51f., 54, 56
Universalpheromom 39
Unordnung, maximale 76
Unterwäsche 54
UV-Bogenlampe 198
UV-Filter 236
UV-Lampen 239, 247
UV-Strahlen 193, 198, 201, 226, 228, 235, 237ff., 244ff., 248f.

V
Verbrechervisage 86
Vermehrung, sexuelle 21
Verpackung 96
Verwandtschaftsehen 51
Vielweiberei 59
Viren 124, 138, 240
Vitamin D 225ff., 230ff., 233f., 248
Vitamin-D-Vergiftung 231
VNO Vomeronasalorgan 33f., 36, 38, 121, 204f., 274

W
warmweiß 195
Waschmittelwerbung 114
Wechsel, rhythmischer 217
Wehen 208
Weihrauch 69
Weizen 143, 154
Wellenlänge 190
Welt der Symbole 113
Weltbild 277
Werbegegner 108
Werbeüberdrüssige 108
Werbung 89
– below the line 111
– redaktionelle 110
– unterschwellige 99, 101
Wertvorstellungen 119
Wetterfühligkeit 262f.
Wettermediziner 264
Wetterphasen 265
Wetterpropheten 251
Wetterstrahlung 263, 265f.
Wetterumschwung 255f, 264

Wettervorhersage 252ff., 265
Wildreben 156
Wildkohl 129
Wildreis 129
Winter 178
Winterdepression 181, 184
Wirkungen, der Werbung 118
 – biologische (von
 UV-Licht) 194
Wohlgefühl 184
Wohlstandsentwicklung 118
Wohnbunker 209
Wolken 257f., 269, 27f.
Wolkengattungen 269
Wollhandkrabbe 160
Wucheralge, grüne (Caulerpa taxifolia) 161
Würstchen, gefärbte 147

Y
Yohimbin 62

Z
Zahnkarpfenarten 158
Zaziki 147f.
Zeitgeber 210
Zellkern 126
Zirbeldrüse 204f., 210, 214, 219f., 222f., 274
Zivilisationskrankheiten 172, 234
Zucker 184
Zuckerrohrkäfer 138
Zünsler 134ff.
Zwielicht 184
zwittrige Fische 51

Udo Pollmer • Andrea Fock • Ulrike Gonder • Karin Haug
Prost Mahlzeit!

Krank durch gesunde Ernährung

KiWi 630
Aktualisierte Neuausgabe

Dieses Buch hat ein Tabu gebrochen: »Gesunde Ernährung« hat noch keinen gesund gemacht – aber manchen krank. Nun liegt der Klassiker der kritischen Ernährungskunde in gründlicher Neubearbeitung vor.

»Mit seinen drei Mitautorinnen zieht Udo Pollmer, das ›enfant terrible‹ der Ernährungsszene, Bilanz über einige Jahrzehnte Empfehlungen für gesunde Ernährung. ›Je mehr Diäten, desto mehr Essgestörte, je mehr Margarine aufs Brötchen kommt, desto mehr Herzinfarkte, je mehr Jodsalz unters Volk gestreut wird, desto mehr Schilddrüsenkranke‹, konstatiert das ketzerische Viererteam. Doch auch die Vollwerternährung bleibt nicht verschont. Wer sich nicht scheut, die eigenen Vorstellungen übers Essen erschüttern zu lassen, wird das Buch mit Gewinn lesen.«
Konsum & Umwelt

»Das Buch gibt auch Fachwissenschaftlern genügend geistige Nüsse zu knacken. Ohne Zweifel suchen (die Autoren) das starre chemisch-mechanistische Gebäude der etablierten Ernährungslehre einzureißen. Zu Recht, denn es ist auf Sand gebaut.«
spektrum der wissenschaft

Udo Pollmer
Brigitte Schmelzer-Sandtner
Wohl bekomm´s!

Was Sie vor dem Einkauf über Lebensmittel wissen sollten

KiWi 632
Aktualisierte Neuausgabe

Was kann man eigentlich noch essen? Worauf muss man beim Lebensmitteleinkauf achten? Das Standardwerk für den kritischen Verbraucher jetzt auf dem neuesten Stand – kompetent und unkonventionell präsentiert von Udo Pollmer, dem viel gefragten Ernährungsexperten und Bestsellerautor (Gesamtauflage über 300.000 Exemplare), und Brigitte Schmelzer-Sandtner.

»Ein absolut lesenswerter Reader. Da kommt so richtig Freude am Essen auf. Wer sich also von der Lebensmittelindustrie nicht aufs Kreuz legen lassen will, dem empfehlen wir dieses Buch!« *Plärrer*

»Ratgeber sind ja in der Regel sterbenslangweilig. Das es auch anders geht, beweist Udo Pollmer mit seinem ... Kompendium über all das, was dem geplagten Zeitgenossen als Lebensmittel verkauft wird. Es ist übersichtlich in Kapitel zu jeder Lebens- und Genussmittelgruppe eingeteilt, mit der man gemeinhin in Berührung kommt, aber auch die Müsli- und Anti-Schmalz-Fraktion kommt nicht zu kurz. Pollmer ist eine selten anzutreffende glückliche Melange aus fundierter Information und Unterhaltung gelungen.« *Junge Welt*

Udo Pollmer • Eva Kapfelsperger
Iss und stirb
Chemie in unserer Nahrung

KiWi 631
Aktualisierte Neuausgabe

Der Klassiker der Ernährungsratgeber, mit dem alles anfing – jetzt vollständig überarbeitet und mit den neuesten Informationen über BSE und die aktuelle Landwirtschafts- und Verbraucherpolitik

»Der Report liefert endlich eine flüssig formulierte, auch dem Laien verständliche Zusammenfassung der ganzen Einzelbefunde, übersichtlich gegliedert in die Bereiche Fleisch, Wurst, Fisch, Milch und Geflügel.« *Johannes Kaiser, NDR*

»Ein lesenswertes Buch für alle, denen ihr Leben und ihre Umwelt nicht gleichgültig ist.« *neuform Kurier*

»Jeder, der an der Diskussion über gesunde Ernährung teilnehmen möchte, sollte sich mit dem Buch befassen.« *NDR*